Betriebswirtschaftliche
Abhandlungen

Neue Folge Band 33

Heymo Böhler

Methoden und Modelle der Marktsegmentierung

C. E. Poeschel Verlag Stuttgart 1977

Verfasser:
Dr. Heymo Böhler
Wissenschaftlicher Assistent am Institut
für Wirtschaftswissenschaften der Rheinisch-
Westfälischen Technischen Hochschule Aachen

CIP-Kurztitelaufnahme der Deutschen Bibliothek

Böhler, Heymo
Methoden und Modelle der Marktsegmentierung. – 1.
Aufl. – Stuttgart : Poeschel, 1977.
(Betriebswirtschaftliche Abhandlungen : N.F. ;
Bd. 33)
ISBN 3-7910-0210-4 Kart.
ISBN 3-7910-0209-0 Lw.

Satz: Bauer & Bökeler, Denkendorf
Druck: Gulde-Druck, Tübingen
Printed in Germany

Inhaltsverzeichnis

Abbildungsverzeichnis

Abkürzungsverzeichnis

ACM	Additive Conjoint Measurement
AER	American Economic Review
AID	Automatic Interaction Detector
ANOVA	Analysis of Variance
AMA	American Marketing Association
ASR	American Sociological Review
ASTA	Allgemeines Statistisches Archiv
ASW	Absatzwirtschaft
BJS	British Journal of Sociology
BMD	Biomedical Computer Programs
CA	Clusteranalyse
DA	Einfache Diskriminanzanalyse
DM	Der Markt
DMA	Der Markenartikel
DVR	Dummy-Variablen Regressionsanalyse
EJoM	European Journal of Marketing
FA	Faktorenanalyse
GfK	Gesellschaft für Konsum-, Markt- und Absatzforschung e.V.
HBR	Harvard Business Review
HKA	Hauptkomponentenanalyse
IIR	Informationen des Instituts für Raumforschung
JASP	Journal of Abnormal and Social Psychology
JAV	Jahrbuch der Absatz- und Verbrauchsforschung
JoAP	Journal of Applied Psychology
JoAR	Journal of Advertising Research
JoASA	Journal of the American Statistical Association
JoB	Journal of Business
JoBA	Journal of Business Administration
JoCR	Journal of Consumer Research
JoM	Journal of Marketing
JoMP	Journal of Mathematical Psychology
JoMR	Journal of Marketing Research
JoMRS	Journal of the Market Research Society
JoR	Journal of Retailing
JoRSS	Journal of the Royal Statistical Society
JoSI	Journal of Social Issues
JPSP	Journal of Personality and Social Psychology
KA	Kanonische Analyse
LSA	Latent Structure Analysis
MANOVA	Multiple Analysis of Variance
MBR	Multivariate Behavioral Research
MCA	Multiple Classification Analysis
MDA	Multiple Diskriminanzanalyse
MJ	Marketing Journal
MMDS	Metrische mehrdimensionale Skalierung
MNA	Multivariate Nominal Scale Analysis
MR	Management Review
MRA	Multiple Regressionsanalyse
MS	Management Science
NMDS	Nichtmetrische mehrdimensionale Skalierung
ORQ	Operations Research Quarterly
PCM	Polynomial Conjoint Measurement
POQ	Public Opinion Quarterly
Psych. Bull.	Psychological Bulletin
Psych. Rev.	Psychological Review
SPSS	Statistical Package for the Social Sciences
WiSt	Wirtschaftswissenschaftliches Studium
ZfB	Zeitschrift für Betriebswirtschaft
ZfbF	Zeitschrift für betriebswirtschaftliche Forschung
ZfgSt	Zeitschrift für die gesamte Staatswissenschaft
ZfS	Zeitschrift für Sozialpsychologie

Herrn Professor Dr. Richard Köhler
danke ich für wertvolle Anregungen
und vielfältige Unterstützung.

Vorbemerkung

Empfehlungen, den heterogenen Gesamtmarkt einer Produktart in intern homogene Teilmärkte aufzuspalten und differenziert zu bearbeiten, finden sich schon in den volkswirtschaftlichen Ausführungen zur Preisdifferenzierung [Vgl. hierzu *Yntema* (1928) 686–698; *Robinson* (1933) 179 ff; *v. Stackelberg* (1939) 1–11] und in den Frühwerken der Werbelehre [Vgl. z.B. *Kliemann* (1928) 11 ff].

Starke Impulse für eine intensivere Beachtung der Heterogenität von Absatzmärkten gingen jedoch erst von einer Veröffentlichung von *W. R. Smith* aus, der in diesem Zusammenhang den Begriff »Marktsegmentierung« prägte [Vgl. *Smith* (1958) 3–8]. Inzwischen gibt es hierzu eine Reihe von Veröffentlichungen, die das zunehmende Interesse an diesem Gebiet widerspiegeln [Vgl. z.B. *Frank/Massy/Wind* (1972); *Engel/Fiorillo/Caley* (1972); *Brumm* (1973); *Arndt* (1974); *Bauer* (1976)]. Ihre Durchsicht stimmt allerdings eher pessimistisch, denn der Anteil erfolgloser Segmentierungsversuche ist trotz der Fortschritte verhaltenswissenschaftlicher Forschung und trotz der Entwicklung und des Einsatzes aufwendiger Datenanalysemethoden recht hoch.

Ziel der vorliegenden Arbeit ist es daher, die mit der Marktsegmentbildung einhergehenden Probleme aufzuzeigen und Lösungsansätze zu ihrer Handhabung anzubieten.

Dabei wird »Marktsegmentierung« als eine Marketing-Strategie verstanden: Charakteristisch hierfür ist, daß das zielgeleitete Planen und Handeln der Entscheidungsträger begleitet wird durch systematisch gewonnene Informationen über [Zu diesem Blickwinkel des Marketing vgl. *Köhler* (1972) 5]:

- die potentiellen Abnehmer, mit denen sich Güteraustauschbeziehungen anknüpfen lassen, die zu einer dauerhaften und zufriedenstellenden Zielerreichung führen (Abgrenzung potentieller Marktsegmente);
- die vermutliche Wirkung segmentbezogener Marketing-Programme;
- die tatsächliche Wirkung realisierter segmentspezifischer Marketing-Programme.

Diese Informationen bilden die Grundlage für die Planung und Realisation bzw. Revision von segmentspezifischen Marketing-Maßnahmen.

Im weiteren Verlauf der Arbeit wird die Informationsbeschaffungs- und Informationsverarbeitungsseite behandelt. Der Grund dieser Schwerpunktbildung liegt darin, daß strategische Entwürfe nur so gut bzw. so schlecht sind wie die technischen Möglichkeiten zu ihrer Realisierung. Solange dieser Engpaß nicht beseitigt ist, nützen Empfehlungen an die Entscheidungsträger, der Heterogenität des Absatzmarktes durch entsprechende Marketing-Programme Rechnung zu tragen, herzlich wenig.

Im vorliegenden Untersuchungsbereich stehen insbesondere zwei Forschungsrichtungen mit bisher nur loser Bezugnahme nebeneinander: Einmal sind dies die verhaltenswissenschaftlichen Bemühungen um eine Erklärung des Abnehmerverhaltens, andererseits die Arbeiten zur Entwicklung statistisch-mathematischer Datenanalyseprozeduren. Im Verlauf der Arbeit wird eine problemadäquate Verknüpfung der beiden Forschungsrichtungen angestrebt: Gerade in der mangelnden Abstimmung zwischen verhaltenswissenschaftlichen Überlegungen und den statistisch-mathematischen Verfahren zur Datenanalyse liegt eine der Hauptursachen für fehlgeschlagene Segmentierungsversuche. Oftmals werden Methoden angewandt, die für die vorliegende Problemstellung und damit für die vorgegebenen Daten ganz und gar unangemessen sind. Es fehlt nicht selten die Kenntnis, wie diese Forschungsfragen in sinnvolle arithmetische Operationen umgesetzt werden können bzw. wie die angebotenen Methoden zu modifizieren sind, um der verhaltenswissenschaftlichen Problemstellung zu entsprechen.

Diese Gefahr wird zukünftig noch größer, da durch die Entwicklung benutzerfreundlicher Softwarepakete zur Datenanalyse ein breiter Zugang zu komplexen Auswertungsmethoden besteht, während die Kenntnisse der Anwender über die ablaufenden formalen Operationen nicht Schritt zu halten scheinen. Solchermaßen gewonnene Ergebnisse sind, trotz aller rechnerischen Exaktheit, unbrauchbar und führen zu Fehlschlüssen über die Indikatoreignung von Segmentierungsmerkmalen bzw. zur Fehlallokation von Marketing-Maßnahmen.

Die vorliegende Abhandlung zur Marktsegmentierung bemüht sich zugleich, gegen die Überzeugungskraft vereinfachender Studien anzugehen, in denen glaubhaft gemacht werden soll, daß mit genügend Variablen und mehr oder weniger simplen oder auch sophistischen Meßmethoden unterschiedlich (re-)agierende Marktsegmente aufgespürt und erfolgreich bearbeitet werden können: Während einige wenige Merkmale kaum ausreichen, einen befriedigenden Varianzanteil des Abnehmerverhaltens zu erklären, sind gleichzeitig einem immer stärker werdenden »Variablenhedonismus« Grenzen zu ziehen. Überdimensionale Merkmalsbatterien sind nicht nur kostspielig, sondern sie stellen für die Segmentsuche Ballast dar, der die eigentlichen Segmente verdeckt. Bei sehr vielen Variablen sind die Mehrfachmessungen ein und desselben Sachverhaltes und Interaktionen zwischen Merkmalen (Moderatoreffekte) [Vgl. *Kogan/Wallach* (1964) 164ff] trotz ausgefeilter Computerverfahren nur schwer zu bewältigen, zumal diese Fragen mitunter noch nicht einmal von theoretischer Seite eindeutig geklärt werden konnten. In dieser Situation helfen nur einige aus der Problemdefinition abzuleitende Heuristiken:

- Es wird von der Hypothese ausgegangen, daß Individuen relativ stabile Eigenschaften aufweisen, die ihre Verhaltensweisen steuern.
- Da a priori nicht feststeht, welche Eigenschaften im jeweiligen Kontext relevant sind, andererseits ein mechanisches Auswählen von Verhaltensindikatoren (mittels statistischer Verfahren) wenig erfolgversprechend ist, muß unter Rückgriff auf die Ebene verhaltenswissenschaftlicher »Theorien« zunächst eine erste Grobauswahl der erfolgversprechendsten Segmentierungsansätze erfolgen.
- Die verbleibenden potentiell brauchbaren Segmentierungsansätze enthalten immer noch eine große Zahl von Segmentierungsmerkmalen, die zur Segmentbildung herangezogen werden können. Anhaltspunkte für die Auswahl der erfolgversprechendsten Merkmale lassen sich nur anhand empirischer Forschungsergebnisse gewinnen. Allerdings genügt es bei der Durchsicht

bisheriger Forschungsergebnisse nicht, die dort behauptete mangelnde Indikatoreignung bestimmter Merkmale zu konstatieren, da häufig methodische Fehler unterliefen. Es ist daher zu überlegen, welches die sinnvollste Operationalisierung des jeweiligen Konstruktes ist, welche Meßverfahren einzusetzen sind und welche Auswertungsmethoden zur Überprüfung der Indikatoreignung am sinnvollsten sind. Diese Bemühungen liefern ein Grobraster, in das sich die empirische Analysen zur Ermittlung der Indikatoreignung von Segmentierungsmerkmalen einordnen lassen. Erst hieraus lassen sich wiederum Erkenntnisse ableiten, welche der zur Diskussion stehenden Merkmale trotz angemessener Operationalisierungs- und Analysetechnik kaum eine prognostische Relevanz aufweisen.

- Die übrig gebliebenen Segmentierungsmerkmale erweisen sich allerdings je nach Anwendungssituation als mehr oder minder gute Indikatoren für unterschiedliche Reaktionen der Bedarfsträger. Die Widersprüchlichkeit der Ergebnisse verhindert bei diesen Merkmalen eine generelle Empfehlung, sie zu verwenden bzw. sie nicht zu verwenden. Daher verlagert sich in praktischen Segmentierungsversuchen das Problem von der ersten Phase der Auswahl erfolgversprechender Segmentierungsmerkmale auf die Techniken, die die Auswahl der letztlich brauchbaren Variablen untersützten können.
- Mit der Lösung der damit einhergehenden Fragen beschäftigen sich mehrere Disziplinen, die schon einige globale Grundsätze zur Handhabung solcher Probleme aufstellen konnten. Es ist deshalb angebracht, die Aufgabe der Bedarfsträgergruppierung so zu formulieren, daß die Übernahme der in der »Numerischen Taxonomie« gewonnenen Erkenntnisse möglich ist: *Das Modell heterogener Märkte läßt sich demnach als m-dimensionaler Merkmalsraum beschreiben, der durch das Set der verhaltensrelevanten Eigenschaften der Bedarfsträger aufgespannt wird.* Individuen mit gleichen oder ähnlichen Eigenschaftswerten besetzen nahe beieinanderliegende Positionen im Raum. Segmente sind demnach durch Punktewolken charakterisiert, zwischen denen »leere« bzw. »dünn besiedelte« Regionen liegen.

Eine wesentliche Aufgabe der Marktsegmentierung besteht daher in der Auffindung der verhaltensrelevanten Dimensionen des Merkmalsraums, um darin Marktsegmente aufgrund der »natürlichen« Gruppierung der potentiellen Abnehmer zu finden. Anschließend sind, was in dieser Arbeit nicht erörtert wird, Entscheidungen über die segmentspezifische Allokation von Marketing-Maßnahmen zu fällen, die in der konzentrierten Bearbeitung eines oder weniger bzw. der differenzierten Bearbeitung aller gefundenen Segmente münden [Vgl. *Kotler* (1974) 184]. Stellt sich heraus, daß im Merkmalsraum keine Gruppierungen erkennbar sind, so ist wohl eine undifferenzierte Behandlung des gesamten Marktes am sinnvollsten.

Erstes Kapitel: Begriffliche Grundlagen

A. Zum Begriff »Marktsegment«

Das aus dem Lateinischen stammende Wort »Segment« bedeutet »Abschnitt«, »Teil« und fand insbesondere in der Geometrie (Kreis- bzw. Kugelsegment) und in der Biologie bzw. Medizin (Körpersegment) Anwendung. Unter Marktsegment versteht man analog einen Teil des pro Güterart bestehenden Marktes.

Die Teilung des Marktes in Marktsegmente erfolgt anhand bestimmter Merkmale der potentiellen bzw. tatsächlichen Abnehmer, den sog. Segmentierungskriterien. Dabei versucht man, möglichst solche Kriterien heranzuziehen, die für die Identifikation und Beschreibung des Käuferverhaltens »geeignet« sind. Letztlich geht es also um die Heranziehung von Indikatoren für unterschiedliche Reaktionen von Abnehmern auf Marketing-Stimuli [Vgl. insbesondere *Howard/Sheth* (1969) 71; *Lessing* (1972) 69–72]. Neben dem verhaltenswissenschaftlich orientierten (»behaviorally oriented«) Interesse ist die Suche nach brauchbaren Determinanten des Käuferverhaltens und damit nach Marktsegmenten letztlich durch normative Erwägungen (»decision oriented«) zu leiten [Vgl. hierzu die Ausführungen bei *Frank/Massy/Wind* (1972) 11]: »... the focus is not so much on *why* such differences occur as on *how* they can be used to improve the efficiency of the firm's marketing program« [*Frank/Massy/Wind* (1972) 13].

Im Zusammenhang mit der Gruppierung von Abnehmern aufgrund der Ähnlichkeit ihrer Merkmalsausprägungen verwendet die Fachliteratur eine Reihe von Begriffen, die einer Klärung bedürfen: Marktsegmente werden zuweilen als Abnehmerklassen, Abnehmertypen oder Abnehmertaxonomien bezeichnet [Vgl. u.a. *Bergler* (1972) 11 – 142; *Dichtl* (1974 a) 54–59; *Massy* (1974) 507].

Die Gesamtheit der Abnehmer, die im Hinblick auf ihre Merkmalsausprägungen gleich bzw. ähnlich sind, wird als *Klasse* bezeichnet [Vgl. *Diemer* (1968) 150]. Die Klassengrenzen werden durch das Klassifikationsverfahren festgelegt.

In unserem Zusammenhang sind vor allem die Unterscheidungen zwischen »künstlicher« und »natürlicher« Klassifikation, zwischen »monothetischer« und »polythetischer« sowie zwischen »disjunkter«, »nicht-disjunkter« und »hierarchischer« Klassenbildung relevant [Vgl. auch die verschiedenen Auffassungen bei *Baumann* (1971) 18; *Sodeur* (1974) 14 ff; *Bock* (1974) 13 ff].

Künstliche Klassifikation beinhaltet eine a priori-Auswahl der als wichtig erachteten Merkmale, die nach dem Interessenstandpunkt des Anwenders unterteilt werden, wodurch die Klassengrenzen definiert sind. Dies birgt zum einen die Gefahr, daß für eine Reihe von künstlichen Klassen keine oder kaum Elemente existieren (so fehlt auf den meisten Märkten die sog. Upper-Upper Class aus dem *Warner-Schema* zur sozialen Schichtung [Vgl. *Warner/Meeker/Eells* (1960)]) andererseits kann es vorkommen, daß zahlreiche Elemente vorliegen, die keiner der vorgesehenen künstlichen Klassen zugeordnet werden können.

Im Gegensatz dazu werden *natürliche Klassen* nach der Verteilung der Elemente im Merkmalsraum gebildet. Bei der Erstellung des Raumes bemüht man sich, nur solche Merkmale heranzuziehen, die sich für den zugrunde liegenden Sachverhalt als relevant erweisen. Die Klassenbildung nach Maßgabe der multivariaten Verteilung der Abnehmer im Merkmalsraum ist für die Zwecke der Marktsegmentierung die bedeutendere. Wesentliche Teile der Arbeit werden sich mit den dabei auftretenden Problemen sowie der Methoden und Modellen zur Handhabung dieser Probleme beschäftigen.

Monothetische Klassen liegen vor, wenn Elemente, die zur gleichen Klasse gehören, hinsichtlich eines jeden Merkmals die gleiche Ausprägung haben müssen. Es ist einsichtig, daß dieses Konzept für die Marktsegmentierung oft unzweckmäßig ist, da bei Übereinstimmung der Mehrzahl der Merkmalsausprägungen die betreffenden Abnehmer schon relativ homogen auf Marketing-Maßnahmen reagieren können und zudem bei der Vielzahl der Merkmale eine starke Zersplitterung des Gesamtmarktes folgen würde.

Von *polythetischen Klassen* wird nicht gefordert, daß alle Merkmalsausprägungen bei den zur Klasse gehörenden Elementen gleich sind. Gefordert wird nur, daß sich jede klassenbestimmende Merkmalsausprägung bei einer größeren Anzahl von Elementen der Klasse findet und ein zur Klasse gehörendes Element eine größere Anzahl der klassenbestimmenden Merkmalsausprägungen besitzt [Vgl. u. a. *Bailey* (1973) 21].

Betrachten wir anschließend die Unterscheidung in *disjunkte, nichtdisjunkte* und *hierarchische Klassen*. Bei disjunkten Klassen gehört ein Element zu einer und nur einer Klasse; nichtdisjunkte Klassen überlappen sich teilweise, d. h. eine Reihe von Elementen ist gleichzeitig zwei oder mehreren Klassen zuzuordnen; hierarchische Klassen sind dadurch gekennzeichnet, daß sich die Klassen einer Betrachtungsebene umfassenden übergeordneten Klasse zuordnen lassen.

Oft ist eine der Datenstruktur angemessene Segmentbildung nur möglich, wenn man disjunkte Klassen zuläßt [Vgl. auch *Walters/Paul* (1970) 67 f]. Für die Ausrichtung der Marketing-Programme entstehen jedoch Schwierigkeiten: Sollen für die überlappenden Teile eigene Marketing-Programme entwickelt werden oder soll man nur Programme für die überschneidungsfreien Segmentteile konzipieren? [Vgl. auch *Krautter* (1975) 124]

Diese Probleme und hinzukommende methodische Hemmnisse führten dazu, daß Marktsegmente meist als disjunkte Klassen gebildet werden, obwohl dagegen i. d. R. empirische und logische Einwendungen vorzubringen sind.

Eine weitere Möglichkeit ist eventuell die Segmentbildung nach dem Konzept der hierarchischen Klassifikation. Hier können für alternative Aggregationsebenen (u. U. einschließlich der Ebene des Gesamtmarktes) Marketing-Programme entwickelt werden, um dann die »optimale« Aggregationsebene, d. h. die Segmentanzahl und die zugehörigen Marketing-Programme mit dem höchsten Zielerreichungsgrad auszuwählen [Vgl. hierzu die Ausführungen zur optimalen Marktsegmentierung im 3. Kapitel, Teil B. II. 2.c der Arbeit!].

Als nächstes ist der *Typusbegriff* zu klären und zum Begriff des Marktsegmentes in

Beziehung zu setzen [Aus der Vielzahl der Abhandlungen zum Typusbegriff vgl. *Hempel/Oppenheim* (1936); *Haller* (1950); *Heyde* (1960) 66–72; *Tietz* (1960); *Castan* (1963); *Leitherer* (1965) 650–662; *Knoblich* (1969); *v. Kempski* (1972) 115–152]. Unter Typus wird hier der Vertreter einer Klasse verstanden, der die Merkmalskombination der Klasse in ihrer Grundform repräsentiert. Wenn das Klassifikationsergebnis vorliegt, wird gewöhnlich eine derartige Typisierung erfolgen, indem die Klassen anhand ihrer charakteristischen Eigenschaften beschrieben und benannt werden.

Unter *Taxonomie* schließlich versteht man ursprünglich die Lehre von *Methoden* der Klassenbildung. Soweit es sich um numerische Methoden handelt, wird der Begriff »Numerische Taxonomie« verwendet [Vgl. *Sokal/Sneath* (1963); *Jardine/Sibson* (1971) IX]. Daneben wird dieser Begriff von vielen Marketing-Fachvertretern zweckentfremdet: Sie sprechen z.B. von Abnehmertaxonomien und meinen damit die Gesamtheit der Typen, Klassen bzw. Segmente [Vgl. z.B. *Frank/Green* (1971) 302].
Wenn hier von (Numerischer) Taxonomie bzw. von taxonomischen Modellen gesprochen wird, sind ausschließlich die *Methoden* zur Erstellung von Typologien bzw. Klassifikationen gemeint.

B. Zum Begriff »Marktsegmentierung«

Für den Begriff der »Marktsegmentierung« finden sich in der Fachliteratur zahlreiche Definitionen, die sich zwei unterschiedlichen Blickwinkeln zuordnen lassen. Diese Blickwinkel werden im folgenden mit »Marktsegmentierung als Prozeß der Marktaufteilung« und »Marktsegmentierung als Marketing-Strategie« umschrieben [Nach Abschluß des Manuskripts erschien als weitere Veröffentlichung zum Thema Marktsegmentierung die Arbeit von *Bauer* (1976). Sie kann nur an einigen Stellen nachträglich angeführt werden, zumal ihr Schwerpunkt auf einer begrifflich-ordnenden Ebene liegt. In recht umfangreichen begrifflichen Abgrenzungsversuchen kommt Bauer zu einer Dreiteilung der Begriffsauffassungen, nämlich als Marketing-Strategie, als Marktforschungs-Methode und als spezieller statistisch-methodischer Marktforschungsansatz. Vgl. *Bauer* (1976) 54–75].

I. Marktsegmentierung als Prozeß der Marktaufteilung

Vertreter dieser Auffassung verstehen unter Marktsegmentierung die Aufteilung eines heterogenen Gesamtmarktes in homogene Teilmärkte [Diese Begriffsbestimmungen sind identisch mit denen der Klassifikation bzw. Typenbildung, bei denen es um die Suche nach Klasseneinteilungen bzw. Typologien geht. Vgl. *Jardine/Sibson* (1971) IX]:

Marktsegmentierung bedeutet: »... dividing the heterogeneous market into smaller divisions having certain relatively homogeneous characteristics that can be satisfied by the firm« [*American Marketing Association (Hrsg.)* (1961) 15].
»Segmentation is the actual process of dividing a market« [*Walters/Paul* (1970) 66].
»Market Segmentation can be defined as the process by which a firm partitions its prospective customers (the market) into subgroups or submarkets (segments)« [*Boyd/Massy* (1972) 87].

Hinsichtlich weiterer Definitionen, die sich in diesem Standpunkt zuordnen lassen, sei auf die einschlägige Literatur verwiesen [Vgl. z.B. *Behrends* (1970) 20f. und 45; *Hughes* (1973) 2f.; *Kotler* (1976) 142; *Bauer* (1976) 62ff., der hierzu allerdings Ansätze zählt, die nach dem hier vertretenen Marktforschungsbegriff und Strategiebegriff in die strategische Marktsegmentierung eingeordnet werden].

Diese als stark technisch zu beurteilende Auffassung der Marktsegmentierung, bei der es lediglich um die Ermittlung von Konsumentengruppen ähnlicher Verhaltensdispositionen geht, die sich untereinander möglichst stark unterscheiden, erfaßt das Problem nur zum Teil. Dies wird ersichtlich, wenn man die der zweiten Blickrichtung zuzuordnenden Definitionen betrachtet.

II. Marktsegmentierung als Marketing-Strategie

Marktsegmentierung wurde schon von W. R. *Smith* als eine Strategie verstanden, bei der es neben der Bildung homogener Teilmärkte auch um den Einsatz segmentspezifischer Marketing-Programme und deren ökonomische Beurteilung geht [Vgl. *Smith* (1956) 5 f].

Sehr klar bringt z.B. *Wilkie* diesen Gedanken zum Ausdruck [*Wilkie* (1971) 317]:

»... we can define ›market segmentation‹ as a two-stage process of (1) dividing the mass market (for a given product class) into meaningful consumer subgroups and (2) creating specific marketing mixes for one or more of these subgroups such that profits are maximized«.

Auch *Twedt* ist dieser Richtung zuzuordnen [*Twedt* (1970) Section Two, Chapter One]: »The strategy of market [Im Original heißt es »marketing segmentation«, wobei es sich wohl um einen Druckfehler handelt] segmentation involves the development of two or more different marketing programs for a given product or service, with each marketing program aimed at a different grouping of individuals whose expected reactions to the seller's marketing effort will be similar during a specified period«.

Als ähnliche Definition sei die von *Arndt* [(1974) 5] angeführt:

»... the market segmentation approach means:

1. *grouping individual customers into segments* that are relatively homogeneous with regard to responsiveness to elements of the marketing mix or the marketing mix as a whole, in order to:
2. increase profits by *developing separate marketing programs* (marketing mixes) for selected segment(s) on the basis of the unique requirement wihtin each target segment«.

Kollat/Blackwell/Robeson [(1972) 184] beschränken Marktsegmentierung auf die Erstellung segmentspezifischer Produkte: »Market Segmentation is the process of so designing or featuring a product or service that will make a particularly strong appeal to some identifiable subpart of total market«.

In analoger Weise geht auch *Bauer* [(1976) 60 f und 112 ff] vor, der von Marktsegmentierung als Strategie nur dann spricht, wenn es sich um die zielgruppenadäquate Gestaltung des Produktes handelt. Entscheidend für die Konzeption der Marktsegmentierung ist jedoch nicht so sehr der Aspekt, in welchen Teilbereichen des Marketing-Mix der Heterogenität des Gesamtmarktes letztlich Rechnung zu tragen ist. Charakteristisch für eine Strategie der Marktsegmentierung ist, daß Ausgangspunkt für die Planung der heterogene Markt einer Gütergattung ist und demnach u. U. eine segmentspezifische Ausrichtung des Marketing-Programmes erfolgen muß.

Daß sich die segmentspezifische Marketing-Mix Gestaltung in mehr oder minder objektiv feststellbaren Produktunterschieden niederschlagen kann, ist nur eine der möglichen Konsequenzen dieser Denkhaltung. Dies als »conditio sine qua non« des strategischen Marktsegmentierungs-Begriffes aufzufassen, ist eher als unzweckmäßige Einschränkung zu betrachten, da in anderen Submix-Bereichen (Gestaltung der Marktkommunikation, der Distribution etc.) mit demselben Denkansatz vorgegangen werden muß und die anstehenden Probleme oft nicht minder dringlich sind als im Produkt-Submix.

Hinsichtlich weiterer Definitionen zur Marktsegmentierung muß auf die Literatur verwiesen werden [Vgl. u.a. *Frank/Massy/Wind* (1972) 6; *Lunn* (1972) 345; *Sheth* (1972) 129; *Seidel* (1972) 268; *Scheuch* (1974) 214; *Frank* (1974) 99; *Krautter* (1975) 110].

Berücksichtigt man, daß Marktsegmentierung mehr ist als die Anwendung analytischer Techniken zur Aufteilung von Märkten in Segmente und greift man *Kotlers* Unterscheidung in undifferenziertes, differenziertes und konzentriertes Marketing [1] auf, so gelangt man zu folgender Definition:

Marktsegmentierung ist eine Marketing-Strategie, bei der eine Einteilung von potentiellen bzw. tatsächlichen Abnehmern einer Güterart in Marktsegmente erfolgt, um durch konzentriertes oder differenziertes Marketing zu einem höheren Zielerreichungsgrad als bei undifferenziertem Marketing zu gelangen.

In neueren Überlegungen zur Marktsegmentierung wird verstärkt beachtet, daß zwischen der Frage nach der Anzahl und Größe der zu bildenden Segmente sowie der Frage, ob und wie ein Segment zu bearbeiten ist, starke Interdependenzen bestehen. [Vgl. hierzu die Ausführungen im dritten Kapitel B. II. 2c!]

Die möglichen Konsequenzen einer zu engen Begriffsfassung der Marktsegmentierung werden in diesem Zusammenhang deutlich: durch eine zu enge Interpretation werden wichtige Dimensionen des Problems ausgeklammert, die gerade deshalb nicht oder kaum geklärt sind. Die isolierte Betrachtung von Marktaufteilung und Marktbearbeitung führte in der Fachliteratur allzuoft zu Fehleinschätzungen. Dies zeigt sich in realitätsfremden Vorschlägen zur Marktaufteilung [Dies führte hier und da zu einer generell ablehnenden Haltung gegenüber Marktsegmentierung. Vgl. z.B. *Reynolds* (1965) 107–114] ebenso wie in Abhandlungen über die Gestaltung der Marketing-Instrumente, denen meist die Annahme eines homogenen Absatzmarktes zugrunde liegen [Vgl. hierzu das Gros der Marketing-Entscheidungsmodelle, die auch *Sheth* aus dieser Sicht kritisiert. Vgl. *Sheth* (1972) 132].

Zwar liegt der Schwerpunkt der vorliegenden Arbeit auf dem Aspekt der Segmentidentifikation, doch wird dabei stets berücksichtigt, daß sich für die ermittelten Segmente auch entsprechende Marketing-Programme entwickeln lassen, mit denen sich die zu bearbeitenden Segmente erreichen lassen.

Dies erfordert für konkrete Marktaufteilungsvorschläge eine kritische Analyse, inwieweit diese Aufteilung Informationen für die segmentspezifische Gestaltung und Ausrichtung von Marketing-Maßnahmen liefern.

---

[1] Bei «undifferenziertem Marketing« wird der Gesamtmarkt mit einem einzigen Marketing-Programm bearbeitet, bei »differenziertem Marketing« spricht der Anbieter alle bzw. nahezu alle Marktsegmente mit einem separaten Marketing-Programm an und bei »konzentriertem Marketing« beschränkt sich der Anbieter auf eines der Segmente. [Vgl. hierzu *Kotler* (1974) 184]

Zweites Kapitel:
Der Merkmalsraum
als Ausgangsbasis der Segmentbildung

Die Zuordnung von Bedarfsträgern zu Marktsegmenten sowie die Gestaltung und Ausrichtung segmentspezifischer Marketing-Programme kann sich an einer Vielzahl möglicher Eigenschaftsdimensionen der tatsächlichen und potentiellen Abnehmer orientieren. Empirische Segmentbildungsversuche zeigen dabei, daß es i. d. R. nicht gelingt, mit einem einzigen Merkmal einen maßgeblichen Anteil der Varianz des Abnehmerverhaltens zu erklären. M. a. W., um zu Segmenten zu gelangen, die eine hohe interne Homogenität der Reaktionen auf Marketing-Stimuli aufweisen und die sich untereinander genügend stark unterscheiden, muß die univariable Betrachtungsweise aufgegeben und zu Kriterienbündeln übergegangen werden.

Daraus resultiert jedoch eine Reihe von Problemen, deren sich der Analytiker bewußt sein muß, wenn er vor der Frage steht, welche Kriterien er der Segmentbildung zugrundelegen soll. Die Segmente, die man im jeweiligen Untersuchungsfall erhält, werden nicht nur durch die einzelnen Merkmale, sondern auch durch die Interdependenzen der Merkmale im Variablenset präjudiziert. Zu beachten ist dabei, daß es nicht sinnvoll ist, so viele Segmentierungskriterien heranzuziehen wie möglich.

Zwar wird durch Verwendung mehrerer Variablen die Gefahr verringert, daß die Segmente untereinander keine Verhaltensunterschiede aufweisen. Doch steigt gleichzeitig die Gefahr von Variableninterkorrelationen, die, falls sie nicht beseitigt werden, zu Verzerrungen der Segmentbildung führen. Auf der anderen Seite kann die Ausräumung gegebener Korrelationen wiederum die Segmentbildung beeinflussen. Zudem können formal stark diskriminierende Variablen, die aber für die Segmentbildung irrelevant sind, die tatsächlich gesuchten Segmente verbergen und zu unerwünschten Segmentbildungen beitragen. Eine Patentlösung für das Problem gibt es nicht, außer der vagen Empfehlung, Variablen nach Relevanzgesichtspunkten und nach ihrem Diskriminierungsvermögen auszuwählen [*Anderberg* (1973) 12]. Es gibt allerdings, wie wir sehen werden, Anhaltspunkte, die zu einer Operationalisierung dieser Empfehlung beitragen.

Untersucht man die Veröffentlichungen zur Marktsegmentierung im Hinblick darauf, welche Anforderungen an Segmentierungsmerkmale zu stellen sind, so beschränken sich die Ausführungen meist auf die isolierte Betrachtung einzelner Merkmale. Als Anhaltspunkte zur Beurteilung der Brauchbarkeit von Segmentierungsmerkmalen kristallisieren sich dabei die folgenden heraus:

1. Das Merkmal soll Indikator für die Reaktionen der Abnehmer auf Marketing-Stimuli sein.

2. Das Merkmal soll Anhaltspunkte für die segmentspezifische Gestaltung von Marketing-Maßnahmen geben.
3. Das Merkmal soll »meßbar« sein, wobei zugleich die Validität und Reliabilität der Messung zu fordern sind.
4. Die Aufteilung des Marktes mittels eines Merkmals muß unter Wirtschaftlichkeitsaspekten erfolgen: Von zwei Merkmalen, die die Punkte 1 – 3 gleich gut erfüllen, ist jenes vorzuziehen, das mit geringerem Aufwand für Segmentierungszwecke eingesetzt werden kann.

Berücksichtigt man den zur Erhöhung der Erklärungs- und Prognosefähigkeit notwendigen Übergang zu multidimensionalen Beschreibungen der Abnehmer, so sind die obengenannten Anforderungen auf diesen Fall abzustellen. Zudem erweitert sich der Anforderungskatalog, insbesondere im Hinblick auf Punkt 3 um eine Reihe von Gesichtspunkten: Neben den Meßproblemen treten weitere formale Probleme auf, die bei der Merkmalsauswahl zu berücksichtigen sind, will man nicht unbewußt die »natürliche« Struktur des Marktes verzerren und somit zu »falschen« Segmentdefinitionen gelangen.

Die weiteren Ausführungen des zweiten Kapitels werden sich zunächst mit dem Modell des Merkmalsraumes auseinandersetzen, um dann aufzuzeigen, welche Eigenschaften der einzelnen den Raum konstituierenden Merkmale sowie des gesamten Raumes bei der Segmentbildung zu beachten sind.

A. Darstellung des Grundmodells des Merkmalsraums

Als Bezugsrahmen für die Handhabung des Segmentierungsproblems im Hinblick auf die Segmentidentifikation, -beschreibung sowie -bearbeitung mit Marketing-Maßnahmen wird das Modell des Merkmalsraumes herangezogen.

Hierfür gibt es mehrere Gründe: Zum einen entspricht das Modell den praktischen Bemühungen zur Marktsegmentierung, bei denen man durchweg mit Kriterienbündeln arbeitet. Zum anderen gibt es Disziplinen (z.B. die numerische Taxonomie), die sich mit ähnlichen Problemen auseinandersetzen und die mit dem Raummodell eine weitgehende Formalisierung des Gruppierungsproblems erreichen. Dadurch ist die Übertragung der dort erzielten Forschungsergebnisse auf die Marktsegmentierung möglich und sinnvoll. Darüber hinaus gibt es in jüngerer Zeit eine Anzahl von Segmentierungsansätzen, die ausdrücklich auf dem Raummodell basieren, wie z.B. die Segmentierung nach Einstellungen, Wahrnehmungen und Präferenzen. Die Erfolge der »Produktfeldsegmentierung« sind u.E. nur zum Teil durch die Prognosefähigkeit des Ansatzes bedingt. Sie beruhen auch auf der faszinierenden Möglichkeit, den Gesamtmarkt und die in ihm vorhandenen Segmente übersichtlich zu visualisieren: »Übertragen räumliche Darstellungen haben, des menschlichen Raumbewußtseins wegen, den Vorteil einer gewissen Anschaulichkeit, die ... einen eigenen Zugang zum theoretischen Denken bietet« [*Mey* (1965) 36]. Das Raummodell veranschaulicht zudem besonders eindringlich, wie sich formale Eigenschaften der Merkmale bzw. Merkmalssets (Varianz der Merkmale, Korrelationen der Merkmale etc.) auf die Strukturierung des Marktes in Segmente auswirken.

Die Abbildung des zu segmentierenden Gesamtmarktes mittels des Merkmalsraumes geschieht auf folgende Weise: Bei m Segmentierungsmerkmalen werden die tatsächlichen bzw. potentiellen Abnehmer durch einen m-Tupel reeller Zahlen (Merkmalsausprägungen) beschrieben. Der Gesamtmarkt bzw. eine Stichprobe des Gesamtmarktes, bestehend aus n Abnehmern, ist damit als eine Konfiguration von n Punkten im m-dimensionalen Merkmalsraum zu sehen, wobei die Positionen der Bedarfsträger im Merkmalsraum durch ihre jeweiligen Merkmalsausprägungen bestimmt werden. »Natürliche Klassen« sind durch die multivariate Verteilung der Positionen im Merkmalsraum gekennzeichnet. Sie bilden »Punktewolken« (Cluster) im Raum, die es aufzuspüren gilt und die eventuell mit segmentspezifischen Marketing-Programmen bearbeitet werden können.

Abb. 1 veranschaulicht ein einfaches Segmentierungsproblem bei zwei Merkmalen, anhand deren sich drei disjunkte Segmente finden lassen. Die Suche nach Marktsegmenten läßt sich somit formal als das Problem der Erstellung eines m-dimensionalen

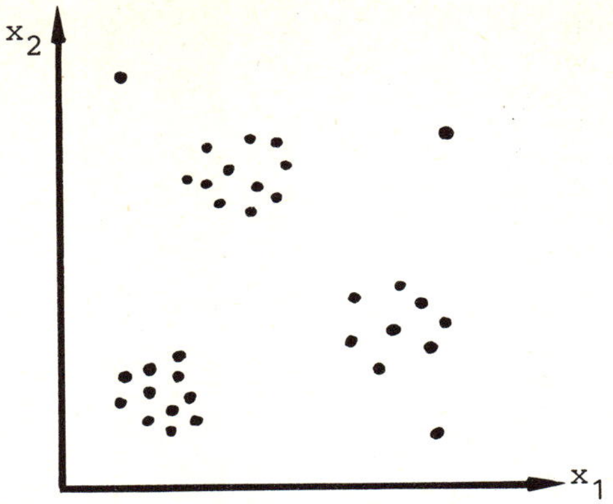

Abb. 1: Segmente im zweidimensionalen Raum

Merkmalsraumes und der anschließenden Positionierung und Gruppierung von Abnehmern im Raum interpretieren.

Dabei wird jene Partition $S = (S_1, S_2, \ldots, S_q)$ gesucht, die zu einer möglichst großen »Ähnlichkeit« der zu einem Segment S_k gehörenden Bedarfsträger (Homogenität) führt und bei der die verschiedenen Segmente leicht unterscheidbar sind (Separation) [Vgl. *Bock* (1974) 22]. Die (Un-)Ähnlichkeit der Bedarfsträger läßt sich durch das Konzept der Distanz zwischen den sie repräsentierenden Punkten im Merkmalsraum veranschaulichen: je ähnlicher sich zwei Bedarfsträger im Hinblick auf die den Raum aufspannenden Eigenschaften sind, desto geringer ist ihre Distanz im Raum [2].

Zur Lösung des Segmentierungsproblems sind zunächst Informationen über die Eigenschaften der Bedarfsträger zu beschaffen. Betrachtet man $j = 1, \ldots, n$ Bedarfsträger B einer Produktart, so läßt sich deren Gesamtheit mit $G = (B_1 \ldots, B_n)$ bezeichnen [Vgl. zum folgenden *Bock* (1974) 18 ff; *Sodeur* (1974) 39 ff].

Jeder dieser Bedarfsträger wird durch $i = 1, \ldots, m$ Segmentierungsmerkmale beschrieben, wobei die Merkmalsausprägungen eines jeden Bedarfsträgers durch die üblichen Marktforschungstechniken zu erfassen sind. Notwendig ist hierbei, daß sich die Merkmalsausprägungen durch reelle Zahlen abbilden lassen. Der Wert x_{ij} repräsentiert

[2] In der angelsächsischen Literatur wird zwischen »similarity measures« und »dissimilarity« oder »distance measures« unterschieden. Zunehmende Ähnlichkeit wird bei similarity measures durch zunehmende Zahlenwerte, bei dissimilarity measures durch abnehmende Zahlenwerte ausgedrückt. Beide Konzepte lassen sich ineinander überführen, weshalb wir sie synonym verwenden. Im englischsprachigen Raum bürgerte sich inzwischen als Oberbegriff für beide Konzepte der Ausdruck »proximity measure« ein. Vgl. *Shepard*, R. N.: The Analyses of Proximities: Multidimensional Scaling with an Unknown Distance Function, Part I, in: Psychometrika, Vol. 27 (June 1962), S. 125 f.

dann die Ausprägung der Eigenschaft i bei Bedarfsträger j. Die erfaßten Merkmalswerte x_{ij} lassen sich in einer mxn (»Roh-«)Datenmatrix X anordnen, die die Grundlage zur technischen Handhabung des Segmentierungsproblems bildet.

Merkmale \ Bedarfsträger	B_1	B_2	...	B_j	...	B_n
1	x_{11}	x_{12}	...	x_{1j}	...	x_{1n}
2	x_{21}	x_{22}	...	x_{2j}	...	x_{2n}
:	⋮	⋮		⋮		⋮
i	x_{i1}	x_{i2}	...	x_{ij}	...	x_{in}
:	⋮	⋮		⋮		⋮
m	x_{m1}	x_{m2}	...	x_{mj}	...	x_{mn}

Abb. 2: Datenmatrix $X = x_{ij}$

Der Vektor $x_j = \begin{bmatrix} x_{1j} \\ x_{2j} \\ \cdot \\ \cdot \\ \cdot \\ x_{mj} \end{bmatrix}$ beschreibt die Eigenschaft des j-ten Bedarfsträgers. Die Gruppierung von Bedarfsträgern erfolgt damit im Grunde durch Gruppierung der sie beschreibenden Vektoren $x_1, \ldots, x_j, \ldots, x_n$ [Vgl. auch die Einführung bei *Freitag* (1975) 59–125].

Wir werden später eine Reihe von Segmentierungsvariablen kennenlernen, die nicht unmittelbar die Personen beschreiben.

So werden z.B. die Auskunftspersonen gebeten, die am Markt vorhandenen Marken einer Produktkategorie anhand verschiedener Kriterien zu beurteilen.

Personen mit gleichen oder ähnlichen Urteilen sind dann zu Segmenten zusammenzufassen. Als Ausgangsbasis zur Segmentierung erhalten wir dann eine dreidimensionale Matrix, bestehend aus Auskunftspersonen, Produktmarken und Beurteilungsmerkmalen (vgl. Abb. 3).

Diese Matrix könnte noch nach verschiedenen Aspekten höher dimensioniert werden, etwa dadurch, daß die Auskunftspersonen die Marken im Hinblick auf verschie-

Beur-teiler	Marke 1			Marke 2				Marke p		
	B_1	B_2 ...	B_n	B_1	B_2 ...	B_n	...	B_1	B_2 ...	B_n
Merkmale										
1	x_{111}	x_{112} ...	x_{11n}	x_{121}	x_{122} ...	x_{12n}	...	x_{1p1}	x_{1p2} ...	x_{1pn}
2	.	.	.	.	.	.		.	.	.
.	.	.	.	.	.	.		.	.	.
.	.	.	.	.	.	.		.	.	.
.	.	.	.	.	.	.		.	.	.
m	x_{m11}	x_{m12} ...	x_{m1n}	x_{m21}	x_{m22} ...	x_{m2n}	...	x_{mp1}	x_{mp2} ...	x_{mpn}

Abb. 3: Dreidimensionale mxpxn Datenmatrix aus n Beurteilern, p Marken und m Beurteilungsmerkmalen

dene Verwendungszwecke zu beurteilen haben (z.B. PKW als Erst- oder Zweitwagen etc.) oder daß sie ihre Beurteilung zu verschiedenen Zeitpunkten wiederholen müssen (z.B. nach Durchführung einer Werbekampagne).

Auf diese Modifikationen des Grundmodells und die daraus resultierenden Probleme und Methoden der Segmentidentifikation wird an anderer Stelle noch ausführlich eingegangen.

Wurde eine Gruppierung der Bedarfsträger etwa mit Hilfe der Clusteranalyse in Segmente vorgenommen, so nimmt die Datenmatrix der Abb. 2 folgendes Aussehen an (Vgl. Abb. 4).

Segmente	Segment 1				Segment q		
Bedarfsträger	B_{11}	B_{12} ..	B_{1n_1}	...	B_{q1}	B_{q2} ..	B_{qn_q}
Merkmale ↓							
1	x_{111}	x_{112} ..	x_{11n_1}	...	x_{1q1}	x_{1q2} ..	x_{1qn_q}
.	.						
.	.						
.	.						
m	x_{m11}	x_{m12} ..	x_{m1n_1}	...	x_{mq1}	x_{mq2} ..	x_{mqn_q}

Abb. 4: Segmentierte Datenmatrix

Oft ist es sinnvoll, die Segmente nur noch durch typische Merkmalsausprägungen zu beschreiben (z.B. Mittelwerte der Segmente). Man erhält dann eine reduzierte Datenmatrix (Vgl. Abb. 5).

Merkmale \ Segmente	S_1	...	S_q
1	$\bar{x}_{11}$	...	$\bar{x}_{1q}$
.	.		.
.	.		.
.	.		.
m	$\bar{x}_{m1}$	...	$\bar{x}_{mq}$

Abb. 5: Reduzierte Datenmatrix durch Segmentbildung und Repräsentation der Segmente mittels typischer Merkmalsausprägungen.

Die später erfolgende Diskussion über die den Raum aufspannenden Segmentierungsmerkmale wird zeigen, daß der Merkmalsraum nur in den seltensten Fällen der üblichen Raumvorstellung entspricht [Vgl. *Sodeur* (1974) 13]. Die Anzahl der Merkmale und damit die Raumdimensionalität ist i.d.R. größer als drei. Die Merkmale sind oft korreliert (z.B. Einkommen, Ausbildung, Alter), so daß geometrisch gesehen die Dimensionen schiefwinkelig aufeinander stehen. Die Merkmale haben mitunter unterschiedliche Maßeinheiten bzw. sind inhaltlich unvergleichbar (Alter, Einkommen, Geschlecht etc.). Darüber hinaus weisen sie eventuell unterschiedliche Skalenniveaus auf.

Diese Eigenschaften der Merkmale und des Merkmalsraums sind bei der Suche nach Marktsegmenten unbedingt zu beachten.

B. Eigenschaften des Merkmalsraums und ihre Konsequenzen für die Segmentbildung

I. Die Messung der Merkmalsausprägungen

1. *Messen und Skalieren*

Die Partition der Gesamtheit der Bedarfsträger einer Produktart setzt voraus, daß die relevanten Eigenschaftsdimensionen gemessen werden [Oft genug findet man in der Literatur zur Marktsegmentierung den Hinweis auf die »Unmeßbarkeit« bestimmter Merkmale. »... damit werden allerdings nur grobe Mißverständnisse sowohl über die Natur sozialer Sachverhalte wie auch über die Natur des Messens reproduziert«. *Scheuch/Zehnpfennig* (1974) 177]. Messen bedeutet, daß Dimensionen eines Objekts (oder einer Objektklasse) unter Beachtung bestimmter Regeln Zahlen zugeordnet werden, wobei die Relationen zwischen den Zahlen analoge Relationen zwischen den Objekten widerspiegeln [Vgl. z.B. *Stevens* (1965) 1; *Ackoff/Gupta/Minao* (1962) 179; *Coombs* (1966) 485; *Sixtl* (1967) 1f]. Es handelt sich hierbei um einen Prozeß, bei dem die letztlich interessierende Plazierung einer Einheit auf einem eindimensionalen Kontinuum bzw. im mehrdimensionalen Raum das Endresultat darstellt.

Ziel des Messens ist eine adäquate (symbol-)sprachliche Abbildung eines Objektsystems durch ein abstraktes System. Die Ähnlichkeit des Meßmodells mit dem Objektsystem hängt von den Regeln ab, nach denen die Zuordnung der Zahlen zu erfolgen hat. Die Wahl dieser Regeln ist nicht vollständig beliebig, sie ergeben sich aus der Eigenschaftsstruktur der zu messenden Objekte und dem Abbildungsmittel, d.h. hier aus dem symbolsprachlichen Gebilde [Vgl. u.a. *Sixtl* (1967) 2; *Stosberg* (1972) 26f].

Wir können damit das Messen von Eigenschaften der Bedarfsträger als Erstellung einer sprachlichen »Abbildung« (im übertragenen Sinne) bezeichnen, »... wobei bestimmte, von der Art des Originals und des Abbildungsmittels abhängige Ähnlichkeitserfordernisse erfüllt sind« [*Köhler* (1975a) 2708]. Gefordert wird im Zusammenhang mit der Marktsegmentierung, daß das Modell empirisch überprüfbar ist, d.h. es müssen aus ihm Voraussagen beobachtbarer Ereignisse abgeleitet werden können. Nach Bewährung des Meßmodells in Prognosetests bzw. technologischen Anwendungen kann man annehmen, daß die Ähnlichkeitserfordernisse erfüllt sind [Vgl. *Köhler* (1972) 93].

Wurde Messen als Erstellung einer symbolsprachlichen Abbildung eines Objektes unter Beachtung bestimmter Ähnlichkeitserfordernisse bezeichnet, so läßt sich »Skalierung« als eine Form des Messens bezeichnen, bei der folgende Bedingungen eingehalten werden:

»1. Es werden Objekte nach den an ihnen beobachteten Eigenschaften aufgrund einer interpersonell konstanten Vorgehensweise auf einem Kontinuum plaziert, wobei
2. ein Modell der Verteilungsgesetze für die Indikatoren, ihre Interaktion und die Verteilung der Objekte vorausgesetzt wird,
3. objektive Kriterien zur Beurteilung des Grades an Übereinstimmung zwischen Modellannahmen und Beobachtungsmaterial vorliegen, sowie

4. auf die Verwendung eines äußeren Maßstabs verzichtet werden kann und die Ordnung aus dem Beobachtungsmaterial heraus erfolgt« [*Scheuch/Zehnpfennig* (1974) 105].

Formen des Messens, die diese Bedingung nicht erfüllen, werden als Indexbildung bezeichnet [Vgl. *Scheuch/Zehnpfennig* (1974) 105 sowie *Mayntz/Holm/Hübner* (1972) 44ff]. Oft wird auf diese Unterscheidung verzichtet und einheitlich von Skalierung gesprochen (so z.B. auch bei mehrdimensionaler Skalierung).

Es kam schon mehrfach zum Ausdruck, daß sich die Eigenschaften der Bedarfsträger auf unterschiedlichem »Niveau« messen lassen. Das Meßniveau der Merkmale beeinflußt die Eigenschaften des Merkmalsraumes, die anwendbaren Datenanalyseverfahren bzw. Rechenoperationen und damit die Segmentidentifikation.

2. *Meßniveaus der Merkmale*

Die herkömmliche Einteilung der Skalen erfolgt in Anlehnung an *Stevens* [Vgl. *Stevens* (1965) 23ff] in Nominal-, Ordinal-, Intervall- und Verhältnisskalen. Die Skalenniveaus unterscheiden sich im Hinblick darauf, welche Eigenschaften der Zahlen im gegebenen Fall empirischen Sinn haben.

Nominalskala

Zahlen stehen als Namen für Klassen (z.B. männlich-weiblich). Zulässige statistische Operationen sind z.B. die Berechnung von chi^2 oder des phi-Koeffizienten sowie die Ermittlung der absoluten und relativen Häufigkeiten in der Besetzung der Merkmalsklasse.

Ordinalskala

Die Zahlen sind Rangwerte, d.h. sie bezeichnen die Rangordnungen der Objekte im Hinblick auf ihre Merkmalsausprägung (z.B. Präferenzordnung und Einstellungsaussagen). Sie geben keine Auskunft über die quantitativen Unterschiede der Merkmalsausprägungen der Objekte. Zulässige Operationen sind z.B. die Berechnung des Medians, der Rangkorrelationen sowie die monotone Transformation etwa nach dem *Kruskal*-Ansatz zur mehrdimensionalen Skalierung.

Intervallskala

Hier haben die Abstände zwischen den Zahlen empirische Bedeutung, d.h. Zahlenabstände und Unterschiede der Merkmalsausprägungen entsprechen sich. Die Festlegung des Ursprungs ist jedoch willkürlich (z.B. IQ-Skala). Zulässige Rechenoperationen sind u.a. arithmetisches Mittel, Standardabweichung, Produkt-Moment-Korrelationskoeffizient, lineare Transformation ($y = ax + b$), t-Test, F-Test.

Verhältnisskala

Hier hat auch der Nullpunkt empirische Bedeutung (z.B. Einkommen, Alter, Umsatz, Länge, Gewicht). Mit den Werten der Ratioskala können alle mathematischen Operationen durchgeführt werden, d.h. auch Divisionen und Multiplikationen. Lineare Transformationen, die den Wert des Ursprungs unverändert lassen, sind erlaubt ($y = ax$).

Nominal- und ordinalskalierte Variablen bezeichnet man auch als nichtmetrische, intervall- und verhältnisskalierte Variablen als metrische Variablen. Letztere sind Voraussetzung zur Anwendung der metrischen mehrdimensionalen Skalierung, der Faktoren-, Hauptkomponenten- und Diskriminanzanalyse sowie zur metrischen Clusteranalyse.

Die Segmentierungsmerkmale decken das gesamte Spektrum der Skalenniveaus ab: z.B. Geschlecht, Wohnort (nominal), Präferenzen für Marken oder Einkaufsstätten sowie viele Einstellungsmessungen (ordinal), Wahrnehmungen und Einstellungsmessungen mit dem *Shepard/Kruskal*-Ansatz zur mehrdimensionalen Skalierung (intervallskaliert), Einkommen und Alter (verhältnisskaliert).

In der Fachliteratur und in der Praxis der Marktsegmentierung werden die Skalenniveaus der Merkmale vielfach ignoriert und Rechenoperationen durchgeführt, die im Grunde unzulässig sind. Dies trifft insbesondere bei der Segmentierung nach psychographischen Merkmalen zu, die i.d.R. nur Ordinalskalenniveau aufweisen. Für die Gruppierung der Bedarfsträger in Segmente ist auf das Meßniveau der Eigenschaftsdimensionen zu achten. Aus ihm ergibt sich, welche Definition der Ähnlichkeit von Bedarfsträgern zulässig ist und welche statistischen Operationen zur Segmentbildung ergriffen werden können.

3. *Transformation von Meßniveaus*

Die Umwandlung von Meßniveaus kann aus zweierlei Gründen erforderlich werden. Zum einen setzen manche Segmentbildungsalgorithmen ein Skalenniveau voraus, das die vorliegenden Daten u.U. nicht ausweisen. Zum anderen können im Variablenset Merkmale unterschiedlichen Meßniveaus enthalten sein. Dieses Problem läßt sich dadurch lösen, daß man gemischte Variablensets homogenisiert: nichtmetrisch gemessene Variablen können eventuell in metrische übergeführt werden oder man stuft metrische in nichtmetrische Variablen herunter. Anschließend kann (bei bestimmten Clusterverfahren) das dem nun einheitlichen Skalenniveau angemessene (Un-)Ähnlichkeitsmaß definiert werden und eine Gruppierung der Bedarfsträger erfolgen. Ein weiterer Ausweg aus dem Problem gemischter Variablen besteht darin, Variablensubsets mit einheitlichem Skalenniveau zu bilden und für jedes Subset das angemessene (Un-)Ähnlichkeitsmaß zu berechnen. Der Gesamtunterschied zweier Bedarfsträger ergibt sich dann z.B. als gewichtetes arithmetisches Mittel der einzelnen Maße.

Folgende Transformationen sind denkbar:

(1) Nominal- in Ordinalskala

Dieses Transformationsproblem ist nur durch Heranziehung zusätzlicher Informationen zu lösen, indem man die nominalskalierte Variable mit einer anderen ordinal- oder intervallskalierten Variablen korreliert [Vgl. hierzu *Anderberg* (1973) 53ff und 63ff]. Dabei ist den Objekten einer Klasse jeweils jener Merkmalswert zuzuordnen, der zur maximalen Korrelation mit der zusätzlich herangezogenen Variablen führt (bei einer intervallskalierten Vergleichs-Variablen liegt eine Dummy-Variablen-Regression vor).

(2) Nominal- in Intervall- bzw. Verhältnisskala

Die Lösung erfolgt durch Korrelation mit einer metrischen Variablen. Als Zahlenwert für die

Klassen werden die Regressionskoeffizienten verwendet. Weist eine nominalskalierte Variable nur zwei Ausprägungen auf (dichotome Variable), so kann sie unmittelbar als quantitative Variable behandelt werden. Aus Rechengründen wählt man zumeist die Werte 0 und 1. Die dichotome Skalierung erlaubt alle Rechenoperationen die auf einem linearen Modell beruhen [Vgl. den Beweis bei *Anderberg* (1973) 29], wie z.B. Einfachkorrelation, Varianzberechnung, lineare Regression, Diskriminanz-, Faktoren-, Hauptkomponentenanalyse, Kanonische Analyse etc.

Es kann deshalb wünschenswert sein, multichotome Variablen in dichotome überzuführen und diese als quantitative Variablen zu behandeln [Vgl. *Sodeur* (1974) 67ff; *Anderberg* (1973) 68].

(3) Ordinal- in Nominalskala

Der einfachste Weg, um von Ordinal- zu Nominalskalen zu gelangen, führt über die Vernachlässigung der Rangordnungsinformationen A > B > C, indem man jede Rangstufe A, B, C als Klasse verwendet. Interessanter ist allerdings, im Hinblick auf die Bewältigung des Segmentierungsproblems mittels entsprechender Datenanalyseverfahren, die Transformation in dichotome Variablen. Aus einer k-stufigen Rangordnung eines Merkmals lassen sich k-1 zweiwertige Merkmale bilden [Vgl. *Sodeur* (1974) 63].

Hierbei tritt allerdings eine ungewollte Gewichtung ein, denn statt einem ordinalen Merkmal liegen k-1 dichotome Merkmale vor. Diese Gewichtung ist deshalb durch entsprechende Ähnlichkeitsmaße zwischen den Bedarfsträgern zu eliminieren (wird z.B. die Unähnlichkeit als Euklid-Distanz formuliert, so kann man den Distanzwert, der sich bei k-1 dichotomen Variablen ergibt, durch k-1 dividieren).

(4) Ordinal- in Intervall- bzw. Verhältnisskala

Mit dem Boom der Heranziehung ordinalskalierter psychographischer Variablen wuchs aus methodischen Gründen der Datenanalyse der Wunsch, diese Merkmale in Intervallskalenniveaus zu transformieren. Demgemäß gibt es eine Fülle teils sehr komplexer Ansätze zur Bewältigung dieses Problems. Die naivste Handhabung erfolgt dadrurch, daß man die Rangzahlen als intervallskaliert annimmt. Dies ist z.B. in der Einstellungsmessung weit verbreitet, wenn man aus Aussagen von Versuchspersonen (Vpn) Mittelwerte und Streuungsmaße berechnet oder sie einer Diskriminanz-, Faktoren- bzw. Hauptkomponentenanalyse unterzieht. Fundierte Möglichkeiten bieten sich in der Anwendung der nichtmetrischen mehrdimensionalen Skalierung oder des Conjoint Measurement. Durch diese Techniken lassen sich ordinale Daten in metrische überführen und in dem nun vorliegenden Merkmalsraum die entsprechenden Segmentbildungsmethoden anwenden.

(5) Intervall- bzw. Verhältnisskala in Nominalskala

Handelt es sich um relativ wenige Maßeinheiten (z.B. Schulbildung in Jahren), so können diese als Klassen Verwendung finden.

Eine weitere Alternative besteht darin, daß die Klassenanzahl festgelegt wird und eine Aufteilung der Spannweite der kardinal gemessenen Variablen in gleich große Intervalle oder in Gruppen mit gleicher Besetzung erfolgt. Die gleichen Methoden sind auch bei der folgenden Transformation möglich.

(6) Intervall- bzw. Verhältnisskala in Ordinalskala

Hierbei wird im Gegensatz zu (5) die Rangordnungsinformation beibehalten.

Die aufgeführten Skalentransformationen sind nur ein Ausschnitt aus dem Spektrum der Möglichkeiten. Weitere Ansätze finden sich bei *Anderberg* [(1973) 30ff] und der dort zitierten Literatur. Darüber hinaus können mehrere Transformationen hintereinandergeschaltet werden: So ist es z.B. zur Reduktion von Wahrnehmungräumen unter Umständen notwendig, ordinale Ähnlichkeitsaussagen der Vpn in intervallskalierte mittels *Thurstones* »Law of Comparative Judgement« überzuführen, um anschließend dieses Skalenniveau in eine Verhältnisskala zu transformieren.

Wie man sieht, gibt es eine Reihe von Möglichkeiten der Datentransformation, um die Merkmalsets in ein einheitliches Skalenniveau überzuführen. Soweit es von der Sache her möglich ist, sollte allerdings die Auswahl der Merkmale so erfolgen, daß von vornherein ein einheitliches Meßniveau vorliegt. Allerdings kann auf diesen relativ sekundären Aspekt zur Merkmalsauswahl nicht immer Rücksicht genommen werden. Welche Variablen bei den damit vorliegenden gemischten Skalenniveaus zu transformieren sind, hängt von mehreren Gesichtspunkten ab: prinzipiell führt eine »Herunterstufung« zu meist unerwünschten Informationsverlusten, so daß eine »Heraufstufung« in höhere Skalenniveaus vorzuziehen ist. Überwiegt allerdings die Anzahl der nichtmetrischen Merkmale, so sind die metrischen in nichtmetrische überzuführen. Zudem ist eine Herunterstufung mit geringerem Arbeitsaufwand verbunden. Darüber hinaus bestimmt die jeweilige Ausgangssituation die anwendbare Transformationsmethode. Manchmal kann auch anstatt einer inadäquat skalierten Variablen und anschließender Transformation von Skalenniveaus ein anderer Indikator für den zu messenden Sachverhalt gefunden werden, der sich auf dem gewünschten Skalenniveau erfassen läßt (vgl. z.B. die Suche nach korrelierenden Variablen zur Transformation von Skalenniveaus!).

Schließlich können, wie schon angedeutet wurde, auch bei gemischten Variablensets entsprechende (Un-)Ähnlichkeitsmaße zwischen den Bedarfsträgern definiert werden, die dann der Segmentbildung zugrunde zu legen sind. Allerdings weisen viele dieser Maße unerwünschte Eigenschaften auf, so daß im Einzelfall doch die Skalentransformation vorzuziehen ist.

4. *Maßeinheiten, Varianz und Standardisierung von Merkmalen*

Nehmen wir in diesem Abschnitt an, daß der Merkmalsraum aus metrischen Merkmalen aufgespannt wird, sei es von Anfang an oder durch Heraufstufen nichtmetrischer Merkmale. Dennoch sind vor der Segmentbildung einige Schwierigkeiten zu überwinden [Vgl. hierzu die Ausführungen bei *Sodeur* (1974) 49 ff; *Bock* (1974) 35 ff].

Es ist einsichtig, daß die Wahl der *Maßeinheiten* der Merkmale unter Umständen die Distanz der Bedarfsträgerpositionen im Merkmalsraum beeinflußt (z.B. bei der Euklid-Distanz) und so die Segmentbildung präjudiziert, d.h. es gibt Distanzmaße, die nicht »skaleninvariant« sind. So werden sich z.B. andere Gruppierungen ergeben, wenn die im Merkmalset enthaltene Variable »Nettoeinkommen« in DM oder in TDM gemessen wird.

Doch selbst wenn alle Merkmale in den gleichen Maßeinheiten gemessen werden, kann es zu einer ungewollten Verzerrung der »natürlichen« Segmente kommen: Bilden beispielsweise die Merkmale »monatliches Nettoeinkommen in DM« und »monatliche Ausgaben für Waschmittel in DM« die Koordinaten des Merkmalsraumes, so sind die Maßeinheiten zwar formal identisch, sie beziehen sich jedoch auf inhaltlich unterschiedliche Merkmale. Daraus resultiert auch eine unterschiedliche Bedeutung der

Maßeinheiten für die Segmentbildung: 1 DM Waschmittelkonsum hat einen anderen Stellenwert als 1 DM Einkommen.

Fehlende Äquivalenz der Maßeinheiten [Vgl. *Sodeur* (1974) 52] ist erst recht gegeben, wenn inhaltlich unterschiedliche Merkmale mit verschiedenen Maßeinheiten (Alter in Jahren, Einkommen in DM, Kaufmenge in Kilogramm etc.) gemessen werden. Eine Segmentbildung in einem Merkmalsraum mit derartig verschiedenen Maßeinheiten ist unsinnig. Die Ungleichartigkeit der Maßeinheiten ist zu beseitigen.

Daneben bestimmt die *Varianz* der Merkmale das Ausmaß der Ähnlichkeit von Bedarfsträgern. Bleiben wir bei dem obigen Beispiel, so ist ersichtlich, daß die Streuung des wertmäßigen monatlichen Waschmittelkonsums wesentlich geringer ist als die Streuung des monatlichen Nettoeinkommens. Die stärkere Varianz des Nettoeinkommens bewirkt, daß die Segmentbildung durch das Einkommen dominiert wird (Vgl. Abb. 6).

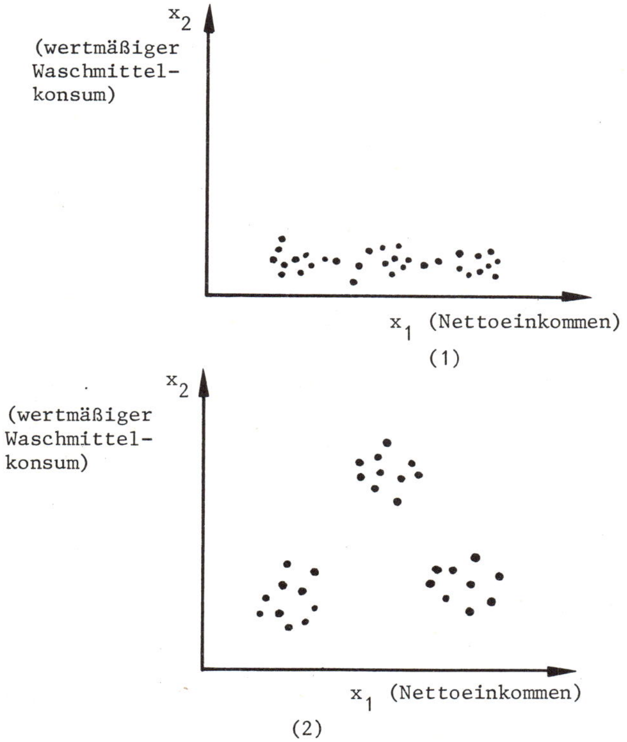

Abb. 6: Merkmale unterschiedlicher Varianz (1) und gleicher Varianz durch Standardisierung (2) [Quelle: *Sodeur* (1974) 54]

Eine mögliche Lösung, ungewollte Effekte der Maßeinheiten und der Varianz der Merkmale zu eliminieren, besteht in der Normierung der Merkmale. Hierzu zwei Beispiele: Wurde die Ausprägung von n Bedarfsträgern auf einem Merkmal i gemessen (Zeile i der m x n-Matrix: x_{i1}, x_{i2} ... x_{ij} ... x_{in}), so kann eine zeilenweise Standardisierung dadurch erfolgen, daß man von jedem Wert x_{ij} den niedrigsten Merkmalswert der Zeile subtrahiert und das Ergebnis jeweils durch die Spannweite dividiert. Dadurch liegen nur noch Werte x_{ij} in Intervall 0,1 vor:

$$\hat{x}_{ij} = \frac{x_{ij} - \text{Min}\,(x_{ij})}{r_i}$$

$i = 1, \ldots, m$
$j = 1, \ldots, n$

mit $r_i = |\,\text{Min}\,(x_{ij}) - \text{Max}\,(x_{ij})\,| = \text{Spannweite}$

Die häufigste Standardisierung der Merkmale ist die sogenannte z-Transformation, bei der jedes standardisierte Merkmal den Mittelwert 0 und die Standardabweichung 1 aufweist:

$$z_{ij} = \frac{x_{ij} - \bar{x}_i}{s_i}$$

$i = 1, \ldots, m$
$j = 1, \ldots, n$

$$\text{mit} \quad \bar{x}_i = \frac{1}{n} \sum_{j=1}^{n} x_{ij} \quad \text{und} \quad s_i = \left| \frac{1}{n-1} \sum_{j=1}^{n} (x_{ij} - \bar{x}_i)^2 \right| 2$$

Durch die Standardisierung lassen sich Verzerrungen in der Punktekonfiguration und damit eine ungewollte Segmentbildung beseitigen. Allerdings muß auch die Wahl der verschiedenen Normierungsverfahren durch den zugrunde liegenden Sachverhalt geleitet werden, da jede Transformation Auswirkungen auf die Gruppierungen im Merkmalsraum hat und somit zu unterschiedlichen Marktsegmenten führt.

II. Korrelierende Merkmale

Bislang wurde stillschweigend angenommen, daß die Koordinatenachsen des Merkmalsraums senkrecht aufeinander stehen. Dies bedeutet nicht anderes als die Unterstellung, daß die Merkmale des Raumes unkorreliert seien. Dies ist in vielen Fällen nicht zu erwarten. Demographische und sozioökonomische Variablen weisen oft erhebliche Korrelationen auf (bei Einstellungsmessungen wird z.B. absichtlich ein redundantes Set von Statements zur Beurteilung von Produkten vorgelegt).

Geometrisch gesehen führt dies zu schiefwinkeligen Koordinatenachsen des Merkmalsraumes. Hierzu einige Beispiele (Vgl. Abb. 7).

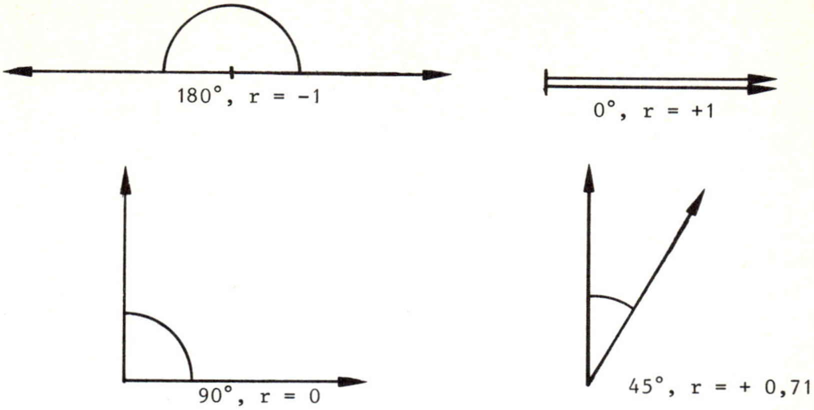

Abb. 7: Geometrische Bedeutung von Korrelationskoeffizienten

Nehmen wir an, zwei Merkmale seien positiv korreliert, so weisen die Koordinatenachsen einen Winkel von $\alpha < 90°$ auf. Bei Vernachlässigung dieses Sachverhaltes und Abbildung der Punktekonfiguration im rechtwinkeligen Koordinatensystem, werden die Abstände zwischen einzelnen Bedarfsträgern gestreckt, d. h. sie erscheinen zu groß:

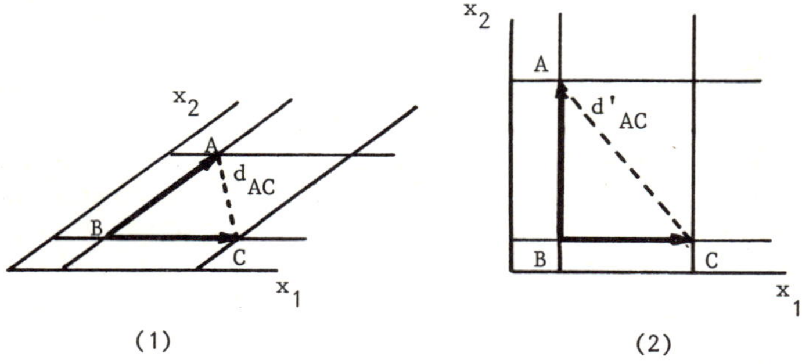

Abb. 8: Darstellung korrelierender Merkmale in unterschiedlichen Koordinatensystemen [Quelle: *Sodeur* (1974) 57]

Abb. 8 (1) zeigt den »wahren« Sachverhalt. Die Entfernung d_{AC} der Bedarfsträger A und C ist unverzerrt. Bei Vernachlässigung der Korrelation $r_{x1\ x2}$ folgt Abb. 8 (2): die Distanz d_{AC} ist gegenüber der tatsächlichen Entfernung zu groß. Die durch die Redundanz zweier Merkmale hervorgerufene Überbetonung der Unterschiede zweier Bedarfsträger tritt aber nur auf, wenn sich Bedarfsträger bei beiden Merkmalen unterscheiden, wie dies bei A und C der Fall ist.

Entsprechend bewirken negative Korrelationen eine Unterschätzung der tatsächlichen Entfernung zwischen Bedarfsträgern, die sich in beiden Merkmalen unterscheiden.

Zur Umrechnung korrelierender Merkmale in neue, nichtkorrelierende Variablen gibt es mehrere Verfahren wie z.B. die Faktoren- oder Hauptkomponentenanalyse, bei denen die ursprünglichen Variablen x_{ij} in ein neues Set unkorrelierter Variablen transformiert werden. Allerdings geht auch in die Position der Bedarfsträger auf den neuen orthogonalisierten Dimensionen die ursprüngliche Verzerrung ein, weshalb die neuen Variablen noch zusätzlich normiert werden müssen. Daneben gibt es Abstandsmaße, die die Korrelationen von Variablen explizit berücksichtigen – wie etwa die Mahalanobis-Distanz – und damit ungewollte Gewichtungen ausschalten.

Häufig werden zur Segmentbildung komplexe Variablen vorgeschlagen, die sich aus mehreren Teileigenschaften der Bedarfsträger zusammensetzen. So wird die Variable »Life Cycle« aus mehreren Variablen wie Familienstand, Alter, Anzahl der Kinder etc. gebildet. Weitere Beispiele sind Merkmale wie Life Style und Soziale Klasse. In der Soziologie wird zumeist mittels einfacher Rechenoperationen hieraus eine eindimensionale Variable erstellt, »auf die die Klassen möglicher Merkmalskombinationen aus dem mehrdimensionalen Eigenschaftsraum abgebildet werden« [*Mayntz / Holm / Hübner* (1972) 46].

Im Grunde handelt es sich um eine methodisch nicht haltbare Reduktion mehrdimensionaler Merkmalsräume auf eine einzige Dimension. In all diesen Fällen ist anzunehmen, daß die zugrunde liegenden Teildimensionen korrelieren. Die Transformation in eine einzige Variable muß diesen Sachverhalt berücksichtigen, denn sonst wird die Merkmalsausprägung der Bedarfsträger der neuen Variablen verzerrt und führt zu unerwünschten Segmentierungen.

Methodisch besser wäre eine getrennte Behandlung der einzelnen Ausgangsvariablen: sie sind gleichermaßen den Untersuchungen hinsichtlich der Korrelationen, Standardisierung etc. zu unterwerfen wie die anderen Merkmale. Ebenso ist nicht a priori über die Dimensionalität zu entscheiden, sondern die Dimensionalität darf nur entsprechend dem Anteil der vorhandenen Redundanz verringert werden, wie dies durch Einsatz faktorenanalytischer oder diskriminanzanalytischer Verfahren bzw. durch die Hauptkomponentenanalyse geschieht.

III. Gewichtung von Merkmalen

Bei der Diskussion über die Wahl der Maßeinheiten, der Standardisierung und Korrelation von Variablen ging es implizit immer um die Beseitigung ungewollter Gewichtungen von Variablen [Vgl. *Anderberg* (1973) 102ff]. Nun gibt es Segmentierungsprobleme, bei denen eine Gewichtung von Variablen sinnvoll sein kann [Vgl. *Baumann* (1971) 63ff]. Bei der Product-Space-Segmentierung des PKW-Marktes etwa kann es vorkommen, daß das Merkmal »Zuverlässigkeit« eines PKW von den Bedarfsträgern als wichtiger erachtet wird als das Merkmal »Formschönheit« und daß deshalb unterschiedliche Beurteilungen auf der Zuverlässigkeitsdimension für eine Segmentbildung von größerer Bedeutung sind als unterschiedliche Beurteilungen auf dem Merkmal »Formschönheit«.

Derartige Sachverhalte lassen sich durch Gewichtung der Merkmalsdimension berücksichtigen. Allerdings sollte diese Gewichtung immer unter Beachtung empirischer Informationen erfolgen. Im Rahmen der mehrdimensionalen Skalierung von Wahrnehmungen gibt es inzwischen Programme, die die Dimensionsgewichte aus der Struktur der zugrunde liegenden Daten herausschälen. In den meisten Fällen kann sich die Gewichtung der Variablen nur an Vorkenntnissen über den Untersuchungsbereich ausrichten. Geometrisch betrachtet wirkt sich die Gewichtung von Variablen als Streckung bzw. Stauchung des Merkmalsraums aus [Vgl. hierzu *Ball* (1970) 5 ff].

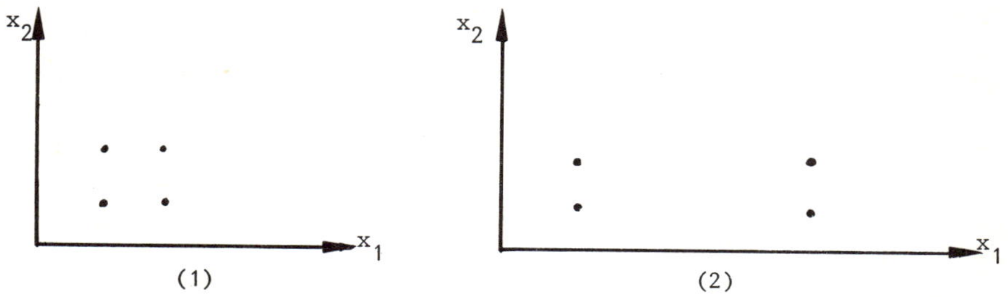

Abb. 9: Gewichtung von Merkmalen:
(1) Gleichgewichtung – (2) stärkere Gewichtung von x_1 [Quelle: *Sodeur* (1974) 44]

Im Grunde wird, falls die Gewichtung nicht aus der Datenstruktur heraus erfolgt oder sich an fundierten Vorkenntnissen orientiert, eine Punkthäufung an bestimmten Stellen des Merkmalsraums willkürlich erzeugt bzw. verhindert. Die Suche nach natürlichen Marktsegmenten läuft dann auf die Identifikation künstlich erzeugter Gruppierungen hinaus, weshalb die Gewichtung aufgrund unterschiedlicher Indikatoreignung eines Merkmals mit Vorsicht zu behandeln ist [Vgl. *Jardine / Sibson* (1971) 25].

IV. Vernachlässigung relevanter Merkmale

Nehmen wir im folgenden an, daß sich die gesamte Varianz des Verbraucherverhaltens durch drei Indikatorvariablen vollständig erklären läßt.

Betrachten wir zunächst die Verteilung der Abnehmer entsprechend ihrer Werte auf der Variablen x_1 (Vgl. Abb. 10).

Aus dem in Abb. 10 dargestellten Sachverhalt läßt sich kaum eine Klassifikation ableiten. Allenfalls könnte eine Trennung in $x_1 < 4$ und $x_1 \geq 4$ erfolgen.

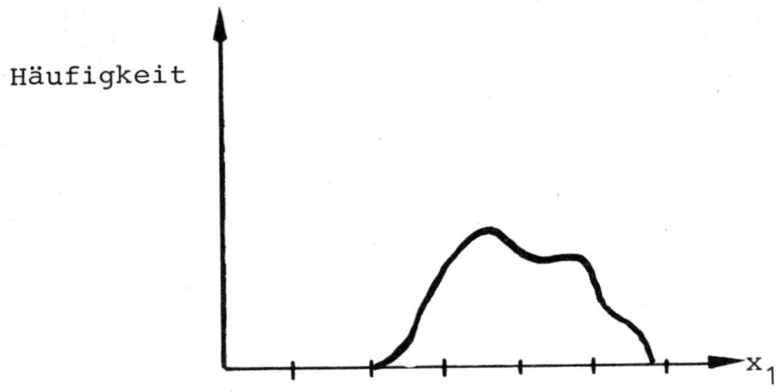

Abb. 10: Verteilung der Bedarfsträger im eindimensionalen Raum

Die Verwendung einer weiteren Variablen x_2 läßt das in Abb. 11 dargestellte Bild entstehen.

Abb. 11: Verteilung der Bedarfsträger im zweidimensionalen Raum

Abb. 11 legt somit eine Aufteilung in drei Segmente nahe. Dem Analytiker, dem die Verteilung der x_1- und x_2-Werte vorliegt, kann, wie Abb. 12 zeigt, bei schematischer Anwendung der Datenanalysetechniken eine negative Korrelation von x_1 und x_2 vorgespiegelt werden [Vgl. z.B. *Fleiss/Zubin* (1969) 242f; *Müller-Hagedorn* (1974) 197f].

Die Folge wäre eine vermeintlich notwendige »Bereinigung« des Variablensets, um die tatsächlich bestehenden Distanzen zwischen den Punkten zu erhalten, die sich in beiden Merkmalen unterscheiden.

Zieht man schließlich die dritte Variable x_3 heran, so kann es zu einer Verteilung der Punkte kommen, die die tatsächlich existierenden Korrelationen deutlich sichtbar macht [Vgl. insbesondere *Müller-Hagedorn* (1974) 197ff; *Pfanzagl* (1967) 175ff].

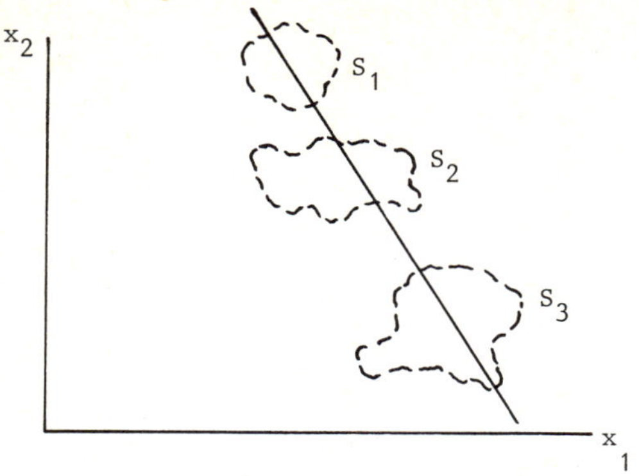

Abb. 12: Entstehung einer negativen Korrelation infolge natürlicher Gruppierung ($-1 < r < 0$)

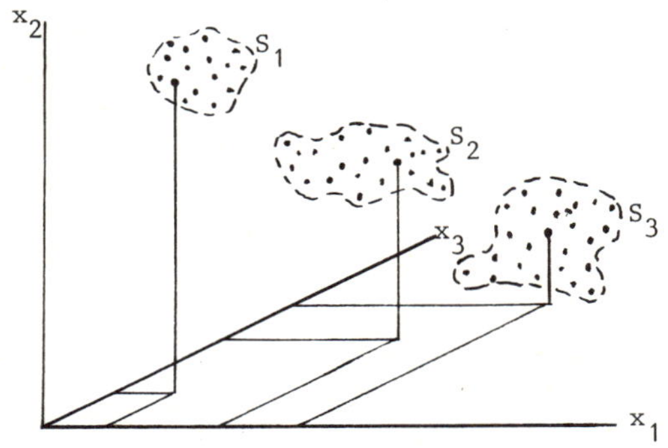

Abb. 13: Tatsächliche Korrelation

Wir sehen, daß zu bestimmten Wertebereichen von x_3 ganz bestimmte x_1, x_2-Wertekombinationen gehören. Werden für diese die Korrelationskoeffizienten getrennt berechnet, so folgt statt einer relativ starken negativen Korrelation ein Wert für r_{12}, der nahe bei 0 liegt.

Der hier dargestellte Sachverhalt hat bedeutende Konsequenzen für den Einsatz multivariater Techniken zur Merkmalsreduktion und Orthogonalisierung (FA, HKA, MDA). Das Vorliegen einer Moderatorvariablen wie z.B. x_3 zerstört die Annahmen der auf Korrelationskoeffizienten beruhenden Reduktions- und Clusterverfahren. Zudem gibt es auch Moderatoreffekte höherer Ordnung (d.h. zwei oder mehr Variablen zusammen bewirken einen Effekt wie er für x_3 dargestellt wurde). Diese Situation wird bei hohen Merkmalszahlen in mehr oder minder hohem Umfang auftreten und kaum auffindbar sein [Vgl. *Kogan/Wallach* (1964) 164ff].

V. Ursprünglicher und abgeleiteter Merkmalsraum

Die vorhergehenden Ausführungen haben gezeigt, daß der ursprüngliche Merkmalsraum meist Eigenschaften aufweist, die die Identifikation der wahren Segmente erschweren bzw. unmöglich machen.

Aus diesem Grunde ist es, je nach den Defekten des ursprünglichen Raumes, notwendig, bestimmte Rechenoperationen durchzuführen: Transformationen von Skalenniveaus (u.U. verbunden mit einer Höherdimensionierung des Merkmalsraumes, wenn Intervall- oder Ordinaldaten dichotomisiert werden), Standardisierung von Variablen, Beseitigung von Korrelationen (evtl. verbunden mit einer Dimensionsreduktion durch Komprimierung redundanter Merkmale zu einem einzigen Merkmal), Gewichtung von Merkmalen u. a. m.

Damit wird aus dem ursprünglichen Merkmalsraum ein neuer Merkmalsraum abgeleitet. Wir werden im weiteren Verlauf der Arbeit noch eine Reihe von Datenanalysemethoden kennenlernen, die im Grunde der Erstellung abgeleiteter Merkmalsräume dienen.

VI. Zur Axiomatik metrischer Raummodelle

Bisher wurde die Unähnlichkeit zweier Bedarfsträger im Merkmalsraum vereinfacht durch das Konzept der Distanz veranschaulicht: je stärker sich zwei Bedarfsträger hinsichtlich der den Raum aufspannenden Merkmale unterscheiden, desto größer – so wurde argumentiert – ist ihre Distanz im Raum. Um allerdings den üblichen räumlichen Abstandsbegriff verwenden zu dürfen, muß der Merkmalsraum ein Euklid-Raum sein und die Distanz zwischen den Punkten A und B im Raum eine Euklid-Distanz:

$$d_{AB} = \left| \sum_{i=1}^{m} (x_{iA} - x_{iB})^2 \right|^{\frac{1}{2}}$$

Die Euklid-Distanz ist ein Fall aus einer Familie von Distanzmaßen, die als Minkowski-Metriken bezeichnet werden:

$$d_{AB} = \left| \sum_{i=1}^{m} (x_{iA} - x_{iB})^p \right|^{\frac{1}{p}}$$

Für p = 1 erhält man die sog. City-Block-Metrik (L_1-Norm): Die Unähnlichkeit von Bedarfsträgern setzt sich additiv aus den Teilunähnlichkeiten der einzelnen Dimensionen (Differenzen der Punkteprojektionen auf den Achsen) zusammen. Für p = 2 folgt die Euklid-Distanz [L_2-Norm): Sie entspricht der kürzesten Entfernung zwischen zwei Punkten im Raum.

Für $p = \infty$ folgt die Tschebischeff-Distanz ($L\infty$-Norm bzw. Supremums-Metrik): Bei ihr wird die Entfernung zweier Punkte nur noch durch die größte der (absoluten) Differenzen der Punkteprojektionen bestimmt (der Grund liegt in der Potenzierung mit p).

Wir sehen, daß trotz metrisch skalierter Merkmale und eines orthogonalen Merkmalsraums Distanzen zwischen den Punkten definiert werden können, die mit der intuitiven Entfernungsvorstellung nicht mehr übereinstimmen. Die Gründe für die Wahl der einen oder anderen der Minkowski-Metriken wird von ihren formalen Eigenschaften, den Anforderungen der jeweils verwendeten Datenanalysemethode (z.B. Faktorenanalyse versus nichtmetrischer MDS) und der empirischen Datenstruktur determiniert. Darauf wird später noch einzugehen sein.

Damit ein Distanzmaß eine Metrik ist, muß für drei Punkte x, y, z im Merkmalsraum R^m gelten [Vgl. hierzu *Williams/Dale* (1965) 48 ff; *Beals/Krantz/Twerski* (1968) 128 ff; *Mc Farland/Brown* (1973) 213–253]:

(1) $d(x,y) \geq 0$

»Nichtnegativitätsbedingung«: Abstände zwischen zwei Punkten dürften nicht negativ sein.

(2) $d(x,y) = 0 \longleftrightarrow x = y$

»Identität«: Der Abstand zweier Punkte ist nur dann Null, wenn beide Punkte identische Positionen im Raum einnehmen.

(3) $d(x,y) = d(y,x)$

»Symmetriebedingung«: Der Abstand zwischen zwei Punkten ist unabhängig von der Richtung der Messung.

(4) $d(x,y) \leq d(x,z) + d(y,z)$

»Dreiecksungleichung«: Die Summe zweier Seiten eines Dreiecks, das durch drei Punkte im Raum gebildet wird, darf nicht kleiner als die dritte Seite sein.

Eine Distanzfunktion d, die die Bedingung (4) nicht erfüllt, heißt »Semi-Metrik«. Falls die Distanzfunktion noch die Bedingung

(5) $d(x,y) \leq \max \quad d(x,z), d(y,z)$

erfüllt, bezeichnet man sie als »Ultrametrik«.

C. Anforderungen an den Merkmalsraum aus der Sicht der Marktsegmentierung

Neben den mehr formalen Erfordernissen des Merkmalsraumes, sind spezielle Anforderungen aus der Sicht der Marktsegmentierung zu erheben. Im folgenden wird nur ein kurzer Überblick gegeben, da eine ausführlichere Betrachtung dieses Fragenkreises bei der Diskussion der Segmentierungsmerkmale erfolgt.

I. Erklärungs- und Prognosefähigkeit der Positionen im Merkmalsraum

Vergegenwärtigen wir uns noch einmal, daß Segmente zu bilden sind, die intern homogenes absatzwirtschaftlich relevantes Verhalten bzw. gleiche Verhaltensdispositionen zeigen, während sie sich diesbezüglich von den anderen Segmenten weitgehend unterscheiden. Dies setzt voraus, daß die Dimensionen des Raumes entweder unmittelbar durch die interessierenden absatzwirtschaftlich relevanten Verhaltensweisen aufgespannt werden (z.B. Reaktionen auf Preisänderungen, Werbemaßnahmen, Produktqualität etc.) oder daß Indikatoren gefunden werden, die diese Reaktionen erklären bzw. prognostizieren.

Damit ist eines der zentralen Probleme der Marktsegmentierung angesprochen: gibt es überhaupt Merkmale, »die eine prognostisch brauchbare Einteilung potentieller Abnehmergruppen ... zulassen«? [*Köhler* (1972) 224].

Zur Beantwortung dieser Frage wurden schon unzählige Untersuchungen der Erklärungs- und Prognosefähigkeit von Segmentierungsvariablen durchgeführt [Vgl. die Übersicht bei *Frank/Massy/Wind* (1972) 26ff]. Als Fazit dieser Studien folgt, daß es bisher nicht gelungen ist, bewährte allgemeingültige Indikatoren des Käuferverhaltens zu finden.

Bisher gelang es lediglich, raum-zeitlich beschränkte Aussagen zu formulieren, d.h. auf bestimmten Märkten konnte die (Un-)Brauchbarkeit ausgewählter Merkmale in der Vergangenheit nachgewiesen werden. Eine Synopsis dieser Ergebnisse zeigt, daß demographisch/sozioökonomische und personenzentrierte psychographische Variablen meist schlechte Erklärungs- und Prognosefähigkeit bewiesen haben. Dennoch können sie sich im Einzelfall doch als geeignete Indikatoren erweisen. Wir werden im dritten Kapitel der Arbeit die Ergebnisse dieser Studien diskutieren, um hieraus Anhaltspunkte zu gewinnen, welche Merkmale sich zum Aufbau von Merkmalsräumen am ehesten empfehlen. Als Hinweise für ihre Eignung werden erfolgreiche Vorhersageversuche und auch statistische Gütekriterien herangezogen.

II. Anhaltspunkte für die Gestaltung und Ausrichtung segmentspezifischer Marketing-Programme

Die Aufteilung des Marktes in Segmente unterschiedlichen Käuferverhaltens wird zumeist mit dem Ziel erfolgen, eines oder mehrere der Segmente individuell zu bearbeiten. Dies setzt allerdings voraus, daß sich aus den Positionen der Segmente im Merkmalsraum Anhaltspunkte für die Gestaltung der Marketing-Programme und die Erreichbarkeit der Teilmärkte ableiten lassen. Im einzelnen läßt sich für jede zu ergreifende Marketing-Maßnahme die Frage stellen, ob entsprechende Hinweise z.B. aus den Koordinatenwerten der Segmentzentroide erfolgen. Die Merkmale zeigen schon bei oberflächlicher Betrachtung eine unterschiedliche Eignung für die Ausrichtung von Marketing-Maßnahmen. Hierzu einige Beispiele: Demographisch beschriebene Segmente erleichtern die Ausrichtung der Kommunikationsmaßnahmen insbesondere im Hinblick auf die Mediaselektion. Neuere Mediaanalysen erstellten Konsumententypologien nach psychologischen Merkmalen und erlauben somit auch eine Mediaselektion für psychologische Typen. Die Segmentierung anhand mehrdimensional gemessener Einstellungen gegenüber Produkten, Anzeigen u.a.m. gestattet demgegenüber eine segmentadäquatere Produkt- und Anzeigengestaltung als dies z.B. die demographisch/sozioökonomischen oder die personenzentrierten psychographischen Variablen erlauben.

III. Zur Wirtschaftlichkeit der Informationsbeschaffung und -verarbeitung

Es ist einsichtig, daß man für die Beschaffung und Verarbeitung von Informationen nicht mehr ausgeben sollte als den Wert, den die dadurch erzielbare Resultatsverbesserung darstellt. Hier soll nun nicht das Bayes-Konzept diskutiert werden, mit dessen Hilfe dieses Problem formal gelöst werden kann. Betrachten wir statt dessen die einzelnen Variablentypen, so ist festzuhalten, daß demographische, sozioökonomische und bestimmte Kaufverhaltens-Variablen ohne allzuhohen Aufwand aus Panelunterlagen herangezogen werden können, während psychographische Variablen, wie z.B. Einstellungen gegenüber Produkten, nicht ohne weiteres erhältlich sind. Letztere verursachen einen hohen Aufwand, da sie speziell für die Untersuchung erhoben werden müssen. Auf der anderen Seite ist die Erklärungs- bzw. Prognosetauglichkeit von demographischen und sozioökonomischen Variablen oft sehr gering, daß die günstige Beschaffbarkeit der Daten demgegenüber kaum ein Trost ist.

Was die Kosten der Datenverarbeitungsmethoden zur Marktsegmentierung anbelangt, so hat auch hier die »Multivariate Revolution« (*Sheth*) zu einer weitgehenden Zugänglichkeit der Methodenanwendung geführt: auch komplexe Auswertungsverfahren liegen inzwischen als ökonomisch arbeitende Softwarepakete vor und werden bei einigen Unternehmen und Marktforschungsinstituten schon eingesetzt. Die Verarbeitungskosten der verschiedenen Methoden halten sich insoweit in Grenzen. Hinsichtlich der Datenanalysekosten in Abhängigkeit von den verschiedenen Segmentierungsmerkmalen gibt es kaum Unterschiede: eine Faktorenanalyse redundanter demographischer Variablensets ist nicht teurer als eine Faktorenanalyse von redundanten Einstellungsaussagen. Ob einem Clusteralgorithmus Distanzmaße im Wahrnehmungsraum oder im demographisch-sozioökonomischen Raum zugrunde liegen, ist vom Rechenaufwand her ebenfalls unerheblich.

Die Argumentation, daß das vielschichtige Käuferverhalten nur durch umfassende Variablensets erklärt werden kann, verbunden mit dem Mangel allgemeingültiger Aussagen über die Brauchbarkeit einzelner Merkmale und die starke Verbreitung des Computers sowie der neueren Datenanalyseverfahren, führten in der Fachdiskussion zu einem »Merkmalshedonismus«: Für Routineuntersuchungen (z.B. Kontrolle der Marktposition in den einzelnen Segmenten) werden die Verbraucher durch möglichst viele der »gängigen« Merkmale beschrieben. Daneben tritt, zumindest für größere Vorhaben (Neuproduktentwicklungen, Werbekampagnen, Repositionierungen von Produkten etc.), die Forderung nach auch psychographisch ausgerichteten Analysen.

Ziel ist es, den Markt »möglichst umfassend« kennenzulernen, um für alle Phasen des Marketing-Entscheidungsprozesses die notwendigen Informationen parat zu haben.

Die Forderung, die Erstellung prognostisch brauchbarer Merkmalsräume durch Wirtschaftlichkeitsaspekte zu leiten, ist nur schwer einzuhalten, da nur die Marktforschungskosten, die die verschiedenen Merkmale verursachen, in etwa erfaßt werden können. Der Nutzen der einzelnen Merkmale müßte aufgrund sehr vieler Aspekte ermittelt werden, sei es hinsichtlich der Formulierung realistischer Zielsysteme, hinsichtlich ihres Beitrags zur Gestaltung einzelner Submixbereiche (bis hin zu der Vielzahl der jeweiligen Einzelentscheidungen) als auch wegen ihres Wertes als Kontrollinformation.

D. Zusammenfassung

Das absatzwirtschaftlich relevante Verhalten der Abnehmer ist mehrdimensional. Versuche, Abnehmer analog ihres Verhaltens zu Marktsegmenten zu gruppieren, müssen trotz methodischer Bedenken, relativ viele Reaktionsdimensionen beachten bzw. eine Vielzahl an Indikatoren dieser Reaktionen heranzuziehen.

Die Variablensets, die der Segmentierung des Gesamtmarktes zugrunde liegen, lassen sich als mehrdimensionaler Merkmalsraum interpretieren. Die Bedarfsträger sind durch Punkte im Merkmalsraum, Segmente durch Punktewolken gekennzeichnet.

Diese Interpretation gilt allerdings nur für metrische Räume und auch hier weist der Merkmalsraum u. U. unerwünschte Eigenschaften auf, die aus inhaltlichen Unterschieden der Merkmale und aus verschiedenen Maßeinheiten und Varianzen resultieren. Abhilfe kann eine Standardisierung der Merkmale leisten. Bei Korrelationen zwischen Merkmalen stehen die Raumkoordinaten schiefwinkelig zueinander. Die Nichtbeachtung dieses Sachverhaltes führt zu Fehlklassifikationen der Bedarfsträger, da (Un-)Ähnlichkeiten dann unter- bzw. überschätzt werden können. Dieser Defekt kann durch die Wahl entsprechender Distanzmaße oder durch Orthogonalisierung und Standardisierung der neuen Variablen zwar beseitigt werden, führt aber möglicherweise zu einer veränderten Segmentkonfiguration im Raum.

I. d. R. werden im Merkmalsset Variablen mit verschiedenen Skalenniveaus enthalten sein, wodurch u. U. eine Transformation von Skalenniveaus notwendig wird. Statt der Transformation in metrische Skalenniveaus (Intervall- bzw. Verhältnisskala), bleibt oft nur der Weg, metrische Variablen in nicht-metrische herunterzustufen.

Des weiteren kann eine Gewichtung der den Raum aufspannenden Merkmale angeraten sein, wenn einzelne Merkmale von größerer Bedeutung für die Segmentierung sind. Allerdings ist zu beachten, daß hierdurch natürliche Strukturierungen zerstört und künstlich Punktehäufungen kreiert werden können. Aus der Sicht der Marktsegmentierung ist schließlich zu beachten, daß eine durch Wirtschaftlichkeitsüberlegungen geleitete Auswahl von Merkmalen erfolgen muß, wobei die herangezogenen Merkmale sowohl Indikator für das Käuferverhalten als auch für die Gestaltung segmentspezifischer Marketing-Programme sein sollten.

Drittes Kapitel:
Die Erstellung und Aufbereitung von Merkmalsräumen zum Zweck der Marktsegmentierung

A. Überblick über die methodischen Konzeptionen zur Merkmalsauswahl und deren Probleme

Am Anfang der Überlegungen zur Marktsegmentierung sind Annahmen zu machen, welche der Dimensionen aus dem Eigenschaftsuniversum der Bedarfsträger als Basis der Segmentbildung dienen sollen.

Theoretisch scheint diese Frage schnell beantwortet: der Merkmalsraum ist aus den absatzwirtschaftlich relevanten Verhaltensdimensionen zu erstellen, um darin Gruppen gleichen Verhaltens zu identifizieren. So kann sich der Untersuchende für Reaktionen auf verschiedene Produktvarianten, Werbemaßnahmen, Distributionskanäle, Preisforderungen u. a. m. interessieren, weshalb diese der Segmentbildung zugrunde zu legen wären. Die Realisierung dieses Segmentierungsansatzes dürfte bei retrospektiver Betrachtung noch möglich sein, indem man – etwa aus Haushaltspanels – die Reaktionen einer Population auf realisierte Marketing-Stimuli erfaßt und eine entsprechende Gruppierung der Bedarfsträger vornimmt. Will der Untersuchende jedoch wissen, warum Verbrauchergruppen so und nicht anders reagieren oder ist gar eine prospektive Analyse, z.B. eine Prognose der Abnehmerreaktionen auf alternative Marketing-Programme durchzuführen, so treten allerdings schwerwiegende Probleme auf. Hängt doch das Verhalten der potentiellen Abnehmer nicht nur von den eigenen Marketing-Stimuli, sondern auch von Konkurrenzmaßnahmen, Maßnahmen des Handels, staatlicher Institutionen sowie von Privatpersonen als auch von Einflußfaktoren ab, die unmittelbar mit der Person des Abnehmers verbunden sind, wie Einkommen, Alter, psychologische Faktoren u.a.m. Diesen Sachverhalt stellt in vereinfachter Form Abb. 14 dar [Nach *Topritzhofer* (1974) 14].

Das Modell soll hier lediglich als Ordnungsschema verstanden werden, um die Vielzahl der Faktoren, die für den Ablauf und den Output des Kaufentscheidungsprozesses verantwortlich sind, systematisch zu erfassen.

Schwierigkeiten bereitet jedoch die Zuordnung psychographischer Merkmale. Faßt man den *Kaufentscheidungsprozeß* als selbständige Einheit auf, wie es hier geschieht, so befinden sich psychographische Merkmale sowohl im Bedingungsrahmen für die Wirkung von Marketing-Stimuli des Anbieters als auch im Kaufentscheidungsprozeß. Personenzentrierte psychographische Merkmale des Bedingungsrahmens sind z.B. die mit dem Begriff »Persönlichkeit« [Vgl. Drittes Kapitel B.II.3) einhergehenden Charakteristika wie Motive, Temperamentzüge, generelle Einstellungssyteme etc. sowie generelle Life-Style-Merkmale. Daneben gibt es eine Reihe psychographischer Variablen, die sich als Bestandteile des Kaufentscheidungsprozesses interpretieren lassen. Mit ihrer Hilfe versucht man, eine »Transparent Box« des Kaufentscheidungsprozesses aufzubauen. Hierzu zählen hypothetische Konstrukte wie Wahrnehmungen, produkt- bzw.

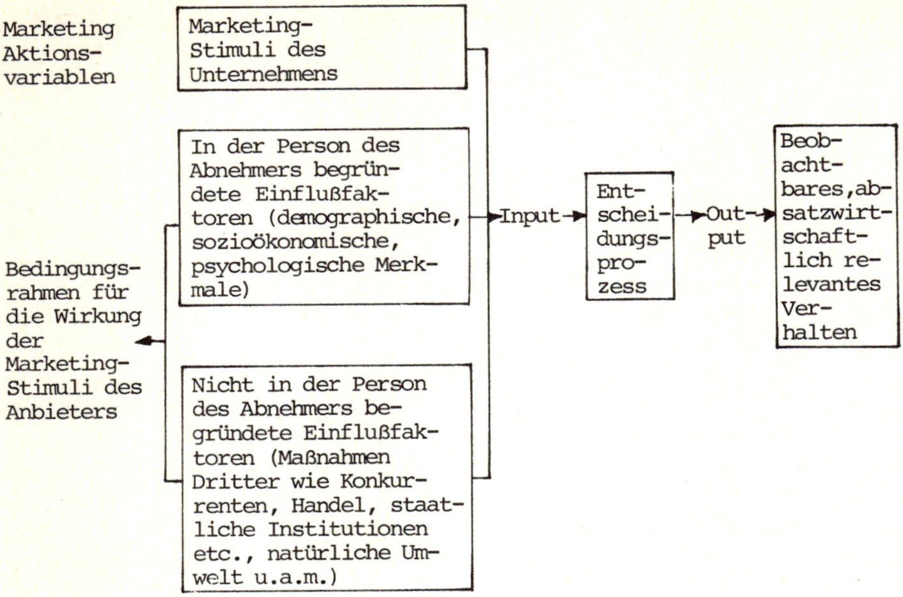

Abb. 14: Schematisierter Kaufentscheidungsprozeß

markenspezifische Einstellungen, Präferenzen, Kaufabsichten u.a.m. Die der »Transparent Box« zugeordneten Variablen variieren mit dem Untersuchungsziel und dem Standpunkt des jeweiligen Forschers. [Vgl. z.B. die Transparent-Box-Variablen in den Modellen von *Howard/Sheth* (1969); *Engel/Kollat/Blackwell* 1973]

Letztlich sind derlei Systematisierungsversuche immer etwas willkürlich, wie sich am Beispiel der Variablen »Einstellung« zeigen läßt: »Attitude... is not an index of action, but is an integral part of action. Attitude and action are linked in continuing reciprocal processes, each generating the other in an endless chain« [*Kelman* (1974) 316].

In der vorliegenden Situation ist eine Metaentscheidung zu treffen, welche Variablen der Segmentbildung zugrundezulegen sind: Soll man sich auf das Beobachtbare beschränken und unmittelbar das absatzwirtschaftlich relevante Verhalten heranziehen? Soll man die Inputstimuli und hier vor allem die Merkmale des Bedingungsrahmens als Verhaltensindikatoren verwenden? Ist es eventuell eher angebracht, Segmentierungsmerkmale aus der funktionalen Verknüpfung von Aktionsvariablen und beobachtbaren Abnehmerreaktionen z.B. via Regressionsanalyse abzuleiten, ohne auf die Vorgänge in der Black Box zu achten? Ist es sinnvoller, die »Black Box«, nämlich den Kaufentscheidungsprozeß des Abnehmers zu »durchleuchten«, um dort zu Tage tretende Variablen (»hyphothetische Konstrukte«) zum Aufbau von Merkmalsräumen zu verwenden? Oder sollte man gar alle Variablen und ihr Zusammenspiel beobachten: realisierte Marketing-Stimuli gehen zusammen mit den Variablen des Bedingungsrahmens in die Black-Box »Kaufentscheidungsprozeß« ein, führen zu einer Veränderung der darin enthaltenen Variablen und resultieren in einem bestimmten beobachtbaren Abnehmerverhalten, welches wiederum der Segmentbildung zugrunde gelegt werden könnte.

Bevor in den weiteren Ausführungen die verschiedenen Ansätze zur Handhabung des Problems diskutiert werden, soll das in Abb. 14 dargestellte Schema stärker formalisiert werden. Das absatzwirtschaftlich bedeutsame Verhalten der Bedarfsträger läßt sich als Funktion der Marketing-Stimuli, der Variablen des Bedingungsrahmen und der Mechanismen in der »Black Box« (abgebildet durch »hypothetische Konstrukte«) auffassen: $Y = f(X, B, H)$ wobei:

Y = Matrix der absatzwirtschaftlich bedeutsamen Aktionen von n Bedarfsträgern
X = Vektor der Marketing-Variablen des Anbieters
B = Matrix der Variablen des Bedingungsrahmens der Bedarfsträger
H = Matrix der hypothetischen Konstrukte der Kaufentscheidungsprozesse der Bedarfsträger

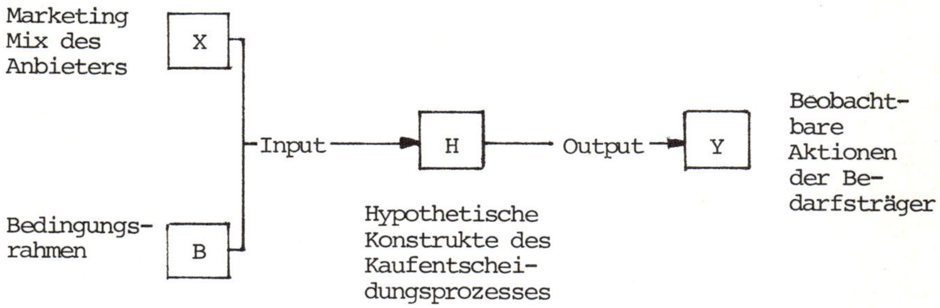

Abb. 15: Schematisierter Kaufentscheidungsprozeß

Das beobachtbare Verhalten der Abnehmer kann aus mehreren Gründen unterschiedlich bzw. gleichartig sein [Vgl. auch *Müller-Hagedorn* (1974) 84ff]:

- Unterschiedliche Wertekonstellationen der Variablen des Bedingungsrahmens (B) führen bei sonst gleichen Bedingungen zu unterschiedlichen beobachtbaren Reaktionen (Y);
- Unterschiedliche Wertekonstellationen der hypothetischen Konstrukte (H) führen bei sonst gleichen Bedingungen zu unterschiedlichen beobachtbaren Reaktionen (Y);
- Unterschiedliche funktionale Verknüpfungen der Inputvariablen und der hypothetischen Konstrukte (f) führen bei sonst gleichen Bedingungen zu unterschiedlichen beobachtbaren Reaktionen (Y);
- Zwei bzw. alle drei der bisher genannten Ursachen können gleichzeitig auftreten und unterschiedliches beobachtbares Verhalten bewirken;
- Die genannten Effekte können sich kompensieren: trotz unterschiedlicher Wertekonstellation der Variablen des Bedingungsrahmens und/oder der hypothetischen Konstrukte können einheitliche beobachtbare Reaktionen auftreten. Ebenso können

unterschiedliche Wertekonstellationen der Variablen und unterschiedliche funktionale Verknüpfungen zu gleichen Reaktionen der Betreffenden führen.

Betrachten wir nun die verschiedenen Ansätze, die in dieser unübersichtlichen Situation das Problem der Erstellung von Merkmalsräumen für Segmentierungszwecke zu handhaben versuchen.

I. Konsumentenverhaltensmodelle

Die Art des Problems läßt es naheliegend erscheinen, Käuferverhaltensmodelle einzusetzen, um das Verhalten der potentiellen Abnehmer auf Marketing-Programme zu erklären bzw. zu prognostizieren. Falls dies gelänge, könnten die abgebildeten Verhaltensdimensionen als Segmentierungskriterien verwendet werden und dann, entsprechend der prognostizierten Positionen der Bedarfsträger, eine prospektive Segmentbildung vorgenommen werden.

Eine umfassende Darstellung der infrage kommenden Modelle kann an dieser Stelle nicht erfolgen. Wir beschränken uns auf folgende, für unsere Zwecke wichtige Modellansätze und hierbei auf deren bekanntesten Vertreter [Vgl. u.a. *Nicosia* (1966); *Amstutz* (1967); *Howard/Sheth* (1969); *Engel/Kollat/Blackwell* (1973); *Klenger/Krautter* (1972) sowie die Überblicksartikel bei *Meffert* (1971) 326–353; *Schulz* (1972); *Lunn* (1974) 34–69; *Topritzhofer* (1974) 13ff; *Köhler* (1975) 54–86]:

Verbale Detailmodelle
Simulationsmodelle
Partielle, konkret-rechnerische Absatzfunktionen

1. *Verbale Detailmodelle*

Ausgehend von der Annahme, daß sich das Kaufverhalten nur durch Einbezug aller möglicherweise relevanten Variablen erklären bzw. prognostizieren läßt, bemühen sich Vertreter dieser Richtung, Kaufentscheidungen so detailliert wie möglich abzubilden. Unterstützt durch Ergebnisse der Psychologie, Soziologie u.a.m., versuchen sie, die Black-Box zu erhellen. Dabei wird angenommen, daß die Inputstimuli (Marketing-Variablen, Variablen des Bedingungsrahmens) bestimmte Veränderungen in der Black Box hervorrufen. Diese »Zwischenstationen« [So *Topritzhofer* (1974) 16] zwischen Input und Output werden durch Variablen repräsentiert, wie z.B. Aufmerksamkeit, Markenkenntnis, Einstellung, Kaufabsicht etc. Veränderungen dieser »hypothetischen Konstrukte« bewirken anschließend eine bestimmte, beobachtbare Reaktion des Abnehmers. Gleichzeitig liegen Rückkopplungen vor: Veränderungen nachgelagerter hypothetischer Konstrukte führen zu Änderungen vorgelagerter »Transparent-Box«-Variablen; Outputvariablen, wie z.B. der Kaufentscheid, bewirken via Rückkopplungen ebenfalls Änderungen hypothetischer Konstrukte (z.B. Informationsaufnahmebereitschaft aufgrund kognitiver Dissonanzen etc.). Herausragende Vertreter dieses Modellansatzes sind die Modelle von *Nicosia, Engel/Kollat/Blackwell* und *Howard/Sheth.*

Inwieweit können diese Modelle die Aufgabe, einen geeigenten Merkmalsraum aufzuspannen und darin Abnehmer entsprechend ihrer Wertekonstellationen zu positionieren, lösen helfen? Zu diesem Zweck müßten sich aus den Modellen konkrete Aussagen ableiten lassen, wie sich bestimmte Marketing-Stimuli letztlich im Abnehmerverhalten niederschlagen. Dies können verbale Flow Chart-Modelle nicht leisten: sie stellen im wesentlichen nur eine geordnete Zusammenstellung bisheriger verhaltenswissenschaftlicher Ergebnisse in Form von Ablaufschemata dar [*Köhler* (1975 b) 72, ordnet deshalb diese »Systemmodelle des Käuferverhaltens« den »begrifflich-ordnenden« Beiträgen des Systemansatzes im Marketing zu]. Zwar formulieren z.B. *Howard/Sheth* die Richtung des unterstellten Wirkungszusammenhangs in Form vorwärts gerichteter Beziehungen und in Form von Rückkopplungseffekten, es fehlt aber sowohl die Angabe des Funktionstyps als auch die Parametrisierung der Funktionen. [So auch *Topritzhofer* (1974) 24]. M.a.W.: die nichtquantitativen Modelle des Konsumentenverhaltens sind so global gehalten, daß sie nicht als Erklärungs- oder Prognosemodelle für konkrete Anwendungsbereiche dienen können [Vgl. *Köhler* (1975 a) 2711]. Hinzu kommt noch, daß nicht einmal die Existenz der Vor- und Rückkopplungen und ihre Richtung abgesichert ist. Daneben enthalten die Modelle eine Reihe von Variablen, für die sich nur schwer beobachtbare Indikatoren finden lassen. Damit wird die Quantifizierbarkeit und empirische Überprüfbarkeit der Modelle erheblich erschwert. Dies liegt zum einen an der Wahlfreiheit bei der Operationalisierung der Variablen als auch an den erheblichen Anforderungen an die Datenbeschaffung. Die bisher durchgeführten Tests zur Überprüfung und Modifizierung des *Howard/Sheth*-Modells führten denn auch zu widersprüchlichen Ergebnissen [Vgl. *Farley/Ring* (1970) 427–438; *Dieselben* (1974 a) 86–90; *Dieselben* (1974 b) 137–159; *Lutz/Resek* (1972) 344–395].

Trotz der hier vorgebrachten Kritik haben die Flow Chart-Modelle einen nicht zu übersehenden Wert für die anderen, noch zu diskutierenden Ansätze zur Marktsegmentierung: »We belief that our approach is more productive of fruitful hunches, ideas, and new hypotheses. It leaves one free for imaginative theorising. In this form, our approach will be more heuristically productive; it will stimulate further research« [*Howard/Sheth* (1969) 399]. So gesehen liefern sie einen Bezugsrahmen für die Erarbeitung präziserer Aussagen [*Köhler* (1975 a) 2711]. Sie geben Anhaltspunkte, welche Merkmale zur Unterteilung des Gesamtmarktes infrage kommen können und drängen den Untersuchenden damit zu einer Überprüfung der möglicherweise brauchbaren Segmentierungskriterien. *Howard/Sheth* nennen z.B. 24 Variablentypen, die sich wiederum in eine Vielzahl einzelner Variablen auflösen lassen [*Howard/Sheth* (1969) 30]. Die Autoren empfehlen zur Segmentierung die »exogenen Variablen« ihres Modells, bei denen es sich um Variablen handelt, die zwar einen Einfluß auf den Entscheidungsprozeß ausüben, deren Entstehung und Änderung das Modell aber nicht erklären kann (So nennen *Howard/Sheth* folgende Variablen: Bedeutung des Kaufs, soziale Klasse, Kultur, Persönlichkeitsmerkmale, soziale und organisationale Umwelt, Zeitdruck, finanzielle Situation) [*Howard/Sheth* (1969) 69f und 70ff]. Die Beschränkung der Empfehlung auf exogene Variablen ist allerdings nicht einsichtig, zumal sich auch »endogene Variablen«, insbesondere die meßbaren »Spiegelbilder« interner Variablen wie Einstellung, Kaufabsicht, Markenkenntnis u.a. als äußerst brauchbare Segmentierungsmerkmale erwiesen haben.

Des weiteren liefern die Modelle zu überprüfende Hinweise auf die funktionalen Verknüpfungen der Variablen und bilden damit die Basis für konkret-rechnerische Modelle, mit denen sich das Käuferverhalten simulieren läßt [So auch *Köhler* (1975 b) 74].

2. *Simulationsmodelle*

Simulationsmodelle in computergerechter Form erlauben die numerische Auswertung quantitativer Modelle [*Topritzhofer* (1974) 44]. In unserem Zusammenhang interessieren vor allem die Mikrosimulationsmodelle, d.h. jene, die das Verhalten einzelner Entscheidungseinheiten simulieren. Hinsichtlich der Endabnehmer wird dabei z.B. ein einheitlicher Modelltyp unterstellt, jeder simulierte Endabnehmer erhält aber ihm angemessene Parameter, wodurch die Auswirkung von Marketing-Programmen auf heterogene Märkte analysiert werden können.

Neben der Simulation vorgefertigter Modelle, wie z.B. die Simulation des *Howard/Sheth*-Modells durch *Perry* [(1968)], gibt es eigenständige Ansätze, von denen insbesondere die von *Amstutz* [(1967)] und von *Klenger/Krautter* [(1972 a–c)] erwähnenswert sind. Wir greifen im folgenden das »Large Scale«-Simulationsmodell von *Amstutz* heraus, der individuelle Verhaltensmodelle für Hersteller, Groß- und Einzelhändler, Vertreter und Käufer entwickelte. Diese werden miteinander gekoppelt, um Informations-, Realgüter- und Geldströme erklären bzw. prognostizieren zu können. Mittels dieses umfassenden Mehrgleichungsmodells lassen sich z.B. Auswirkungen alternativer Marketing-Programme auf die Marktanteile simulieren und das erfolgsversprechendste auswählen.

Wollte man das Modell als Entscheidungshilfe für die Segmentbildung und für die Entwicklung segmentspezifischer Marketing-Programme einsetzen, so entsteht das Problem, daß Informationen über die Reaktionen von Bedarfsträger benötigt werden, die in unserem Zusammenhang erst noch beschafft werden sollen: *Amstutz* geht davon aus, daß heterogene Märkte durch eine genaue Charakterisierung der hypothetischen Konsumenten mittels verhaltensrelevanter Merkmale abgebildet werden können.

Die potentiellen Käufer werden in diesem Modell sehr detailliert beschrieben: Wohnort, Alter, Einkommen, Schulbildung, Besitz bestimmter Produkte und deren Alter, Einkaufsgewohnheiten, Medienverhalten, ihre Einstellung gegenüber der angebotenen Marke, ihr wahrgenommenes Bedürfnis und ihre persönliche Kommunikation über das Produkt mit ihren Mitmenschen wird erfaßt.

Der Ablauf des Kaufentscheidungsprozesses (Entstehung eines wahrgenommenen Bedürfnisses, Suche nach Produktinformationen, Kaufentscheidung, Verhalten nach dem Kauf) wird wesentlich durch die jeweilige Ausprägung der aufgeführten Merkmale mitgeprägt. Hinter dem Amstutz-Modell steht die Annahme, daß sich die Abnehmer alle durch die gleichen Funktionstypen abbilden lassen. Unterschiede in den Wertekonstellationen des Bedingungsrahmens und der hypothetischen Konstrukte schlagen sich in den Parametern der individuellen Funktionen nieder (z.B. hängt die Wahrscheinlichkeit zur Suche zusätzlicher Informationen über eine Marke vom wahrgenommenen Bedürfnis und der Einkommenshöhe ab; ebenso wird die Wahrscheinlichkeit eine Marke zu kaufen u.a. vom Einkommen und von der Einstellung des Konsumenten beeinflußt).

Während des Kaufentscheidungsprozesses wird gleichzeitig berücksichtigt, daß Kontakte mit Werbemitteln, Verkaufsgespräche beim Handel und Kommunikation mit anderen Konsumenten u.a. die Markenkenntnis und die Einstellung des Konsumenten ändern. Hieraus resultieren wiederum andere Werte für das wahrgenommene Bedürfnis, eine bestimmte Marke zu besitzen, sowie für die Shopping- und Kaufwahrscheinlichkeit.

Nimmt man an, daß es möglich wäre, im konkreten Anwendungsfall die verschiedenen Funktionsverläufe zu schätzen, dann müßte zur Ermittlung von Marktsegmenten zunächst ein erfolgversprechendes Marketing-Programm (Produktvarianten, Medien-Streuplan, Preisforderung, Point of Purchase-Maßnahmen und Absatzwege) erstellt werden.

Die Simulation mit Hilfe des *Amstutz*-Modells zeigt aufgrund der Mikrobetrachtungsweise, wie jeder einzelne hypothetische Konsument auf das Marketing-Programm reagiert. Es läßt sich z.B. feststellen, wie hoch der Bekanntheitsgrad der Marke ist, wie die Verteilung der Einstellungswerte aussieht, wie hoch das wahrgenommene Bedürfnis bei den Konsumenten ist, diese Marke zu besitzen und wie die Verteilung der Shopping- und Kaufwahrscheinlichkeit verläuft.

Der Anbieter hätte hierbei nicht nur Anhaltspunkte gewonnen, inwieweit das Marketing-Programm insgesamt erfolgreich ist, sondern er könnte aufgrund der Simulationsläufe nach den verschiedensten Kriterien Segmente bilden: In der ersten Stufe wären die Konsumenten nach den gleichartigen Werten des Bedingungsrahmens (Alter, Einkommen etc.) zu gruppieren. Bedarfsträgergruppen mit intern homogenen Bedingungsrahmen könnten anschließend hinsichtlicher der Werte der hypothetischen Konstrukte (Einstellung gegenüber der Marke etc.) zu homogenen Untergruppen zusammengefaßt werden. Schließlich können die Gruppen, die sowohl homogen bezüglich des Bedingungsrahmens und der hypothetischen Konstrukte sind, noch nach Outputvariablen wie Shopping-Wahrscheinlichkeit respektive nach ihrem Verhalten nach dem Kauf gruppiert werden. Damit ergeben sich die in Abb. 16 dargestellten Gruppen.

Kompensationseffekte unterschiedlicher Wertekonstellationen bei B_j und/oder H_j können allerdings bewirken, daß einige der Gruppen gleichen bzw. ähnlichen Output (Y) aufweisen, so daß diese gewissermaßen zu Makro-Segmenten aggregiert werden können.

Anschließend können Anhaltspunkte für die Modifizierung der getesteten Marketing-Maßnahmen gewonnen werden: Bei einem Segment mit niedrigen Werten der Variablen »wahrgenommenes Bedürfnis« könnte man zusätzliche Werbemaßnahmen durchführen; für Segmente, die auf Produkteigenschaften Wert legen, die die eigene Marke nicht aufweist, könnten entsprechende Produktvarianten angeboten werden etc.

Der Ansatz steht und fällt allerdings mit der Beschaffung der riesigen Datenmengen

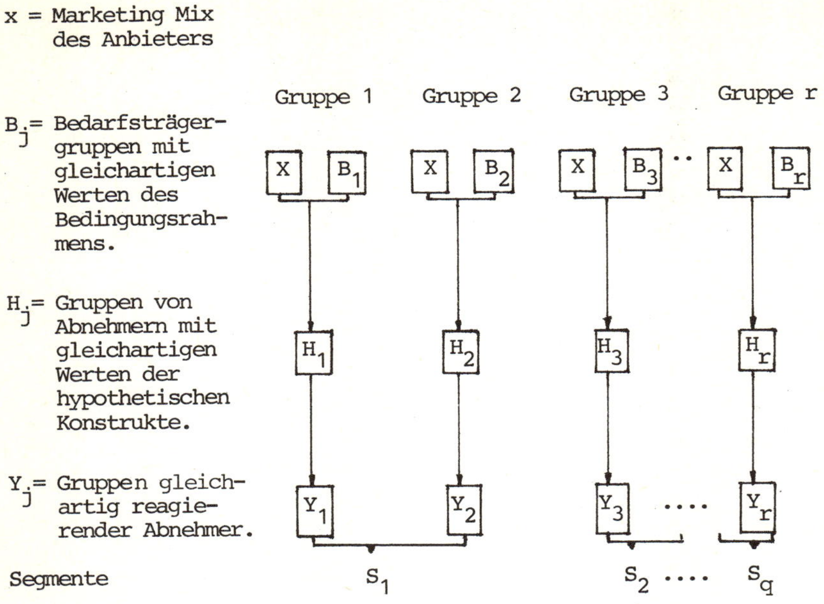

Abb. 16: Bedarfsträgergruppen mit homogenen Reaktionen auf Marketing-Stimuli

und mit der Bestimmung der Funktionstypen und Funktionsparameter.

Hinsichtlich der Funktionsverläufe stützt sich *Amstutz* auf die spärlichen Ergebnisse der empirischen Verhaltensforschung (hauptsächlich Kommunikationstheorie) und auf Plausibilitätsüberlegungen. [Vgl. *Amstutz* (1967) 164f, 167f, 386f]

Dabei zeigt es sich, daß den Funktionstypen größtenteils nicht empirisch abgesicherte Hypothesen zugrunde liegen. Schließlich erlaubt das Modell wegen seiner Komplexität und wegen der Datenbeschaffungsproblematik kaum eine Validierung. Somit muß man dem Modell eine nur geringe Erklärungs- und Prognosefähigkeit bescheinigen [Vgl. auch *Boyd/Massy* (1972) 80; *Kotler/Schultz* (1970) 254. Dies gilt auch für das weniger umfassende Simulationsmodell von *Klenger/Krautter*, das wegen mangelnden Datenmaterials nicht hinreichend empirisch überprüft werden konnte. Vgl. hierzu *Klenger/Krautter* (1972c) 100 und 116].

Als Vorteil des Modells im Hinblick auf die Marktsegmentierung ist zu werten, daß es wie die nichtquantitativen Ansätze Anhaltspunkte für die Auswahl von Segmentierungsvariablen liefert.

Dies dürfte für technologische Zwecke auch alles sein, denn aus Gründen der Modellökonomie ist es in konkreten Anwendungen ratsam, auf Ansätze zurückzugreifen, die ein ausgewogeneres Verhältnis zwischen dem Aufwand der Modellkonstruktion einerseits und den daraus abzuleitenden Informationen für die Marktsegmentierung andererseits aufweisen.

3. *Partielle, konkret-rechnerische Absatzfunktionen*

Die unmittelbare Anwendung der in der Literatur vorgeschlagenen Käuferverhaltensmodelle für die Marktsegmentierung scheitert aus mehreren Gründen: Flow-Chart-Modelle geben keine konkreten Hinweise auf die tatsächlich zu erwartenden Reaktionen der Abnehmer auf Marketing-Stimuli; quantitative Modelle, wie z.B. die auf komplexen Mehrgleichungssystemen beruhenden Simulationsmodelle, sind wegen der hohen Anforderungen an die Datenbeschaffung, die Ermittlung der Funktionsverläufe und wegen der daraus resultierenden Testschwierigkeiten nicht einsetzbar.

Will man dennoch Bedarfsträger analog ihrer absatzwirtschaftlich bedeutsamen Reaktionen auf Inputstimuli gruppieren, so muß ein pragmatischer Kompromiß zwischen Realitätsnähe und Operationalität gesucht werden.

Einen ersten Ausweg scheint die Ermittlung partieller, konkret-rechnerischer Absatzfunktionen zu bieten, die z.B. mittels der Regressionsanalyse, dem Decision-Calculus-Ansatz [Vgl. hierzu *Little* (1970) B-466ff] oder der Kanonischen Analyse geschätzt werden können. Unter einer Absatzfunktion wird hier der funktionelle Zusammenhang zwischen den Marketing-Maßnahmen eines Anbieters, eventuell einschließlich der Maßnahmen seiner Konkurrenten sowie der Maßnahmen Dritter (z.B. Handel), und den absatzwirtschaftlich relevanten Reaktionen der Abnehmer innerhalb eines bestimmten Definitionsbereichs verstanden [Vgl. auch *Lessig/Tollefson* (1971) 481; *Freter* (1974) 102; *Dichtl* (1974a) 57; *Müller-Hagedorn* (1974) 14ff und 23f]. Wenn hier vorgeschlagen wird, lediglich partielle Reaktionsfunktionen zu ermitteln, so ist dies in zweierlei Hinsicht zu verstehen: Zum einen wird versucht, das individuelle oder gruppenspezifische Käuferverhalten durch wenige Gleichungssysteme, oft nur durch eine einzige multivariate Absatzfunktion zu erklären; zum anderen wird die Anzahl der betrachteten Determinanten des Käuferverhaltens sowie die Zahl der einbezogenen Outputvariablen drastisch reduziert. I.d.R. beschränkt man sich auf die funktionale Beziehung zwischen einfach zu beobachtenden Inputstimuli (Marketing-Maßnahmen des Anbieters, eventuell ergänzt durch Konkurrenzmaßnahmen und andere relevante Faktoren wie Nettoeinkommen der Abnehmer etc.) und einer oder mehreren offen zutage tretenden Reaktionsvariablen (wie Umsatz, Marktanteil etc.).

Abb. 17 veranschaulicht diesen Ansatz [Vgl. auch *Topritzhofer* (1974) 35], wobei die schraffierten Flächen die berücksichtigten Variablen repräsentieren sollen.

Der Unterschied zu den vorher dargestellten komplexen Simulationsmodellen ist somit u.U. nur graduell: die Datenanalysemethoden zur Schätzung der Funktionen sind die gleichen; soweit vorhanden werden auch hier verhaltenswissenschaftliche Ergebnisse bei der Formulierung der Beziehungen, insbesondere des Funktionstyps, berücksichtigt. I.d.R. kommt es allerdings zu einer »theorielosen«, mechanischen Schätzung der Input/Output-Beziehungen [Vgl. dagegen *Topritzhofer* (1974) 34ff].

Wesentlich ist die Beschränkung auf einfache Modellstrukturen, relativ leicht beschaffbare Daten (Panelunterlagen!) und ökonomische Datenanalyseverfahren zur Schätzung der Funktionen.

Die Logik des einfachen Input/Output-Ansatzes in bezug auf die Segmentidentifikation zeigt Abb. 18.

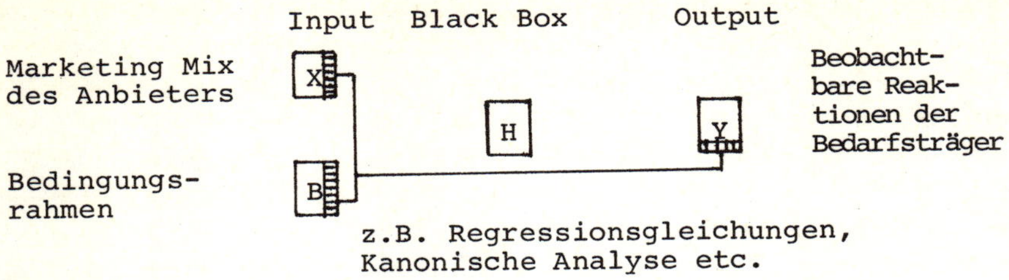

Abb. 17: Untersuchungsbereich partieller, konkret-rechnerischer Absatzfunktionen

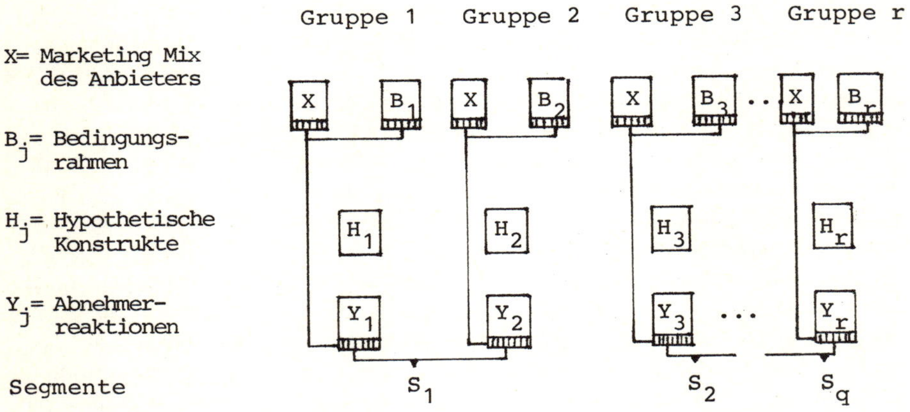

Abb. 18: Gruppierung von Bedarfsträgern ohne Einbezug hypothetischer Konstrukte

Die schraffierte Fläche in X zeigt die berücksichtigten Marketing-Mix-Variablen. Abnehmer mit gleichartiger Wertekonstellation bei den berücksichtigten Variablen des Bedingungsrahmens (B_j) und gleichartigen Werten bei den beobachteten Reaktionen (Y_j) auf die Marketing-Stimuli werden zu Gruppen zusammengefaßt. Auch hier gilt, daß die tatsächlich interessierenden Segmente größer sein können (S_1, S_2), da sich Effekte unterschiedlicher Wertekonstellationen in B_j und in den nichtberücksichtigten Black-Box-Variablen (H_j) u.U. kompensieren und zu gleichartig reagierenden Gruppen (Y_j) führen.

Der günstigste Fall liegt vor, wenn, wie in Abb. 19, die gefundenen Segmente (S_1, S_2, …, S_q) mit den tatsächlich gesuchten übereinstimmen. In der Realität wird es aber leicht zu Fehlklassifikationen kommen: weitere Variablen des Bedingungsrahmens hätten z.B. gezeigt, daß die Bedarfsträger einer Gruppe bei diesen zusätzlichen Variablen Unterschiede aufweisen, der Einbezug hypothetischer Konstrukte hätte ebenfalls eine interne Heterogenität der Gruppen indiziert, zusätzliche Reaktionsdimensionen hätten unterschiedliches Verhalten von Gruppenangehörigen aufgedeckt und zusätzlich überprüfte Marketing-Maßnahmen hätten schon bei den berücksichtigten Reaktionsdimensionen Verhaltensunterschiede innerhalb der Gruppe verursacht. Damit würden die ermittelten individuellen oder auch gruppenspezifischen Regressionsfunktionen einen niedrigen Anteil der Varianz (R^2) erklären. Die Aggregation von Bedarfsträgern anhand schlecht erklärender Regressionsfunktionen führt demnach zu einer Segmentbildung, die mehr oder minder von der »natürlichen« Gruppierung der Bedarfsträger abweicht. Empirische Untersuchungen bewiesen jedoch die Brauchbarkeit des Ansatzes, durch den mitunter ein Großteil der Varianz des Käuferverhaltens (einzelner Gruppen) erklärt werden konnte [Vgl. hierzu z.B. die Resultate bei *Palda* (1964) 67–88; *Lambin* (1972) 119–126; *Sexton* (1974) 109–114; *Mc Cann* (1974) 399–412; *Balachandran/ Gensch* (1974) 160–171, insbesondere 163ff].

Der Aufbau von Merkmalsräumen beim Arbeiten mit partiellen, konkret-rechnerischen Reaktionsfunktionen wird später ausführlich diskutiert werden, zumal Versuche zur »optimalen Marktsegmentierung« die Kenntnis bezüglich der Absatzfunktionen einzelner Bedarfsträger voraussetzen.

Hier zeigen sich allerdings auch die gravierenden Schwierigkeiten dieses Modellansatzes: Lassen sich individuelle Reaktionsfunktionen ermitteln? Wenn nicht, welche Möglichkeiten bieten sich dann der Marktsegmentierung nach Maßgabe gleicher bzw. ähnlicher Absatzfunktionen?

Bisherige Bemühungen kamen zu negativen Ergebnissen, wenn es um individuelle Reaktionsfunktionen ging [Vgl. z.B. *Duhammel* (1966); *Perry* (1968)]. Bessere Resultate wurden allerdings bei der Schätzung gruppenspezifischer Reaktionsfunktionen erzielt, wobei zunächst mit demographisch/sozioökonomischen sowie psychographischen Merkmalen bzw. mit Kaufverhaltensmerkmalen zunächst Gruppen gebildet werden, um für diese Gruppen die Reaktionsfunktionen zu schätzen [Vgl. z.B. *Sexton* (1974) 109–114; *Mc Cann* (1974) 399–412]. Des weiteren tritt das Aggregationsproblem auf: Wie lassen sich aus Absatzfunktionen Merkmalsräume erstellen, in denen Marktsegmente zu suchen sind? Dieses bisher ungelöste Problem wird im Zusammenhang mit der optimalen Marktsegmentierung an anderer Stelle behandelt. Falls die Ermittlung individueller oder gruppenspezifischer Absatzfunktionen im konkreten Fall an zu hohen Informationsvoraussetzungen, an methodischen Problemen oder an zu hohen Kosten scheitern sollte, so könnte zunächst auf Ersatzkriterien für Reaktionsfunktionen zurückgegriffen werden. Eine Möglichkeit besteht darin, auf die Ermittlung der Funktions*verläufe* zu verzichten und nur einzelne *Punkte* auf den Absatzfunktionen zu erfassen.

II. Realisierte Werte des absatzwirtschaftlich relevanten Verhaltens als Segmentierungsgrundlage

Die Schwierigkeiten, die mit der Erfassung von Reaktionsfunktionen verbunden sind, legen es oft nahe, auf die Schätzung größerer Bereiche dieser Hyperebenen zu verzichten. Statt dessen begnügt man sich mit der Messung *einzelner Reaktionswerte auf der Hyperebene*, die durch am Markt realisierte Marketing-Maßnahmen oder durch experimentelle Marketing-Stimuli induziert werden. Aggregationskriterium ist somit nicht die individuelle Reaktions*funktion*, sondern es sind die realisierten *Werte* im Reaktionssystem der Abnehmer.

Dieser Ansatz unterscheidet sich vom Ansatz der Absatzfunktion zunächst hinsichtlich der Methodik, da keine funktionale Verknüpfung von Input-Stimuli (Marketing-Maßnahmen und Variablen des Bedingungsrahmens) und Käuferreaktionen vorgenommen wird. Es werden zum Aufbau von Merkmalsräumen nur die Output-Variablen verwendet (Vgl. Abb. 19).

Abb. 19: Untersuchungsbereich bei punktuell erfaßtem Abnehmerverhalten

Die Gruppierung der Bedarfsträger erfolgt anschließend nach den realisierten Reaktionswerten bei den zugrundegelegten Verhaltensdimensionen, wobei bei geringen Verhaltensunterschieden einzelne Gruppen nochmals zu größeren Einheiten (Segmenten) aggregiert werden können, da sich die Entwicklung eigens auf sie abgestimmter Marketing-Programme wegen der geringen Unterschiede bzw. Gruppengröße nicht lohnt (Vgl. Abb. 20).

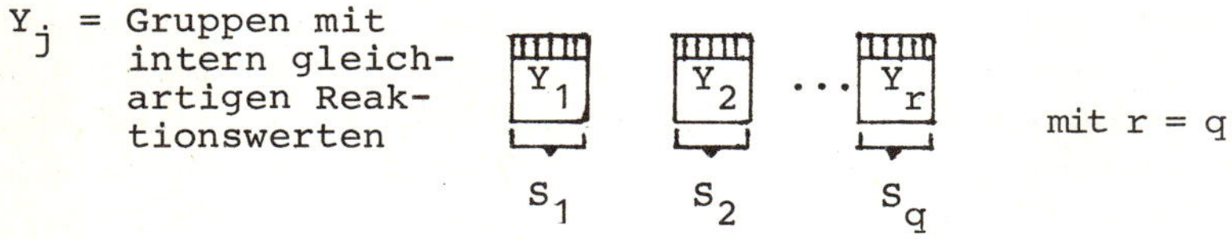

Abb. 20: Gruppierung von Bedarfsträgern nach individuellen Reaktionswerten

Als Reaktionsvariablen, die sich zum Aufbau von Merkmalsräumen eignen, kommen zunächst alle jene infrage, die auch schon in Reaktionsfunktionsansatz eine Rolle spielten, z.B. Verwendungsintensität (heavy vs. light buyer), Markentreue, Einkaufshäufigkeit u. a. m. In der Literatur zur Marktsegmentierung finden sich diese Merkmale unter Oberbegriffen wie »Merkmale des Kaufverhaltens« [Vgl. z.B. *Kotler* (1974) 167], »Merkmale der Konsumentenreaktionen« [Vgl. *Engel/Fiorillo/Caley* (1972) 10f] etc. Ihnen ist gemeinsam, daß es sich um punktuell gemessene Werte des Verhaltenssystems der Abnahmer handelt.

Daß dieser Weg u. U. nur eine schwache Heuristik zur Auffindung verhaltenskonformer Segmentangehöriger darstellt, zeigt folgende Überlegung [Nach *Lessig/Tollefson* (1971) 481]. Selbst wenn die Reaktionen der Abnehmer auf konkrete Marketing-Stimuli identisch sind, bedeutet dies nicht, daß sie auch gleichartige Funktionsverläufe besitzen (Vgl. Abb. 21).

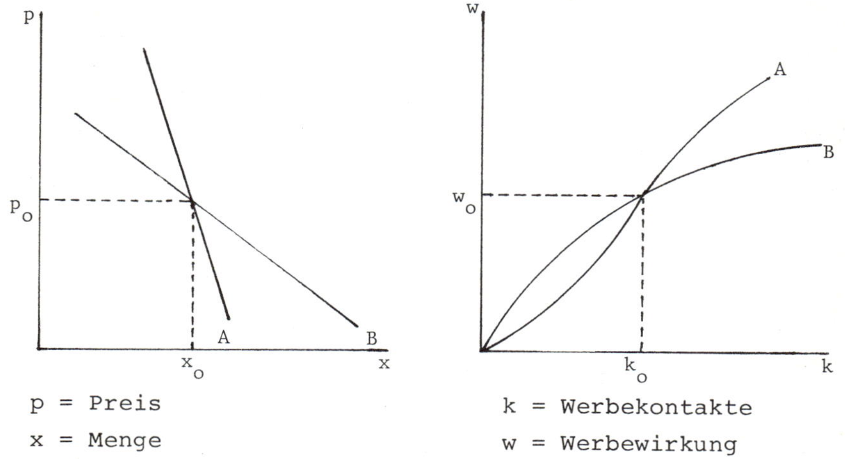

Abb. 21: Gleiche Reaktionswerte bei unterschiedlichen Reaktionsfunktionen

A und B verhalten sich bei einem Preis von p_o nur zufällig gleich. Das gleich gilt auch für die Reaktion auf Werbemaßnahmen. Trotz unterschiedlicher Werbewirkungsfunktionen zeigen A und B bei einer Kontaktzahl k_o die gleiche Werbewirkung w_o. Faßt man beide aufgrund der punktuellen Betrachtung (z.B. anhand von Experimentauswertungen oder Panelunterlagen) als Angehörige eines Segments auf, so wird ein für sie konzipiertes und von x_o, k_o verschiedenes Marketing-Programm je nach Ausprägung der realisierten Marketing-Maßnahmen u. U. sehr heterogene Reaktionen bei den Angehörigen ein und desselben Segments auslösen. Verläßt man sich zudem nur auf eine einzige Reaktionsdimension (z.B. Markentreue), so mag es zwar sein, daß Segmentangehörige im Hinblick auf diese Verhaltensdimension homogen sind, aber hinsichtlich anderer absatzwirtschaftlich bedeutsamer Reaktionsdimensionen sehr verschiedenartiges Verhalten zeigen.

Obwohl auch dieser Ansatz kaum eine generelle Beurteilung ohne empirische Überprüfung seiner Brauchbarkeit zuläßt, deuten diese kurzen Anmerkungen seine Grenzen an. Dennoch werden spätere Ausführungen über empirische Versuche zeigen, daß einige Reaktionsvariablen, auch wenn sie nur punktuell gemessen wurden, zu recht homogen reagierenden Segmenten auch hinsichtlich anderer Verhaltensdimensionen führten.

III. Ausprägungen der Eigenschaften des potentiellen Abnehmers, seiner Umwelt und seines Kaufentscheidungsprozesses

Der älteste und auch bekannteste Ansatz zur Erstellung von Merkmalsräumen beruht auf der Heranziehung von Merkmalen, die mit der Person und ihrer sozialen, kulturellen, natürlichen und technischen Umwelt sowie mit dem Ablauf des Kaufentscheidungsprozesses verbunden sind. Beispiele hierfür sind geographische, demographische sozioökonomische und psychologische Merkmale, wobei bei den psychologischen Variablen sowohl allgemeine Persönlichkeitsmerkmale als auch mit dem Kaufentscheidungsprozeß verbundene psychographische Merkmale (z.B. Wahrnehmungen, markenspezifische Einstellung, Kaufabsichten etc.) auftreten (Vgl. Abb. 22).

Abb. 22: Untersuchungsbereich von Abnehmereigenschaften und von Variablen des Kaufentscheidungsprozesses.

Abb. 23 und 24 zeigen den Segmentierungsansatz.

Abb. 23: Bedarfsträgergruppen mit gleichartigen Wertekonstellationen des Bedingungsrahmens.

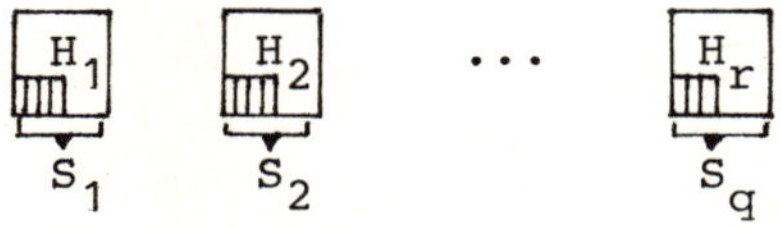

Abb. 24: Bedarfsträgergruppen mit gleichartigen Wertekonstellationen bei den hypothetischen Konstrukten.

Die bisherigen Ausführungen belegen, daß dieser – gemeinhin mit Marktsegmentierung assoziierte – Ansatz nur eine unter mehreren Möglichkeiten zur Errichtung von Merkmalsräumen darstellt. In Ermangelung von Informationen über die Reaktionen der Bedarfsträger (Y_j) auf zu realisierende Marketing-Maßnahmen greift der Untersuchende einzelne Variablen aus dem Bedingungsrahmen und der Transparent-Box auf und verwendet sie als Indikatoren für das Verhalten (i. S. von overt behavior) der Segmentangehörigen. Werden die Bedarfsträger anhand ihrer Ausprägungen auf allen relevanten Variablen des Bedingungsrahmens und des Kaufentscheidungsprozesses gruppiert, so führt dieser Ansatz notgedrungen zu einer überhöhten Segmentanzahl: trotz unterschiedlicher Wertekonstellationen im Bedingungsrahmen und bei den hypothetischen Konstrukten der Transparent-Box können bei Substituierbarkeit der Variablen gleiche Reaktionen auftreten.

Auf der anderen Seite führt die Nichtberücksichtigung wesentlicher Einflußfaktoren aus dem Bedingungsrahmen und den hypothetischen Konstrukten sowie die Nichtbeachtung der Abnehmerreaktionen auf Marketing-Stimuli zu Fehlgruppierungen: Abnehmer ein und desselben Segmentes zeigen unterschiedliche Reaktionen, während Abnehmer, die unterschiedlichen Segmenten zugeordnet wurden, eventuell gleiches Verhalten aufweisen.

Das soll allerdings nicht heißen, daß dieser Ansatz von vornherein zum Scheitern verurteilt ist. Für nahezu jedes der hierunter fallenden Segmentierungskriterien lassen sich Beispiele finden, in denen sie sich als sinnvolle Abgrenzungskriterien erwiesen haben, während es andererseits genausoviele Beispiele für ihr Versagen gibt [Vgl. z.B. *Frank/Massy/Wind* (1972) 26ff; *Arndt* (1974) 16ff und die dort zitierte Literatur]. Es ist unmittelbar einleuchtend, daß ein Merkmal wie Alter oder Aggressivität nicht zur Erklärung des Käuferverhaltens gegenüber allen erdenklichen Produktkategorien dienen kann, sei es vom Waschmittel- bis hin zum Pkw- oder Eigenheimkauf.

Der Anwender muß sich in Ermangelung allgemeingültiger Segmentierungskriterien wohl oder übel aus der Vielzahl der angebotenen Merkmale die für seinen Markt brauchbaren heraussuchen. Bis jetzt können ihm hierfür nur methodische Anleitungen gegeben werden, nicht aber Empfehlungen, wie etwa die, auf demographische Merkmale zu verzichten oder psychographische Merkmale zu verwenden.

IV. Kombinierte Anwendung verschiedener methodischer Konzeptionen

In den bisherigen Ausführungen wurden die methodischen Ansätze isoliert betrachtet. Inzwischen ist allerdings eine Tendenz festzustellen, daß man zwar die relativ einfachen Ansätze zur Erstellung von Merkmalsräumen verwendet (z.B. Variablen des Bedingungsrahmens oder Verhaltensvariablen), diese aber nebeneinander einsetzt. Statt einer uno-actu-Berücksichtigung aller relevanten Variablen, die wegen ihrer

Komplexität scheitern muß, geht man zu einer stufenweisen Erfassung der Segmentierungsmerkmale über. Hier einige typische Vorgehensweisen:

(1) Kombinierter Einsatz der Variablen des Bedingungsrahmens B bzw. Variablen der Transparent-Box H und der realisierten Werte im absatzwirtschaftlich relevanten Verhaltenssystem Y [Vgl. *Dichtl* (1974a) 58; *Lessig/Tollefson* (1971) 481 ff].

Der Untersuchende muß zu diesem Zweck Segmente anhand von gleichartigen Werten auf den Reaktionsdimensionen (gekaufte Marken, Kaufhäufigkeit, Packungsgröße, Einkaufsstätte etc.) bilden, um anschließend die Segmente nach Merkmalen demographisch/sozioökonomischer und psychologischer Art nochmals in homogenere Einheiten zu unterteilen. Durch diesen Ansatz versucht man Gruppierungen zu finden, deren Elemente gleiche bzw. ähnliche Reaktionsfunktionen aufweisen, ohne den mühevollen Weg der Erfassung individueller Reaktionsfunktionen und deren Aggregation zu homogenen Segmenten gehen zu müssen: Man unterstellt also, daß »... Verbraucher, die sowohl gleiche oder doch sehr ähnliche Persönlichkeitsmerkmale aufweisen als auch ähnliches Käuferverhalten an den Tag legen, ihre Einkaufsentscheidung auf ähnliche Weise treffen, also (nahezu) identische ›Response Functions‹ aufweisen« [Vgl. *Dichtl* (1974a) 58]. Inwieweit sich diese Annahme als richtig erweist, kann nur anhand empirischer Untersuchungen geklärt werden.

(2) Kombinierter Einsatz von Variablen des Bedingungsrahmens bzw. des Kaufentscheidungsprozesses und konkret-rechnerischer, partieller Reaktionsfunktionen.

Bei diesem schon oben erwähnten Vorgehen bildet man zunächst Segmente mit ähnlichen Werten bei den Variablen des Bedingungsrahmens und des internen Kaufentscheidungsprozesses. Anschließend werden z.B. durch Regressionsanalyse segmentspezifische Reaktionsfunktionen ermittelt [*Sexton* (1974) 109 ff; *Mc Cann* (1974) 399 ff; *Krautter* (1975) 109–128]. Segmente mit gleichartigen Reaktionsfunktionen können zu größeren Einheiten aggregiert werden.

Der Grund für diesen kombinierten Ansatz ist darin zu sehen, daß es zwar wünschenswert ist, Segmente auf der Basis gleicher oder ähnlicher Reaktionsfunktionen der Segmentangehörigen zu bilden. Andererseits scheint es unmöglich, individuelle Reaktionsfunktionen zuverlässig empirisch zu ermitteln. Da dies allerdings ab einem bestimmten Stichprobenumfang möglich ist, bildet man homogene Stichproben in bezug auf die Indikatorvariablen des Bedingungsrahmens und aggregiert erst ab diesem Level nach dem Kriterium der Reaktionsfunktionen.

V. Die Deskriptorvariablen

Bisher wurde die Rolle von Segmentierungsmerkmalen primär im Hinblick auf ihre Indikatoreigenschaft für das Abnehmerverhalten gesehen (Einkaufsverhalten, erwünschte Produkteigenschaften, Medienverhalten etc.). Merkmale können aber auch Indikatoren für die Gestaltung der zu realisierenden Marketing-Maßnahmen darstellen.

Frank et al. sprechen in diesem Zusammenhang von »Deskriptorvariablen«:

»Customer descriptor variables – variables that can be related to both the criterion variable in the segmentation problem (such as total consumption) and to the performance characteristics of the various marketing tool variables (for example, advertising media or channels of distribution) ...« [Vgl. *Frank/Massy/Wind* (1972) 17]. Abb. 25 zeigt den Zusammenhang zwischen Deskriptor-Variablen, homogen reagierenden Segmentangehörigen und Marketing-Maßnahmen.

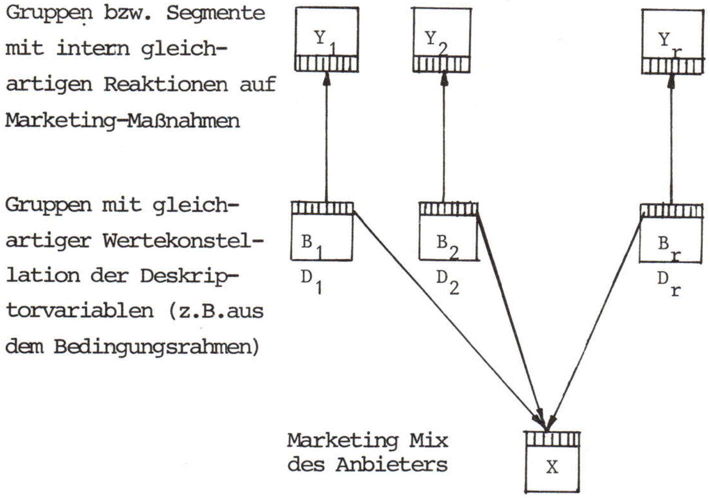

Abb. 25: Die Funktionen von Deskriptorvariablen

Anhand der Werteausprägung der Deskriptorvariablen (hier des Bedingungsrahmens) lassen sich Gruppen finden, die in bezug auf verschiedene Reaktionsdimensionen gleichartiges Verhalten aufweisen (schraffierte Fläche in Y_j), sich aber von anderen Gruppen darin unterscheiden ($Y_1 \neq Y_2 \neq Y_r$). Gleichzeitig geben die Werte der Deskriptorvariablen der einzelnen Segmente (D_j) Hinweise für die Gestaltung zukünftiger Marketing-Maßnahmen (z.B. Wahl der Medien, der Distributionskanäle, des Kommunikators u.a.m.).

Hierzu ein Beispiel:

In Untersuchungen habe sich herausgestellt, daß die Verbrauchsmenge an Alkoholika mit dem Alter und dem Einkommen zunimmt. Der Merkmalsraum, der durch die Deskriptorvariablen erstellt wird, enthält dann Marktsegmente, die intern homogen, untereinander jedoch heterogen bezüglich der Verbrauchsmenge sind (Vgl. Abb. 26).

S_1 = niedrige Verbrauchsmenge (Y_1)
S_2, S_3 = mittlere Verbrauchsmenge (Y_2, Y_3)
S_4 = hohe Verbrauchermenge (Y_4)

Gleichzeitig mögen mit dem Alter und dem Einkommen die Wahl der Einkaufsstätten und die Mediennutzung hoch korrelieren.

S_1 = Einkauf in Handelskette A, hauptsächliche Nutzung des Mediums M_1
S_2, S_3 = Einkauf in Handelskette B, hauptsächliche Nutzung des Mediums M_2
S_4 = Einkauf in Handelskette C, hauptsächliche Nutzung des Mediums M_3.

Bei diesem vereinfachten Beispiel kann ein Anbieter, der Segmente nach den Deskriptoren Einkommen und Alter gebildet hat, gleichzeitig die Kommunikations- und Distributionskanäle auswählen, mit denen er die erfolgbringendsten Segmente ansprechen kann. Entschließt er sich, die Segmente mit mittlerem und hohem Verbrauchsvolumen anzusprechen (S_2, S_3, S_4), so wird er die Handelsketten B und C und die Medien M_2 und M_3 einschalten.

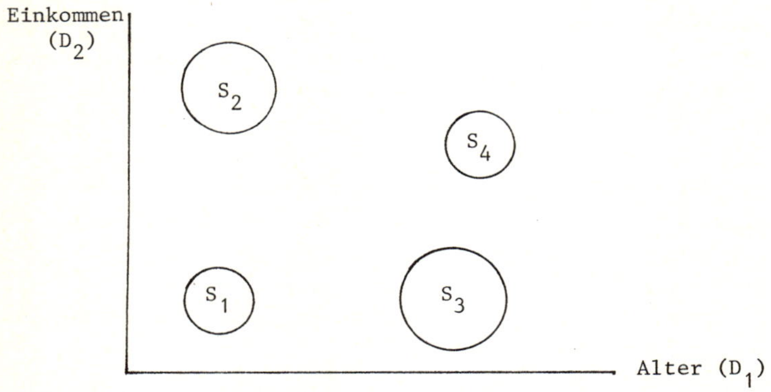

Abb. 26: Segmente im Raum der Deskriptorvariablen

VI. Zusammenfassung

In den vorhergehenden Abschnitten wurden die grundsätzlichen Ansätze zur Auswahl von Segmentierungsmerkmalen skizziert. Ausgehend von Käuferverhaltensmodellen, bei denen insbesondere die Totalmodelle in Form von Flow Chart- und Simulationsmodellen eine umfassende Beschreibung und Erklärung der Bedarfsträgerreaktionen auf absatzwirtschaftliche Aktionen versuchen, wurde aus Gründen wie mangelnder Operationalität, Prognosefähigkeit und Meßbarkeit der Variablen nach pragmatischeren Lösungen gesucht.

Eine Hilfslösung bietet sich eventuell in der Ableitung von Segmentierungsmerkmalen aus konkret-rechnerischen Absatzfunktionen, bei denen, im Gegensatz zu den Käuferverhaltensmodellen, weniger Variablen berücksichtigt werden. Zudem wird i.d.R. nur *eine* Reaktionsfunktion (im Gegensatz z.B. zum *Amstutz*-Modell) zugrunde gelegt, die aber anhand empirischer Daten zu schätzen ist (im Gegensatz zum verbalen *Howard/Sheth*-Modell).

Eine weitere Möglichkeit ist in der Gruppierung von Bedarfsträgern aufgrund punktuell gemessener Reaktionswerte zu sehen. Dabei verzichtet man auf die Ermittlung des gesamten relevanten Funktionsbereichs zwischen Imputstimuli und Abnehmerreaktionen.

Zudem bleibt noch der gängigste Ansatz zur Marktsegmentierung, bei dem als Segmentierungskriterien Merkmale der Person (bzw. Organisation) und seiner (ihrer) Umwelt bzw. des Kaufentscheidungsprozesses verwendet werden. Hierzu zählen bei Konsumenten z. B. Alter, Geschlecht, Wohnort, Einkommen, Referenzgruppen, Motive, Einstellungen, kurz alle die Merkmale, die den Begriffen »sozioökonomisch«, »demographisch« und »psychographisch« subsumiert werden. Der Vorteil dieses Ansatzes besteht in einer drastischen Reduktion des Informationsbedarfs, zumal wenn es sich um Deskriptorvariablen handelt, die nicht nur Segmente identifizieren und beschreiben, sondern auch Anhaltspunkte für segmentspezifische Marketing-Maßnahmen liefern.

Schließlich werden einige der Ansätze mitunter nebeneinander eingesetzt: man sucht z.B. nach Segmenten im mehrdimensionalen Verhaltensraum und im Merkmalsraum, der z.B. aus den Variablen des Bedingungsrahmens bzw. des Kaufentscheidungsprozesses erstellt wurde. Die Segmentierungsergebnisse in beiden Räumen werden so ausgewertet, daß man Segmente bildet, die sowohl homogen in ihren Reaktionen als auch homogen hinsichtlich der Merkmale des Bedingungsrahmens und/oder des Kaufentscheidungsprozesses sind.

Die bisherigen Erkenntnisse legen es nahe, das Segmentierungsproblem mittels folgender Ansätze zu bewältigen:

1. Zunächst empfiehlt es sich, den ökonomischsten Weg zu gehen und eine Segmentierung nach relativ leicht erfaßbaren Merkmalen des Bedingungsrahmens bzw. des Kaufentscheidungsprozesses zu versuchen, wobei insbesondere auf die Deskriptoreigenschaft der Variablen zu achten ist.
2. Der nächste realisierbare Ansatz besteht in der Heranziehung von realisierten Werten des mehrdimensionalen Käuferverhaltens u. U. mit Einbeziehung der in (1) erzielten Erkenntnisse.
3. Des weiteren ist zu prüfen, ob auch die Segmentierung nach gleichen bzw. ähnlichen Absatzfunktionen möglich ist, die mittels des partiellen konkret-rechnerischen Ansatzes geschätzt wurden.

Die Ausführungen in Teil B des dritten Teils werden die in Frage kommenden Segmentierungsmerkmale im Hinblick auf ihre Eignung als Indikatoren des absatzwirtschaftlich relevanten Verhaltens und als Indikatoren der zu realisierenden segmentspezifischen Marketing-Programme untersuchen. Da eine Behandlung nahezu aller denkbaren Kriterien für die verschiedensten Märkte den Rahmen der Arbeit sprengen würde, beschränken wir uns auf die wichtigsten Merkmale im Konsumgütersektor.

B. Die potentiellen Segmentierungsmerkmale für Konsumgütermärkte

I. Klassifikation der Merkmale

Die Vielzahl der Begriffe, die für die Indikatoren der intern homogen, untereinander aber unterschiedlich reagierenden Segmente verwandt werden, erfordert eine Klärung. Wir werden im folgenden als Oberbegriff den Begriff »Segmentierungsmerkmal« verwenden, gleich welcher der verschiedenen Indikatoren der Segmentbildung zugrunde gelegt wird. Segmentierungsmerkmale lassen sich nach unzähligen Aspekten klassifizieren [Vgl. z.B. *Kotler* (1974) 165 ff; *Engel/Fiorillo/Caley* (1972) 11; *Scheuch* (1974) 218 ff; *Müller-Hagedorn* (1974) 15 ff, 80 ff und passim]. Hier wird die in Abb. 27 gezeigte Einteilung vorgenommen [Vgl. auch die Unterscheidung in »Consumer Characteristics« (Attribute Differences) und in »Consumer Responses« (Behavioral Differences) bei *Engel/Kollat/Blackwell* (1972) 11].

Die Diskussion über die vermutlich brauchbaren Indikatoren des Konsumentenverhaltens wird schon seit längerer Zeit sehr ausführlich geführt. Zusammenfassende Darstellungen über nahezu alle relevanten Indikatoren des Konsumentenverhaltens finden sich bei *Frank/Massy/Wind* [(1972) 26 ff] und bei *Engel/Kollat/Blackwell* [(1973) 69 ff]. Eine ausführliche Behandlung von Merkmalen aus dem Bedingungsrahmen, hauptsächlich der demographischen und sozioökonomischen Variablen, erfolgt bei *Müller-Hagedorn* [(1974) 136 ff]. Die Indikatoreignung psychographischer Merkmale wird in der deutschen Literatur u.a. von *Köhler* [(1972) 181 ff] untersucht. Daneben gibt es eine kaum noch übersehbare Fülle von Veröffentlichungen, die sich um die Untersuchung der Brauchbarkeit einer oder mehrerer Variablen zur Erklärung bzw. Prognose des Konsumentenverhaltens bemühen.

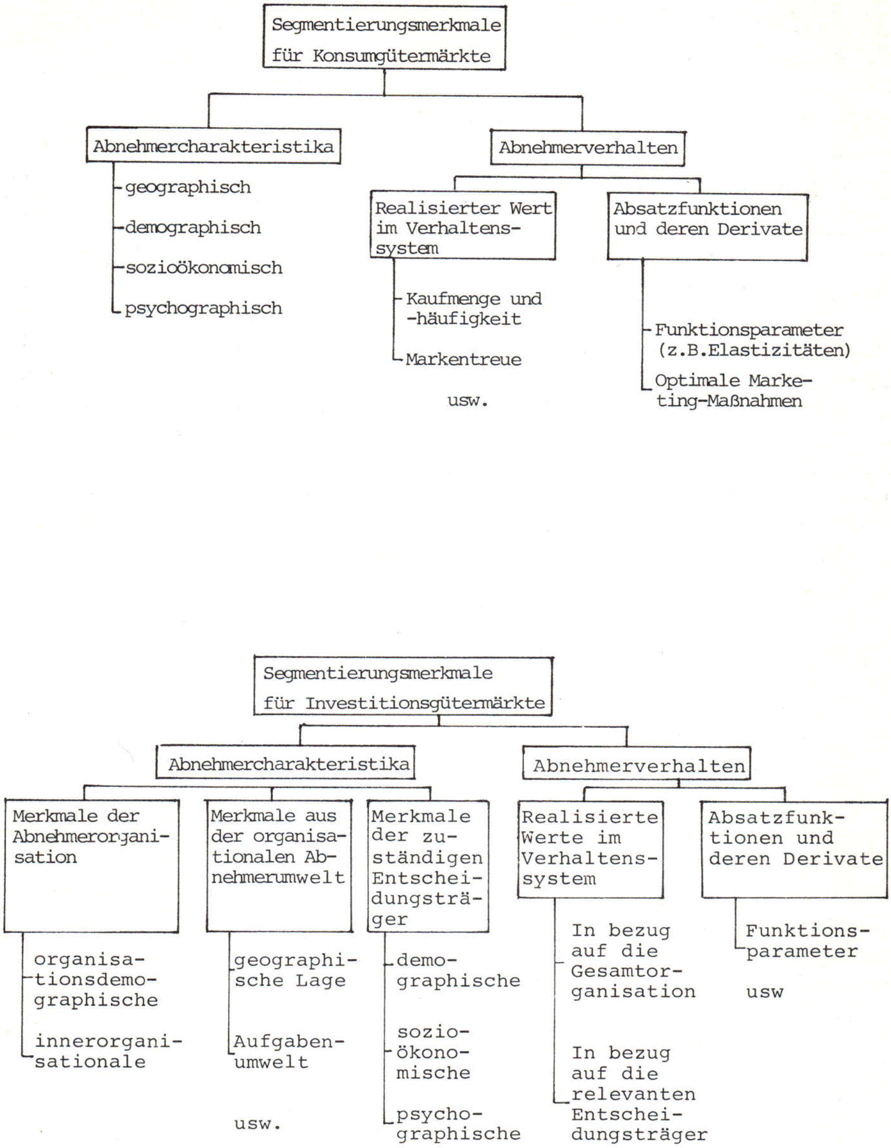

Abb. 27: Klassifikation der Segmentierungsmerkmale

II. Abnehmercharakteristika

Hierbei handelt es sich um Merkmale aus dem Bedingungsrahmen (B) und des Kaufentscheidungsprozesses (H), insbesondere um geographische, demographisch-sozioökonomische und psychographische Variablen.

1. *Geographische Merkmale*

Geographische Merkmale werden schon recht lange zur Marktsegmentierung herangezogen. Der Grund liegt in der leichten und damit wirtschaftlichen Datenbeschaffung, der einfachen Ausrichtung vieler Marketing-Maßnahmen auf regionale Teilmärkte und der Tatsache, daß hinter diesem Merkmal eine Reihe weiterer Einflußfaktoren wie Klima, rechtliche Bestimmungen, Kultur, Lebensgewohnheiten u.a.m. stehen, die das Konsumentenverhalten beeinflussen. Ihre Erklärungs- und Prognosefähigkeit ist deshalb u.U. für viele Produktgattungen beträchtlich.

Die üblichen geographischen Segmentierungsmerkmale sind:

I. Strukturräume
   1. natürliche Regionen
   2. politische-administrative Regionen
   3. wirtschaftliche Strukturräume
   4. Stadtregionen
   5. Agglomerationsräume

II. Funktionsräume

III. Regionale Mobilität der potentiellen Abnehmer [Wegen des relativ geringen praktischen Wertes des Kriteriums »Mobilität« wird auf eine Darstellung verzichtet. Vgl. dazu *Andreasen* (1966) 341–345; *Bell* (1969) 37–44]

ad I: »Unter einem *Strukturraum* versteht man gemeinhin eine Region, die hinsichtlich eines jeweils näher zu definierenden Strukturmerkmals eine gewisse Gleichförmigkeit aufweist« [*Menges* (1962) 1]. Dabei besteht für die Auswahl der verwendeten Merkmale eine große Variationsbreite, wie sie sich aus der Merkmalsverteilung der Wirklichkeit ergibt [Vgl. *Boustedt/Ranz* (1957) 33].

ad I.1: Zieht man die Naturgrundlagen des Gesamtmarktgebietes heran (Klima, Bodenbeschaffenheit etc.), so erhält man natürliche Regionen (z.B. Küstengebiet, Mittelgebirge, Alpengebiet etc.). Diese Regionenbildung ist für bestimmte Produktarten durchaus von Bedeutung, da im Hintergrund eine Reihe räumlich gebundener Faktoren steht, die das Konsumverhalten nachhaltig beeinflussen können [Vgl. u.a. *Bickel* (1931) 102; *Veblen* (1949); *Dietl* (1954); *Hitschmann* (1958) 18ff; *Winick* (1961) 53–60; *Gruber* (1964) 18f; *Hellpach* (1965) 92; *Schäfer* (1966) 89ff; *Otremba* (1969)]. Zu denken ist an das vielzitierte Nord-Süd-Gefälle im Verbrauch von Nahrungs- und Genußmitteln, regionale Unterschiede in der Kleidung etc. [Vgl. z.B. *Leitherer* (1955) 564; *Scheler* (1971) 109; *Behrens* (1965) 24ff].

Allerdings kam es durch die erheblichen Bevölkerungsfluktuationen in Deutschland sowie durch die Entstehung überregionaler Massenmedien zu einer weitgehenden Nivellierung des regionalen Konsumverhaltens. Dies hat besonders weitreichende Konsequenzen für die Produktpolitik: bis auf wenige Ausnahmen lohnt sich eine regionale Produktdifferenzierung bzw. -spezialisierung kaum noch.

ad I.2: Eine, insbesondere wegen der relativ leichten Datenerhältlichkeit, sehr verbreitete Regionenbildung ist die nach *politisch-administrativen* Bezirken, d.h. nach Landkreisen, Bundesländern etc. Diese Regionenbildung liegt auch der Gliederung der BRD in Nielsen-Gebiete zugrunde [Nielsen-Gebiete sind: I (Hamburg, Bremen, Schleswig-Holstein, Niedersachsen), II (Nordrhein-Westfalen), III a (Saarland, Hessen, Rheinland-Pfalz), III b (Baden-Württemberg), IV (Bayern) und V (West-Berlin)].

Für die großräumige Betrachtung, etwa nach Nielsen-Gebieten, gilt als Kritik, daß sich die Anforderungsprofile der Segmentangehörigen an Produktgestalt, Werbung, Preis etc. dann kaum regional unterscheiden. Wählt man kleinere Raumeinheiten, z.B. für die Zwecke der Absatzorganisation oder des regionalen Medieneinsatzes, so werden allzuoft die absatzwirtschaftlich interessierenden Regionen durch willkürliche Grenzziehungen zerschnitten: so wird z.B. der wirtschaftlich eng verflochtene Rhein-Neckar-Raum durch die Grenzen der Länder Baden-Württemberg, Rheinland-Pfalz und Hessen aufgeteilt. Politisch-adminstrative Regionen sind somit für die Absatzorganisation oder die regionale Mediaselektion weitgehend unbrauchbar.

ad I.3: Bei *wirtschaftlichen Strukturräumen* ist man bemüht, Regionen zu bilden, die in produktionswirtschaftlicher und sozialer Hinsicht relativ homogen sind. Die wirtschaftsgeographische Gliederung des Bundesgebiets wird hier nach einer größeren Anzahl von Merkmalen aus dem industriellen und dem agrarischen Bereich, Merkmalen des Fremdenverkehrs, der Bevölkerungsdichte, der funktionalen Verflechtung (Einkaufs- und Pendlerströme) u.a.m. vorgenommen. Gegen eine Verwendung der »Wirtschaftsräumlichen Gliederung« die der Deutsche Geographentag 1955 in Hamburg beschloß, spricht, daß für den jeweiligen Anbieter eine Reihe von Merkmalen überflüssig sind, während andererseits u.U. wesentliche Merkmale der Regionenbildung fehlen.

ad I.4: Ein wichtiges regionales Segmentierungskriterium ist die Einteilung in *Stadtregionen* einerseits und ländliche Gebiete andererseits. Stadtregionen sind Strukturräume, die nach sozioökonomischen Merkmalen gebildet werden [Vgl. Statistisches Bundesamt (Hrsg.): Fachserie C, Unternehmen und Arbeitsstätten, Sonderheft 1]: die Bevölkerung arbeitet überwiegend außerhalb der Landwirtschaft und ihre Existenzgrundlage befindet sich größtenteils in einem Kern, der eine oder mehrere größere Städte umfaßt.

Die ca. 75 Stadtregionen des Bundesgebietes (einschließlich West-Berlin) erstrecken sich auf nur ein Fünftel des Gebietes und enthalten dagegen nahezu zwei Drittel der Bevölkerung [Nach *Stern* (1975) 3]. Da die Stadtregionen keine gezielte Einzelbehandlung im Hinblick auf regionale Werbeaktionen, Sales-Promotion, Preisgestaltung etc. erlauben, ist es üblich, gleichartig strukturierte Stadtregionen zu Clusters zu aggregieren [Vgl. *Jones* (1972) 124–126] (ähnliche Ansätze finden sich auch zur Gruppierung von Auslandsmärkten [Vgl. *Green/Frank/Robinson* (1967) B-387ff; *Sethi* (1971) 348ff]). Allerdings setzt der regional gezielte Einsatz von Marketing-Aktionen detaillierte Kenntnisse über die Marktverhältnisse in den Regionen voraus, die über die pauschale Charakterisierung nach Bevölkerungsstruktur, Arbeitsstätten etc. hinausgehen. Diese Daten fehlen jedoch, weil die amtliche Statistik der politisch-administrativen Einteilung folgt.

ad 1.5: Damit bleibt unter den Strukturräumen i.d.R. nur noch die Einteilung des Gesamtmarktes in *Agglomerationsräume* und Nicht-Agglomerationsräume. Die erforderlichen Marktforschungsdaten werden in jüngster Zeit von *Nielsen* angeboten [Vgl. *Stern* (1975) 3ff]. Auf den sechs Prozent des Bundesgebietes, das die zehn Agglomerationsräume Hamburg, Bremen, Hannover, Ruhrgebiet, Rhein-Main, Rhein-Neckar, Stuttgart, Nürnberg, München und West-Berlin abdecken, lebt ein Drittel der Gesamtbevölkerung, konzentrieren sich 30 Prozent aller Arbeitsstätten und 43 Prozent der Lohn- und Gehaltssummen [Vgl. *Stern* (1975) 5ff]. Entsprechend hoch ist auch die Einzelhandelsbesetzung und die Umsatzkonzentration, wobei überdurchschnittliche Umsätze besonders jene Produkte aufweisen, die verstärkt von städtischen Bedarfsträgern erworben werden [Vgl. *Stern* (1974) 14]. Eine nach Ballungsräumen differenzierte Datenaufbereitung (etwa Marktanteile, Distribution der Marken, durchschnittlicher Monatsumsatz u.a.m.) gibt, neben den Hinweisen auf die regionalen Stärken und Schwächen der Marken und die räumlich vorherrschende Konkurrenz, auch Anhaltspunkte für die räumlichen Aspekte des Diffusionsprozesses [Vgl. z.B. *Rogers* (1962); *Hägerstrand* (1970) 367–379]. Zeigt sich z.B., daß eine Marke, bei gleichbleibendem oder nur geringfügigem Rückgang des Marktanteils im Gesamtmarkt, stärkere Einbußen in den Ballungsgebieten hinnehmen muß, so ist dies ein Indikator, daß die in den Agglomerationsräumen stärker als auf dem Lande verbreitete Spezies der »Innovateure« und der »Frühen Mehrheit« sich Konkurrenzprodukten zugewandt hat. Detailliertere Auswertungen können auch aus Haushaltspanels gewonnen werden. Somit kann entweder rechtzeitig ein Relaunch der Marke mit verstärktem Medieneinsatz in den Ballungsgebieten oder eine Neueinführung durchgeführt werden, wobei auch bei der letzteren Strategie die Marketing-Aktivitäten auf die Agglomerationsräume zu konzentrieren sind.

Die Konzentration der Werbebudgets auf die Agglomerationsräume bietet sich deshalb an, weil dort die meisten potentiellen Bedarfsträger zu erwarten sind. Aus Wirtschaftlichkeitserwägungen empfiehlt sich u.U. eine überregional »ausgedünnte« Imagewerbung, während in den Absatzschwerpunkten, d.h. den Ballungsgebieten, ein regional und lokal verstärkter Medieneinsatz erfolgt [Vgl. *Stern* (1975) 9]. Dieser kann zudem durch räumlich gezielte Verkaufsförderungsmaßnahmen unterstützt werden. Zu denken ist auch an eine regional differenzierte Zusammenarbeit mit dem Handel, eine an den Ballungsgebieten orientierte Außendienstorganisation u.a.m.

ad II: Erwähnenswert ist schließlich noch die *funktionsräumliche Gliederung* der BRD. Ihre Vertreter sehen ihre Berechtigung darin, daß strukturräumliche Aufteilungen meist zu einer für absatzwirtschaftliche Zwecke unliebsamen Grenzziehung gelangen. Als Ausweg wird mitunter eine Regionenbildung nach dem Konzept der »Zentralen Orte« vorgeschlagen [Vgl. *Christaller* (1933) insbesondere 32ff und 54ff sowie die im folgenden zu diesem Problemkreis genannte Literatur]. Da der Wohnort der Verbraucher und der Standort der Anbieter (insbesondere des Handels) auseinanderfallen, entsteht ein Netz von Bezugs- und Absatzverflechtungen, d.h. Stadt und Umland sind funktional verbunden [Vgl. *Bootz* (1967) 19]. Die Orientierung der Nachfrage auf einen Mittelpunkt hin (eben den zentralen Ort einer Region), kann als Merkmal zur Abgrenzung von Funktionsräumen verwendet werden.

Entsprechend den unterschiedlichen Einzugsbereichen der einzelnen Orte folgt eine Hierarchie von zentralen Orten höchster bis niedrigster Ordnung. Dabei kommen für bestimmte Güter nur zentrale Orte ab einem bestimmten Niveau in Frage, da das Einzugsgebiet der Orte niedriger Zentralität ein zu geringes Marktvolumen aufweist [Dieser Gedanke deckt sich mit der Warentypologie *Copelands* (1924)]. Nach *Christallers* Theorie folgt damit für das Unternehmen je nach der »Zentralität« der von ihm angebotenen Güter eine charakteristische Einteilung des Absatzmarktes in Funktionsräume, bestehend aus den zentralen Orten, an denen das Gut anzubieten ist und deren Ergänzungsgebiet. Die funktionsräumliche Gliederung des Gesamtmarktes kann für die Marktsegmentierung herangezogen und einer Vielzahl regional zu differenzierender Aktionen des Herstellers zugrunde gelegt werden: Im Distributionsbereich eignet sie sich zur Bestimmung von Filial- und Lagerhausstandorten, der Bildung von Verkaufsbezirken (damit auch der Steuerung und Kontrolle der Außendienstleistungen) [Vgl. hierzu *Lindner* (1970)], der Abgrenzung von Alleinverkaufsgebieten u.a.m. Für den Kommunikationsbereich ist ebenfalls eine regional differenzierte Gestaltung nach Maßgabe der Funktionsräume möglich: z.B. ist der gezielte Einsatz der Verkaufsförderung in den relevanten zentralen Orten möglich, wodurch regionale Überschneidungen und Streuverluste verringert werden. Ebenso kann die Wahl der Medien so erfolgen, daß es ein Minimum an regionalen Streuverlusten gibt: Tageszeitungen decken sich z.B. weitgehend mit dem zugrunde liegenden Funktionsraum und können dementsprechend für regionale Sonderaktionen eingesetzt werden. Das gleiche gilt für regionale Aktionen in der Rabatt- und Preispolitik. Die Abgrenzung des Aktionsgebietes nach funktionsräumlichen Merkmalen minimiert die Abwanderung von Käufern aus anderen Gebieten und verhindert eine Verärgerung der dort ansässigen Handelsbetriebe, die ebenfalls diese Marke führen.

Neben der z.T. berechtigten Kritik an der Brauchbarkeit der Theorie zur Abgrenzung regionaler Teilmärkte [Vgl. z.B. *Frhr. v. Malchus* (1969) 39–48], verhinderte bislang der Mangel an entsprechenden Marktforschungsunterlagen die Realisierung des Konzepts [Während in der BRD nur Ansätze vorliegen, werden in den USA schon längere Zeit die Einzugsbereiche des Groß- und Einzelhandels für verschiedene Produktgruppen erfaßt und diese »Trading areas« kartographisch dargestellt. Vgl. z.B. *Schäfer* (1966) 205f; *Canfield* (1961) 329 und die dort zitierte Literatur].

Seit 1969 bietet die GFK-Nürnberg jedoch eine Einteilung des Bundesgebiets nach funktionalen Kriterien an [Vgl. Gesellschaft für Konsum-, Markt- und Absatzforschung e.V. (1969); *Beck* (1969) 683–694; o.V. (1969) 182–183]: Basis für die Begrenzung der Regionen bildeten Pendler- und Einkaufseinzugsbereiche. Für diese Räume werden u.a. folgende Informationen bereitgestellt:

- Angabe der Wirtschaftszentren der Funktionalregion, und zwar als »Gesamtzentralität«, »Einkaufszentralität« und »Arbeitszentralität«;
- Bevölkerungsdichte der Funktionsräume (allerdings gegliedert nach Stadt- und Landkreisen);
- Kaufkraft und Umsatz.

Wie man sieht, gibt es für einige Marketing-Aktivitäten die Notwendigkeit eines am regionalen Bedarf orientierten Einsatzes. Geographische Segmentierungsmerkmale besitzen demnach mehr Attraktivität denn je, da von der Marktforschungsseite die Daten allmählich nach sinnvolleren regionalen Einheiten angeboten werden.

Dennoch zeigt sich, daß geographische Merkmale i.d.R. nur für einige Güterarten bzw. nur für einen Teil der Marketing-Instrumente relevant sind. Für Maßnahmen der Produkt- und Werbemittelgestaltung oder der Preispolitik sind sie (mit einigen Ausnahmen für bestimmte Produkte) nicht geeignet.

2. *Demographische und sozioökonomische Merkmale*

a) *Überblick über die wichtigsten Merkmale*

Die demographisch-sozioökonomischen Merkmale aus dem Bedingungsrahmen gehören ebenfalls zu den traditionellen Indikatoren des Konsumentenverhaltens.

Die wesentlichsten demographischen Variablen sind:

Geschlecht Alter Familienstand Zahl und Alter der Kinder	häufig Kombination zum »Familien-Lebenszyklus«

Wichtige sozioökonomische Variablen sind:

Einkommen Berufstätigkeit Ausbildung	häufig Kombination zur »sozialen Schicht«
Referenzgruppe	

Die recht häufige Verwendung dieser Kriterien und der geographischen Merkmale zur Charakterisierung von Abnehmern bzw. Mediennutzern führte zu Standardisierungsempfehlungen, in denen festgelegt wurde, welche Merkmale und in welcher Abstufung diese Merkmale zu erheben sind.

Der Zentralausschuß der Werbewirtschaft (ZAW) empfiehlt z.B. für die Zwecke der Werbeträgeranalysen folgendes Schema [Vgl. Zentralausschuß der Werbewirtschaft (1968) 12ff; *Freter* (1975) 91]:

Geschlecht
Alter
Familienstand
Schulbildung
Berufstätigkeit des Befragten
Berufstätigkeit des Haushaltsvorstandes
Haushaltsgröße
Alter des jüngsten Haushaltsmitgliedes
Einkommen
Soziale Schicht
Haushaltstyp
Gemeindegrößenklasse
Regionale Gliederung

An diese Standardisierung halten sich im wesentlichen die bekannten Mediaanalysen, so die Leseranalyse (LA bzw. MA seit 1972), die Infratest-Multi-Mediaanalyse (IMMA/imd) und die Allensbacher-Werbeträger-Analyse (AWA) [Vgl. *Meier* (1971) 34–36]. Dabei ist darauf zu achten, daß die Merkmale korrelieren, wie z.B. »Soziale Schicht« mit »Einkommen«, »Schulbildung« und »Berufstätigkeit«: Ein Mediennutzer, der diese Merkmale simultan verwendet, führt dadurch eine Mehrfachgewichtung der betreffenden Merkmale ein].

Eine noch differenziertere Untergliederung schlägt das Research Commitee der American Association of Advertising Agencies (AAAA) vor [Vgl. *Weilbacher* (1967) 27–31]. Hier werden Daten für vier Erhebungseinheiten ausgewiesen: für Haushalte, Einzelpersonen, Haushaltsvorstände und Hausfrauen.

Der Wert solcher Standardkataloge liegt in der Vergleichbarkeit einzelner Analysen [Vgl. *Müller-Hagedorn* (1974) 137] und der Möglichkeit der Datenfusion. Analysen wie die IMMA/imd bzw. die AWA erheben sowohl die Mediennutzung als auch die Produktgruppenverwendung (bei IMMA auch Marken). Dies ermöglicht dem Anbieter u.U. die retrospektive Beschreibung seiner Abnehmerschaft bzw. der für eine Produktgruppe in Frage kommenden Zielpersonen und erlaubt zudem eine gezielte Ansprache im Kommunikationsbereich.

Andererseits sind die Angaben der kombinierten Konsum- und Mediaforschung hinsichtlich soziodemographischer Merkmale der Produktverwender oft zu global. Zudem gibt es Mediaanalysen, die nur Daten über das Medienverhalten bereitstellen, während Konsumgüterpanels i.d.R. nur Daten über das Konsumverhalten anbieten bzw. nur wenige Medien einbeziehen. Es stellt sich damit das Problem der Datenfusion. Einem Markenartikelhersteller, der das Medienverhalten seiner Marktsegmente ermitteln möchte, ist es bei kompatiblen Variablenkatalogen ohne weiteres möglich, das in getrennten Erhebungen ermittelte Konsumverhalten einerseits und das Medienverhalten andererseits auf hypothetische Einzelpersonen zu übertragen (Vgl. Abb. 28).

Der fiktiven Person 1 wird dabei unterstellt, daß sie das Medienverhalten von P_{M1} und das Konsumverhalten von P_{K1} aufweist. Analog wird hinsichtlich der Person 2 vorgegangen usf. Sobald die Merkmalsräume durch fehlende Merkmale nur noch teilweise kongruent sind, kann der Vergleich nur noch in einem niedriger dimensionierten Raum durchgeführt werden, der durch die in beiden Untersuchungen enthaltenen

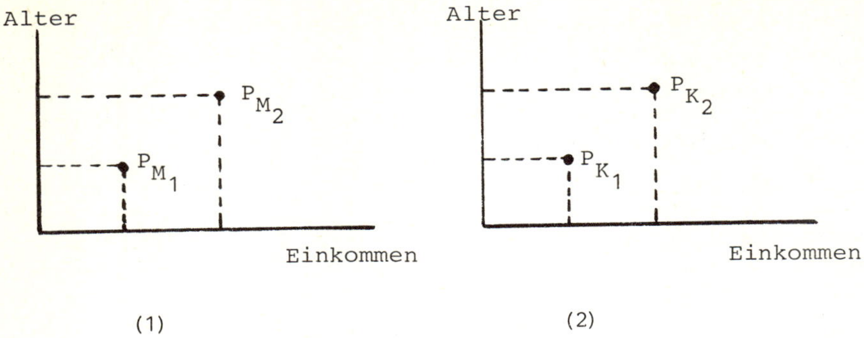

Abb. 28: Kompatible Merkmalsräume des Medienverhaltens (1) und des Konsumverhaltens (2)

Variablen aufgespannt wird. Mitunter kann es dabei vorkommen, daß z.B. die für das Konsumverhalten prognostisch bedeutsamen Variablen in der Medienanalyse nicht berücksichtigt wurden.

Als ein Vorteil des oben skizzierten AAAA-Katalogs ist zu werten, daß die Daten für verschiedene Erhebungseinheiten bereitgestellt werden. Die Kaufentscheidungen werden je nach Produktart von einzelnen Personen bzw. von Personengruppen gefällt.

Bei Gruppenentscheidungen wäre es demnach problematisch, den Kauf bzw. die Kaufmenge bestimmter Produkte bzw. Marken ausschließlich in Relation zu den Merkmalen einzelner Personen zu setzen [Vgl. auch *Frank/Massy/Wind* (1972) 253].

b) Die Indikatoreignung sozio-demographischer Merkmale

Im folgenden ist zu überprüfen, inwieweit sozio-demographische Variablen als Verhaltensindikatoren und damit zur Identifikation und Beschreibung unterschiedlich reagierender Segmente geeignet sind.

Eine pauschale Aussage [Etwa der Art »Demographic is Dead« durch *Dunn* (1968)] über den Wert dieser Merkmale für die Marktsegmentierung ist aus mehreren Gründen nicht möglich, denn die Indikatoreignung der sozio-demographischen Merkmale variierte in empirischen Analysen mit [Vgl. *Frank/Massy/Wind* (1972) 61]:

- Der Produktgattung (z.B. Güter des täglichen Bedarfs, Gebrauchsgüter);
- den zu erklärenden bzw. zu prognostizierenden Variablen (Kaufmenge, gekaufte Marke, Markentreue, gekaufte Packungsgröße, bevorzugte Einkaufsstätte, durchschnittlich bezahlter Preis, Markenkenntnis, Einstellung, Kaufabsicht etc.);
- dem isolierten Einsatz sozio-demographischer Variablen oder deren Kombination zu Indices (Geschlecht, Alter, Einkommen versus Phase im Familien-Lebenszyklus und soziale Schicht);
- der betrachteten Kaufentscheidungseinheit (Einzelperson, Familie, Ehepartner etc.);
- der Datenanalysemethode (Kreuzklassifikation, einfache oder multiple Regressionsanalyse, Kanonische Korrelation, Varianzanalyse, AID-Technik usw.).

Die Vielfalt empirischer Untersuchungen und die Unterschiedlichkeit ihrer Ergebnisse resultiert aus der Vielzahl möglicher Kombinationen zwischen den eben erwähnten Faktoren.

Dies zeigt, wie schwierig es ist, aus den vorliegenden Untersuchungsergebnissen generalisierende Aussagen über die Eignung sozio-demographischer Merkmale abzuleiten. Um wenigstens eine annähernd systematische Sichtung der Ergebnisse zu erreichen, sollen sie nach folgenden Kategorien geordnet werden: nach der Produktart, nach den erklärten Variablen des Konsumentenverhaltens, nach der isolierten bzw. kombinierten Anwendung der sozio-demographischen Variablen, nach der Kaufentscheidungseinheit und nach der Datenanalysemethode.

ba) Die Indikatoreignung sozio-demographischer Merkmale in Abhängigkeit von der Produktart

Die Untersuchungen von *Frank/Boyd/Massy* [(1967) 187f] sowie von *Twedt* [(1964) 71–72] scheinen zu beweisen, daß sozio-demographische Merkmale kaum geeignet sind, die gekaufte Menge bei Gütern des täglichen Bedarfs zu indizieren. *Frank* et al. konnten unter 57 untersuchten Produkten die Varianz der gekauften Mengen (R^2) in einem Falle zu 28 % erklären (bei »Ready-to-eat cereals«), bei der Mehrzahl der Fälle lag der Anteil der erklärten Varianz jedoch unter 10 %. Obwohl bei den meisten Produkten die sozio-demographischen Variablen die Kaufmenge signifikant beeinflußten, lohnt es sich bei den niedrigen R^2-Werten nicht, Segmente nach diesen Kriterien zu bilden. In einer Untersuchung von *Myers/Stanton/Haug* konnte allerdings nachgewiesen werden, daß insbesondere das Einkommen und etwas schlechter auch die soziale Klasse als Indikatoren für Güter des täglichen Bedarfs geeignet sind [Vgl. *Myers/Stanton/Haug* (1971) 8–15]. Allerdings wurde mittels des Chi-Quadrat-Tests nur festgestellt, inwieweit sich innerhalb von fünf Einkommensgruppen die Prozentsätze der Haushalte, die das jeweilige Produkt gerade im Hause hatten, signifikant unterschieden [Die Chi-Quadrat-Werte waren größtenteils auf dem 0,01 %-Niveau und besser signifikant]. Auch *Tigert* et al. [(1971) 81–90] gelang es, einen signifikanten Zusammenhang zwischen der Kaufmenge von Fertiggerichten und demographisch/sozioökonomischen Merkmalen nachzuweisen. Etwas besser schneiden sozio-demographische Merkmale ab, wenn es sich um höherwertige Gebrauchsgüter wie Teppichböden, Autos, Möbel u.ä. handelt.

So konnte *Samli* [(1968) 35–49] eine deutliche Korrelation zwischen der Wahl der Einkaufsstätte für Teppichböden und sozio-demographischen Merkmalen feststellen. *Carman* (1965) konnte einen statistisch signifikanten Zusammenhang zwischen den Ausgaben für Möbel und demographisch/sozioökonomischen Merkmalen nachweisen. *Peters* [(1970) 360–363] und *Cunningham/Crissy* [(1972) 100–102] fanden bei Analysen des amerikanischen Pkw-Marktes beträchtliche Unterschiede hinsichtlich der Prozentsätze der verschiedenen Wagenklassen, die in demographisch/sozioökonomisch definierten Segmenten vorhanden waren.

Hinsichtlich der Brauchbarkeit sozioökonomischer und demographischer Merkmale zur Segmentierung von Märkten verschiedener Güterarten läßt sich somit folgende

Tendenz feststellen: In jeder der beiden Kategorien, nämlich bei Gütern des täglichen Bedarfs als auch bei Gebrauchsgütern, gibt es Produkte, die (nahezu) ausschließlich für Abnehmer eines bestimmten Alters, Geschlechts, Berufs etc. in Frage kommen [Vgl. *Köhler* (1972) 332].

Daneben gibt es eine Vielzahl an Produkten, bei denen demographisch/sozioökonomische Merkmale mitunter einen beträchtlichen Anteil der Varianz des Käuferverhaltens erklären können.

Tendenziell ist dabei festzustellen, daß der Zusammenhang zwischen den Merkmalen und höherwertigen Gebrauchsgütern am stärksten ist. Dennoch wird die Produkt- bzw. Markenwahl u.ä. zusätzlich noch von Faktoren bestimmt, die außerhalb der hier betrachteten Kategorie liegen [Vgl. *Köhler* (1972) 232]. Auf diese Tatsache sind Versuche zurückzuführen, den Merkmalsraum zusätzlich um psychographische Merkmale und Käuferverhaltensvariablen zu erweitern [Vgl. hierzu *Yankelovich* (1964) 83–90].

Schließlich gibt es Produkte (vor allem Grundnahrungsmittel u.a.m.), auf deren Kauf Merkmale wie Geschlecht, Alter, soziale Klasse etc. keinen nachweisbaren Einfluß ausüben.

bb) Die Indikatoreignung sozio-demographischer Merkmale in Abhängigkeit von den jeweiligen absatzwirtschaftlich relevanten Verhaltensvariablen

Der Katalog der zu erklärenden Variablen reicht von der Markenkenntnis über die Kaufabsicht bis hin zur Markentreue.

Keiser [(1975) 37–43] konnte den Einfluß des Alters und der sozialen Klasse auf die *Markenkenntnis* und die *Slogan-Erinnerung* nachweisen. Dabei handelt es sich um Güter verschiedenster Art. *Miller* [(1966) 61–65] erhielt ähnliche Ergebnisse hinsichtlich der *Markenkenntnis* und *Werbebotschafterinnerung* bei Frühstücknahrung und Kühlschränken.

Munn [(1960) 29–34] hatte mit soziodemographischen Variablen Erfolg, als er versuchte, *Einstellungsunterschiede* hinsichtlich der Qualität und des Preises von Marken zu erklären. Besonders gute Ergebnisse zeigten sich dabei wiederum bei hochwertigen Gebrauchsgütern (Pkw's und Fernsehgeräte).

Hinsichtlich der Variablen »*Kaufabsicht*« bei Gebrauchsgütern konnte *Namias* [(1960) 32–36] feststellen, daß ihre Ausprägung vor allem vom Alter der Befragten abhängig ist.

Betrachtet man die *Markenwahl* bzw. die *gewählte Produktvariante*, so ist wiederum bei höherwertigen Gütern (z.B. Autos) ein deutlicher Einfluß sozioökonomischer Variablen nachweisbar [Vgl. *Peters* (1970) 360ff; *Cunningham/Crissy* (1972) 100f; *Wiseman* (1971) 42–49]. Bei geringwertigen Gütern konnten *Frank* et al. keinen wesentlichen Zusammenhang zwischen Markenwahl und sozio-demographischen Merkmalen ermitteln [Vgl. *Frank* (1972) 132ff; *Frank/Boyd* (1965) 27–35]. Gleiches gilt für diese Produktkategorie hinsichtlich der Markentreue, Kaufmenge, Neigung zum Kauf bestimmter Packungen und gewöhnlich gezahltem Preis [Vgl. *Frank/Boyd* (1965) 27ff sowie *Frank/Massy/Lodahl* (1969) 15–24; *Twedt* (1964) 71; *Ders.* (1970) 9].

Von hohem Interesse für Marketing-Maßnahmen ist auch die Variable *Innovations-*

freudigkeit. In Analysen von *Bell* [(1969) 85–95] und *Boone* [(1970) 135–140], um nur zwei zu nennen, wurden Korrelationen zwischen sozioökonomischen und demographischen Variablen (hauptsächlich Einkommen, Ausbildung, Berufstätigkeit) und dem Kauf von Innovationen (Farbfernseher, Stereoanlagen u.a.m.) festgestellt [Vgl. auch die Ergebnisse in: *Robertson* (1971); *Engel/Kollat/Blackwell* (1973) 598 ff].

Die bisherige Diskussion belegt, daß auch hinsichtlich der erklärten Variablen keine einheitlichen Ergebnisse vorliegen. Allerdings ist die Tendenz zu erkennen, daß sozioökonomische und demographische Merkmale eher geeignet scheinen, eine Vielzahl unterschiedlicher Verhaltensaspekte zu erklären, wenn es sich um hochwertige Gebrauchsgüter handelt.

bc) Isolierter versus kombinierter Einsatz soziodemographischer Merkmale

Mit einer einzelnen oder mehreren beziehungslos und mechanistisch eingesetzten soziodemographischen Variablen (etwa im Wege der multiplen Regressionsanalyse) konnte meist kein nennenswerter Anteil des Käuferverhaltens erklärt werden.

In einigen Fällen gelang es zwar, eine Beziehung zwischen Merkmalen wie z.B. dem Alter oder dem Einkommen und der Kaufmenge bestimmter Produkte (z.B. Medikamente, Alkoholika) nachzuweisen [Vgl. *Lansing/Kish* (1957) 512–519].

Bei der Mehrheit der Produkte konnten jedoch keine positiven Resultate erzielt werden. Versucht man gar, den Kauf verschiedener Produktvarianten mit einzelnen Merkmalen in Verbindung zu bringen, so scheitert man in den meisten Fällen.

In der Literatur zum Konsumentenverhalten und zur Marktsegmentierung finden sich deshalb Vorschläge, einzelne Variablen zu einem neuen, erklärungsfähigeren Konstrukt zu kombinieren, beispielsweise zum Lebenszyklus und zur sozialen Schicht.

Diese Bemühungen sind gewissermaßen als Vorstufe zu der hier vertretenen Auffassung zu verstehen, daß die Segmentidentifikation in einem Merkmalsraum erfolgen sollte, dessen Merkmale unter Einbezug verhaltenswissenschaftlicher Erkenntnisse und angemessener Datenanalysemethoden auszuwählen sind: »... conceptually one should incorporate all of these variables into a relevant multivariate, multidisciplinary model« [*Frank/Massy/Wind* (1972) 63; vgl. auch die neueren Bemühungen der GFK–Nürnberg: o.V. (1975 a) 4–6].

bca) Der Familien-Lebenszyklus

Betrachten wir zunächst das Familien-Lebenszykluskonzept [Vgl. *Barton* (1955) 53–57; *Lansing/Morgan* (1955) 36–51; *Lansing/Kish* (1957) 512–519; *Wells/Gubar* (1966) 355–363]: Anstatt Merkmale wie Alter, Familienstand, Alter des jüngsten Kindes isoliert zu betrachten oder sie ohne Beachtung von Interaktionswirkungen etwa in einer schrittweisen multiplen Regressionsanalyse einzusetzen, versucht dieser aus der Soziologie stammende Ansatz, die Merkmale zu einem »Konstrukt« zusammenzufassen.

Häufig findet sich folgende Einteilung der Lebenszyklusphasen [Vgl. *Wells/Gubar* (1966) 355, hinsichtlich anderer Einteilungen ebenda, 361]:

(1) Junggeselle
(2) Junges Ehepaar ohne Kinder
(3) Junges Ehepaar, jüngstes Kind unter sechs (Full nest I)
(4) Junges Ehepaar, jüngstes Kind über sechs (Full nest II)
(5) Älteres Ehepaar mit abhängigen Kindern (Full nest III)
(6) Älteres Ehepaar, Kinder außer Haus, Haushaltsvorstand beruflich tätig (Empty nest I)
(7) Älteres Ehepaar, Kinder außer Haus, Haushaltsvorstand im Ruhestand (Empty nest II)
(8) Witwe(r), berufstätig
(9) Witwe(r), im Ruhestand

Empirische Untersuchungen wiesen nach, daß bei vielen Gütern wesentlich stärkere Unterschiede im Käuferverhalten (Kauf/Nichtkauf, Kaufmenge, Reaktionen auf Werbung usw.) zutage traten, wenn die Population nach dem Familien-Lebenszyklus gegliedert wurde, statt nach dem Alter [Vgl. *Lansing/Kish* (1957) 512ff].

Mit der Anwendung des Familien-Lebenszykluskonzepts tritt allerdings eine Reihe von Problemen auf, die seine Brauchbarkeit einzuschränken scheinen:

- Zunächst herrscht Unklarheit darüber, welche Variablen in welcher Unterteilung zur Konstruktion des Merkmals »Lebenszyklus« herangezogen werden sollen. Neben den oben erwähnten Ausgangsmerkmalen werden mitunter auch das Alter der Ehefrau, die Zahl der Kinder und deren Alter erfaßt.
- Durch die von Untersuchung zu Untersuchung unterschiedlichen Variablen und deren variierenden Unterteilungen ergeben sich jeweils andere Lebenszyklusphasen und damit unterschiedliche Marktsegmente. Diese a priori-Segmentbildung führt, wenn sie inadäquat durchgeführt wird, zu einer Verwischung von Segmentunterschieden im Kaufverhalten [Nach *Wells/Gubar* (1966) 360]. Werden die Kategorien (z.B. Alter) zu eng definiert, gerät man bei kleinen Stichproben in statistisch nicht abgesicherte Subsamples, werden sie zu breit angelegt, so besteht die Gefahr, eine zu heterogene Teilgesamtheit zu bilden.

  Sind im jeweiligen Fall Kategorien einbezogen, die z.B. den nicht unterzubringenden Rest (etwa Witwer oder Ledige mit Kindern im Haushalt) beinhalten, so gehen auch von hier Verzerrungen aus.

Es wurde bereits betont, daß ein mechanischer Einsatz statistischer Verfahren zur Selektion und Kombination von Merkmalen fragwürdig ist. Auf der anderen Seite beweisen die Bemühungen zur Erstellung von Lebenszyklusphasen, daß eine Vernachlässigung dieser Methoden zu unangemessenen Einteilungen führen.

Die oben dargestellte Phasenbildung erfolgte durch die Autoren im Wege einer mehr oder minder willkürlichen Dichotomisierung der einbezogenen Variablen. Die Logik der gängigen Phaseneinteilung des Lebenszyklus zeigt Abbildung 29.

Ob dieser Kontrastgruppenbaum sinnvoll ist, läßt sich erst anhand empirischer Datenanalysen feststellen. In Abhängigkeit von der Produktgattung kann es demgegenüber sinnvoll sein, daß auch die Ledigen oder Verwitweten nach der Variable »Kinder im Haushalt« zu splitten sind und das Kaufverhalten dieser Gruppen festzustellen wäre. Desgleichen ist die Dichotomisierung des Kindesalters in »unter sechs« und »über sechs« oder des Ehepaares (jung, alt) nicht immer angemessen. Auf der anderen Seite ist es u.U. möglich, Ledige und jung Verheiratete zu einer Gruppe zusammenzufassen. Welche »Breakdowns« der Grundgesamtheit im jeweiligen Fall notwendig sind, kann neben theoretischen Erwägungen nur eine Datenanalyse sichtbar machen, die die Phasen des Lebenszyklus dem Datenmaterial anpaßt. Ein solches Verfahren ist z.B. die AID-Technik.

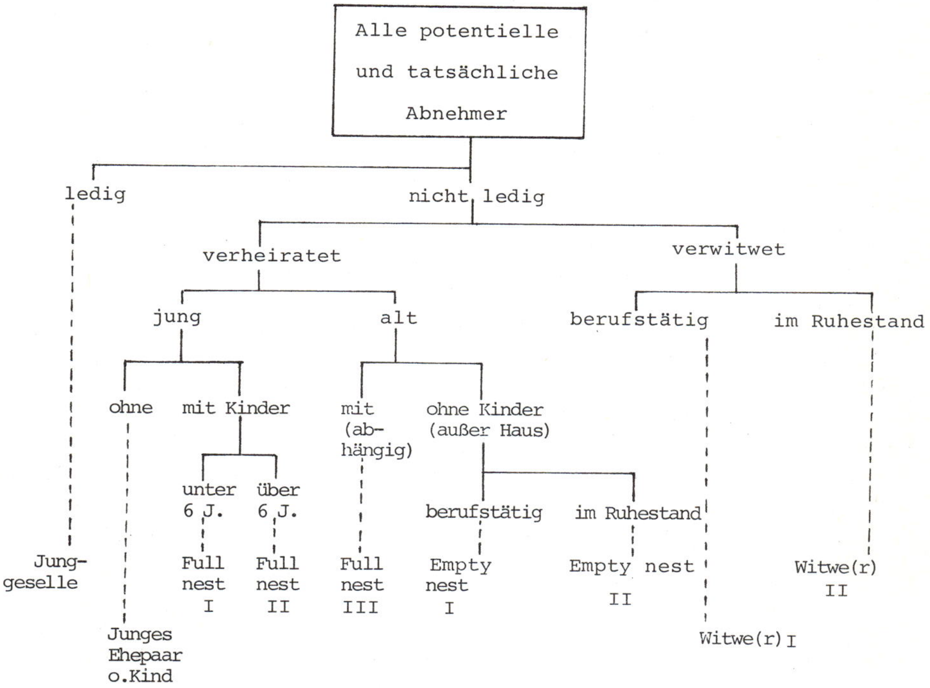

Abb. 29: Kontrastgruppenbaum der Lebenszykluseinteilung

bcb) Die soziale Schicht

Soziale Schichtung läßt sich bezeichnen als »die Rangordnung von Menschen in einer Gesellschaft, aufgrund der Einstufung durch andere Mitglieder der Gesellschaft, nach höheren und niedrigeren sozialen Positionen, so daß eine Hierarchie des Ansehens oder Prestiges entsteht« [*Berelson/Steiner* (1972) 281]. In unserem Zusammenhang sind folgende Fragen zu beantworten [Vgl. *v. der Lippe* (1972) 15; *Carman* (1965) 11; *Kroeber-Riel* (1975) 330f]

(1) Welche Merkmale sind zur Konstruktion der sozialen Schichten geeignet?

(2) Welche Verfahren zur Konstruktion der Variablen »soziale Schicht« und zur Abgrenzung der Schichten sind am ehesten anwendbar?
(3) Gibt es Unterschiede im Kaufverhalten sozialer Schichten?

ad (1): Es gibt keine allgemeingültigen Kriterien, die zur Bildung sozialer Schichten anwendbar sind. Sie variieren von Zeit zu Zeit und von Gesellschaft zu Gesellschaft. Die wesentlichsten Merkmale sind [Vgl. *Berelson/Steiner* (1972) 282]:
- Ausbildung, Bildung, Wissen
- Beruf
- Einkommen, Vermögen
- Verwandtschaftsbeziehungen, Abstammung
- Ethnische Zugehörigkeit, Rasse, Religion

So hat der Beruf und die Bildung in Deutschland eine größere Bedeutung als in den USA, ethnische Merkmale spielen in den USA eine größere Rolle als in Frankreich [Vgl. *Shils* (1960) 766].

Wir haben es somit mit dem gleichen Problem zu tun, wie es generell bei der Bildung von Marktsegmenten vorliegt: Eine a priori-Festlegung, welche Merkmale zur Bildung von Teilgesamtheiten angemessen sind, kann nur in sehr großem Rahmen erfolgen.

Prinzipiell ist von einem Katalog potentieller Merkmale auszugehen, die anschließend mit geeigneten Verfahren zu selektieren und zum Merkmal »soziale Schicht« zu kombinieren sind. Dabei sind alle Verfahren, die von vorneherein eine Eindimensionalität des Konzepts unterstellen, als fragwürdig zu erachten. Ob eine Transformation der beobachteten Variablen zu einer einzigen Dimension zulässig ist, hängt von der tatsächlich vorliegenden Dimensionalität des aufgespannten Merkmalsraumes ab. Nur wenn alle herangezogenen Variablen miteinander stark korrelieren, lassen sie sich zu einer Dimension reduzieren [So fallen bei einer Korrelation von $r = +1$ bzw. $r = -1$ die Variablen auf einer Geraden zusammen. Vgl. zweites Kapitel, B.II.]

ad (2): Zur Kennzeichnung der wichtigsten Verfahren zur Messung der sozialen Schichtung lassen sich zwei Dimensionen heranziehen (Siehe auch Abb. 30): Die Ver-

	Subjektiv	Objektiv
Direkt	a) Selbsteinstufung der Person b) Fremdeinstufung von Personen	-----
Indirekt	c) Selbsteinstufung der Position auf statusrelevanten Merkmalen d) Fremdeinstufung von Positionen auf statusrelevanten Merkmalen	e) Statusindices f) Faktoren- oder Latent Structure-Analyse von statusrelevanten Merkmalen

Abb. 30: Verfahren zur Messung der sozialen Schichtung

fahren sind zum einen als »direkte« bzw. »indirekte« Messungen, zum anderen als »subjektive« bzw. »objektive« Messungen zu bezeichnen [Vgl. *Kroeber-Riel* (1975) 328; *Carman* (1965) 33ff].

Direkte Messungen liegen vor, wenn Personen ihre Schichtzugehörigkeit oder die anderer Personen einschätzen müssen. Man nimmt hierbei an, daß es möglich sei, den Sozialstatus von Personen ohne Rückgriff auf die den Status konstituierenden Merkmale direkt zu erheben.

Fragt man nach dem Sozialstatus der Auskunftsperson, so ist es allein dem Befragten überlassen, in welche der vorgegebenen Kategorien er sich einordnet [Vgl. *v. der Lippe* (1972) 25]. Wird eine Fremdeinstufung vorgenommen, so neigen die Befragten dazu, nur die eigene Position relativ klar zu sehen, alle darunter – bzw. darüber liegenden jedoch zu wenigen groben Kategorien zusammenzufassen [Vgl. *v. der Lippe* (1972) 25]. Als problematisch ist auch der Ausweg zu beurteilen, bei dem die Einstufung von Personen in eine von vier vorgegebenen Schichten durch den subjektiven Eindruck des Interviewers erfolgt.

Indirekte Messungen gehen von Indikatoren aus und schließen von ihren Ausprägungen auf die soziale Schicht. Grundgedanke ist, daß man nicht die Sozialschichtung unmittelbar, sondern nur die statusrelevanten Merkmale (z.B. Einkommen, Beruf etc.) erfassen könne, um auf das nur indirekt meßbare Merkmal »soziale Schicht« zu schließen. Hier ist zwischen subjektiven und objektiven Verfahren zu unterscheiden.

Subjektive Verfahren beruhen auf Angaben von Personen zu statusrelevanten Merkmalen. Es wird oft nur ein einziges Merkmal (z.B. Berufsprestige) als Indikator der Schichtung verwendet. Bekanntes Beispiel hierfür ist die »Soziale Selbsteinstufung« (SSE) [Vgl. *Kleining/Moore* (1968) 502–552].

»Objektive« Verfahren beziehen in jedem Fall mehrere Merkmale wie Einkommen, Ausbildung u. dergl. ein. Diese Verfahren haben weitere Verbreitung gefunden als die subjektiven (direkten und indirekten) Methoden. Deshalb sollen sie kurz skizziert werden. Am häufigsten findet man bei objektiven Verfahren die Erstellung von Statusindices [Vgl. *Mayntz/Holm/Hübner* (1972) 44ff; *v. der Lippe* (1972) 62ff].

Dabei werden für Merkmale wie Beruf, Schulbildung, Einkommen, Wohnverhältnisse etc. Skalen gebildet und die Personen anhand ihrer jeweiligen Merkmalsausprägung auf den einzelnen Skalen eingestuft. Anschließend reduziert man diesen mehrdimensionalen Merkmalsraum auf eine eindimensionale Skala, den »Index«. Diese Skala erhält man entweder durch Addition oder Multiplikation der Punktwerte der Einzelskalen, wobei die einzelnen Merkmale, entsprechend ihrer Bedeutung für den Sozialstatus, noch gewichtet werden können.

Beispiele hierfür sind der *Warner-Index* [Vgl. *Warner/Meeker/Eells* (1960) 121ff] und der *Index des Instituts für Demoskopie* [Zitiert nach *v. der Lippe* (1972) 65ff].

An diesen beiden Beispielen zeigt sich die gesamte Problematik der Statusindices, insbesondere hinsichtlich [Vgl. *v. der Lippe* (1972) 64]:

– der Auswahl der statusrelevanten Merkmale,
– der Messung der einzelnen Merkmale,
– der Wahl der Kombinationsregel, um die Ausgangsmerkmale zum Index zu transformieren (Indexformel),

– der Festlegung der Schichtgrenzen,
– der a priori angenommenen Eindimensionalität des Index-Konzepts.

Des weiteren kann ein und derselbe Punktwert durch ganz unterschiedliche Ausprägungen der zugrunde liegenden Merkmale entstanden sein. Dies widerspricht z.T. der Erfahrung, daß geringe Schulbildung oder ein sozial niedrig einzustufender Beruf nicht ohne weiteres durch ein hohes Einkommen kompensiert werden kann.

Zur Lösung der vorgenannten Probleme bestehen allenfalls Ansätze, die sich multivariater Verfahren bedienen.

Da sich diese Problemstellung weitgehend mit dem der Segmentbildung deckt, wird auf ihre gesonderte Darstellung verzichtet [Auch hier stellt sich das Problem der Merkmalsauswahl, der Berücksichtigung von Merkmalskorrelationen, der Festlegung der Schichtgrenzen usw. Daher finden sich in der soziologischen Literatur zur Bildung sozialer Klassen ebenfalls Vorschläge zur Verwendung von Techniken wie die Faktorenanalyse oder die Latent Structure Analyse. Vgl. z.B. die Studie von *Kahl/Davis* zitiert bei *Carman* (1965) 36, sowie der Untersuchungen von *Carman* selbst. Die Anwendung der LSA zur sozialen Schichtbildung wird bei *v. der Lippe* (1972) 88 ff demonstriert].

Die mit der Bildung von Statusindices einhergehenden Probleme sind nicht gelöst. Eine triviale Handhabung, wie es etwa im *Warner-Index* oder im *Index des Instituts für Demoskopie/Allensbach* erfolgt, dürfte kaum zu angemessenen Ergebnissen führen. Geht man jedoch solideren Lösungswegen nach (z.B. LSA, Faktorenanalyse i.V.m. Clusteranalyse), so sind sie nur mit einem hohen Aufwand zu realisieren, ohne jedoch alle Unzulänglichkeiten (Annahme intervallskalierter Meßniveaus der statusrelevanten Merkmale, Willkür bei der Wahl der Kombinationsregel, Festlegung der Schichtgrenzen) vollständig auszuräumen.

ad (3): Eine weitere für uns wichtige Frage ist, ob soziale Schichten homogen bezüglich der absatzwirtschaftlich interessierenden Verhaltensweisen sind.
Leider liegt auch für dieses Merkmal nur eine Unmenge widersprüchlicher Untersuchungsergebnisse vor.
Seit der verstärkten Einführung der Sozialschichtung als verhaltensrelevante Variable für das Marketing u.a. durch *Martineau* [(1958) 121–130] fanden zahllose Versuche statt, Marktsegmente nach Maßgabe sozialer Schichten zu bilden bzw. Unterschiede im absatzwirtschaftlich relevanten Verhalten durch die soziale Ungleichheit der Bedarfsträger zu erklären. Wie aus den zusammenfassenden Übersichten bei *Frank* et al. [(1972) 44 ff], *Engel* et al. [(1973) 148 ff] hervorgeht, zeigten sich z.B. Unterschiede der sozialen Schichten in der Produkt- und Markenwahl (insbesondere bei Möbeln, Kleidung, Freizeitprodukten), hinsichtlich der bevorzugten Einkaufsstätten, der Produktwahrnehmung, der Kreditinanspruchnahme und des Medienverhaltens.

Für die Erklärung des Kaufs der meisten Güter des täglichen Bedarfs zeigte sich das Merkmal »soziale Schicht« dem Einkommen unterlegen [Vgl. hierzu die Ergebnisse bei *Myers/Stanton/Haug* (1971) 11 ff].

Einige Aussagen zum Kaufverhalten sozialer Schichten finden sich u.a. bei *Engel* et al. [(1973) 135 ff] und *Kroeber-Riel* [(1975) 335]. Ein recht häufig diskutiertes Modell, das auf der Existenz einer sozialen Schichtung basiert, ist das sog. »trickle down« [Vgl.

z.B. *Simmel* (1905) 34ff; *Barber/Lobel* (1952) 124ff; *Fallers* (1954) 314ff; *King* (1968) 121ff; *Wiswede* (1971) 79ff]. Es wird hierbei angenommen, daß innovatorische Produkte (insbesondere neue Moden) als Symbole der Abhebung zuerst von der Oberschicht aufgegriffen werden.

Die unteren Schichten ahmen das Konsumverhalten der Oberschicht nach. Nach Übernahme dieser Produkte durch die darunterstehende Schicht verliert es für die obere Schicht seine Exklusivität und diese sucht nach neuen Produktvarianten. »The ›trickle‹ is again activated and the process repeats itself« [*King* (1968) 123].

Als Marketing-Strategie [Zu den am traditionellen Schichtmodell orientierten Strategien des »trading down« und »trading up« vgl. z.B. *Phelps/Westing* (1960) 47ff; *Charvat/Whitman* (1966) 181f] wird deshalb mitunter vorgeschlagen, neue Produkte zunächst hinsichtlich Ausstattung und Preis für die Oberschicht zu konzipieren. Der Nachahmungstrieb der darunterliegenden Schichten würde dann über kurz oder lang bei diesen einen Markt für dieses Produkt entstehen lassen, den man durch entsprechende Qualitätsherabsetzung (hauptsächlich bei der kaum nachprüfbaren technischen Gebrauchsqualität), Preissenkung und breite Distribution erschließen könne.

Zwar sind für einige wenige Produktarten Ansätze eines trickle down zu finden [Vgl. *Engel/Kollat/Blackwell* (1973) 136], i.d.R. hat sich dieses Konzept jedoch nicht bestätigt. Jede Klasse hat ihre eigenen Leitbilder, Normen und Meinungsführer, nach denen sie ihr Verhalten orientiert [Vgl. *König* (1964) 99f; *Coleman* (1968) 118–131]. Während z.B. in den USA die Upper Upper Class ein anglo-philes Konsumverhalten zeigt, strebt die Lower Upper Class eher einen demonstrativen Konsum an [Vgl. *Prierie* (1960) 46].

In der BRD wurde beobachtet, daß die Oberschicht in ihrem Konsumgebaren zurückhaltend ist und daß sie von der Mittelschicht kaum als Gruppe angesehen wird, deren Konsumgüter als Statussymbole gelten, die für die darunterliegenden Schichten erstrebenswert sind [Vgl. *König* (1964) 99f].

Schließlich deuten auch die Arbeiten von *Katz/Lazarsfeld* [Vgl. *Katz/Lazarsfeld* (1962)] an, daß das Kommunikationsverhalten und damit der Beeinflussungsvorgang im Hinblick auf den Kauf von Produkten oder die Mode etc. kein vertikaler Prozeß ist.

bd) Die Indikatoreignung sozio-demographischer Merkmale in Abhängigkeit von der betrachteten Entscheidungseinheit

Viele sozio-demographische Merkmale beziehen sich auf einzelne Personen und nicht auf Personengesamtheiten, in denen ein kollektiver Kaufentscheidungsprozeß abläuft.

Die für die Marktsegmentierung wichtigste Einheit ist der private Haushalt in Form des Familienhaushaltes [Vgl. hierzu *Raffée* (1969) 18ff], denn die meisten Konsumenten leben in Familien [Vgl. *Kroeber-Riel* (1975) 237].

Individualindikatoren, so wird oft argumentiert, sind nur geeignet, wenn es um Einpersonenhaushalte geht bzw. wenn es sich um Produkte des persönlichen Bedarfs handelt, die auch in Familienhaushalten überwiegend von einer Person beschafft werden, oder wenn es sich um Haushalte handelt, in denen z.B. der Haushaltsvorstand die Beschaffungsentscheidung autoritär bestimmt.

Der überwiegende Teil der Konsumgüter wird jedoch von Mehrpersonenhaushalten erworben, wobei das einzelne Haushaltsmitglied zu mehr oder minder großen Konzessionen hinsichtlich seiner individuellen Bedürfnisbefriedigung gezwungen ist [Vgl. *Raffée* (1969) 20].

Ein einfaches Merkmal, das derartige Kollektiventscheidungsprozesse indiziert, ist der bereits dargestellte Familienlebenszyklus. Zunächst wird damit nur global konstatiert, wie groß die Anteile der Einpersonenhaushalte (ledig, verwitwet) und der Mehrpersonenhaushalte (Ehepaar ohne Kinder, mit Kleinkindern und mit älteren Kindern) sind. Allerdings konnte durch Erhebungen ermittelt werden, wie stark die Beteiligung der einzelnen Familienangehörigen in wichtigen Kaufentscheidungsphasen ist [Vgl. HÖR ZU (1965) 82 und 85]: Während der Haushaltsvorstand die Kaufentscheidung für PKW's in 69% aller Fälle initiiert, wird er bei Gegenständen der Wohnungseinrichtung nur in 20% der Fälle aktiv. Kinder über 14 beispielsweise regen die Beschaffung von Tonbändern, Plattenspielern, Fernsehapparaten etc. in 52% der Fälle an. Den endgültigen Beschaffungsentscheid schließlich fällt der Ehemann bie PKW's in 74%, bei Wohnungseinrichtungen nur zu 15%.

Der hohe Kaufanregungsanteil der älteren Kinder und der Ehefrau legt es nahe, bei den betreffenden Produktarten diese als Zielgruppe für die Erstansprache zu definieren. Sie werden anschließend ihren Einfluß geltend machen und Konsumenten (hier den Haushaltsvorstand), die vom Unternehmen nur sehr schwer erreichbar sind, zum Kauf anregen [Vgl. *Kroeber-Riel* (1975) 118 und 259]. Desgleichen ist bekannt, daß bei der endgültigen Beschaffung der Haushaltsvorstand dominiert und hierbei – entsprechend seiner Rollenwahrnehmung – in größtem Umfang Sachinformationen berücksichtigt.

Zieht man das Familien-Lebenszykluskonzept als Grobraster heran, so sind Rückschlüsse auf die Beteiligung der Personen in den Phasen des Kaufentscheidungsprozesses möglich. Das Bild läßt sich innerhalb der Lebenszyklussegmente noch abrunden, wenn zusätzliche Merkmale des Haushaltsvorstandes (Beruf, Einkommen etc.), der haushaltsführenden Person und der Kinder herangezogen werden [Derartige Daten werden z.T. von den Verlagen geliefert. Vgl. z.B. Gruner und Jahr AG & Co (1973)].

be) Zur Überprüfung der Indikatoreignung sozio-demographischer Merkmale mittels verschiedener Datenanalyseverfahren

Die meisten empirischen Untersuchungen zur Indikatoreignung sozio-demographischer Variablen stützen sich auf die multiple Regressionsanalyse.

Bei diesen Verfahren wird als statistisches Gütekriterium für die Erklärungsfähigkeit der sozio-demographischen Variablen die Höhe des multiplen Bestimmtheitsmaßes R^2 verwendet. Als Konvention gilt, daß ein niedriger R^2-Wert ein Indiz für mangelnde Erklärungfähigkeit der unabhängigen Variablen sei.

Gegen dieses Kriterium wandten sich als erste *Bass/Tigert/Lonsdale* [(1968) 269f]: »The inability of socioeconomic variables to explain a substantial part of the variance of usage rates of persons does not necessarily imply that there are no substantial differences in the mean usage for different socioeconomic market segments«.

Ein Grund für das schlechte Abschneiden sozioökonomischer und demographischer Variablen bei Anwendung der Regressionsanalyse liegt u. a. darin, daß dieses Verfahren eher auf das *individuelle* Kaufverhalten als auf das *Gruppenverhalten* eingeht. So können starke Unterschiede im Durchschnittsverbrauch eines Gutes zwischen sozioökonomisch definierten *Segmenten* auftreten, obwohl R^2 relativ niedrig ist [Vgl. jedoch zu dem Problem des »ökologischen Fehlschlusses« *Hummel* (1972) 72ff]. Hierzu ein Beispiel, bei dem untersucht wird, ob die gekaufte Menge eines Produktes vom Einkommen des Haushaltsvorstandes abhängt. Die linke Seite der Tabelle zeigt die individuellen Einkommenshöhen und die gekauften Mengen. Auf der rechten Seite wird das Durchschnittseinkommen dreier entsprechender Einkommensklassen und ihr Durchschnittsverbrauch aufgeführt (Siehe Abb. 31).

Individuelle Einkommens-höhe	Einkaufs-menge	Gruppenspe-zifische Ein-kommenshöhe	durchschnittl. Einkaufsmenge
250	1,00		
250	3,00		
500	6,50	500	5,00
750	5,25		
750	9,25		
1 250	4,00		
1 500	13,00	1 500	10,00
1 625	10,00		
1 625	13,00		
2 250	10,00		
2 250	18,00	2 500	15,00
2 500	14,00		
3 000	18,00		

Abb. 31: Individuelles vs. gruppenspezifisches Kaufverhalten

Errechnet man aus den individuellen Werten der Tabelle das Bestimmtheitsmaß r^2_{xy} (individuelle Korrelation), so ergibt sich ein Wert von 0,75. Berücksichtigt man jedoch nur die Unterschiede zwischen den drei Einkommensgruppen, so zeigt sich eine perfekte

Korrelation zwischen dem Durchschnittseinkommen und dem Verbrauch der Gruppen, denn $r^2_{xy} = 1$ (kollektive Korrelation).

»The fact that R^2 values are low implies only that the variance within segments is great, not necessarily that the differences in mean values between segments are not significant« [*Bass/Tigert/Lonsdale* (1968) 267].

Um die Brauchbarkeit des »Durchschnittsansatzes« zu demonstrieren, untersuchten *Bass* et al. die Einkaufsmenge von Gütern des täglichen Bedarfs in Abhängigkeit soziodemographischer Merkmale mittels der multiplen Regressionsanalyse. Erwartungsgemäß lagen die R^2-Werte durchweg unter 0,10. Eine Segmentbildung anhand der zur Diskussion stehenden Variablen, (u. a. Anzahl der Kinder, Alter des Haushaltsvorstandes und Einkommen), brachte jedoch erhebliche Unterschiede im Durchschnittsverbrauch der Segmente zutage.

Allerdings ist gegen diese Argumentation einzuwenden, daß in den bisherigen Analysen *die multiple Regressionsanalyse falsch eingesetzt wurde*. Nicht die Regressionsanalyse erwies sich als schwaches Instrument, sondern das spezielle Modell. Eine 0/1-Dichotomisierung der erklärenden Merkmale und anschließende Dummy-Variablen-Regression hätte den von *Bass* et al. auf Umwegen gefundenen Nachweis der Brauchbarkeit der Merkmale ebenfalls erbracht.

In eine etwas andere Richtung hinsichtlich der Unbrauchbarkeit der R^2-Statistik im vorliegenden Zusammenhang gehen die Überlegungen von *Morrison* [(1973) 1213–1221]. Er nimmt an, daß die durch eine Person gekaufte Menge eines Produktes eine Zufallsvariable mit dem Mittelwert λ_j ist. Falls jemand im Durchschnitt pro Periode 2,5 Einheiten eines Produktes kauft, dann ist es lediglich möglich, für diese Person die im Durchschnitt erworbene Menge, nämlich $\lambda_j = 2{,}5$, zu prognostizieren. Unabhängig davon wird der Abnehmer manchmal $x = 1$, manchmal $x = 2$ oder gar $x = 4$ bzw. 5 Einheiten erwerben. Da selbst ein perfektes Modell nur die verschiedenen λ_j der j Abnehmer prognostizieren kann, die jeweiligen Einkäufe einer Periode (x) aber um die λ_j streuen, wird das multiple Bestimmtheitsmaß zwangsläufig $R^2 < 1$ sein (*Morrison* bleibt somit bei seinen Überlegungen auf der Individualebene, begründet aber die unerklärbare Varianz durch die nicht berücksichtigten Zufallsschwankungen im Einkaufsverhalten der Verbraucher und nicht durch die mangelnde Erklärungsfähigkeit der Segmentierungsmerkmale).

Nun kommt als weiteres hinzu, daß das Regressionsmodell auf der Grundlage der λ_j nicht so perfekt formuliert werden kann, daß es die tatsächlichen λ_j prognostiziert (z.B. aufgrund nichtlinearer Zusammenhänge). Das Regressionsmodell erbringt nur Schätzwerte $\hat{\lambda}_j = \lambda_j + \varepsilon_j$ mit der Störgröße ε_j. Dadurch wirkt sich neben der Streuung der x um die λ_j noch eine weitere Störung auf R^2 aus, nämlich die Abweichung zwischen λ_j und $\hat{\lambda}_j$. Der R^2-Wert, der sich bei einer Regressionsanalyse zwischen den x und den Segmentierungsmerkmalen ergibt, kann damit niedrig sein, obwohl das Modell $\hat{\lambda}_j$-Werte erbringt, die recht nahe bei den wahren λ_j-Werten liegen (d.h., obwohl die ∅ Verbrauchsintensität der Abnehmer stark mit den betreffenden Segmentierungsmerkmalen korreliert).

Dennoch leistet ein einigermaßen der Realität entsprechendes Regressionsmodell immer noch erhebliche Dienste: Die Höhe der Regressionskoeffizienten zeigt die Variablen an, die zur Segmentierung des Marktes brauchbar sind: »... a good structural model could very well yield negligible empirical R^2's. Hence it is perfectly consistent to have models which correctly identify variables that are useful for segmentation purposes and are still virtually useless in predicting individual purchases« [*Morrison* (1973) 1218 f].

Zur Umgehung der mit der Regressionsanalyse verbundenen Probleme wird in jüngster Zeit die AID-Technik bzw. die Dummy-Variablen-Regression (etwa mit dem MCA-Softwarepaket) vorgeschlagen. Hierauf wird an anderer Stelle eingegangen. Nur so viel: Bei diesen Verfahren wird scheinbar der Übergang von der Individualbetrachtung zur Gruppenbetrachtung vollzogen: nicht die Varianz des individuellen Verhaltens, sondern die Varianz zwischen Gruppen wird nach Ansicht ihrer Vertreter zum Anhaltspunkt für die Brauchbarkeit von Variablen für Segmentierungszwecke [Vgl. z.B. *Assael* (1971) 153]. Allerdings handelt es sich dabei nur um zwei unterschiedliche Betrachtungsweisen ein und desselben Phänomens: hohe Zwischengruppenvarianz bedeutet gleichzeitig auch geringe Varianz in den Gruppen et vice versa, so daß die Argumentation von *Bass* et al., methodisch betrachtet, unsinnig ist. Falls die Unterschiede zwar vorhanden, die gruppeninterne Varianz aber groß ist, muß ebenfalls geringe Erklärungsfähigkeit der Merkmale festgestellt werden.

Diese kurzen Ausführungen hinsichtlich der statistischen Probleme bei der Überprüfung der Erklärungs- und Prognosefähigkeit von Variablen mögen hier genügen, zumal an anderer Stelle auf die Datenanalyseprobleme im Rahmen der Marktsegmentierung eingegangen wird.

3. *Psychographische Merkmale*

a) Überblick über die wichtigsten Merkmale

Die vorhergehenden Ausführungen zeigen, daß demographische und sozioökonomische Merkmale in einigen Fällen als Indikatoren des Verbraucherverhaltens geeignet sein können.

Allerdings gehen identische demographische Profile der Abnehmer oft mit recht unterschiedlichen Konsumentenwünschen und entsprechend unterschiedlichem Kaufverhalten einher [Vgl. z.B. *Bergler* (1972) 11; *Ziff* (1973) 457 f]. Die unterschiedliche Reaktion auf ein und denselben Marketing-Stimulus läßt sich durch demographisch-sozioökonomische Merkmale nur z.T. erklären [Vgl. *Bergler* (1972) 11]. Das bedeutet nun aber nicht, daß demographische Merkmale ganz abzulehnen sind. Auch an dieser Stelle ist zu betonen, daß es eher darum geht, prinzipiell alle Möglichkeiten zur Segmentbildung ins Auge zu fassen, um aus dem Katalog überprüfter Merkmale jene auszuwählen, die am besten geeignet sind. Meist wird man deshalb zu einem simultanen Einsatz demographisch-sozioökonomischer und psychographischer Merkmale gelangen, um einen Großteil der potentiellen Varianzindikatoren des Käuferverhaltens zu erfassen [Als einer der ersten Autoren, die diese Ansicht vertreten haben, ist *Yankelovich* (1964) 83–90 zu nennen].

Hinsichtlich der Merkmale, die dem Begriff »psychographisch« zu subsumieren sind, besteht keine einhellige Meinung. Der überwiegende Teil bisheriger Veröffentlichungen faßt die Begriffsextension jedoch relativ weit und geht implizit oder explizit von folgender Klassifikation psychographischer Merkmale aus [Vgl. u.a. *Ziff* (1971) 3; *Bergler* (1972) 11–142; *Wells* (1975) 196–213 sowie die dort zitierte Literatur]:

(1) Persönlichkeitsmerkmale, z.B. Motive, Einstellungen, Temperamentszüge
(2) Lebensgewohnheiten
(3) Wahrnehmungen, Präferenzen und Kaufabsicht
(4) Nutzenerwartungen

Diese, sicherlich grobe, Gliederung erfolgte vor allem unter dem Aspekt der bisherigen Anwendung der Merkmale zur Marktsegmentierung. Insbesondere in der angelsächsischen Literatur ist es üblich, bei Verwendung der einzelnen psychographischen Variablen analog von folgenden Segmentierungsansätzen zu sprechen:

(1) Personality-Segmentation
(2) Life-Style-Segmentation
(3) Perceptual-, Preference- bzw. Joint-Space-Segmentation
(4) Benefit- bzw. Benefit-Bundle-Segmentation

Die einzelnen Ansätze unterscheiden sich z.T. auch dadurch, daß einige Merkmale als generelle Indikatoren für die Reaktionen der Abnehmer in den verschiedensten Produktkategorien Verwendung finden. Andere Merkmale werden nur für den konkreten Anwendungsfall (z.B. speziell für eine einzige Produktkategorie oder gar nur für ein einziges Produkt bzw. eine Marke) gemessen.

In diesem Sinne unterscheiden *Frank* et al. [(1972) 27] zwischen »general customer characteristics« (Persönlichkeitsmerkmale und Lebensgewohnheiten) sowie »situation specific customer characteristics« (Einstellungen, Wahrnehmungen und Präferenzen). Diese Einteilung trifft allerdings nicht für alle Merkmale zu, da Variablen, wie Einstellungen und Lebensgewohnheiten, sowohl »generell« als auch »situationsspezifisch« verwendet werden können (und demnach einerseits dem Bedingungsrahmen (B), andererseits den hypothetischen Konstrukten des Kaufentscheidungsprozesses (H) zuzuordnen sind) (Vgl. Abb. 32).

Man sieht, daß z.B. Einstellungen bzw. Life-Style-Merkmale (als Indikatoren für Verhaltensunterschiede der potentiellen Abnehmer) sowohl gegenüber einem einzigen Produkt, einer Produktkategorie als auch innerhalb der verschiedensten Produktkategorien herangezogen werden können.

Probleme bestehen schließlich in der Zuordnung psychographischer Merkmale in dem hier zugrunde gelegten schematisierten Kaufentscheidungsprozeß: Y = f (X, B, H). In der vereinfachten Abbildung 14 werden sie als Bestandteil des Bedingungsrahmens (B) bzw. des Kaufentscheidungsprozesses (H) aufgeführt. Diese Sicht ist unvollständig: Ein Teil der betreffenden psychographischen Variablen werden während des Kaufentscheidungsprozesses beeinflußt und können u.U. auch als Ergebnis (Y) dieses Entscheidungsprozesses betrachtet werden [Vgl. *Kelman* (1974) 316].

Allerdings bereitet die Operationalisierung des in Abb. 33 gezeigten Ansatzes erhebliche Schwierigkeiten, was nicht zuletzt zum Scheitern der komplexen Kaufentscheidungsmodelle führt. In der vorliegenden Arbeit werden psychographische Variablen

Indikatoren für Abnehmerunterschiede, die gleichzeitig innerhalb der verschiedensten Produktkategorien herangezogen werden:	Motive Temperamentszüge Generelle konsumrelevante Einstellungs- und Life Style-Profile (Personality- und Life Style-Segmenation)
Indikatoren für Abnehmerunterschiede, die innerhalb einer einzigen Produktkategorie herangezogen werden:	Auf die betreffende Produktkategorie zugeschnittene Einstellungsprofile und Life Style-Profile (Product Group Segmentation)
Indikatoren für Abnehmerunterschiede bei einem einzigen Produkt:	Auf das Produkt zugeschnittene Einstellungs- oder Life Style-Profile, Wahrnehmungen und Präferenzen (Product Space-Segmentation) sowie Nutzenerwartungen (Product Benefit-Segmentation)

Abb. 32: Generelle und situationsspezifische psychologische Merkmale

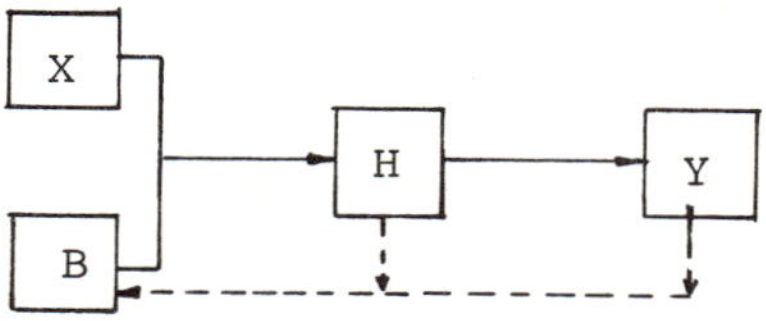

Abb. 33: Schematischer Kaufentscheidungsprozeß mit Rückkoppelung

als Indikatoren des nicht beobachtbaren Kaufentscheidungsprozesses (H) betrachtet (z.B. markenspezifische Einstellungen, Nutzenerwartungen, Wahrnehmungen, Präferenzen und Kaufabsichten) bzw. als psychographische Eigenschaften der Person aufgefaßt (Motive, Temperamentszüge, generelle Einstellungen etc.).

b) Psychographische Persönlichkeitsmerkmale

Auch eine lediglich kurzgefaßte Auseinandersetzung mit den Persönlichkeitstheorien und den damit einhergehenden Persönlichkeitsbegriffen würde den Rahmen dieser Arbeit überschreiten. Zudem liegt hierüber eine Vielfalt von Veröffentlichungen vor [Vgl. u.a. *Guilford* (1965); *Cattell* (1966); *Hall/Lindzey* (1969); *Herrmann* (1969); *Eysenck* (1971); *Kassarjian* (1971) 409 ff].

Wir schließen uns den Definitionen an, die die Persönlichkeit als ein Konglomerat von Faktoren sehen, welche das Verhalten gegenüber bestimmten Reizen steuern. Persönlichkeit ist danach ein Konstrukt, das im Zeitablauf eine relativ stabile »Antworttendenz« in konkreten Situationen bewirkt und z.T. erlernt (wie z.B. Einstellungen) z.T. angeboren (wie z.B. bestimmte Motivarten) ist [Zur Persönlichkeit als SOR-Konstrukt vgl. die bei *Kassarjian* (1971) 410 zitierte Literatur].

Hinsichtlich der Komponenten, die zur Persönlichkeit zählen, besteht ebenfalls Uneinigkeit. Häufig genannte Faktoren sind neben den Merkmalen Körperbau und Körperfunktionen vor allem Motive, Einstellungs- (Attitüden-)Systeme, Temperamentszüge und persönliche Fähigkeiten (z.B. Intelligenz) [Vgl. hierzu *Guilford* (1965) 9; *Cattell* (1950) 35; vgl. auch *Köhler* (1972) 183f]. Im folgenden beschränken sich die Ausführungen auf Motive und Einstellungen, wobei anhand einiger ausgewählter empirischer Arbeiten die Frage nach der Brauchbarkeit dieser Persönlichkeitsfaktoren für die Marktsegmentierung zu diskutieren ist [Vgl. im folgenden auch *Köhler* (1972) 187ff und 233ff]. Bei der Einstellung wird zudem unterschieden zwischen generellen Attitüdensystemen als Merkmal der Person und produkt- bzw. markenspezifischer Einstellung als Variable des Kaufentscheidungsprozesses.

c) Motive

Motive können als Antriebskräfte definiert werden, die das Verhalten auf bestimmte Ziele ausrichten [Vgl. *Newcomb/Turner/Converse* (1965) 22]. In unserem Zusammenhang stellt sich die Frage, ob mit einer in bestimmter Intensität vorliegenden Motivart ganz bestimmte Reaktionen auf Marketing-Maßnahmen einhergehen, so daß die grundsätzliche Voraussetzung zur Marktsegmentierung erfüllt ist. Dies setzt nicht nur das Vorliegen geeigneter Meßmethoden zur Erfassung der Existenz und intensitätsmäßigen Ausprägung von Motivarten voraus, sondern auch empirische Überprüfungen, ob Korrelationen mit dem Kaufverhalten vorliegen. Anschließend ist nach hinreichend großen Gruppen zu suchen, für die sich eine Erstellung spezifischer Marketing-Programme lohnt und die mit diesen Programmen erreichbar sind.

Ein Überblick über die bisherigen Arbeiten zur Motivforschung zeigt, daß diese Voraussetzungen nicht erfüllt sind. Die Veröffentlichungen erschöpfen sich üerwiegend in Klassifikationen von Motivarten [Vgl. *Murray* et al. (1938); *Maslow* (1943) 370ff; *Bayton* (1958) 282ff; *Engel/Kollat/Blackwell* (1973) 27f und die dort zitierte Literatur].

Derartige Zusammenstellungen (z.B. in primäre Motive, wie Hunger- und Durstmotiv etc. und sekundäre Motive wie Machtmotive, Sicherheitsmotiv etc.) liefern allenfalls globale Anhaltspunkte für die Erklärung diesen oder jenen Verhaltens und Hinweise auf die bereits bekannte Tatsache, daß Produkte neben Primärbedürfnissen auch gleichzeitig »seelischen, ethischen, ästhetischen, geistigen und gesellschaftlichen Anforderungen« (*Scherhorn* [(1959) 30] genügen müssen [Zu dieser Einschätzung des Wertes von Motivklassifikationen vgl. *Köhler* (1972) 189; *Kroeber-Riel* (1973) 10; vgl. auch *Leitherer* (1971) 102ff].

Geht man einen Schritt weiter und sucht nach geeigneten Methoden zur Messung von Motivarten und deren Stärke, so findet sich ein breiter Katalog an Techniken, von denen hier nur einige erwähnt werden [Vgl. *Stephan* (1961); *Wiswede* (1965) 317ff]: Tiefeninterviews, Gruppeninterviews, Satzergänzungs- und Wortassoziationstests, Zeichentests, *Rorschach-Test*, Thematischer Apperzeptionstest (TAT), *Edwards Personal Preference Schedule* (EPPS), *Taylors Manifest Anxiety Scale, Gordons Personal Profile*, Meßverfahren zur Erfassung physiologischer Reaktionen [Zur Kritik an den subjektiven Verfahren und der Forderung nach physiologisch orientierten Meßverfahren vgl. *Kroeber-Riel* (1975) 69 und 95; *Trommsdorff* (1975) 24] u.a.m.

Trotz vielfältiger Erprobungen dieser Verfahren ist festzuhalten, daß die Erfassung menschlicher Motivsysteme und die Messung von Motivstärken und Motivwirkungen im Zusammenhang mit dem Konsumentenverhalten noch wenig entwickelt sind [Vgl. *Kroeber-Riel* (1973) 10]. Dies soll beispielhaft am EPPS und an einigen mit ihm durchgeführten empirischen Forschungsarbeiten belegt werden [*Kassarjian* (1971) 411ff].

Mittels des EPPS sollen Versuchspersonen (Vpn) Schätzangaben über ihre Motive machen. *Edwards* griff zu diesem Zweck die bei *Murray* (1938) aufgeführten 15 Motivarten (change, achievement, affiliation etc.) auf und stellte für jede Motivart 9 Statements auf. Sodann erstellte *Edwards* 225 Test-Items, wobei jedes Item aus zwei Statements bestand, die sich auf unterschiedliche Motive bezogen. Bei jedem Test-Item muß die Vpn sich für dasjenige der beiden Statements entscheiden, von dem sie glaubt, daß es am besten sie selbst beschreibe.

Als eine der ersten von mehr als zwei Dutzend Untersuchungen, die das EPPS zur Überprüfung von Korrelationen zwischen Motiven und Konsumentenverhalten verwendeten, ist die vielzitierte Studie von *Evans* [(1959) 340ff] zu nennen. *Evans* untersuchte mittels des EPPS die Motive von Ford- und Chevroletbesitzern. Durch die Diskriminanzanalyse, bei der die Persönlichkeitsmerkmale als unabhängige Variablen und der Wagentyp als abhängige verwendet wurden, suchte er aus den Ausprägungen der Motivarten bei den jeweiligen Personen auf deren Wagentyp zu schließen. Nur in 63% aller Fälle erfolgte eine richtige Zuordnung. Daneben erbrachte eine Diskriminanzanalyse auf der Basis demographischer und sozioökonomischer Merkmale in 70% der Fälle eine korrekte Zuordnung. *Evans* schloß daraus, daß psychographische Merkmale, hier Motive, nicht geeignet sind, das Käuferverhalten zu erklären.

Kaum bessere Ergebnisse erzielte *Koponen* [(1960) 6ff], der Motive, gemessen nach EPPS, als Indikatoren der Verbrauchsmenge an Gütern des täglichen Bedarfs verwendete. So erbrachte eine Regressionsanalyse zwar signifikante Korrelationen zwischen bestimmten Motivarten des EPPS und Rauchern bzw. Nichtrauchern, Filter- und Nichtfilterzigarettenrauchern. Allerdings konnten mittels der 15 Motivarten nur 2% der Varianz der Kaufmenge von Zigaretten erklärt werden.

Die wohl umfangreichste Untersuchung über Zusammenhänge zwischen Persönlichkeitsmerkmalen, die mit dem EPPS gemessen wurden, und Variablen des Kaufverhaltens wurde von *Massy/Frank/Lodahl* (1971) durchgeführt. Die Autoren versuchten, das Kaufverhalten (u.a. wert- und mengenmäßiger Kauf der Produkte, Einkaufshäufigkeit, Markentreue bei Kaffee, Tee und Bier) aufgrund von demographischen und sozioökonomischen Merkmalen sowie aufgrund der EPPS-Persönlichkeitsscores des Ehemannes und der Ehefrau zu erklären.

Diese Scores, zusammen mit den demographisch-sozioökonomischen Merkmalen des Haushaltes, wurden in einer schrittweisen multiplen Regression als unabhängige Merkmale zur Erklärung der verschiedenen Variablen des Kaufverhaltens verwendet. Die Ergebnisse waren trotz des methodischen Aufwandes recht dürftig: so konnte die Varianz der Variablen des Einkaufsverhaltens bei Kaffee maximal bis zu 7% erklärt werden. Bei Tee und Bier lagen nur wenig bessere Ergebnisse vor. Allerdings waren die R^2-Werte meist auf dem 5%-Niveau signifikant.

Gegen derlei Untersuchungen läßt sich eine Reihe von Einwendungen vorbringen: Ein erster Vorbehalt ist gegenüber der für Marketing-Zwecke unveränderten Anwendung psychologischer Tests anzubringen: »The variables that lead to the assassination of a president, confinement in a mental hospital, or suicide may not be identical with those that lead to the purchase of a washing machine, a pair of shoes, or chewing gum« [*Kassarjian* (1971) 415]. Das auf *Murrays* Motivliste aufbauende EPPS ist in dieser Hinsicht allerdings einer Theorie der »normalen Persönlichkeit« zuzuordnen, wobei die meisten Motivarten einen starken Zusammenhang mit dem Konsumentenverhalten bei einer Vielzahl der unterschiedlichsten Produktkategorien vermuten lassen. Dies und die leichte Durchführbarkeit des Tests [Vgl. auch die Ausführungen bei *Evans* (1959) 345] begründete wohl seine Popularität in der Konsumentenverhaltensforschung. Betrachtet man jedoch, wie die Persönlichkeitsscores bei den Motiven im EPPS zustande kommen, so sind starke Bedenken gegenüber dieser Methode zur Messung interindividueller Persönlichkeitsdifferenzen anzumelden [Vgl. u.a. *Wells* (1968) 188; *Horton* (1974) 336; *Wiseman* (1972) 307]:

Jede Vpn hat von Anfang an einen gleich hohen Gesamtscore (sog. ipsative Maße [Vgl. hinsichtlich der Unterscheidung zwischen ipsativen und normativen Scores insbesondere *Horst* (1965) 291ff]). Durch die Präferenzaussagen der Individuen für die vorgegebenen Statements wird die Gesamtpunktzahl auf die einzelnen Motivarten verteilt. Die Vpn unterscheiden sich dadurch *lediglich in der Verteilung* ihrer Punktezahl auf die Motivarten. Eine Vpn, die bei einer Motivart einen hohen Score erhält, bekommt zwangsläufig bei den anderen Motivarten niedrige Scores zugeordnet. Falls die Vpn in Wirklichkeit bei vielen Motivarten hohe Werte hat, verhindert das EPPS diese Messung, indem die Scores bei einigen Motivarten nach unten verschoben werden. Damit sind bei ipsativen Skalen die *Individuen nicht vergleichbar*, sondern es sind nur Aussagen über die relative Dringlichkeit der einzelnen Motive bei ein und demselben Individuum möglich [Vgl. hierzu *Horst* (1965) 291].

Hierzu ein Beispiel: Nehmen wir an, von 4 Vpn seien zwei Ford- und zwei Chevroletbesitzer. Die wahren Persönlichkeitsscores (z.B. mit normativen Skalen gemessen) seien bekannt und in der linken Seite in Tab. 34 abgebildet. Rechts lägen ipsative Scores vor, die durch eine Meßmethode wie die des EPPS zustande kommen, wobei die Gesamtpunktzahl, die die Vpn zu verteilen haben, 3 sei (Vgl. Abb. 34).

Eine Diskriminanzanalyse auf der Basis normativer Scores käme zum Ergebnis, daß die beiden Motivarten ausgezeichnet geeignet sind, zwischen Ford- und Chevroletbesitzern zu trennen (siehe Abb. 35).

Die durch das Meßverfahren, das im EPPS angewandt wird, ermittelten Persönlichkeitsscores würden zu dem in Abb. 36 dargestellten Ergebnis führen.

Obwohl S_3 eine geringere Motivstärke bei Motivart A und B aufweist als S_2, wird er

Vpn	Automarke	Normative Scores		Ipsative Scores (aus EPPS)	
		Motivart		Motivart	
		A	B	A	B
S_1	Ford	3	2	2	1
S_2	Chevrolet	4	5	1	2
S_3	Ford	2	3	1	2
S_4	Chevrolet	6	5	2	1

Abb. 34: Verzerrung von Persönlichkeitsscores durch das EPPS

durch das Skalierungsverfahren auf die gleiche Stufe wie S_2 gestellt. Die Diskriminanzanalyse käme dadurch zu einer Fehlklassifikation des Fordkäufers S_3 (ähnlich auch Ch_{S_4}) und dadurch zu dem Fehlschluß, daß Motive nicht als Indikatoren der Markenwahl dienen können.

Betrachten wir noch die in Marketing-Studien kaum beachtete Reliabilität [D.h. das Meßinstrument soll bei mehreren Experimenten unter c.p.-Bedingungen jeweils gleiche Ergebnisse erbringen] und Validität [Validität eines Meßinstruments bedeutet, daß es tatsächlich das mißt, was gemessen werden soll (beim EPPS also die 15 Motivarten Murrays)] der Meßinstrumente!

Von den standardisierten Meßinstrumenten der (Sozial-)Psychologie (so auch vom EPPS) kann behauptet werden, daß eine zufriedenstellende Reliabilität vorliegt [Vgl. hierzu die verschiedenen Beiträge zum EPPS in: *Buros* (1972)]. Die Validität des EPPS wird allerdings oft bezweifelt; z.B. schreibt *Heilbrun* in Übereinstimmung mit anderen Forschern: »*Edwards* publication of this instrument ... came more as an exercise in test construction than as a serious entry into the market of validated tests« [*Heilbrun* (1972) 149].

Noch schlimmer sieht es bei den Tests aus, die speziell für Marketing-Untersuchungen entwickelt wurden. Die meisten Forscher gehen dabei ohne ein theoretisches Konzept vor und greifen aus den vorhandenen Instrumenten einzelne Items heraus, deren Inhalt obendrein noch modifiziert wird [Vgl. *Kassarjian* (1971) 415; *Gottlieb* (1959) 148ff; *Villani* (1975) 432ff]. Obwohl der Versuch anzuerkennen ist, Persönlichkeitstests dem zu erforschenden Sachverhalt anzupassen, muß ein derartiges Vorgehen abgelehnt werden, solange die dabei entwickelten Meßinstrumente nicht auf ihre Reliabilität und Validität untersucht wurden. Eine Durchsicht der speziell für Marketing-Zwecke erstellten Persönlichkeitstests zeigt, daß die von Marketing-Forschern entwickelten Meßinstrumente schlechtere Reliabilität und Validität aufweisen als die standardisierten Tests der Psychologen [Vgl. zu den allerdings oft widersprüchlichen Ergebnissen *Pessemier/Bruno* (1971); *Wells* (1975) 202ff und die dort zitierte Literatur; *Villani/Wind* (1975) 233ff].

Oft liegen auch ungenügende Repräsentanz der Samples [Z.B. bei *Evans* (1959)

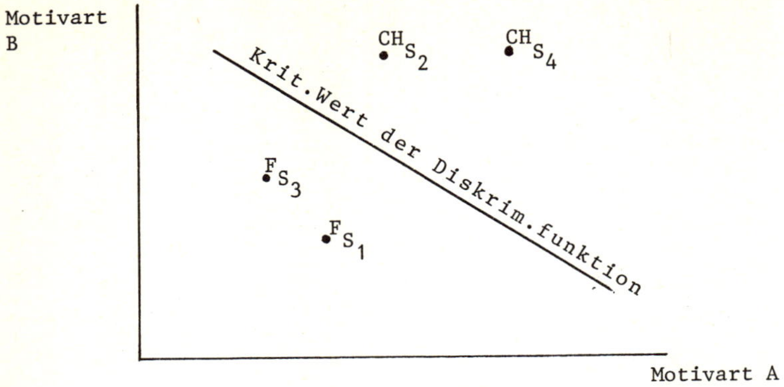

Abb. 35: Diskriminanzanalyse bei normativen Persönlichkeitsscores

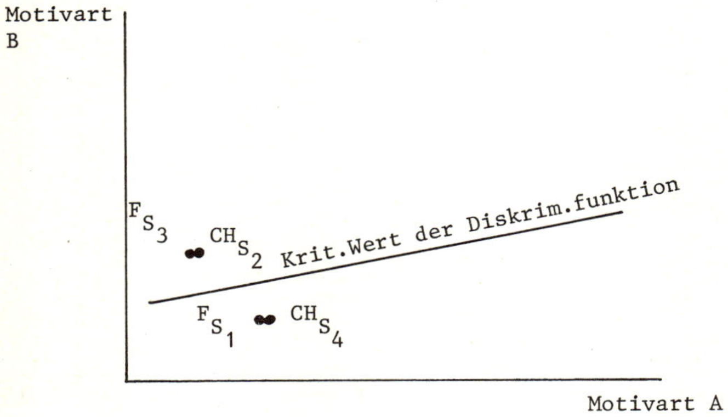

Abb. 36: Diskriminanzanalyse bei ipsativen Persönlichkeitsscores, gemessen nach dem EPPS

340ff; *Westphall* (1962) 34ff], Schwierigkeiten bei der Ermittlung geeigneter unabhängiger Merkmale der *Haushalte* (Motivstärke des Haushalts [Vgl. *Massy/Frank/Lodahl* (1971)]) und der abhängigen Variablen (Markentreue [Vgl. *Massy/Frank/Lodahl* (1971)], Einstellung gegenüber Produkten [Vgl. *Alpert* (1972) 312ff]) vor. Zudem: »Eine Schwäche der obenerwähnten empirischen Arbeiten besteht vor allem darin, daß ihnen kein näher ausgearbeitetes theoretisches Konzept zugrunde liegt. Sie gehen ... lediglich von der unspezifischen Annahme aus, daß sich Persönlichkeitsfaktoren – darunter Motive – *irgendwie* in der Präferenz für bestimmte Produktklassen widerspiegeln. Die Verwender bzw. Nichtverwender einiger ausgewählter Erzeugnisgruppen werden dann im Nachhinein auf etwaige signifikante Unterschiede überprüft [*Köhler* (1972) 198; vgl. auch *Kassarjian* (1972) 416; *Jacoby* (1969)]«.

Kritik wird insbesondere auch dagegen vorgebracht, daß die meisten Untersuchungen wesentliche Variable des Bedingungsrahmens vernachlässigen [Vgl. u. a. *Day* (1970) 2f, 41f und 49ff; *Belk* (1975) 157ff und die dort zitierte Literatur].

d) Einstellung

da) Begriff und Komponenten der Einstellung

Die Schwierigkeiten, die einer zuverlässigen und gültigen Messung von Motiven entgegenstehen und die Tatsache, daß in den leichter erfaßbaren Einstellungsmeßwerten [Zu den Einstellungsmeßverfahren vgl. z.B. *Mc Guire* (1969) 136–314; *Süllwold* (1969) 475 ff; *Hughes* (1971); *Stosberg* (1972); *Dawes* (1972); *Lemon* (1973); *Shepard/Romney/Nerlove* (1972); *Romney/Shepard/Nerlove* (1973)] motivationale Größen enthalten sind, führten zu einer verstärkten Anwendung des Einstellungskonzepts [Vgl. *Kroeber-Riel* (1975) 70; *Ders.* (1973) 10].

Einstellungen werden hier als ein im Zeitablauf erlerntes, relativ dauerhaftes System psychischer Prädispositionen gegenüber Objekten bzw. einer Klasse von Objekten verstanden [Vgl. z.B. *Allport* (1935) 810; *Krech/Crutchfield/Ballachey* (1962) 177; *Shaw/Wright* (1967) 3; *Trommsdorff* (1975) 8; ein Überblick über die vielfältigen Definitionen des Einstellungsbegriffs findet sich bei *Six* (1975) 271ff].

Seit den Veröffentlichungen von *Rosenberg* sowie *Rosenberg/Hovland* [Vgl. *Rosenberg* (1956) 367ff; *Rosenberg/Hovland* (1960) 1ff] wird zwischen drei Einstellungskomponenten unterschieden: einer kognitiven (Wissen über das Objekt), einer affektiven (Bewertung des angenommenen Sachverhaltes) und einer konativen Komponente (Aktionskomponente). In empirischen Untersuchungen konnte diese Auffassung weder bewiesen noch widerlegt werden [Vgl. hierzu die Literaturhinweise bei *Six* (1975) 274ff]. Neben der Drei-Komponentenlehre gibt es auch duale Theorien, wobei insbesondere auf die Verhaltenskomponente verzichtet wird [Zur Kritik an der Aktionskomponente vgl. *Roth* (1967) 99ff], oder »Einstellung« wird mit nur einer der drei Komponenten (meist der affektiven) gleichgesetzt [Vgl. *Lavidge/Steiner* (1961) 59ff; *Howard/Sheth* (1969) 118ff].

Eine Kontroverse, die von der Komponententheorie zu trennen ist, besteht hinsichtlich der adäquaten Messung der Einstellung.

db) Summative versus mehrdimensionale Messung

Damit »Einstellung« als hypothetisches Konstrukt für die Marktsegmentierung herangezogen werden kann, bedarf es einer Meßvorschrift, durch die Veränderungen dieser Variablen erfaßt werden. Inzwischen gibt es hierzu zwei konkurrierende Forschungsrichtungen: eine faßt Einstellungen als (im mathematischen Sinne) summativ zu messende Variable auf (Einstellung variiert damit nur auf einen eindimensionalen Kontinuum), die andere versteht Einstellung als eine mehrdimensional zu messende

Größe (d.h. als Punkt im mehrdimensionalen Einstellungsraum). [Der hier verwendete statistisch-rechnerische Dimensionsbegriff im Sinne von Raumdimensionen ist nicht mit dem Komponentenbegriff zu verwechseln. Unabhängig davon, aus wievielen Komponenten sich die Einstellung zusammensetzt, kann sie auf einer oder mehreren Dimensionen gemessen werden. Vgl. hierzu die Klarstellung bei *Trommsdorff* (1975) 9ff. Vgl. dagegen *Bauer* (1976) 165].

Zu den Vertretern summativer Einstellungsindizes zählen *Rosenberg* [(1956) 367ff], *Fishbein* [(1963) 233ff], *Bass/Talarzyk* [(1973) 93ff], *Trommsdorff* [(1975) 72ff] u.a. Fishbein schlägt folgendes Modell vor:

$$A_{jk} = \sum_{i=1}^{m} B_{ijk} \cdot a_{ijk}$$

Eigenschaften des Objektes	$i = 1, \ldots, m$
Personen	$j = 1, \ldots, n$
Objekte	$k = 1, \ldots, p$

B_{ijk} = Person j mißt dem Vorhandensein der Eigenschaft i an Objekt k die Wahrscheinlichkeit B zu (Überzeugung, belief).

a_{ijk} = Person j bewertet die eventuell vorhandene Eigenschaft i an Objekt k mit a (evaluative aspect)

A_{jk} = Einstellung von Person j gegenüber Objekt k (attitude) als Summe von m bewerteten Überzeugungen.

Die Einstellung A_{jk} variiert allerdings nur auf einem eindimensionalen Kontinuum, denn die subjektive Bewertung der m Eigenschaften wird mit den subjektiven Wahrscheinlichkeiten multipliziert und anschließend additiv zu einem Einstellungswert verknüpft [*Mazanec* (1975b) spricht deshalb von »summativ-eindimensionalen Einstellungskonzepten«].

Inzwischen gibt es mehrere Varianten summativ-eindimensionaler Einstellungsmodelle, auf die hier nicht im Detail eingegangen werden kann [Vgl. hierzu die Literaturangaben bei *Trommsdorff* (1975) 48ff; *Mazanec* (1975b) 90; *Andritzky* (1976) 25ff]. Sie unterscheiden sich z.B. in der Operationalisierung der B_{ijk}. Daneben wird versucht, das Modell so auszuweiten, daß man gleichzeitig die Einstellung gegenüber mehreren Objekten messen kann [Vgl. *Woodside/Clokey* (1974) 33ff], oder man versucht, nicht nur die Wahrscheinlichkeit des Vorhandenseins einer Eigenschaft, sondern gleichzeitig das Ausmaß der Eigenschaft zu messen [Vgl. *Athola* (1975) 52ff]. Weiterhin gibt es Ansätze, die dem jeweiligen Utersuchungsfall angemessene Verknüpfungsregeln heranziehen [Vgl. *Bettman/Capon/Lutz* (1975) 151ff; *Andritzky* (1976) 25ff].

So lautet z.B. eine Variante des sog. konjunktiven Einstellungsmodells [Nach *Andritzky* (1976) 27]:

$$A_{jk} = \prod_{i=1}^{m} x_{ijk}$$

Eigenschaften des
Objekts $i = 1, \ldots, m$
Personen $j = 1, \ldots, n$
Objekte $k = 1, \ldots, p$

A_{jk} = Einstellung einer Person j gegenüber dem Objekt k
x_{ijk} = Ausmaß, mit dem Objekt k nach Ansicht der Person j die Eigenschaft i aufweist.

Andere Autoren verzichten auf die gesonderte Erhebung der B und a und versuchen, die Einstellung indirekt aus der Differenz von wahrgenommener Merkmalsausprägung eines real vorhandenen Objekts (z.B. Realmarke) und einem Idealobjekt (z.B. Idealmarke) zu ermitteln [Vgl. hierzu das Modell von *Trommsdorff* (1975) 73. Ähnliche Varianten finden sich bei *Lehmann* (1971) 47 ff; *Beckwith/Lehmann* (1973) 141 ff; *Ginter* (1974) 30 ff]:

$$E_{jk} = \sum_{i=1}^{m} | B_{ijk} - I_{ij} |$$

Eigenschaften $i = 1, \ldots, m$
Objekte $k = 1, \ldots, p$
Personen $j = 1, \ldots, n$

B_{ijk} = die von Person j wahrgenommene Ausprägung der Eigenschaft i bei Objekt k
I_{ij} = die von Person j als ideal empfundene Ausprägung der Eigenschaft i
E_{jk} = Einstellung der Person j zu Objekt k.

Im Grunde handelt es sich bei diesem Modell um eine im m-dimensionalen Merkmalsraum berechnete L_1-Norm (City-Block-Metrik), d.h. die Einstellung gegenüber einem Objekt wird als City-Block-Distanz zwischen den Positionen der Real- und der Idealmarke im Merkmalsraum definiert.

Eine weitere wichtige Variante stammt von *Fishbein* selbst. Er versucht die mangelnde Verhaltensrelevanz seines Modells dadurch zu erhöhen, daß er das beabsichtigte Verhalten als Funktion definiert: 1. der summativ-eindimensional gemessenen Einstellung gegenüber diesem Verhalten (A_{act}), 2. der normativen Überzeugungen (normative beliefs), was man in einer bestimmten Situation tun sollte und 3. der Bereitschaft, sich gemäß dieser Normen zu verhalten.

Der Kern dieses Modells besteht darin, daß nicht mehr die Einstellung gegenüber einem Objekt k, sondern gegenüber dem intendierten Verhalten selbst (z.B. Kaufabsicht hinsichtlich einer Marke k) ermittelt wird [Vgl. u.a. *Ajzen/Fishbein* (1973) 41 ff. Ein Überblick über die bisherige Anwendung des Modells in der Marketing-Forschung findet sich bei *Ryan/Bonfield* (1975) 118 ff]:

$$A_{(act)} = \sum_{i=1}^{m} B_{ij} a_{ij},$$

wobei B_{ij} die subjektive Wahrscheinlichkeitsannahme ist, daß das zur Diskussion stehende Verhalten zu einer Konsequenz i führen wird; a_{ij} ist die subjektive Bewertung des Ergebnisses i [Damit gehen in die Funktion zur Ermittlung der Verhaltensabsichten die normativen Überzeugungen doppelt ein, denn es ist anzunehmen, daß auch die Bewertung des Ergebnisses a_{ij} im Hinblick auf die normativen Überzeugungen erfolgt]. i = 1, ..., m ist die Anzahl der in Betracht gezogenen Verhaltenskonsequenzen.

Wesentlich ist, daß *Fishbein/Ajzen* durchweg mit der Einstellung gegenüber dem beabsichtigten Verhalten $A_{(act)}$ einen höheren Varianzanteil der geäußerten Verhaltensabsichten erklären konnte als mit der Einstellung gegenüber dem Objekt [Vgl. *Ajzen/Fishbein* (1973) 41ff]. Dies verdeutlicht die Wichtigkeit der Heranziehung situationsspezifischer bzw. aktionszentrierter Einstellungen statt generell konsumrelevanter Einstellungen, wie sie z.B. mit den GfK-Skalen ermittelt wurden [Vgl. GfK-Nürnberg (1968) 261]. Hierauf ist unten noch einzugehen. Werden die Verhaltensabsichten durch Einstellung prognostiziert, muß anschließend eine zweite Prognose durchgeführt werden, mit der (Kauf-)Absicht als unabhängige und dem tatsächlichen Käuferverhalten als abhängige Variable. Die Kaufabsichten sind zur Erhöhung der Prognosegenauigkeit zugleich um situationsspezifische Variablen zu ergänzen [Vgl. zu diesem Ansatz *Sheth* (1970a) zitiert nach *Engel/Kollat/Blackwell* (1973) 273f].

Gegenüber den summativen Einstellungsmeßmodellen werden mitunter Vorbehalte angemeldet, die die Anwendung mehrdimensionaler Ansätze nahelegen [Vgl. hierzu *Mazanec* (1975b) 91]:

Die Einstellung wird durch eine skalare Größe repräsentiert, die weder Aufschluß über den Inhalt noch über die Beiträge der Einzeleigenschaften zur Gesamteinstellung gibt. Zwar ist im Interesse einer besseren Handhabung komplexerer Datenbestände (hier z.B. hinsichtlich der individuellen Unterschiede der Wertungen bei einer größeren Anzahl von Eigenschaften mehrerer Objekte) eine Datenkomprimierung notwendig, doch sollten dabei nicht Informationen verlorengehen, die für Marketing-Maßnahmen benötigt werden. Das globale Einstellungsmaß summativer Modelle ist in dieser Hinsicht untauglich. Allerdings weisen Vertreter dieser Richtung darauf hin, daß der skalare Einstellungsmeßwert in erster Linie zur Prüfung der Konstruktvalidität der Einstellungsmessung herangezogen werde, entsprechend der summativen Einstellungstheorie von *Fishbein* [So *Trommsdorff* (1976) 30] und nicht etwa, um als Grundlage für Marketing-Entscheidungen zu dienen.

Will man für Maßnahmen im Bereich der Produktpolitik und der Kommunikationspolitik wissen, welche Produkteigenschaften für die Abnehmer eine Rolle spielen oder inwieweit sich Realmarken untereinander bzw. gegenüber den individuellen oder segmentspezifischen Idealmarken unterscheiden, muß wieder auf die ursprünglichen Eigenschaften zurückgegriffen werden.

Da die den Vpn zur Eintufung des Einstellungsobjektes vorgelegten Eigenschaften oft miteinander korrelieren, würde ihre unmittelbare Anwendung zur Berechnung eines summativen Einstellungsscores zur Überbetonung des betreffenden Sachverhaltes führen. Werden zudem viele als relevant erachtete Eigenschaften herangezogen, so verhindert die kaum überschaubare Datenfülle die Ableitung von Handlungsmaximen für die Produkt- und Kommunikationspolitik. Daher enthebt auch das Arbeiten mit summativen Meßverfahren nicht der Aufgabe, die ursprünglichen Eigenschaften zu wenigen wichtigen redundanzfreien Dimensionen zu verdichten (z.B. mittels FA, HKA oder MDA): In die summativen Meßmodelle gehen anschließend nur die wichtigen

Imagedimensionen (Faktoren, Hauptkomponenten oder Diskriminanzfunktionen) ein. Dadurch ist zum einen die Gefahr der Überbetonung korrelierender Eigenschaften beseitigt und zudem können die wenigen redundanzfreien Dimensionen zur Gestaltung von Marketing-Maßnahmen verwendet werden [Vgl. auch *Trommsdorff* (1976) 30]. Im Grunde wird dabei ein zweigleisiges Vorgehen postuliert: Für die Überprüfung der Prognoserelevanz wird das summativ-eindimensionale Modell vorgeschlagen, das aber aus methodischen Gründen (Korrelationen) und für die Gestaltung von Marketing-Maßnahmen von den Ergebnissen mehrdimensionaler Einstellungsmodelle ausgehen sollte.

Bei der mehrdimensionalen Einstellungsmessung werden die Dimensionen mittels multivariater Datenanalysemethoden (Faktoren-, Diskriminanz- und Hauptkomponentenanalyse sowie metrische und nichtmetrische mehrdimensionale Skalierung) ermittelt:

Die Einstellung (die durchaus i.S. einer Einkomponententheorie operationalisiert sein kann) einer Person j gegenüber einem Objekt k wird durch deren Position im redundanzfreien d-dimensionalen Merkmalsraum abgebildet:

$$E'_{jk} = (E_{1jk}, E_{2jk}, \ldots, E_{djk}).$$

Personen	j	$= 1, \ldots, n$
Objekte	k	$= 1, \ldots, p$
Dimensionen (Koordinaten des Einstellungsraumes)	f	$= 1, \ldots, d$

Verfahren wie die FA, DA und HKA erlauben es, den Vpn absichtlich redundante Eigenschaften vorzulegen, die ein weites Spektrum der mit dem Einstellungsobjekt assoziierten kognitiven und affektiven Eigenschaften erfassen. Dadurch wird sichergestellt, daß nicht wesentliche Aspekte des Einstellungsuniversums unberücksichtigt bleiben. Die Verfahren ermöglichen anschließend eine Komprimierung der Ausgangsdaten auf wenige voneinander unabhängige Dimensionen (orthogonale Koordinaten), wobei die wesentlichen Informationen der Ausgangsdaten erhalten bleiben. Die leichte Interpretierbarkeit der Dimensionen, verbunden mit einer eventuellen Visualisierung der Objekte im Einstellungsraum, ermöglicht es, z.B. die Vor- und Nachteile von Produktmarken und ihre subjektiv erlebten Konkurrenzbeziehungen übersichtlich darzustellen. Derartig aufbereitete Einstellungsmeßwerte bieten eine gute Basis für Marketing-Entscheidungen (Produktgestaltung, Werbebotschaftsgestaltung, Suche nach Marktnischen, Überprüfung von Einstellungsänderungen u.a.m.).

Verfahren wie die metrische mehrdimensionale Skalierung (MMDS) und die nichtmetrische mehrdimensionale Skalierung (NMDS) vermeiden die Vorgabe von Rating-Skalen, durch die u.U. die Dimensionalität des Einstellungsraumes präjudiziert wird. Zudem setzen die NMDS-Methoden nur ordinale Meßniveaus voraus und führen somit keine unzulässige Rechenoperationen (im Gegensatz zu den Verfahren der FA, DA und HKA) durch. Allerdings lassen sich mit der NMDS und MMDS die Dimensionen des Einstellungsraumes (zieht man nicht zusätzliche Erhebungen heran) nur aus der Punktekonfiguration der Objekte im Raum interpretieren. Empfehlenswert ist deshalb ein zweigleisiges Vorgehen: MDS-Methoden zeigen die »wahre« Dimensionalität, anschließende FA, DA bzw. HKA-Anwendungen erlauben die leichtere Interpretation der Dimensionen.

Auch bei mehrdimensionalen Einstellungsmessungen läßt sich ein skalarer Einstellungswert berechnen (als Distanz zwischen Real- und Idealmarke). So stellt das *Trommsdorff-Modell* lediglich die Berechnung der City-Block-Metrik zwischen einer Real- und der Idealmarke dar. Neben dem Vorteil, daß Einstellungsmeßwerte nicht in ein summatives Prokrustes-Bett gezwängt werden, bieten z. B. die NMDS-Methoden die Möglichkeit, die der »kognitiven Algebra« entsprechende Minkowski-Metrik zu wählen.

dc) Prognosefähigkeit von Einstellungsmeßwerten

Wenden wir uns der Relation von Einstellung und absatzwirtschaftlich relevantem Verhalten zu. In Anlehnung an *Cohen* [(1966) 344] und als Erweiterung des schematisierten Kaufentscheidungsprozesses [Vgl. Abb. 14 und Abb. 15], der dieser Arbeit zugrunde liegt, lassen sich folgende Beziehungstypen feststellen (X = Marketing-Stimuli, B' = Variablen des Bedingungsrahmens ohne die Variable Einstellung, E = Einstellung, Y = absatzwirtschaftlich relevante Verhaltensvariablen):

I. $X + B' \rightarrow E + Y$

Marketing-Stimuli und Bedingungsrahmen determinieren sowohl das Verhalten als auch die Einstellung.

II. $X + B' \rightarrow E \rightarrow Y$

Hier sind Einstellungen intervenierende Variablen, d. h. sie sind in der Black Box des Kaufentscheidungsprozesses enthalten.

III. $X + B' + E \rightarrow Y$

Das Verhalten wird durch Marketing-Stimuli, Bedingungsrahmen und Einstellungen bestimmt.

Allen drei Typen liegt der Gedanke zugrunde, daß eine bessere Indikatoreignung hinsichtlich des Verhaltens zu erwarten ist, wenn strukturelle und situative Faktoren (enthalten in B') mit einbezogen werden [Vgl. *Wicker* (1969) 75; *Sampson/Pahner* (1975) 30 ff].

Typ I ist als Analysedesign für die Entstehung und Änderung der Einstellung aufgrund von Marketing-Stimuli denkbar.

Typ II entspricht der Konstruktion neo-behavioristischer Kaufentscheidungsmodelle, wie z. B. von *Nicosia, Howard/Sheth* oder *Amstutz*, und wird in der vorliegenden Arbeit unterstellt, wenn es um produktspezifische Einstellungen geht, die dem Kaufentscheidungsprozeß zugeordnet wurden.

Typ III entspricht der Zuordnung genereller Einstellungssysteme zum Bedingungsrahmen.

Betrachtet man empirische Untersuchungen zur Relation von Einstellung und Verhalten, so ist man leicht geneigt, dieses Konstrukt als unbrauchbar abzutun. *In den meisten Fällen zeigte sich eine unbefriedigende Übereinstimmung* [Vgl. u.a. *Deutscher* (1973); *Benninghaus* (1975)]. So kommt *Wicker* nach umfassenden Recherchen zu dem Schluß: »Taken as a whole ... it is considerably more likely that attitudes will be unrelated or only slightly related to actions. Product-moment correlation coefficients relating the two kinds of responses are rarely above .30 and often are near zero. Only rarely can as much als 10% of the variance in overt behavioral measures be accounted for by attitudinal data. In studies in which data are dichotomized, substantial proportions of subjects show attitude-behavior discrepancies. This is true even when subjects scoring at the extremes of attitudinal measures are compared on behavioral indices« [*Wicker* (1969) 65].

Rettungsversuche des Konstruktes weisen auf Meßfehler, Nichtberücksichtigung situationsspezifischer Variablen sowie sonstiger Variablen des Bedingungsrahmens oder auf einen falsch gewählten Einstellungsgegenstand hin. Auf letzteres ging schon *Fishbein* ein, der statt des Objekts (z.B. Produktmarke) das beabsichtigte Verhalten (z.B. Kaufabsicht) als Einstellungsgegenstand verwendete.

dca) Generelle Einstellungsmeßwerte

Daneben wurde von *Fishbein* und von einer Reihe anderer Autoren festgestellt, daß die schlechten Ergebnisse auf eine weitere unzweckmäßige Spezifizierung des Einstellungsobjektes zurückzuführen sind. Solange nur die Einstellung zu sehr allgemeinen Sachverhalten (z.B. Einstellung zum Sparen oder zur Werbung) erfaßt wird, ist nicht zu erwarten, daß damit ein bestimmtes Verhalten in einer sehr speziellen Situation (z.B. Kauf einer bestimmten Marke) einhergeht: »For example, in many cases we have measured subjects' attitudes toward a class of people or objects, and then we have attempted to predict their behavior with respect to a particular member of that class on the basis of that attitude« [*Fishbein* (1966) 206].

Trotz dieser in den Verhaltenswissenschaften allgemein anerkannten Feststellung wird im Marketing immer wieder versucht, Einstellungen zu ganz allgemeinen Sachverhalten ohne Bezug zum persönlichen Marktverhalten (z.B. Einstellung zum Leitbild Hausfrau) oder Einstellungen zu recht globalen ökonomischen Verhaltensweisen (z.B. zu Innovationsfreudigkeit, Werbeaufgeschlossenheit etc.) als Indikator für die Markenwahl oder die Medienwahl zu verwenden [Vgl. auch *Bergler* (1972) 29ff].

Als Prototyp derartiger Bemühungen sind die von der GfK erstellten Einstellungsskalen zu sehen, denn man achtete ausdrücklich darauf, daß sie »... nicht nur für die Erklärung eines speziellen Konsumverhaltens relevant ...« [GfK-Nürnberg (1968) 265] sind und wählte entsprechende Einstellungsobjekte.

Im einzelnen wurden Skalen für folgende Einstellungen erstellt [GfK-Nürnberg (1968) 265]:

1. Aufgeschlossenheit gegenüber dem modernen Warenangebot
2. Qualitätsanspruch im Kaufverhalten
3. Ansprechbarkeit für Werbebotschaften

4. Preisbewußtes Einkaufsverhalten
5. Einstellung zu Hausarbeit und Haushalt
6. Beachtung der Gesundheit
7. Intro- oder extravertierte Persönlichkeitseigenschaft
8. Vorsorge- und Sicherheitsstreben
9. Prestigestreben
10. Informationsfreudigkeit – Aufnahmebereitschaft
11. Einstellung zur Freizeitgestaltung
12. Einstellung zur Körperdemonstration

»Entscheidend ist dabei die Messung übergeordneter, d.h. warengruppen-unspezifischer Einstellungen, denn nur dadurch können Verbraucher mit gleichen Einstellungen auf unterschiedlichen Märkten miteinander verglichen werden« [GfK-Nürnberg (1968) 282].

Zwar ist der Versuch lobenswert, »generelle« Kriterien zur Segmentierung zu finden, die die Lücke schließen können, welche bei der Anwendung demographisch-sozioökonomischer Merkmale bleibt. Doch gelang dies der GfK genauso wenig wie den hin und wieder angepriesenen Medientypologien [Vgl. hierzu die Ergebnisse der folgenden Typologien: Gruner und Jahr (Hrsg.): Brigitte Frauentypologie 1 (1973), Frauentypologie 2 (1975), Wohnen in Deutschland (1973), Unternehmen Haushalt (1973); Burda-Verlag (Hrsg.): Typologie der Wünsche (1974); Axel-Springer-Verlag (Hrsg.): Concepte (1974)] der Marktforschungsinstitute und Verlage, die auf generellen Persönlichkeitsmerkmalen bzw. Einstellungen basieren. Die generellen Einstellungsskalen sind, selbst wenn man extreme Werte vergleicht, nicht trennscharf genug, um zwischen Käufern verschiedener Marken oder Nutzern verschiedener Medien zu diskriminieren [So die überwiegende Meinung. Vgl. dagegen *Brumm* (1973) 71 ff].

Für die Suche nach Marktnischen oder zur Trennung zwischen Verwendern und Nichtverwendern konkurrierender Marken sind Typen wie »Sympathische moderne Frau« viel zu grob [Vgl. *Bergler* (1972) 33 f]. Hier können nur maßgeschneiderte Einstellungsuntersuchungen weiterhelfen, wie sie im Anschluß referiert werden [Vgl. *Opfer* (1975) 100].

Zu den Medientypologien auf der Basis der generellen Einstellungsskalen meint *Bergler* [(1972) 33]: »Bei Anwendung dieser Skalen im Rahmen der Leseranalyse, also dem Versuch, mit ihrer Hilfe psychologische Zielgruppen von Zeitschriften aller Art zu definieren, wird die schon wiederholt angeführte Problematik der fehlenden bzw. nur äußerst ungenügenden Diskriminierung der Konsumenten bzw. der verschiedensten Zeitschriften deutlich«. Dies demonstriert auch Abb. 37.

Aber auch wenn für die Mediennutzung relativ zufriedenstellende Clusterbildungen auf der Basis trennscharfer Einstellungs-Items erfolgten, so stellt sich dem Anbieter eines bestimmten Produktes eine kaum lösbare Aufgabe: Er muß aus der Unzahl der Items die für sein Produkt kaufrelevanten heraussuchen, d.h. Items auffinden, die zwischen potentiellen Verwendern und Nichtverwendern seiner Marke differenzieren, um dann über die Personengewichtung entsprechende Streupläne zu erstellen.

In den meisten Fällen wird der Anbieter vergebens nach kaufrelevanten Items suchen, die in die Clusterbildung der Medientypologien eingingen. Es ist kaum zu erwarten, daß die Typologien nach Items gebildet wurden, die gleichermaßen als Indikatoren für den

Titel	Extravertierte Grundhaltung	Aufgeschlossenheit gegenüber neuen Produkten	Qualitätsanspruch	Preisbewußtes Einkaufen	Beachtung der Gesundheit	Prestigebedürfnis	Informationsbedürfnis	Auseinandersetzung mit der körperlichen Erscheinung
Hausfrauen Insgesamt	29,3%	34,3%	39,1%	35,1%	32%	28,8%	30,3%	48%
Quick	34,6%	42,4%	47,3%	29,7%	33,3%	29,0%	42,7%	49,0%
Stern	36,8%	42,8%	41,8%	31,9%	34,0%	32,3%	44,0%	49,6%
Hör zu	35,5%	37,1%	41,9%	32,7%	31,7%	30,8%	38,1%	43,9%
TV-Hören und Sehen	35,8%	42,0%	38,3%	32,9%	35,7%	32,7%	40,1%	37,6%
Christ und Welt	26,8%	36,7%	46,9%	10,2%	30,6%	31,3%	29,2%	52,1%
Jasmin	41,3%	46,6%	42,6%	31,4%	31,4%	32,4%	48,9%	64,1%
Madame	42,5%	48,5%	45,5%	23,8%	33,7%	21,9%	56,2%	71,2%

Abb. 37: Mangelnde Trennschärfe genereller Einstellungsskalen [Quelle: *Bergler* (1972) 35]

Kaffeekonsum, die Bevorzugung bestimmter Zigarettenmarken, die Wahl des Urlaubsortes u.a.m. geeignet sind. Doch selbst wenn dies der Fall wäre, gehen in die Typologien unzählige, für den Anbieter irrelevante Items ein, die zu Clusterbildungen führen, welche nur teilweise mit der eigenen Zielgruppe übereinstimmen. »Im allgemeinen kann man ... nicht erwarten, daß die Zielgruppe einer bestimmten Werbekampagne sich mit irgendwelchen Clustern identifizieren läßt« [*Opfer* (1975) 104]. Was bleibt, sind lediglich Anhaltspunkte für eigene produktbezogene Sonderanalysen des Anbieters; mitunter bieten sich eventuell Arbeitshypothesen für solche Sonderuntersuchungen an [Vgl. *Opfer* (1975) 105]. Allerdings geben die Medientypologien zuweilen globale Hinweise auf wünschenswerte Grundtendenzen in der Produkt- und Packungsgestaltung, sowie der Anzeigengestaltung. Immerhin ergänzen diese Daten ein wenig die oberflächlichen demographisch-sozioökonomischen Merkmale [So *Wells* (1975) 208f].

dcb) Angebotsspezifische Einstellungsmeßwerte und Produktfeld-Segmentierung

Ein besserer Weg zur Verwendung von Einstellungsmeßwerten für Segmentierungszwecke, sowohl in prognostischer Sicht als auch im Hinblick auf Produkt-, Packungs-, Sortiments- und Anzeigengestaltung sowie für die Werbewirkungskontrolle und die Abstimmung der einzelnen Marketing-Instrumente, scheint die Ermittlung produktbzw. markenspezifischer Einstellungen zu sein.

Dieser Ansatz, meist einhergehend mit dem schon erwähnten mehrdimensionalen Meßansatz, wird inzwischen weithin als brauchbare Möglichkeit zur Marktsegmentierung anerkannt. Um Überschneidungen mit späteren Ausführungen zu vermeiden, soll an dieser Stelle lediglich auf den Grundgedanken des Ansatzes und seine prognostische Relevanz verwiesen werden. Eine breitere Darstellung erfolgt im Rahmen der statistischen Methoden zur Erstellung von Merkmalsräumen.

Einstellungsobjekte sind z.B. die innerhalb einer Produktgattung existierenden Marken und/oder ein imaginäres Produkt, das die nach Ansicht der Vpn idealen Eigenschaften aufweist (Idealprodukt). Daneben können noch Produkt-Neuentwicklungen im Einstellungsraum positioniert werden.

Um nun die Einstellung von Abnehmern gegenüber den Marken bzw. Neuproduktvarianten und dem Idealprodukt zu messen, können verschiedene Meßmodelle herangezogen werden.

Eine Gruppe von Einstellungsmeßmodellen (Fa, HKA, DA) basiert darauf, daß zunächst in einer explorativen Studie die Verbraucher nach den einstellungsrelevanten Produktmerkmalen befragt werden. In einer Studie des amerikanischen Biermarktes wurden Produktkriterien wie vollmundig, süß, aromatisch, malzig usw., psychologische Kriterien wie Prestigewert, Geselligkeitsgetränk sowie Preiseinstufungen, also teuer, billig, angemessen usw. ermittelt [Vgl. *Johnson* (1971) 13ff]. Nach Elimination der wenigen trennscharfen Merkmale [Vgl. hierzu *Trommsdorff* (1975) 99ff] wird den Vpn eine Liste von Rating-Skalen vorgelegt, wobei jede Skala mit einem Merkmal belegt ist, z.B.:

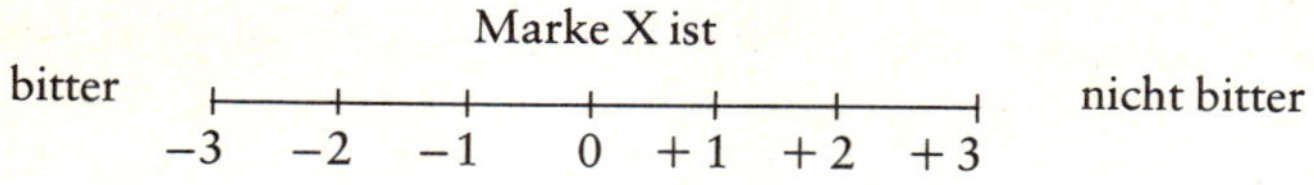

Jede Marke, einschließlich Idealprodukt, muß von den Vpn auf den vorgegebenen Skalen eingestuft werden. Zu Segmentierungszwecken liegt dann für jede der p Marken eine m x n-Matrix (m Rating-Skalen, n Vpn) der Verbraucherurteile vor.

Zur Ermittlung von Einstellungstypen kann man so vorgehen, daß man die p Matrizen »untereinander« anordnet, wobei jede Vpn durch einen m · p-Tupel beschrieben ist (vgl. Abb. 38).

Die Clusterbildung kann dann durch entsprechende Methoden wie Q-Faktorenanalyse oder nach Berechnung von Ähnlichkeitsmaßen zwischen den Vpn (Euklid-Distanz, Mahalanobis-Distanz etc.) mittels der angemessenen Verfahren der Numerischen Taxonomie erfolgen.

Sinnvoller erscheint jedoch zunächst die Reduktion der inhaltlich überlappenden Rating-Skalen zu wenigen redundanzfreien Dimensionen zu sein. Dies erlaubt je nach Auswertungsdesign eine übersichtliche visuelle Abbildung der individuell gesehenen Marken als Punkte im Raum. Daraus lassen sich, insbesondere in Verbindung mit den Clustern der individuellen Idealproduktvorstellungen, Stärken und Schwächen der ein-

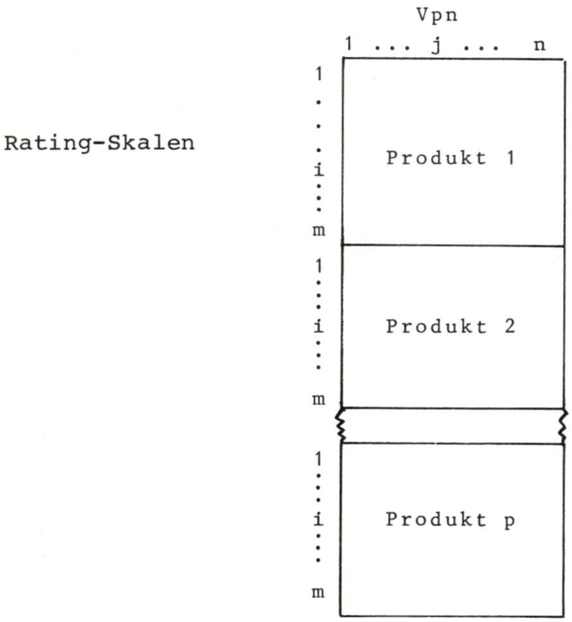

Abb. 38: Dreidimensionale Ausgangsdatenmatrix zur angebotsspezifischen Einstellungs-Typenbildung

zelnen Marken sowie Marktnischen, d.h. kaum oder schwach mit Realmarken besetzte Regionen, in denen aber Idealprodukt-Punktewolken liegen, ersehen [Dieser Ansatz wurde in ähnlicher Form von *Spiegel* (1961) 27 ff und *Berth* (1960) 811 ff. *ders.* (1963) 158 ff entwickelt].

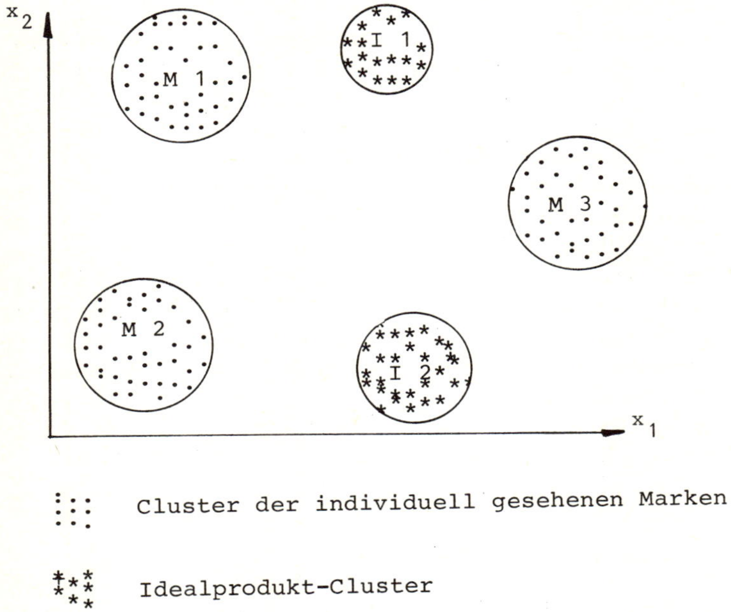

Abb. 39: Angebotsspezifische, mehrdimensionale Einstellungsmessung

In Abb. 39 ist angenommen, daß der m-dimensionale redundante Merkmalsraum der einstellungsrelevanten Items zu zwei orthogonalen Dimensionen komprimiert werden konnte. Die Einstellung einer Vpn zu den Marken 1, 2 und 3 zeigt sich jeweils als Punkt im reduzierten Raum. Jede der drei Marken wird insgesamt anders beurteilt. Die Streuung der Punkte um die markenspezifischen Zentroide deutet an, ob im großen und ganzen eine bei allen Vpn einheitliche Beurteilung des Produktes vorliegt oder ob nur ein »verwaschenes Image« erreicht wurde. Die * kennzeichnen die individuellen Idealproduktvorstellungen. Punktehäufungen ermöglichen die Bildung von Idealproduktsegmenten (I_1, I_2). Marken, die näher an einem Idealprodukt liegen, werden von den betroffenen Verbrauchern gegenüber weiter entfernt liegenden Marken präferiert [Bei *Spiegel* wird hierfür das empirisch schwer faßbare Konstrukt »Aufforderungsgradient« eingeführt. Vgl. *Spiegel* (1961) 65 ff]. Im vorliegenden Beispiel entspricht keine der drei Realmarken voll den Ansprüchen der beiden Idealproduktsegmente. Möglichkeiten bieten sich durch Repositionierung der Realmarken hin zum nächstliegenden Idealproduktsegment, Verschiebung der Idealproduktvorstellungen auf die eigene Marke oder durch Einführung besser positionierter neuer Produkte. Daneben kann versucht werden, Dimensionen, auf denen die eigene Marke schlecht abschneidet (z.B. Dimension 1 bei Marke 1 und Marke 2), als kaufentscheidendes Kriterium herunterzuspielen (etwa Geschwindigkeit bei Pkw's), oder man versucht, zusätzliche Dimensionen, auf denen die eigene Marke gegenüber konkurrierenden Marken einen Vorsprung aufweist, in das Bewußtsein der Abnehmer zu rücken.

Zum Abschluß sei noch ein empirisches Beispiel gezeigt, bei dem diese sog. Produktfeld-Segmentierung mittels der MDA durchgeführt wurde [Vgl. *Johnson* (1971) 13ff sowie *Bergler* (1972) 45].

Die beiden orthogonalen Dimensionen »hell, mild« und »Qualität, Prestige« stellen die extrahierten Dimensionen des Einstellungsraumes dar (Vgl. Abb. 40). Zur Veranschaulichung, inwieweit die ursprünglich vorgegebenen Eigenschaften mit diesen Dimensionen korrelieren, wurden einige von ihnen in Vektorform in den Einstellraum hineingelegt (z.B. milder Geschmack, leicht, teuer usw.). Als konkreter Hinweis für Marketing-Maßnahmen ergab sich z.B., daß *Schlitz* durch Werbeslogans wie »Das männliche Bier« bzw. »Das Bier von höchster Qualität« näher an das Idealproduktsegment I herangebracht wurde.

Daneben wurden für die Wahl der entsprechenden Werbeargumente bei jedem Segment die Begründungen für den Bierkonsum ermittelt. Zudem konnten im vorliegenden Beispiel die Segmente zur Erleichterung der Medienauswahl noch nach demographischen Daten beschrieben werden, was in ähnlichen Studien i. d. R. mißlingt.

dcc) Angebotsspezifische Einstellungsmeßwerte und Benefit-Segmentierung

Ein in jüngerer Zeit wiederholt empfohlener Ansatz zur Marktsegmentierung ist die sog. »Benefit-Segmentation«, (Segmentierung nach Nutzenerwartungen), die erstmals von *Haley* [(1968) 30ff] publiziert wurde.

Hierbei wird den Vpn eine Liste der für die betreffende Produktgattung relevanten Eigenschaften vorgelegt. Sodann wird ermittelt, welche Bedeutung die Vpn den Merkmalen bei der untersuchten Produktgattung beimessen. Der Ansatz enthält damit Aspekte des *Rosenberg-Modells* zur Einstellungsmessung [Vgl. *Rosenberg* (1956) 368ff]. Dort wird die Wichtigkeit (value importance) der Beurteilungsmerkmale mittels einer Rating-Skala (z.B. 1 = sehr unwichtig bis 7 = sehr wichtig) gemessen und multiplikativ mit der subjektiv empfundenen Ausprägung des Einstellungsobjektes bei diesem Beurteilungsmerkmal verknüpft. Die Einstellung einer Person gegenüber einem Objekt ist dann gleich der Summe der multiplikativ verbundenen motivationalen und kognitiven Komponenten.

Bei der Segmentierung nach Nutzenerwartungen wird nur die motivationale Komponente (value importance) zugrunde gelegt. Jeder potentielle Bedarfsträger wird durch den Vektor der Attributgewichte beschrieben. Die Clusterbildung erfolgt anhand der Attributgewichtungsvektoren.

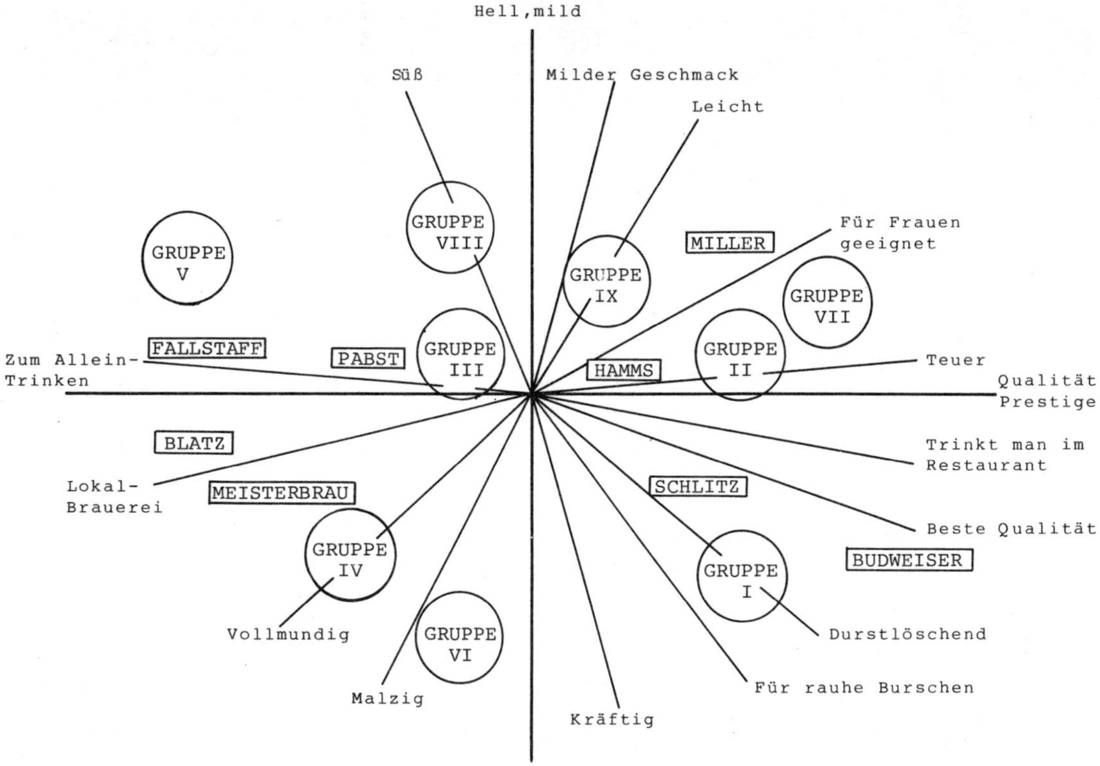

Abb. 40: Produktfeld-Segmente des amerikanischen Biermarktes [Quelle: *Bergler* (1972) 45]

Die Benefit-Segmentierung kann daher als eine Variante produktspezifischer Einstellungsmessung betrachtet werden.

Gegenüber der Produktfeld-Segmentierung weist die Benefit-Segmentierung einen gewissen Vorteil auf: Bei der ersteren werden Präferenzsegmente z.B. dadurch ermittelt, daß die Vpn ihr imaginäres Idealprodukt durch Ankreuzen der optimalen Merkmalsausprägung beschreiben müssen. Dadurch, daß jedes Merkmal isoliert betrachtet wird, gelangt man mitunter zu irrealen Ergebnissen: Die Vpn beachten dabei nicht die »Zielerreichungskonflikte« zwischen den Merkmalen. So fordern sie eventuell vom idealen Pkw, daß er geräumig und komfortabel, gleichzeitig aber leicht einzuparken und preisgünstig sein soll. »What is needed in such cases is information about consumer ›trade-offs‹; since no manufacturer can afford to sell an infinitely convenient and high performing product for a price of zero, it becomes relevant to determine how consumers value various levels of each attribute and the extent to which they would forego a high level of one attribute to achieve a high level of another« [*Johnson* (1974) 121].

Das Hauptproblem der Benefit-Segmentierung liegt in der Bestimmung der individuellen Attributgewichte unter Berücksichtigung der »Trade-offs«. Die wichtigsten Verfahren sind:
(1) Multiple Regressionsanalyse
(2) Angabe von Attributgewichten durch die Vpn
(3) Conjoint Measurement

ad (1): Eine insbesondere von *Myers* [(1970) 9ff] sowie von *Sheth/Talarzyk* [(1972) 6ff] verwendete Methode ist die regressionsanalytische Ermittlung von Attributgewichten. Unabhängige Variablen sind die Merkmale, anhand deren die Vpn die Realprodukte bzw. das Idealprodukt beurteilen mußten (ähnlich wie bei der Produktfeldsegmentierung), abhängige Variable ist die ebenfalls erfaßte Markenpräferenz der Vpn. Die Attributgewichte werden damit als Regressionskoeffizienten errechnet, mit deren Hilfe die Attributausprägungen in Präferenzwerte umgerechnet werden. Gegen diesen Ansatz spricht neben methodischen Bedenken (Skalenniveau der Variablen!), daß die Regressionskoeffizienten Durchschnittswerte sind und damit nichts über die individuelle Attributgewichtung aussagen. Damit entfällt auch die Möglichkeit, Segmente mit unterschiedlichen Attributgewichten zu ermitteln.

ad (2): Eine direkte Ermittlung der Attributgewichte kann dadurch erfolgen, daß jede Vpn gebeten wird, den Attributen, die für eine Produktgattung relevant sein können, Wichtigkeitswerte zuzuordnen (z.B. 1 = unwichtig bis 7 = wichtig). Da allerdings die Vpn auch hier u.U. auf Extremwerte zurückgreifen können, werden die Gewichte für jede Vpn über die Attribute hinweg standardisiert (z.B. via z-Transformation). Dadurch werden »Trade-offs« berücksichtigt.

Der gleiche Effekt läßt sich auch erreichen, wenn man den Vpn eine bestimmte Summe an Bewertungspunkten vorgibt und sie bittet, diese auf die Beurteilungsmerkmale zu verteilen. Allerdings hat dieses Verfahren den Nachteil, daß Vpn in ihrer Urteilsfähigkeit überfordert werden, wenn sie eine Punktezahl relativ vielen Attributen zuordnen sollen.

Durch die Standardisierung bzw. durch die Vorgabe einer einheitlichen Punktemenge wird zwar bei beiden Methoden erreicht, daß die Wichtigkeitsangaben relativiert werden und somit die »Trade-offs« zum Vorschein kommen: im ersten Falle geschieht dies ex post und auf rechentechnische Weise, im zweiten Falle ex ante, wodurch die Vpn explizit angeben müssen, wie ihre Dringlichkeitsrangordnung aussieht. Doch haben die entstehenden ipsativen Skalen den unangenehmen Nachteil, daß u.U. vorhandene absolute Vpn-Unterschiede im realisierbaren Bereich möglicher Attributkombinationen verwischt werden [Vgl. auch die Diskussion zu ipsativen Skalen im 3. Kapitel, B. II.3].

Am deutlichsten wird dies bei der zweiten Methode: Vpn, die zwei Attributen jeweils einen durchaus zulässigen hohen Wert (zulässig falls dieses Anspruchsniveau noch im technisch realisierbaren Bereich rangiert) beimessen würden, können hier zwangsläufig nur einem der beiden Attribute einen hohen Wert zuordnen; oder sie müssen beiden Attributen einen mittleren Score geben. Im ersten Falle entspricht die erzwungene Rangordnung von vorneherein nicht den Tatsachen. Im zweiten Fall werden sie beurteilt, als ob sie beide Merkmale nicht als sehr wichtig erachten. D.h. interpersonelle Vergleiche sind im Grunde nicht möglich.

Zudem beachtet die isolierte Bewertung eines jeden Merkmals nicht die Interaktionswirkungen auf den Nutzen, die durch Merkmalsbündel hervorgerufen werden können [Vgl. hierzu *Green/Wind/Jain* (1972) 31f]. Eine Zahnpasta z.B., die einigermaßen sowohl gegen Karies schützt und weiße Zähne gewährleistet, kann wesentlich höher eingestuft werden als dies die isolierte Betrachtung der Skalenwerte in den beiden Dimensionen zum Ausdruck bringt.

ad (3): Eine Möglichkeit, individuelle Nutzenerwartungen anhand der Attributgewichtung zu ermitteln und gleichzeitig Trade-offs sowie Interaktionseffekte zu berücksichtigen, bietet die Methode der Verbundmessung (Conjoint Measurement) [Zur Methode vgl. 3. Kapitel, C.IV.3].

Zu diesem Zweck sind die relevanten Attribute in einer Vorstudie zu ermitteln. Danach werden alle denkmöglichen bzw. nur realisierbaren Eigenschaftskombinationen nach den Regeln der Kombinatorik aufgestellt [Da dies oft zu sehr vielen Kombinationen führt, muß man sich meist auf die wichtigsten beschränken]. Die Vpn müssen diese Attributkombinationen in eine Rangordnung bringen (z.B. {verhindert Karies und verhindert schlechten Atem} > {bringt weiße Zähne und verhindert schlechten Atem} > {verhindert Karies und bringt weiße Zähne}). Bei diesem Ansatz wird unterstellt, daß im Wahlverhalten der Vpn die »Trade-offs« (d.h. Kompromisse in den Nutzenanforderungen) zum Ausdruck kommen.

Mittels eines Conjoint-Measurement-Algorithmus wird die ordinalskalierte Präferenzordnung der Attributkombinationen in intervallskalierte Werte (intervallskalierte Nutzenstiftung der Attributkombination) übergeführt und gleichzeitig der intervallskalierte partielle Beitrag eines jeden Merkmals zum individuellen Gesamtnutzen errechnet. Jede Vpn wird anschließend durch den m-Tupel ihrer Attributgewichte (hier durch die intervallskalierten Beiträge zum Gesamtnutzen, den eine Eigenschaftskombination gewährt) beschrieben. Vpn mit ähnlichen Profilen der Attributgewichte lassen sich sodann durch Clusteralgorithmen zu Benefit-Segmenten aggregieren. Stellt man diesen Segmenten die nach den relevanten Attributen beurteilten Marken gegenüber, so läßt sich ersehen, ob es Benefit-Segmente gibt, deren Ansprüche durch das bestehende Angebot noch nicht befriedigt werden. Gelingt es zugleich, die Segmente z.B. mittels demographisch-sozioökonomischer Merkmale und Life-Style-Merkmalen zu beschreiben, so liegt eine gute Datenbasis für Produktgestaltung, Werbebotschaft, Mediaselektion etc. vor.

Betrachten wir empirische Studien zur Benefit-Segmentierung, so bestätigt sich ihre Eignung zur Identifikation von Segmenten auch dort, wo traditionelle Kriterien (z.B. demographische) versagen [Vgl. z.B. *Haley* (1968) 30ff; eine kombinierte Anwendung des Produktfeld-Ansatzes und des Benefit-Ansatzes zeigt *Reitter* (1969) 179ff auf]. Eine Clusteranalyse des amerikanischen Bankmarktes, bei der die individuellen Attributgewichte aus ex post standardisierten Wichtigkeitsratings bestanden, brachte sechs Segmente [Vgl. *Sawyer/Arbeit* (1974) 124ff]. So stellte sich ein Segment (»nonborrowers«) als uninteressiert an den Sollzinssätzen heraus, während es großen Wert auf die Höhe der Habenzinsen, auf Bequemlichkeit und schnellen Service legte. Ein anderes (»value seekers«) betonte stark sowohl Soll- als auch Habenzinssätze, während ihm freundliche Geschäftsatmosphäre gleichgültig war. Zugleich ließen sich die 6 Segmente auch nach demographischen und Life-Style-Merkmalen beschreiben. Schließlich konnten signifikante Unterschiede zwischen den Benefit-Segmenten im Hinblick auf die Marktanteile der Banken festgestellt werden.

Hinsichtlich der Benefit-Segmentierung auf der Grundlage von Attributgewichten, die mit Conjoint Measurement berechnet wurden, liegen bisher nur wenige Studien vor. Sie demonstrieren allerdings die Brauchbarkeit des Ansatzes. Eine Untersuchung zur Segmentierung des Marktes für »Bohnerwachs« kam zu folgenden Ergebnissen [Die Daten sind authentisch, nur die Produktgattung wurde wegen Geheimhaltung umbenannt. Vgl. *Green/Wind/Jain* (1972) 32ff]:

Als wichtigste Produkteigenschaft stellten sich in einer Vorstudie heraus:

a) Macht den Boden wie neu
b) Schont die Farben
c) Verleiht neuen Glanz
d) Holt tiefsten Schmutz heraus
e) Schützt den Boden vor Verschmutzung

Den Vpn wurden Karten vorgelegt, auf denen die 10 Zweierkombinationen, die 5 Viererkombinationen und die Fünferkombination der Attribute standen. Die 16 Kombinationen mußten von jeder Vpn in eine Rangordnung gebracht werden. Mithilfe eines Conjoint-Measurement-Programmes, bei dem unterstellt wurde, daß die partiellen Nutzenbeiträge der einzelnen Merkmale sich zum Gesamtnutzen addieren (Additive Verbundmessung, d.h. keine Berücksichtigung von Interaktionseffekten), wurden der Gesamtnutzen jeder Kombination und die partiellen Nutzenbeiträge der Attribute für jede Vpn ermittelt. Die durchschnittlichen partiellen Nutzenbeiträge für das Gesamtsample zeigt Abb. 41.

Anschließend wurde auf der Basis der individuellen Attributgewichte (Nutzenbeiträge) eine Segmentierung durchgeführt: Benefit-Segment 1 bestand aus Vpn, die d) oder e) oder beide Attribute den Attributen a), b) und c) vorgezogen. Benefit-Segment 2

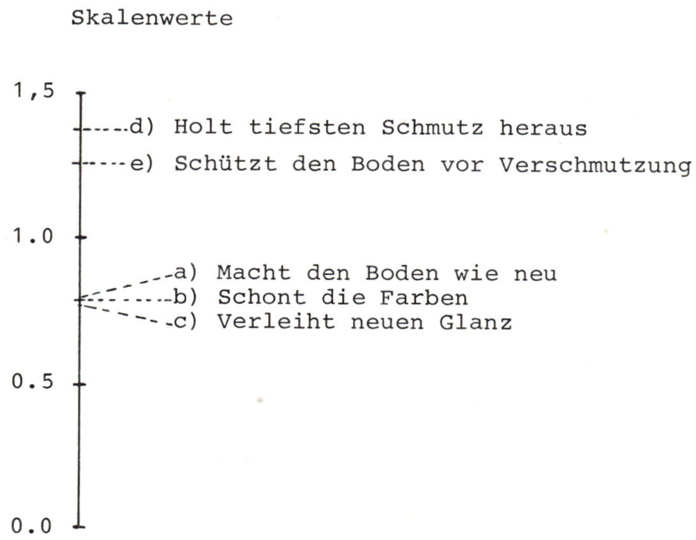

Abb. 41: Partielle Nutzenbeiträge von Produkteigenschaften

setzte sich dementsprechend aus Vpn zusammen, die das Attribut a), b) oder c) den Attributen d) und e) vorzogen.

Der Versuch, die Benefit-Segmente mittels zusätzlich erhobener demographischer Daten und Life-Style-Merkmale zu beschreiben, scheiterte jedoch.

Die mangelnde Koinzidenz von Einstellungssegmenten bzw. spezielleren Benefit-Segmenten mit traditionellen Segmentierungskriterien ist häufig festzustellen. Nach *Haley* bleibt in diesem Falle immer noch die Nutzung der Benefit-Segmentierung für die Gestaltung der Werbethematik, der Packung, des Point-of-Purchase-Display-Materials und der Produktgestaltung [Vgl. *Haley* (1971) 3 ff; *Green/Wind* (1973) 241 ff].

Betrachten wir die Eigenschaften des Benefit-Modells: Es wird unterstellt, daß die Attribute unkorreliert bzw. daß alle Merkmale gleichermaßen überrepräsentiert sind. Ist dies nicht der Fall, muß vorab eine Komprimierung der Merkmale mittels der FA bzw. HKA erfolgen, sonst gehen die Attributgewichte der überrepräsentierten Merkmale mehrfach in die Segmentdefinition ein, und es kommt zu einer versteckten Überbewertung der betreffenden Nutzenerwartungen. Weitere Fehlerquellen stellen die verschiedenen Ansätze zur Messung der Attributgewichte dar.

Untersuchungen zur prognostischen Brauchbarkeit der angebotsspezifischen Einstellungen bzw. der Benefit-Messung sind recht spärlich. Doch zeigte sich generell, daß objektspezifische Einstellungen brauchbare Indikatoren für Kaufabsicht, Markenwahl u. a. m. darstellen [Vgl. z. B. *Barnett* (1969) 164; *Green/Carmone* (1970) 73 ff; *Dichtl/Müller-Heumann* (1972) 249 ff; *Winter* (1973) 372 ff; *Ginter* (1974) 30 ff; *Pekelman/Sen* (1974) 1217 ff; *Mazanec* (1974) 17 ff; *Pessemier* et al. (1971) 371 ff; *Huber* (1974) 116 ff; *Huber* (1975) 290 ff].

Insgesamt sind angebotsspezifische Einstellungsmessungen, und zwar als Produktfeld- wie auch als Benefit-Ansatz, verbunden mit der Vielzahl der hierfür vorliegenden und sich gegenseitig ergänzenden Meßmodelle, eine recht gute Basis zur Marktsegmentierung [Vgl. *Green* (1975) 24 ff]. Dies gilt in retrospektiver als auch in prospektiver Sicht. Die Brauchbarkeit des Konstrukts und seine zunehmende Anwendung in der Praxis rechtfertigen eine detailliertere Würdigung im Zusammenhang mit den zugehörigen Meßmethoden.

e) Wahrnehmung, Präferenzen und Kaufabsicht als Segmentierungsmerkmale

In der Diskussion zu den Kaufverhaltensmodellen wurde darauf hingewiesen, daß diese beim Abnehmer eine Ursache-Wirkungskette aufeinanderfolgender psychischer Zustände unterstellen. Beispiele sind Variablen wie Wahrnehmung, Einstellung, Präferenzen, Kaufabsicht.

ea) Wahrnehmung

Wahrnehmung ist der »... komplexere Vorgang, durch den das Individuum die Sinnesreize auswählt, organisiert und im Rahmen eines bedeutungsvollen und zusammenhängenden Bildes von der Welt interpretiert« [*Berelson/Steiner* (1971) 62].

Wahrnehmung im hier definierten Sinne umfaßt jene Prozesse, die der gedanklichen Reizverarbeitung im Zentralnervensystem dienen [Vgl. *Kroeber-Riel* (1975) 143]: »Aus der Vielzahl der zunächst von den Rezeptoren registrierten Umweltreize werden einige Reize ausgewählt und interpretiert, andere treten gar nicht erst ins Bewußtsein« [*Kroeber-Riel* (1975) 145].

In unserem Zusammenhang interessiert vor allem das Ergebnis dieser Prozesse, nämlich die individuelle Beurteilung einzelner Marketing-Stimuli (Produktgestalt, Werbemittel usw.) als Grundlage zur Identifikation von »Wahrnehmungssegmenten«.

Die Bedeutung der intervenierenden Variablen »Wahrnehmung« für die Erklärung und Prognose des Kaufverhaltens ergibt sich daraus, daß die Bedarfsträger die angebotenen Produkte nicht nach ihren objektiven Eigenschaften beurteilen, sondern nach ihrer subjektiv wahrgenommenen Qualität.

Zeigen sich hier interindividuelle Unterschiede, so müssen diese bei der Gestaltung der Marketing-Stimuli berücksichtigt werden.

Zur Messung der individuellen bzw. segmentspezifischen Wahrnehmung von Stimuli werden in jüngster Zeit verstärkt Methoden der mehrdimensionalen Skalierung verwendet. Methodisch wird das Problem so gelöst, daß die Vpn die subjektiv empfundene Ähnlichkeit von Stimuli (z.B. Produktmarken) angeben müssen. Aufgrund dieser Aussagen läßt sich ein mehrdimensionaler »Wahrnehmungsraum« erstellen, dessen Achsen die Urteilskriterien der Reizähnlichkeit darstellen. Die Stimuli werden als Punkte im Raum abgebildet. Ihre »Entfernung« zeigt die »globale« Unähnlichkeit der Stimuli; Projektionen auf die Dimensionen deuten an, inwieweit sich Stimuli bezüglich des betreffenden Beurteilungskriteriums unterscheiden.

Folgt man der häufig vertretenen Sprachregelung, daß Wahrnehmungen dem kognitiven Bereich zuzuordnen sind [Vgl. hinsichtlich dieser Einordnung *Kroeber-Riel* (1975) 142ff], so würden die Positionen der »wahrgenommenen« Realmarken Meßwerte der kognitiven Komponente der Einstellung darstellen [So *Trommsdorff* (1976) 29]. Die Positionen der Idealmarken wären demgegenüber Ausdruck der motivationalen (evaluativen) Komponente [Vgl. *Trommsdorff* (1976) 29].

Berücksichtigt man allerdings, daß die Wahrnehmung eines Individuums je nach Produktart manchmal überwiegend sachhaltig-rational, manchmal überwiegend emotional ausgeprägt ist, so läßt sich diese Zuordnung in der Realität nicht durchhalten. Deshalb wird mitunter die Position einer Realmarke, die anhand von Ähnlichkeitsaussagen ermittelt wurde, auch als Ausdruck der Einstellung der Vpn gegenüber der Realmarke interpretiert, bzw. es werden die Begriffe »Wahrnehmungsraum« und »Einstellungsraum« synonym verwendet.

Insoweit stellt die mehrdimensionale Skalierung von Ähnlichkeitsaussagen keine Wahrnehmungsmessung im Sinne wertfreier Kognitionen dar, sondern gibt die emotionalkognitive Verbundwirkung der Stimuli wider. In dieser Arbeit wird daher auch bei der MDS von Ähnlichkeiten angenommen, daß eine Einstellungsmessung zugrunde liegt und Begriffe wie »perceptual space« (Wahrnehmungsraum) werden nur beibehalten, weil sie sich inzwischen eingebürgert haben. Insbesondere wird nicht unterstellt, daß Positionen von Realmarken Ausdruck der sachlichen, kognitiven Einstellungskomponente sind.

eb) Präferenzen

Der Präferenzbegriff beinhaltet eine Intensitätskomponente (z.B. Präferenzrangordnung von Marken) und eine Inhaltskomponente [Vgl. auch *Mazanec/Porzer/Wiegele* (1976) 2]. Während in der neoklassischen Ökonomie in der Inhaltskomponente des Begriffs Präferenz all jene verhaltenswissenschaftlichen Aspekte zusammengefaßt wurden, die man als störend für die zu analysierenden Sachverhalte empfand, wird der Begriff in unserem Zusammenhang enger gefaßt. So wird Präferenz inhaltlich dem affektiven, motivationalen und wertenden Bereich der Subjekt-Objekt-Beziehung zugeordnet. In summativen Einstellungsmeßmodellen geht die Präferenz in die a-Komponente (*Fishbein-Typ*) bzw. in die Distanz zwischen Realobjekten und Idealobjekten (*Trommsdorff-Typ*) ein. *Präferenz und Einstellung sind bei dieser Operationalisierung identisch.*

Bei mehrdimensional repräsentierten Einstellungen läßt sich meßtechnisch eine Trennung zwischen Einstellung und Präferenz durchführen [So auch *Mazanec/Porzer/Wiegele* (1976) 3]: Das Konstrukt »Einstellung« wird als Vektor gemessen und gibt die Positionen der Produktmarken im mehrdimensionalen Raum an; das Konstrukt »Präferenz« wird durch eine skalare Größe gemessen, nämlich als Distanz zwischen den Realmarken (generell: Einstellungsobjekten) und dem Idealobjekt. Das Idealprodukt (sei es durch Angabe der wünschenswerten Rating-Skalen-Ausprägung oder durch Rangordnungsaussagen gegenüber Realmarken erfaßt) dient als »Präferenzzentrum«, als Norm für die Wünsche der Abnehmer. Die alleinige Positionierung der individuellen bzw. gruppenspezifischen Idealproduktvorstellungen wird aus diesem Grunde – im Gegensatz zu der Positionierung von Realmarken – als »preference mapping« bezeichnet. Werden Realmarken und Idealmarken im selben Raum positioniert, so spricht die angelsächsische Literatur von »joint space«: Einstellungs- (bzw. Wahrnehmungs-) und Präferenzraum wurden vereinigt.

Diese Konfiguration von Real- und Idealmarken bietet eine Reihe von Ansatzpunkten zur Marktsegmentierung: Während zwar aus den Einstellungsmessungen schon Anhaltspunkte über die Vorteilhaftigkeit einzelner Produktmarken ersichtlich sind (soweit entsprechende Aspekte in die Einstellungsdimensionen eingehen), liefern Idealproduktpositionen zusätzliche Informationen für Realproduktmodifikationen, Neuprodukteinführungen u.a.m.

Die so verstandene Trennung zwischen Einstellung und Präferenzen liefert u.a. folgende Anhaltspunkte für die Marktsegmentierung:

(1) Segmentierung anhand der Realproduktpositionen im Einstellungs- (Wahrnehmungs-)Raum bzw. Joint Space.
(2) Segmentierung anhand der Idealproduktpositionen im Joint Space.
(3) Segmentierung anhand von Einstellungen (Wahrnehmungen) *und* Präferenzen im Joint Space.

Auf weitere Möglichkeiten ist noch im Zusammenhang mit der Diskussion der Meßmodelle einzugehen.

ec) Kaufabsicht

Auch Kaufabsichten stehen in engem Zusammenhang mit der Einstellung. So kann die Aktionskomponente der Einstellung im Hinblick auf Produkte als Kaufabsicht interpretiert werden. Sinnvoller scheint es allerdings, die Kaufabsicht als letzte Vorstufe zur eigentlichen Kaufhandlung zu sehen, wie es im *Howard/Sheth-Modell* erfolgt. Die Kaufabsicht eines potentiellen Abnehmers ist dann sowohl eine Funktion der in der vorhergehenden Stufe entstandenen Einstellung als auch von Faktoren, wie zu hoher Preis, fehlende Erhältlichkeit der Marke, Zeitdruck, finanzielle Situation des Käufers und soziale Einflüsse [Vgl. *Howard/Sheth* (1969) 416].

Der Ansatz der Kaufabsichtsmessung zur Marktsegmentierung ist insbesondere in zwei Fällen denkbar: Zum einen bei neu einzuführenden Produkten, um herauszufinden, welche Abnehmergruppen am ehesten bereit sind, das Produkt zu erwerben; zum anderen bei längerfristigen Gebrauchsgütern, die nicht in einem der wenigen Gebrauchsgüterpanels erfaßt sind.

Dadurch wird es möglich, potentielle Käufergruppen aufzuspüren und Gründe für positive bzw. negative Kaufabsichten zu erforschen. Daneben erlaubt die Überprüfung von segmentspezifischen Marketing-Programmen die Feststellung, ob die auf ein bestimmtes Segment abgestimmte Produktgestaltung tatsächlich in dieser Gruppe die höchsten Kaufabsichtsnennungen erhält.

Schwierigkeiten bereitet die Messung der Kaufabsicht. Eine Abfrage nach der Kaufabsicht (z.B. Welche Marke würden Sie kaufen? Welche Menge würden Sie bei diesem Preis erwerben? etc.) ist mit systematischen Fehlern verbunden. Ein Auseinanderklaffen von Kaufabsichtsnennung und tatsächlichem Kauf resultiert u.a. aus unzutreffenden Kaufzusagen (Gefälligkeitsantworten etc.) [Vgl. *Behrens* (1966) 144f].

Für die Marktsegmentierung kommt es jedoch eher auf die relativen Unterschiede der Kaufabsichtsnennungen zwischen Teilstichproben an. Liegen sie in einigen Teilen des Gesamtsamples signifikant höher und sind diese identisch mit den vorab definierten Zielgruppen, so können Kaufabsichtsnennungen durchaus als Indikator für eine erfolgreiche Zielgruppenansprache herangezogen werden.

f) Life-Style-Segmentierung

Obwohl das Merkmal »Life Style« (Lebensgewohnheiten [Da deutsche Begriffe wie »Lebensstil« oder »Lebensgewohnheiten« nicht das ganze Spektrum der dem angelsächsischen Begriff »Life Style« subsumierten Merkmale erfassen, wird der Ausdruck »Life Style« im folgenden beibehalten]) erst seit wenigen Jahren zur Marktsegmentierung verwendet wird, gehört es schon zu den etablierten Ansätzen, mit denen man Märkte in homogene Abnehmergruppen einzuteilen sucht [Vgl. *Lazer* (1964) 130ff; *King* (1965); *Hustad/Pessemier* (1972) 296ff; *Wells/Tigert* (1971) 27ff. Einen ausgezeichneten Überblick über das Konzept, seine Anwendungsmöglichkeiten und Problematik bietet der Reader von *Wells* (1974)].

Das Konzept wurde aus der Erkenntnis heraus entwickelt, daß demographische Merkmale relativ wenig zur Erklärung des Käuferverhaltens beitragen, daß aber andererseits die isolierte Verwendung einiger weniger Persönlichkeitsmerkmale ebenfalls geringen Erfolg zeitigt. Gegenüber den produktspezifischen Einstellungssegmenten hat das Life-Style-Konzept den Vorteil, daß mehr Informationen bereitgestellt werden, d.h. es gehen nicht nur Einstellungen, sondern auch relevante Interessen, Meinungen und grundlegende Wertsysteme in das Konstrukt ein. Dadurch ist eine umfassendere Beschreibung der Segmente möglich, wodurch Aufgaben wie Medienauswahl, Anzeigengestaltung, Werbeargumentation etc. leichter zu lösen sind.

Grundsätzlich gibt es zwei Möglichkeiten, das Life-Style-Konzept zu operationalisieren [Vgl. auch *Wind* (1972) 302]:

- Man macht sich die Indikatorfunktion von Produkten zunutze, indem man den Besitz bestimmter Gebrauchs- und die häufige Verwendung bestimmter Verbrauchsgüter als Ausdruck der Lebensgewohnheiten interpretiert. Diese Produktgebrauchs- bzw. Produktverbrauchsmuster werden als Indikator anderer absatzwirtschaftlich interessierender Verhaltensweisen (Produkt- bzw. Markenwahl und Medienverhalten) verwendet [Vgl. z.B. *Wells* (1968) 85ff; *Alpert/Gatty* (1969) 65ff; *Anderson* (1971) 179ff; *Greeno/Sommers/Kernan* (1973) 63ff]. Da die Segmentierung jedoch auf geäußerten beobachtbarem Kaufverhalten und nicht auf psychographischen Variablen beruht, wird dieser Ansatz an anderer Stelle behandelt.
- Detaillierte Hinweise für Werbekampagnen, Produktpositionierungen, zur Beschreibung bestehender und Auffindung neuer Segmente, zur Ermittlung von Medientypologien u.a.m. sollen Life-Style-Profile geben, die aus einer Vielzahl psychographischer Variablen bestehen: »Some are attitudes – toward child-rearing, housekeeping, advertising, government, religion, morals, money and other familiar concern. Some are interests – in sports, cooking, clothing, reading, art, music, political events. And some are opinions – about the proper roles of males and females about what is likely to happen in the future, about the importance of shopping carefully, or about pros and cons of buying things on credit, investing in the stock market or moving to a new community« [*Wells* (1974) 317ff]. Der Life-Style-Ansatz wird wegen der zentralen Konstrukte »activities«, »interests« und »opinions« auch als AIO-Approach bezeichnet (bei Hinzuziehung von »values« auch AIOV).

Hinsichtlich der zu segmentierenden Märkte wurde das Life-Style-Konzept mit unterschiedlichem Allgemeinheitsgrad eingesetzt. So gibt es empirische Studien, in denen ein und dasselbe Life-Style-Profil als Indikator für Verhaltensunterschiede auf den verschiedensten Produktmärkten herangezogen wurde [Vgl. z.B. *Wells/Tigert* (1971) 27ff]. Daneben finden sich Life-Style-Profile, die speziell für eine Produktkategorie entwickelt wurde, wie z.B. für Arzneimittel [Vgl. *Pernica* (1975) 45ff] oder Süßspeisen [Vgl. *Frank/Massy/Wind* (1972) 60].

Ähnlich wie in der Einstellungssegmentierung schlägt sich der Einsatzbereich des Merkmals auch in der Itemformulierung nieder: Wird »Life Style« als allgemeines Segmentierungskriterium verwendet, so spiegeln die Items verhältnismäßig globale Einstellungsobjekte, Meinungs- und Interessengegenstände, wie Preis- und Modebewußtsein, Sport, Kunst, Haushalt, Kreditaufnahme etc. wider. Mit diesen Items versuchte man z.B. die Intensivverwender von Augenmake-up, Autowachs, Bier, Handseife, Südfrüchten, Flugreisen, Fertiggerichten u.a.m. zu beschreiben [Vgl. *Wells/Tigert* (1971) 27ff; *Plummer* (1972) 290ff; *Ders.* (1971) 35ff; *Tigert/Lathrope/Bleeg* (1971) 81ff; *Tigert* (1971) 223ff].

Wie zu erwarten, zeigten sich nur mäßige Ergebnisse; die Beziehungen zwischen generellen AIO-Items und der Wahl von Produkten bzw. Medien waren gering. Produkt-Moment-Korrelationskoeffizienten lagen gewöhnlich bei 0.20, selten bei 0.30 bis 0.40. Darüber hinaus zeigten sich in verschiedenen Studien, daß bei einem Viertel aller untersuchten Produkte kein einziges oder nur sehr wenige der 300 AIO-Items signifikante Korrelationen mit den Verbrauchsintensitäten aufwiesen [Vgl. *Wells/Tigert* (1971)].

Produktspezifische Life-Style-Kataloge beziehen statt allgemeiner Items über Politik, Kultur, Sport etc. speziell auf die Produktkategorie bezogene Aussagen ein. Untersuchungen dieser Art geben zum einen konkretere Hinweise auf die Gestaltung der Marketing-Maßnahmen und sind – wie schon oft bewiesen – eher in der Lage, das Kaufverhalten zu prognostizieren bzw. zwischen verschiedenen Marktsegmenten zu diskriminieren [Vgl. u.a. die Ergebnisse bei *Pernica* (1974) 279ff; *Hustad/Pessemier* (1974) 31ff; *Ziff* (1971) 3ff; *Plummer* (1974) 33ff; *Wells* (1974) 325ff]. Andererseits steigen die Kosten, da nicht auf Paneldaten zurückgegriffen werden kann, sondern eine Sonderanalyse durchzuführen ist.

Wie andere Segmentierungsvariablen, so lassen sich auch die AIO-Items zur zusätzlichen Charakterisierung von bereits bekannten Segmenten heranziehen, die auf andere Weise gefunden wurden. So können demographisch-sozioökonomisch definierte Abnehmergruppen (z.B. soziale Klassen, Lebenszyklussegmente usw.) durch ihre Life Styles plastischer beschrieben werden. Dies erleichtert die Entwicklung von Werbekampagnen hinsichtlich der Werbethematik, der Gestaltung des Kommuniques und der Kommunikatorauswahl [Vgl. die Studien von *Ziff* (1974) 129ff; *Demby* (1974) 11ff] sowie die Repositionierung bestehender Marken [Vgl. z.B. die Repositionierung der Biermarke *Schlitz* in den USA, dargestellt bei *Plummer* (1972) 292].

Werden Marktsegmente im mehrdimensionalen Einstellungsraum gebildet, der durch die MDS erstellt wird, so kann die Beschreibung dieser Product-Space-Segmente mit Life-Style-Merkmalen die Interpretation der Dimensionen erleichtern [So *Wells* (1974) 326]: Ein Präferenzsegment, das nahe bei einer Gruppe von Realmarken (z.B. Fertiggerichte) liegt, kann anhand der in den Raum gelegten Life-Style-Items z.B. als preisbewußt oder ernährungsbewußt identifiziert werden. Dadurch kann, unter Berücksichtigung der Punktekonfiguration der Realmarken, sowohl auf die subjektiv empfundenen Eigenschaften der Marken als auch auf die zugrunde liegenden Beurteilungsdimensionen geschlossen werden. Aber auch wenn die Beurteilungsdimensionen offensichtlich sind, sei es aufgrund der Anwendung der FA, DA bzw. HKA oder durch entsprechende Analysen der durch MDS bzw. NMDS gewonnenen Räume, lohnt sich die Erfassung der Life Styles der Produktfeld-Segmente. Durch sie wird die Medienauswahl erleichtert und die Gestaltung der Werbeinhalte unterstützt [Vgl. diesen Ansatz bei *Michaels* (1973) 324ff].

Neben der Beschreibung schon anderweitig gefundener Segmente kann der Life Style-Ansatz zur Segmentsuche eingesetzt werden. Analog zur Unterscheidung in generelle (d.h. eine breite Spannweite an Produktkategorien betreffende) AIO-Items und in produkt-spezifische AIO-Items können »generelle« und »produkt-spezifische« Life-Style-Segmente gesucht werden.

Betrachten wir zunächst die generellen Typologien, so gilt hier das gleiche, was schon bei generellen Einstellungs- oder Motivtypologien gesagt wurde: Sie weisen eine geringe Trennschärfe zwischen den eventuell bestehenden Segmenten auf. Für die durch Q-Faktorenanalyse oder Clusteranalyse aus oftmals bis zu 300 allgemeinen AIO-Statements gewonnenen Segmente [Vgl. die Studie bei *Wells* (1975) 200ff], sind Bezeichnungen wie »The Discontended Man«, »The Traditionalist«, »The Ethical Highbrow«, »The Achiever« üblich. Derart allgemein gehaltene (Ideal-)Typen geben kaum etwas für die Suche nach Marktnischen bzw. Medientypologien her [Vgl. auch dementsprechende Ergebnisse bei *Villani* (1975) 432ff]. Zudem gingen in die Segmentdefinition Items ein, die im konkreten Fall recht uninteressant sind und die »wahren« Segmente verdecken.

Diese herrschende Meinung wird z.B. auch von *Hustad/Pessemier* vertreten: »Specific activity and attitude variables often turn out to be more useful when brands are differentiated on physical or psychological grounds and a brand-level competitive strategy is the dominant consideration« [(1974) 55f]. Auch *Young* [*Young* (1970) 220, zitiert nach *Hustad/Pessemier* (1974) 62] stellt fest: »The only way to insure that measurements of personality and life style are relevant to the marketing problem is to analyse them within the context of a particular product category ... Thus any classification of consumers which attempts to generalize about their personalities, without consideration given to the role which the product places the consumer in, or the importance it plays in her life, is likely to be irrelevant in many product situations and misleading«. Eine scharfe Kritik an der vor allem von der Leo Burnett Company, Inc. forchierten generellen Life-Style-Segmentierung findet sich bei *Monk* [(1973) 14ff].

Ein Blick auf die von *Hustad/Pessemier* [(1974) 42ff], *Pernica* [(1974) 291ff] und *Ziff* [(1974) 150ff] veröffentlichten Ergebnisse zur produktspezifischen Life Style-Segmentierung zeigt hingegen den außerordentlichen Wert dieses Ansatzes.

So versuchte *Pernica*, den Markt für Arzneimittel (Magenschmerzmittel) zu segmentieren. Zu diesem Zweck wurden 80 produktspezifische AIO-Items entwickelt. Neben Items zur Häufigkeit von Magenschmerzen, zu den Vorzügen der einzelnen Arzneimittelmarken, zu Einstellungen gegenüber der Medikamenteneinnahme und zum Ertragen von Schmerzen, wurden eine Reihe genereller Life-Style-Items aus bekannten Untersuchungen für diese Analyse umformuliert: »For example ›active, fast pace of life‹ was translated into restorative and social end benefits, such as ›uplift‹, ›not look ill‹, and so on. Hypochondria, pessimism, and anxiety also were formulated as attitudes or beliefs about this specific ailment, and included among the choice criteria. For instance, instead of ›I worry too much‹, the variable might read ›I seem to get stomach problems if I worry too much‹« [*Pernica* (1974) 291].

Zur Beseitigung der Variableninterkorrelationen und der damit eventuell einhergehenden Verzerrung der Segmentbildung wurden die 80 Items mittels einer R-Faktorenanalyse auf 13 Faktoren reduziert. Die Matrix der individuellen Faktorscores aus der R-Analyse wurden dann einer Q-Faktorenanalyse unterzogen, um die Vpn zu homogenen Segmenten zusammenzufassen. Als Ergebnis zeigten sich fünf Segmente (Q-Faktoren). Sie ließen sich als »Severe Sufferers«, »Active Medicators«, »Hypochondriacs« und »Practionalists« umschreiben [Vgl. *Pernica* (1974) 297]. Eine anschließende Korrelation mit sonstigen Persönlichkeits- und demographisch-sozioökonomischen Merkmalen führte zu einer weiteren Abrundung des Bildes: Die Segmente unterschieden sich u. a. im Alter, der Kinderzahl, der Ausbildung und dem Einkommen. Auch hinsichtlich der Nutzung der Arzneimittelmarken zeigten sich deutliche Unterschiede. Mittels einer multiplen Diskriminanzanalyse konnte bei den »Severe Sufferers« die tatsächlich benutzte Marke in 94% der Fälle, bei den »Active Medicators« in 69% der Fälle, bei den »Hypochondriacs« in 100% der Fälle und bei den »Practionalists« in 87% der Fälle prognostiziert werden! [Vgl. *Pernica* (1974) 307]. Eine zusätzliche Positionierung der Marktsegmente und der Marken im zweidimensionalen Benefit-Raum (»Extra Potency« und »Simple Relief«) zeigte, daß für die »Hypochondriacs« und die »Active Medicators« keine gut positionierten Marken angeboten wurden. Eine Analyse der Marktanteile der angebotenen Marken in den vier Segmenten unterstützte diese These.

Leider haben produktspezifische Ansätze – wie auch die hierzu analogen Einstellungsmessungen – einige Nachteile [Vgl. hierzu *Wells* (1974) 332ff und 341ff]: Sie degenerieren allzuleicht zu trivialen Ergebnissen, wenn z.B. festgestellt wird, daß Personen mit starken Kopfschmerzen Tabletten bevorzugen, die überaus schnelle Wirkung bringen, oder daß Verbraucher, die stark hypochondrisch veranlagt sind und u.a. auch Angst vor Karies haben, Fluor-Zahnpasta kaufen. Obendrein verursachen maßgeschneiderte Analysen immense Kosten. Sie umfassen Itemkonstruktion, Pilotstudien zu ihrer Validierung bzw. Selektion, Durchführung der Befragung und computergestützte Auswertung. Außerdem können die Ergebnisse nicht ohne weiteres mit ähnlichen Studien auf anderen Produktmärkten verglichen werden. Damit ist Mißtrauen in die Zuverlässigkeit der Ergebnisse angebracht, wenn man die Vielzahl der Fehlermöglichkeiten (unbrauchbare Items, unzuverlässige Frageformulierungen, Antwortfehler, Datenanalyseprobleme bei Anwendung multivariater Verfahren, Interpretationsfehler usw.) bedenkt.

III. Das absatzwirtschaftlich relevante Abnehmerverhalten als Segmentierungskriterium

1. *Überblick*

Im vorhergehenden Abschnitt (B.II. des 3. Kapitels) wurden die Segmentierungskriterien behandelt, die sich unter dem Oberbegriff »Abnehmercharakteristika« zusammenfassen lassen. Sie wurden zusammen mit den nicht im Detail betrachteten situationsspezifischen Variablen (z.B. Zeitdruck, physikalische Umwelt, Konkurrenzmaßnahmen usw.) dem Bedingungsrahmen (B) des Abnehmers bzw. den hypothetischen Konstrukten des Kaufentscheidungsprozesses (H) zugeordnet.

Das folgende Kapitel beschäftigt sich mit den Outputvariablen, die zur Segmentbildung Verwendung finden können. Ihre Anwendung kann als Gegenbewegung zu demographischen und allgemeinen psychographischen Segmentierungsversuchen gesehen werden [So *Müller-Hagedorn* (1974) 211]. Die Segmentbildungsbemühungen nach den Outputvariablen sind durchweg den produkt- bzw. situationsspezifischen Ansätzen zuzuordnen. Es ist daher zu vermuten, daß sie eine höhere Prognosequalität resp. eine bessere Grundlage zur Gestaltung von Marketing-Maßnahmen aufweisen als generelle Kriterien des Bedingungsrahmens. Darüber hinaus kommen sie eher dem Ideal nahe, Abnehmer aufgrund gleicher oder ähnlicher Reaktionen auf Marketing-Maßnahmen zu gruppieren.

Neben Kaufgepflogenheiten (Verbrauchsmenge, Markentreue, Wahl der Einkaufsstätte etc.) und Verwendungsgepflogenheiten sind hier auch absatzwirtschaftlich relevante Verhaltensweisen aus sozialen Bereichen einzuordnen. Dazu zählen insbesondere Versuche, Innovateure und Meinungsführer zu identifizieren, um sie bei Neueinführungen gezielt anzusprechen [Vgl. *Köhler* (1972) 237].

Methodisch lassen sich Versuche zur Segmentierung nach dem Abnehmerverhalten wie folgt unterscheiden: Zum einen finden sich Ansätze, bei denen potentielle Abnehmergesamtheiten anhand von punktuell erfaßten Werten der Outputvariablen segmentiert werden. Zum anderen gibt es Ansätze, die eine Segmentierung auf der Basis funktionaler Verknüpfungen von Inputstimuli (d.h. im wesentlichen Marketinginstrumenten) und Outputvariablen vornehmen (sog. Reaktionsfunktionen).

Daneben ist noch zwischen eindimensionaler und mehrdimensionaler Betrachtungsweise zu unterscheiden: im ersten Fall werden Segmente nach den Ausprägungen einer Verhaltensdimension (z.B. Markentreue, Verbrauchsmenge etc.) gebildet, im letzteren werden mehrere relevante Verhaltensweisen simultan erfaßt (Vgl. Abb. 42).

Art der Erfassung und Abbildung / Anzahl der analysierten Variablen	punktuelle Erfassung der Verhaltensvariablen	funktionale Verknüpfung der Inputstimuli mit den Verhaltensvariablen
eine	Typ I	Typ III
mehrere	Typ II	Typ IV

Abb. 42: Methodische Ansätze der Abnehmerverhaltenssegmentierung

Bevor auf diese Ansätze eingegangen wird, sollen in Abb. 43 beispielhaft einige wesentliche Verhaltensdimensionen aufgeführt werden.

2. *Punktuell realisierte Werte des absatzwirtschaftlich relevanten Verhaltens*

Hierzu zählen Segmentierungsansätze, die im Hinblick auf die verwendeten Segmentierungskriterien einen ein- bzw. mehrdimensionalen Merkmalsraum aus Verhaltensvariablen *allein* erstellen (d.h. ohne Verknüfung mit Marketing-Maßnahmen) und

Verhaltensvariablen als Segmentierungskriterien

Informations-, Kommunikations- und Adoptionsverhalten:	Einkaufsverhalten:	Produktwahlverhalten:	Verbrauchs- bzw. Verwendungsverhalten:	Reaktionen auf Marketing-Maßnahmen:
-Informationsbeschaffungsverhalten	-Einkaufsrhythmus	-Kauf von Markenartikeln	-Verwendungsart	-Reaktionen auf Preisänderungen
-Beeinflussungsverhalten	-Wahl der Einkaufsstätte	-Kauf nichtmarkierter Waren	-Verbrauchsintensität	-Reaktionen auf Werbekontakte
-Adoptionsverhalten	-Zahlungsverhalten	-Markentreue		-Reaktionen auf Qualitätsänderungen
		-Wahl der Packungsgröße		
etc.	etc.	etc.		etc.

Abb. 43: Verhaltensvariablen als Segmentierungskriterien [Vgl. auch *Frank/Massy/Wind* (1972) 67 ff; *Müller-Hagedorn* (1974) 203]

die potentiellen Abnehmer nach der Ausprägung ihres Verhaltens (z.B. Intensivverwender, Markentreue etc.) in diesem Raum gruppieren [Dabei kann es natürlich vorkommen, daß ein Merkmal der Segmentierung zugrunde gelegt wird (z.B. Markentreue), wodurch eine monovariable Verhaltenssegmentierung erfolgt, aber diese wird u.U. mehrdimensional gemessen].

a) Punktuelle, monovariable Verhaltenssegmentierung (Typ I)

aa) Verbrauchsintensität

Die Gruppierung von Abnehmern nach der Verbrauchsintensität ist einer der ältesten Ansätze zur Verhaltenssegmentierung. Nach einer Untersuchung von *Twedt* [(1964) 71f] entfallen z.B. auf nur 36% aller Haushalte 89% des gesamten Absatzes an konzentriertem Orangensaft, 21% aller Haushalte konsumieren 89% des gesamten Bourbon-Umsatzes und dergl. m.

»Arraying the purchasers by amount consumed, and cumulating the percentage of total volume accounted for by purchasing deciles, it became apparent that for a wide range of products, the »heavy half« of purchasers – those above the median of usage – account for 80 per cent to 90 per cent of total volume« [*Twedt* (1972) 265].

Die Kenntnis der Intensivverwender kann für eine Reihe von Marketing-Maßnahmen nützlich sein. Produkte bzw. Werbemaßnahmen können z.B. nach den (zusätzlich zu erhebenden) Nutzenerwartungen dieses Segments gestaltet werden. Des weiteren ist es sinnvoll, die Mediaselektion nach der ›Heavy Half‹ auszurichten. Die Medienauswahl mußte längere Zeit ausschließlich nach Deskriptorvariablen demographisch/sozioökonomischer bzw. psychographischer Art erfolgen, d.h. man versuchte, sich die Indikatorfunktion der Variablen für die Medienverwendung und Produktverbrauchsmenge zunutze zu machen. Die mangelnde Koinzidenz der Merkmalsausprägungen mit Produktnutzung *und* Medienverhalten führte in den USA seit 1962 zur Erstellung des sog. Brand Rating Index (BRI) [Vgl. *Garfinkle* (1973) 8]. Hierbei wurde gewissermaßen »kurzgeschlossen« vorgegangen, indem man eine repräsentative Stichprobe von US-Haushalten nach der Verbrauchsintensität von 41 Produktkategorien und den darin meistgekauften Marken einerseits sowie nach dem Medienverhalten (Zeitschriftenlesehäufigkeit, bevorzugte Fernsehprogramme) andererseits befragte. Diese Daten ermöglichen z.B. die Auswahl der Medien, um bei gegebenem Budget Abnehmer zu erreichen, die insgesamt ein maximales Absatzvolumen repräsentieren. Daneben kann auch versucht werden, Medien auszuwählen, mit denen man einen Großteil der augenblicklichen Markenbenutzer ansprechen kann [3].

Produktnutzungsdaten lassen sich auch als Manifestationen sozial-psychologischer

---

[3] Zielkriterium von Mediaselektionsprogrammen ist hierbei nicht eine Nettoreichweite, die z.B. als die Zahl der mindestens 1 × kontaktierten Personen demographisch/sozioökonomisch oder psychographisch umschriebener Zielgruppen bestimmt wird, sondern die Zahl der mindestens 1 × kontaktierten Intensivverwender bzw. Markennutzer. Vgl. *Twedt* (1964) 72; ders. (1972) 267ff; *Garfinkle* (1963) 12f.

Faktoren interpretieren. Die Analyse kann z.B. der Ermittlung von Innovateuren dienen, indem man diese als jene Haushalte definiert, die innerhalb des Beobachtungszeitraumes am häufigsten neue Produkte einer Kategorie kauften. Ein Anbieter, der innerhalb der betreffenden Produktkategorie eine neue Marke lanciert, kann dann auf jene Medien zurückgreifen, die von den »Innovateuren« am meisten benutzt werden [So *Garfinkle* (1963) 14].

Mitunter versucht man, von typischen Verbrauchsmustern der Auskunftspersonen auf deren Life-Style zu schließen [Vgl. *Alpert/Gatty* (1969) 66ff]. Mittels Faktorenanalysen der BRI-Daten lassen sich Produktgruppen finden, die aus Produkten bestehen, deren Verbrauchsintensitäten stark korrelieren. Zwei der von *Alpert/Gatty* gefundenen Gruppen zeigt die nachfolgende Tabelle:

Faktor I	*Faktor II*
The Hard Drinker	*The Car-Conscious Man*
Rye Whisky	Car wax and polish
Canadian Whisky	Motor oil
Bourbon	Anti-freeze
Scotch	Miles driven
Gin	Gasoline
Wodka	
Highball mixers	
Beer	

Wie man sieht, lassen sich die produkttypologischen Dimensionen (Faktoren) des Merkmalsraumes auch durch Life Style-Beschreibungen etikettieren. Vpn können in diesem produkttypologischen Raum (Life-Style-Raum) anhand ihrer Verbrauchsmengen positioniert werden, wodurch sich nähere Hinweise auf den Life Style der Zielgruppen ergeben.

Diese Erkenntnisse erlauben eine Abstimmung der Kommunikationsinhalte auf den Life Style der Zielgruppe und zudem, da die Mediennutzungsdaten vorliegen, eine gezielte Ansprache.

Die Nutzung der Verwendungsintensitäten für die Marktsegmentierung ist allerdings beschränkt, da es sich um eine retrospektive Analyse handelt [Vgl. *Frank* (1968) 172ff]. Eine Auswertung der Daten für neu einzuführende Produkte muß den etwas fragwürdigen Umweg gehen, aus den Produktnutzungen auf Innovationsverhalten und grundsätzliche Lebensgewohnheiten zu schließen. Ein Weg, der oft schon deshalb scheiterte, weil zwischen vielen Produktgattungen keine Korrelationen in der Produktnutzung bestehen: »Heavy usage of different product categories is relatively independent ... intercorrelations of 26 product categories by heavy half usage were all quite low« [*Twedt* (1972) 267].

ab) Markentreue

Bemühungen, die Markentreue als Segmentierungsmerkmal zu verwenden, sind bisher von geringem Erfolg gekrönt. Zunächst bereitet die Operationalisierung, d.h. die

Definition und analog dazu die Messung der Variablen, Schwierigkeiten. Hierzu einige Beispiele:

Auf *Brown* geht der Versuch zurück, Markentreue als Abfolge gekaufter Marken zu operationalisieren [Vgl. z.B. *Brown* (1952) 53ff]. Er unterscheidet:

»1. Family showing undivided loyalty bought Brand A in the following sequence AAAAAA
2. Family showing divided loyalty bought Brands A and B in the following sequence ABABAB
3. Family showing unstable loyalty bought Brands A and B in the following sequence AAABBB
4. Family showing no loyalty bought Brands A, B, C, D, E, and F in the following sequence ABCDEF.«

Cunningham [(1956) 116ff] definierte Markentreue als den Anteil der Gesamteinkäufe innerhalb einer Produktkategorie, der auf eine Marke entfiel. Ähnlich wurde das Konzept der Treue gegenüber mehreren Marken (multibrand loyalty) definiert, nämlich als Prozentsatz am Gesamteinkauf der Periode, der auf zwei oder mehr Marken entfiel. *Guest* [(1964) 93ff] verwendete als Zeichen der Markentreue die zeitliche Stabilität der geäußerten Präferenzaussagen. *Sheth* [(1968) 395ff] bemühte sich, die Markentreue (insbesondere auch gleichzeitige Markentreue gegenüber mehreren Marken) faktorenanalytisch zu erfassen.

Ein Beispiel soll diesen bemerkenswerten Ansatz erläutern [*Vgl. Sheth* (1970) 348ff]: Nehmen wir an, daß drei Einkaufsfolgen (I, II, III) von fünf Haushalten beobachtet wurden. Der Markt der betreffenden Produktgattungen setzte sich aus zwei dominierenden Markenartikeln A und B zusammen, die restlichen Marken werden zu einer Gruppe zusammengefaßt. Die Matrix der Ausgangsdaten hat dann m = 9 Zeilen (m = 3 Produkte × 3 Einkaufsfolgen) und n = 5 Spalten (5 Haushalte).

Immer wenn ein Haushalt bei einer Einkaufsfolge eine Marke gekauft hat, wird in die betreffende Zeile eine 1 und in die Zeile der anderen Marken eine Null geschrieben. Kauft der Haushalt Nr. 1 in der ersten Kauffolge die Marke A, so ergibt sich das in Abb. 44 gezeigte Bild.

		Haushalte				
Kauffolge	Marken	1	2	3	4	5
I	A	1				
	B	0				
	C	0				

Abb. 44: Erfassung der Markenwahl

Erfaßt man die drei Kauffolgen aller Haushalte, so ergibt sich z.B. die in Abb. 45 dargestellte Ausgangsdatenmatrix.

Kauffolge	Marken	Haushalte 1	2	3	4	5
I	A	1	0	0	1	0
	B	0	0	1	0	1
	C	0	1	0	0	0
II	A	1	0	0	0	1
	B	0	0	1	1	0
	C	0	1	0	0	0
III	A	1	0	0	0	1
	B	0	0	1	1	0
	C	0	1	0	0	0

Abb. 45: Ausgangsdatenmatrix zur faktorenanalytischen Messung der Multi-Markentreue

Haushalt 1 zeigt uneingeschränkte Markentreue gegenüber A, desgleichen Haushalt 2 gegenüber C und 3 gegenüber B. Haushalte 4 und 5 wechseln. In der Praxis ist bei mehreren Marken, mehreren Kauffolgen und einer großen Haushaltsstichprobe das Bild unübersichtlicher.

Falls sich alle Haushalte markentreu verhielten, wären die entsprechenden Zeilen der Ausgangsdatenmatrix identisch und könnten zu einer einzigen Dimension komprimiert werden. Betrachtet man z.B. die Zeilen I A, II A und III A, so weisen diese ein nahezu identisches Muster auf. Abweichungen gibt es nur durch den Markenwechsel der Haushalte 4 und 5. Die Faktorenanalyse reduziert nun alle nahezu identischen Zeilen auf eine Dimension (Faktor). Dies ist im Idealfall vollständiger Markentreue immer eine Marke. Bei drei Marken erhält man drei orthogonale Dimensionen A, B und C. Bei andauerndem Markenwechsel aller Haushalte dagegen würde man genausoviele Dimensionen erhalten wie es Zeilen der Ausgangsdatenmatrix gibt. In der Realität erhält man zumeist ein dazwischen liegendes Ergebnis: Neben Dimensionen, die einzelne Marken repräsentieren, gibt es mitunter Dimensionen, die aus Markenkombinationen bestehen (z.B. A B oder A C). Erklären diese nur einen geringen Anteil der Varianz der Ausgangsdaten, dann genügt es allerdings, allein die Dimensionen zu erfassen, die *nur eine* Marke repräsentieren.

Nach der Reduktion der m-dimensionalen Ausgangsdatenmatrix auf p Dimensionen (p = Markenanzahl), werden die Positionen der Haushalte im m-dimensionalen Raum (z.B. 100 100 100 für Haushalt Nr. 1) in Positionen im p-dimensionalen Raum transformiert (sog. Faktorenwerte). Da es sich um transformierte Werte der beobachteten Markenkäufe handelt, stellen die Faktorenwerte individuelle Meßwerte der Markentreue dar: Haushalt 1, der uneingeschränkt Markentreue gegenüber A zeigt, weist nur einen hohen Wert auf der Dimension A auf, während er auf B und C die Werte 0 hat. Haushalte, die immer zwei Marken kaufen, haben dementsprechend mittlere Faktorenwerte auf zwei Dimensionen etc. Darüber hinaus gehen in die Faktorenwerte sowohl der Anteil einer Marke an den Gesamteinkäufen der Produktgattung durch den Haushalt als auch die Einkaufsfolge der Marken ein [Vgl. *Sheth* (1968) 398].

Sheth erhielt in einer empirischen Studie die in Abb. 46 gezeigten Werte.

Haushalt	Multidimensionale Markentreue - Werte		
	A	B	C
1 - 5	.426	0	0
6 - 10	0	.343	0
11 - 15	0	0	.453
16 - 17	0	.263	.110
18	.217	0	.223
19	.330	.082	0
20	0	.093	.342
21	0	.184	.255

Abb. 46: Multidimensionale Werte der Markentreue [Quelle: *Sheth* (1970) 353]

Eine Segmentbildung anhand mehrdimensionaler Markentreue kann zu folgenden Segmenten führen:

1. die uneingeschränkte Markentreuen (1–5, 6–10, 11–15);
2. Markentreue gegenüber zwei Marken (16–17, 18, 19, 20, 21);
3. Haushalte, die drei, vier etc. Marken erwerben;
4. innerhalb der mehrdimensional Markentreuen kann noch nach der Höhe der Faktorenwerte segmentiert werden (z.B. 20 = stärkere Präferenz zu C; dagegen 21 = nur geringe Präfernzunterschiede gegenüber B und C).

Die bisher genannten Ansätze weisen durchweg Nachteile auf [Vgl. auch *Engel/Kollat/Blackwell* (1973) 550f]. Angenommen, zwei Haushalte haben die Kauffolgen Haushalt 1: A B A B A B Haushalt 2: A A A B B B.

Anteilsmäßig orientierte Markentreue-Definitionen (z.B. die von *Cunningham*) behandeln beide gleich und verwischen damit u.U. offensichtliche Verhaltensunterschiede. Sequenzansätze (z.B. *Brown*) würden anhand der Markenwechselvorgänge zwischen »divided« und »unstable loyalty« unterscheiden. Faktorenansätze (z.B. nach *Sheth*) haben den Nachteil der hohen Datenanalysekosten und das Problem der Interpretation von Mischfaktoren, bei denen mehr als eine Marke vertreten ist (z.B. AB, AC oder BC).

Eine Konstatierung der Markentreue bleibt inhaltsleer, solange nicht die Ursachen des Kaufverhaltens analysiert werden. Bei Haushalt 2 ist ein Wechsel von A nach B festzustellen. Doch wechselt er, weil er ab jetzt B präferiert oder weil Marke A gerade in seinem Geschäft nicht vorrätig war? Oder wurde für B eine Sonderaktion gestartet (Preisnachlässe etc.), so daß Haushalt 2 die Marke B solange kauft, wie die Aktion andauert, um dann wieder zu A zu wechseln?

Day warnt deshalb vor einer Verwechslung der »spurious loyalty« mit der »intentional loyalty« [Vgl. *Day* (1969) 29 ff]. Dementsprechend gehen bei *Day* zwei Komponenten in die Markentreue ein: das Kaufverhalten gegenüber einer bzw. mehreren Marken innerhalb des Beobachtungszeitraums und zugleich die Einstellung des Haushalts gegenüber den Marken [Vgl. *Day* (1969)]. Die Markentreue gegenüber einer Marke ist dann umso höher, je häufiger ein Individuum die Marke kauft und je günstiger seine Einstellung gegenüber der Marke ist.

Der *Day*-Ansatz geht damit konform mit ähnlichen Bemühungen anderer Segmentierungsansätze, Segmente nicht nach einem einzigen Merkmal zu bilden. Er gehört daher eher in die Gruppe der multivariablen Verhaltenssegmentierung.

Wird neben der Markentreue gleichzeitig das Medienverhalten der Segmente erhoben, wie es bei den BRI-Daten der Fall ist, so sind diese (bei unterschiedlicher Mediennutzung) gezielt ansprechbar. Ansonsten bleibt nur der Weg, ihr demographisch/sozioökonomisches bzw. psychographisches Profil zu ermitteln, um anschließend die entsprechenden Medien auszuwählen. Untersuchungen hierüber verliefen jedoch zumeist negativ [Vgl. *Frank* (1967) 27 ff]. Weder sozioökonomisch/demographische noch psychographische Merkmale korrelierten in nennenswertem Umfang mit den verschiedensten Meßwerten der Markentreue gegenüber Gütern des täglichen Bedarfs. Demgegenüber entdeckte *Day* [(1969) 29 ff] mit seiner erweiterten Definition der Markentreue signifikante demographisch/sozioökonomische und psychographische Unterschiede zwischen den nach der Markentreue definierten Segmenten.

Massy/Frank [(1965) 171 ff sowie *Frank/Massy* (1965) 186 ff] konnten jedoch keinerlei signifikante Unterschiede zwischen regressionsanalytisch ermittelten Reaktionsfunktionen des Markentreuen-Segments und des Nicht-Markentreuen-Segments finden.M. a. W., es gab ihrer Ansicht nach keine Segmentunterschiede bezüglich der Reaktionen auf Werbemaßnahmen, Preisänderungen, Produktneueinführungen u. a. m. [Vgl. *Frank/Massy/Morrison* (1965) 312 ff].

Als Fazit bleibt, daß Markentreue wohl nur durch methodisch anspruchsvolle Meßmethoden operationalisiert werden kann. Der retrospektive Charakter und die mangelnden Hinweise für die Entwicklung segmentspezifischer Marketing-Programme [Einige Beispiel hierfür finden sich bei *Engel/Kollat/Blackwell* (1973) 574 f] lassen es angeraten sein, auf dieses Konstrukt zur Segmentbildung zu verzichten.

ac) Kommunikations- und Adoptionsverhalten

Für die Bekanntmachung und Verbreitung eines segmentspezifisch gestalteten Produkts sind der Ablauf der interpersonalen Kommunikation, die damit einhergehende persönliche Beeinflussung und das Adoptionsverhalten von Interesse.

So kann versucht werden, innerhalb eines Marktsegments jene Personen gezielt anzusprechen, die das Kaufverhalten anderer potentieller Abnehmer beeinflussen. Diese »Meinungsführer« [Vgl. *Lazarsfeld/Berelson/Gaudet* (1948) 49ff] lassen sich als Schaltstellen im Kommunikationsfluß zwischen Anbieter und Bedarfsträger sehen. Meinungsführer, so die ursprüngliche »Two Step Flow«-These, beziehen relativ viele Informationen aus Massenmedien und geben sie in Gesprächen mit anderen weiter [Vgl. *Katz* (1957) 61ff].

Inzwischen wurde dieses Grundmuster der Kommunikationsaktivitäten mehrfach modifiziert [Vgl. im folgenden *Köhler* (1972) 304ff und *Engel/Kollat/Blackwell* (1973) 402ff]: Zunächst ist es realistischer, von einem mehrstufigen Kommunikationsfluß auszugehen, d.h. Meinungsführer einer Gruppe können wiederum vorgeschaltete Meinungsführer haben, die als Verbindungsglied zur ursprünglichen Nachrichtenquelle dienen. Daneben findet oft eine wechselseitige Kommunikation statt. So bemühen sich Meinungsführer mitunter eigenständig um neue Nachrichten und warten nicht erst die Initiative des Anbieters ab. Außerdem tritt oft auch die »Meinungsgefolgschaft« an ihre Meinungsführer heran, um sich zu informieren. Schließlich wird auch die Meinungsgefolgschaft von Botschaften des Anbieters in Massenmedien direkt erreicht: Während Meinungsführer aber eher bereit sind, im Vertrauen auf diese Botschaft das Produkt auszuprobieren, versuchen Meinungsgefolgschaften zusätzliche Informationen von Meinungsführern zu erhalten, z.B. um das Risiko eines Fehlkaufs zu vermindern.

Das größte Problem bei der Einschaltung von Meinungsführern, um eine erfolgreiche Verbreitung eines neuen Angebots in den anvisierten Segmenten zu erreichen, liegt in der Identifikation dieser Personen und ihrer operationalen Beschreibung mit herkömmlichen Merkmalen.

Zur Identifikation von Meinungsführern wird mitunter die von *Moreno* [(1974)] entwickelte Soziometrie vorgeschlagen. Es handelt sich hierbei um eine Reihe von Methoden zur Untersuchung zwischenmenschlicher Beziehungen unter dem Aspekt der Bevorzugung, Gleichgültigkeit und Ablehnung in einer Wahlsituation [Vgl. *Bjerstedt* (1956)]. Oft wird zur soziometrischen Ermittlung von Meinungsführern die Form der schriftlichen Befragung gewählt. Die Auskunftspersonen müssen angeben, mit wem sie häufiger über ein bestimmtes Thema (z.B. über Pkw's, Mode etc.) reden und bei wem sie sich Rat bzw. Informationen holen. Die Auswertung dieser Antworten führt zum soziometrischen Muster der befragten Gruppe. Es lassen sich Meinungsführer und deren Gefolge, Untergruppen, Außenseiter u.a.m. erkennen [Zu den Auswertungsverfahren vgl. *Nehnevajsa* (1974) 268ff].

Der entscheidende Nachteil der Soziometrie liegt aber darin, daß es lediglich eine Methode zur Analyse kleiner Gruppen (Familien, Schulklassen, kleinere Gemeinden) ist. Zur Ermittlung von Meinungsführern als Ansprachegruppen in Konsumgüter-Marktsegmenten ist diese Methode nicht einsetzbar. Ein einfaches und erfolgreiches Verfahren ist jedoch die Ermittlung von Meinungsführern durch »Selbstbezeichnung« [Vgl. hierzu *Rogers/Cartano* (1962) 42ff; *King/Summers* (1970) 45f; *Summers* (1970) 179; *Corey* (1971) 48ff; *Darden/Reynolds* (1972) 325]. Den Auskunftspersonen wird eine Reihe von Fragen über ihre Diskussionsbeiträge in produktbezogenen Gesprächen mit anderen über die interessierende Produktgattung vorgelegt, z.B. ob sie oft über Pkw's sprechen, ob sie ihren Freunden hierüber viele Informationen weitergeben bzw. von diesen Informationen und Ratschläge empfangen etc. Noch einfachere Verfahren fragen unmittelbar nach dem selbst empfundenen Ausmaß, mit dem eine Auskunftsperson andere innerhalb einer Produktgattung zu beeinflussen glaubt [Vgl. z.B. *Myers/Robertson* (1972) 41 ff].

Auskunftspersonen, die aufgrund ihrer Antworten hohe Scores erreichen (meist die ersten 20 bis 30%), werden als Opinion Leader bezeichnet. Die Problematik solchermaßen ermittelter »Meinungsführer« liegt auf der Hand.

Von größtem Interesse für eine wirtschaftliche Nutzung des Meinungsführer-Konzeptes ist die Frage nach der Verallgemeinerungsfähigkeit dieser Eigenschaft. Wäre es eine Eigenschaft, die eine Person im Hinblick auf sehr viele Gütergattungen aufweist, so könnten entsprechende Mediendaten erhoben werden und den verschiedensten Branchen von Nutzen sein. Inzwischen ist man jedoch überzeugt, daß es sich nicht um ein generelles Persönlichkeitsmerkmal handelt. In welchen und zudem in wievielen Güterkategorien ein Opinion Leader seinen Einfluß ausübt, hängt von einer Reihe zusätzlicher Variablen ab, wie z.B. von Interessengebieten, Intelligenz, Ausbildungsgrad, sozialem Status, gesellschaftlichen Aktivitäten u.a.m. [Vgl. die Übersicht bei *Nehnevajsa* (1974) 285 ff; *Montgomery/Silk* (1971) 317 ff].

Während frühe Untersuchungen [Vgl. *Silk* (1966) 255 ff] überwiegend zu dem Ergebnis kamen, daß die Meinungsführereigenschaft ein produktspezifisches Phänomen sei (»monomorphic opinion leader«), d.h. einer Person nur in einer Produktkategorie zukäme, brachten spätere Untersuchungen andere Ergebnisse. *Marcus/Bauer* [*Marcus/Bauer* (1964) 628 ff] fanden bei Anwendung einer anderen Auswertungstechnik in den Daten von *Katz/Lazarsfeld* Meinungsführer, die zwei und mehr Gebiete abdeckten. *King/Summers* [Vgl. *King/Summers* (1970)] ermittelten bei einer Untersuchung in verschiedenen Produktkategorien (Nahrungsmittel, Haushaltsreiniger, Waschmittel, Kosmetika, Klein- und Großgeräte für den Haushalt), daß etwa 46% der Meinungsführer in zwei oder mehr Produktkategorien, 28% in drei oder mehr Kategorien und 13% in vier oder mehr Produktkategorien Einfluß hatten. Polymorphe (d.h. mehrere Produktkategorien abdeckende) Meinungsführer wurden z.B. auch in Studien von *Gross* sowie *Myers/Robertson* gefunden [Vgl. *Gross* (1969) 49 ff; *Myers/Robertson* (1972) 44 f]. *Montgomery/Silk* bestätigen, daß vor allem die Interessenschwerpunkte einer Person mit der Meinungsführerschaft korrelieren und daß polymorphe Meinungsführer im wesentlichen nah verwandte Produktkategorien abdecken (z.B. Pkw's und Reisen, Wissenschaft und Kultur, Kleidung, Möbel und Parties) [(1971) 317 ff].

Im großen und ganzen entziehen sich Meinungsführer weitgehend der Aufnahme in Mediaanalysedaten: Es ist z.B. nicht möglich, den Anteil an Opinion Leaders an der Gesamtleserschaft einer Zeitschrift anzugeben, ohne diese Angaben produktspezifisch (bzw. produktgruppenspezifisch) zu präzisieren. Ein möglicher Ausweg besteht in der Beschreibung von Meinungsführern mittels demographisch/sozioökonomischer oder psychographischer Merkmale, um anhand dieser Merkmalsprofile die Medien auszuwählen, in denen der Anteil der danach beschriebenen Meinungsführer hoch ist. Doch sind die Ergebnisse dieser Bemühungen widersprüchlich: Während interpersonale Kommunikation zumeist zwischen soziodemographisch gleichartigen Personen stattfindet (d.h. Opinion Leader zeigen keine sozioökonomischen Unterschiede gegenüber der Gesamtheit) und damit die »trickle down«-These widerlegt wird [Vgl. *King* (1968) 121ff], gibt es Untersuchungen die ein sozioökonomisches bzw. demographisches Gefälle zwischen Meinungsführern und Gefolgschaft et vice versa nachweisen [Vgl. hierzu *Nehnevajsa* (1974) 287f; *Myers/Robertson* (1972) 44]. Auch generelle psychographische Persönlichkeitsmerkmale und generelle Life-Style-Merkmale scheinen wenig geeignet, Meinungsführer von anderen Personen zu unterscheiden [Vgl. *Robertson/Myers* (1969) 164ff; *Darden/Reynolds* (1972) 32ff].

Um Meinungsführer im konkreten Fall einschalten zu können, bedarf es produktspezifischer Studien zu ihrer Identifikation und der unmittelbaren Erfassung der von ihnen meist genutzten Medien. Zeigt sich auch hier kein typisches Medienverhalten, so ist die gezielte Medienauswahl zur Erreichung der Meinungsführer unmöglich. Eine gleichzeitige Erhebung von produktspezifischen Einstellungen, Life-Style-Merkmalen und Motivstrukturen ermöglicht jedoch zumindest die Gestaltung des Produktes nach den Vorstellungen des Personenkreises, der andere von den Vorzügen des Produktes überzeugen soll. Außerdem erleichtern die Daten die Abstimmung der Kommunikationsinhalte auf die Meinungsführer u.a.m. [Vgl. *Corey* (1971) 53].

Darüber hinaus ist es in manchen Produktkategorien möglich, Meinungsführer aufgrund ihrer beruflichen Tätigkeit zu identifizieren. So fungieren Ärzte, Architekten, Ingenieure, Lehrer usw. als Bedarfsberater für Produkte, die mit ihrer Tätigkeit in Zusammenhang stehen.

Einen weiteren Weg zur Nutzung des Meinungsführerphänomens zeigte *Mancuso* [(1969) 20ff]. Personen, bei denen anhand ihres sozioökonomischen (gesellschaftlichen, beruflichen) Status deren Meinungsführerschaft vermutet wurde, nahm man in ein Panel zur Beurteilung der Neuerscheinungen in der betreffenden Produktgattung auf. Daneben wurden den Teilnehmern Gratisexemplare aus der Produktgattung (es handelte sich um Schallplatten) sowie Gratiszeitschriften zur Verfügung gestellt. Das Ergebnis war ausgezeichnet: Die Geschäfte in den Teststädten wurden durch die Nachfrage gezwungen, die Platten zu beschaffen. Ohne Radiosender oder Schallplattengeschäfte in die Werbung einzuschalten, erreichten die Schlager in den Teststädten die »Top Ten« im Gegensatz zu anderen Städten.

Damit dürfte die Verbreitung einer Innovation innerhalb der Marktsegmente am ehesten auf folgendem Wege möglich sein [Vgl. *Köhler* (1972) 316f]: Zunächst wird in Massenmedien bzw. in Medien mit bestimmten Interessenschwerpunkten (Autofachzeitschriften etc.) auf die Existenz des neuen Produktes hingewiesen. Personen, die sich beim Anbieter bzw. bei den Absatzorganen um weitere Informationen bemühen, werden zusätzliche Mitteilungen (Prospektmaterial, Produktproben etc.) zugeleitet. Ebenso kann eine Auswahl von Personen, deren Meinungsführereigenschaft zu vermuten ist (ähnlich wie in der Studie von *Mancuso*), näher informiert und eine unmittelbare »Produkterfahrung« (Gratisexemplare bei Gütern des täglichen Bedarfs, Probefahren bei Pkw's etc.) ermöglicht werden.

Eng mit dem Problemkreis der zwischenpersönlichen Kommunikation ist die Ausbreitung und Übernahme von Innovationen verbunden.

Die potentiellen Abnehmer eines Produktes kann man nach dem Ausmaß ihrer Innovationsfreudigkeit Marktsegmenten zuordnen, um anschließend für sie spezielle Marketing-Programme zu entwickeln. Die Innovationsfreudigkeit wird dabei anhand der Zeitspanne gemessen, die verstreicht, bis ein Abnehmer das neue Produkt kauft im Gegensatz zu anderen Abnehmern: »... innovativeness, the degree to which an individual is relatively earlier in adopting new ideas than other members of his social system« [*Rogers/Shoemaker* (1971) 180 ff].

Rogers kam aufgrund seiner Untersuchungen zu dem Ergebnis, daß sich die Häufigkeitsverteilung der Abnehmer in der Zeit oft der Normalverteilung nähert [Vgl. *Rogers/Shoemaker* (1971) 182]: Mittels einer relativ willkürlichen Gruppierung, wobei die Segmentgrenzen bei x – 2s, x – s, x, x + s (s = Standardabweichung) gezogen werden, kommt er zu fünf Segmenten:

1. Innovators (2,5 %)
2. Early Adopters (13,5 %)
3. Early Majority (34 %)
4. Late Majority (34 %)
5. Laggards (16 %)

Diese Einteilung hat allerdings den Nachteil, daß die unterstellte symmetrische Verteilung im Marketing-Bereich relativ selten vorkommt. Darüber hinaus ist es u.U. sinnvoll, mehr oder weniger Abnehmerkategorien zu bilden bzw. Gruppengrößen zu wählen, die von *Rogers* Werten abweichen [Vgl. *Peterson* (1973) 325 ff]. Andere Autoren kommen bei ihren Untersuchungen des Adoptionsverhaltens zu vollkommen anderen Ergebnissen. Wenn z.B. eine Innovation im Investitionsgüterbereich den bisherigen Produktionsprozeß wesentlich verbessert, so sind die betroffenen Unternehmen gezwungen, diese Innovation so schnell wie möglich zu übernehmen, um keinen Wettbewerbsnachteil zu erleiden [Vgl. *Peterson* (1973) 325]. Die Verteilung ist damit sehr steil und rechtsschief. Damit ist aber auch der Prozentsatz der Innovateure höher als bei der idealtypischen Einteilung von *Rogers*. Linksschiefe Verteilungen können z.B. durch Marketing-Maßnahmen der Anbieter entstehen, etwa im Wege des »trading down«, wobei dadurch das Produkt aufgrund seiner nun niedrigeren Qualität und des niedrigen Preises breiten Bevölkerungsschichten zugänglich gemacht wird [Vgl. *Leitherer* (1974) 82]. Damit ist es nicht verwunderlich, daß in empirischen Studien die Werte variieren und z.B. die ersten 10 % bzw. 16 % aller Übernehmer als Innovateure bezeichnet werden [Vgl. z.B. *Robertson/Kennedy* (1968) 64 ff; *Uhl/Andres/Poulsen* (1970) 52 ff].

Inzwischen gibt es auch auf diesem Gebiet Bemühungen, die Klassenbildung mittels der Numerischen Taxonomie vorzunehmen, d.h. es werden »natürliche« Gruppierungen anhand der Verteilung der Übernehmer auf der Zeitgeraden gesucht. Peterson [(1973) 326] wählte bei seinen Untersuchungen das Varianzkriterium, d.h. die Adoptionsklassen wurden so gebildet, daß die gruppeninterne Varianz minimal wurde (bzw. daß die Varianz zwischen den Gruppen maximal war). Untersuchungen zur Verbreitung des Pinto und zur Übernahme einer neuen Versicherungsart in das Angebot von

Versicherungsagenturen brachten im ersten Fall 7 Klassen mit 14,8 % und im zweiten Fall 5 Klassen mit 37,4 % Innovateuren.

Während Adoptionssegmente ex post relativ leicht zu identifizieren sind, bereitet eine prospektive Ermittlung der innovationsfreudigen Abnehmer größte Schwierigkeiten. Dazu bedarf es neben der Identifizierung zukünftiger Innovateure (z. B. durch Befragung nach den Kaufabsichten bzw. durch Marktexperimente) einer Charakterisierung dieser Schicht mit Hilfe operationaler Beschreibungskriterien. Bevor jedoch versucht wird, Innovateure bzw. andere Übernehmergruppen zu beschreiben, ist die Frage zu klären, ob das Adoptionsverhalten einer Person bei allen bzw. vielen Neuerungen ähnlich ist (»Innovativeness Overlap«) oder ob auch hier ein produktspezifisches Verhalten vorliegt. Hierzu gibt es nur wenige Studien [Vgl. z. B. den Überblick bei *Summers* (1971) 313 ff sowie bei *Ostlund* (1972) 341 ff]. Im allgemeinen wurde, ähnlich wie bei den Meinungsführern, gefunden, daß das Adoptionsverhalten kein generelles Persönlichkeitsmerkmal ist, daß aber bei relativ nah verwandten Produkten dieselben Personen als Innovateure auftreten [Vgl. z. B. *Arndt* (1968) 71 ff]. »... the consistency of innovativeness cannot be expected across product categories, but can be expected within product categories and, sometimes, between related product categories« [*Robertson* (1971) 111; etwas günstigere Ergebnisse, d. h. Innovationsverhalten in verschiedensten Produktkategorien des täglichen Bedarfs, erbrachten die Studien von *Ostlund* (1972) 341 ff und (1973) 225 f. Zur Kritik an *Ostlund* vgl. *Tatham/Dornoff* (1973) 224 f].

Eine Möglichkeit, die Mehrzahl potentieller Innovateure für ein neues Produkt anzusprechen, besteht aufgrund dieser Forschungsergebnisse darin, in Haushaltspanels die Haushalte zu ermitteln, die in der betreffenden Produktkategorie bzw. in dieser und nah verwandten Produktkategorien bisher relativ viele Innovationen gekauft haben. Wird gleichzeitig die Mediennutzung der Haushalt erfaßt, so ist eine gezielte Ansprache möglich.

Liegen Medienangaben nicht vor, bzw. ist man an einer umfassenden Beschreibung der Adoptionssegmente interessiert, so kann z. B. der Verhaltensraum (Anzahl der durch einen Haushalt erworbenen Produkte in den verschiedenen Kategorien) mit soziodemographischen und psychographischen Variablen korreliert werden (via Kanonischer Korrelation). Eine andere Methode besteht darin, zunächst Segmente im Verhaltensraum zu bilden (mittels Clusteranalyse, wobei jeder Haushalt durch die Anzahl bisher gekaufter Innovationen in den einzelnen Kategorien wie z. B. Haushaltsgeräte, Kleidung etc. lokalisiert ist). Anschließend kann durch die Multiple Diskriminanzanalyse ermittelt werden, mit welchen soziodemographischen und psychographischen Variablen die Adoptionscluster beschrieben werden können. Auf gleiche Weise kann auch die Mediennutzung der Segmente erforscht werden [Vgl. zu diesem Ansatz *Darden/Reynolds* (1974) 79 ff].

Versuche, Innovateure umfassend mit Hilfe weiterer Merkmale demographischer, sozioökonomischer und psychographischer Art sowie mit zusätzlichen Verhaltensvariablen zu beschreiben, brachten folgende Ergebnisse [Vgl. hierzu *Rogers* (1962) 168 ff; *Rogers/Shoemaker* (1971) 185 ff; *Engel/Kollat/Blackwell* (1973) 499; *Robertson* (1968) 361 ff; *Summers* (1972) 43 ff; *Blake/Perloff/Heslin* (1970) 483 ff; *Jacoby*

(1971) 244 ff; *Robertson/Myers* (1969) 164 ff; *Darden/Reynolds* (1974) 79 ff; *Donnelly/Invancevich* (1974) 333 ff; vgl. auch *Meffert* (1976) 84 ff]:

Demographisch-sozioökonomische Merkmale: Innovateure sind im Durchschnitt jünger, besser ausgebildet und haben ein höheres Einkommen als andere.

Psychographische Merkmale: Personen, die frühzeitig neue Produkte erwerben, sind risikofreudiger, weniger dogmatisch, haben günstigere Einstellungen gegenüber Veränderungen, sind strebsamer, rationaler und weniger fatalistisch. Die Ergebnisse der einzelnen Studien zu den psychographischen Merkmalen variieren jedoch.

Kommunikations- und Beeinflussungsverhalten: Innovateure haben mehr Kontakt mit Massenmedien, haben mehr soziale Kontakte und sind oft auch Meinungsführer in der betreffenden Produktkategorie.

Diese Feststellungen heben allerdings auf die relative Häufigkeit ab, mit der diese Merkmalsausprägungen in den bisherigen Forschungsarbeiten mit dem Übernahmeverhalten einhergingen. In Einzelfällen zeigten sich mitunter in Abhängigkeit von der untersuchten Produktkategorie entweder gegenläufige Tendenzen oder überhaupt keine Korrelationen.

Die beste Aussicht auf eine erfolgreiche Nutzung der Adoptionssegmentierung ist wiederum gegeben, wenn eine produktspezifische Segmentierung erfolgt und die einzelnen Klassen gleichzeitig mit Verhaltensvariablen (Mediennutzung, Beeinflussungsverhalten etc.) sowie nach demographisch-sozioökonomischen und psychographischen Merkmalen (vor allem Einstellungen und Lebensgewohnheiten) beschrieben werden [Vgl. hierzu die Studien von *Peterson* (1973) 325 ff und *Darden/Reynolds* (1974) 79 ff]. Für erst einzuführende Produkte muß man sich dabei allerdings entweder auf die geäußerten Kaufabsichten der Vpn oder aber auf retrospektive Untersuchungen in der betreffenden Produktkategorie stützen.

b) Punktuelle, multivariable Verhaltenssegmentierung (Typ II)

Die Erkenntnis, daß einzelne Verhaltensmerkmale wie Kaufhäufigkeit, Markentreue oder Innovationsverhalten allein oft nicht zur Segmentbildung ausreichen, da sich die Abnehmer eines Segments bezüglich anderer wesentlicher Verhaltensweisen unterscheiden, führte zu multivariablen Verhaltensgruppierungen. Für Marketing-Maßnahmen kann es u. U. von Interesse sein, z. B. das Segment der Intensivverwender zu identifizieren, die auf den Preis achten, hauptsächlich Handelsmarken erwerben und in bestimmten Einkaufsstätten (wie z. B. Cash und Carry-Läden, Warenhäuser, Discount-Geschäfte etc.) einkaufen.

Auf diese Weise kann es am ehesten gelingen, Segmente zu bilden, die in den interessierenden Verhaltensdimensionen homogen auf Marketing-Maßnahmen des Anbieters reagieren. Versuche zur Segmentierung im mehrdimensionalen Verhaltensraum finden sich bei *Lessig/Tollefson* [(1971) 482 ff], *Sexton* [(1974) 110 f] sowie *Blattberg/Sen* [(1974)]. *Lessig/Tollefson* fanden bei einer multidimensionalen Verhaltenssegmentierung des Kaffeemarktes acht Segmente. Die Dimensionen des Merkmalsraumes werden durch folgende Variablen des Einkaufsverhaltens aufgespannt:

V. 1 Einkaufsmenge bei zehn verschiedenen Kaffeemarken
V. 2 Einkaufshäufigkeit in sieben verschiedenen Einkaufsstätten
V. 3 Anzahl der Kaffee-Einkäufe während des Beobachtungszeitraumes
V. 4 Durchschnittliche Packungsgröße pro Einkauf
V. 5 Durchschnittliche Packungsanzahl pro Einkauf

Jeder Haushalt wurde damit durch das m-Tupel seines Einkaufsverhaltens im m-dimensionalen Raum positioniert. Von den Defekten des Raumes [Siehe zweites Kapitel B.I.4] wurden nur die unerwünschten Auswirkungen unterschiedlicher Maßeinheiten und Varianzen durch z-Transformation beseitigt. Die z.T. erheblichen Korrelationen zwischen den Variablen blieben unberücksichtigt, denn die Ähnlichkeit zweier Haushalte wurde durch die Euklid-Distanz operationalisiert [Die Autoren argumentieren, daß sie auf eine FA verzichtet hätten, um die Segmente später besser mittels der ursprünglichen Merkmale beschreiben zu können. Vgl. *Lessig/Tollefson* (1971) 482f].

Da zudem bei V.1 10 Kaffeemarken und bei V.2 7 Einkaufsstätten berücksichtigt wurden, wären diese Variablen bei der Clusterbildung überrepräsentiert gewesen. Aus diesem Grunde wurden die bei diesen Variablen errechneten Distanzen durch ihre Dimensionszahl (Anzahl der Marken bzw. Einkaufsstätten) dividiert und damit gleich gewichtet wie die übrigen Variablen. Das Ergebnis der hierarchischen Clusteranalyse legte es nahe, die Aggregation bei acht Segmenten abzubrechen, da bei weiterer Zusammenlegung von Segmenten die segmentinterne Heterogenität zu stark zugenommen hätte. Eine Reihe von Haushalten ließ sich aufgrund ihres Kaufverhaltens nicht den einzelnen Segmenten zuordnen bzw. es lohnte nicht, sie als eigenes Segment zu betrachten.

Der Vorteil des soeben beschriebenen Ansatzes besteht darin, daß von den Positionen der Verhaltenssegmente im Raum auf deren Reaktionen geschlossen werden kann. Eine gezielte Ansprache mit Werbemaßnahmen erfordert allerdings eine Segmentbeschreibung mit den in Mediaanalysen vertretenen Merkmalen bzw. eine gleichzeitige Erhebung der Mediennutzung. *Lessig/Tollefson* versuchten das erstere: Eine kanonische Korrelation der Haushaltspositionen im Verhaltensraum mit den Positionen der Haushalte im soziodemographischen und psychographischen Raum erbrachte äußerst günstige Ergebnisse: Die Segmente konnten gut mit den soziodemographischen und psychographischen Merkmalen beschrieben werden.

Schlechtere Ergebnisse brachte eine multiple DA: Nur 39 % einer Kontrollgruppe konnten mittels der MDA, die anhand eines Sampleteils berechnet wurde, richtig den Verhaltenssegmenten zugeordnet werden.

Sexton [(1974) 110f] vermied den Nachteil der Euklid-Distanz bei der von ihm angestrebten Verhaltenssegmentierung des Kaffeemarktes. Er ging von der Kaufmenge an Bohnen- und Pulverkaffee sowie Tee aus und berücksichtigte gleichzeitig die Markentreue und die Wahl der Einkaufsstätte. Als Ähnlichkeitsmaß verwendete er jedoch angesichts der Variablenkorrelationen die Mahalanobis-Distanz.

Blattberg/Sen verzichteten auf die Anwendung der Clusteranalyse und führten zunächst eine visuelle Gruppierung der Käufer von Aluminiumfolien im Verhaltensraum durch. Verhaltensvariablen waren die gekaufte Marke, die Einkaufsstätte, die Pakkungsgröße und die gezahlten Preise (als Indikator des Preisbewußtseins).

Die Analyse der Paneldaten legte es nahe, acht Segmente [Vgl. *Blattberg/Sen* (1974) 12ff] zu bilden: Zunächst eine Gruppe von fünf Segmenten, die sich von den drei restlichen im Preisbewußtsein unterschieden. Die fünf Segmente, die nicht auf den Preis achteten, wurden aufgrund ihres Markenwahlverhaltens gebildet (uneingeschränkt markentreu, multi-markentreu etc.).

Die Gruppe der preisbewußten Segmente bestand aus einem ersten Segment, das prinzipiell Sonderangebote (gleich welcher Marke) erwarb und hierzu in den verschiedensten Geschäften einkaufen ging, einem zweiten Segment, das nur bekannte Marken im Sonderangebot kaufte und einem weiteren Segment, das nur in einem Geschäft einkaufte und dort die billigste Marke wählte.

In einer zweiten Stufe versuchten die Autoren, die acht Segmente durch Modelle des Markenwahlverhaltens abzubilden. Fünf Segmente konnten zufriedenstellend durch zwei *Bernoulli*- [Beim einfachsten *Bernoulli*-Modell wird angenommen, daß der Abnehmer eine konstante Kaufwahrscheinlichkeit für eine Marke besitzt] bzw. zwei *Markoff*-Versionen [Beim stationären *Markoff*-Modell erster Ordnung wird angenommen, daß der letzte Einkauf die konstante Wiederkaufwahrscheinlichkeit der betrachteten Marke bestimmt] repräsentiert werden. Da bei diesem Ansatz die Segmente durch die Markenwahl-Modelle präzise definiert sind und auch die Kaufgeschichte einer beliebigen Stichprobe aus Paneldaten vorliegt, können andere Abnehmer durch Vergleich ihrer Kaufgeschichte dem Segment zugeordnet werden, dessen Modell diese Geschichte am besten reproduziert. Als Zuordnungsalgorithmus wurde ein Programm zur Bayes'schen Diskriminanzanalyse (BDIS) verwendet [Vgl. hierzu *Blattberg/Sen* (1973)].

Der Vorteil des Ansatzes von *Blattberg/Sen* liegt darin, daß Segmente im Verhaltensraum gebildet werden und damit eher homogen auf Marketing-Maßnahmen reagieren. Die a priori-Segmentbildung und nachträgliche Zuordnung von Abnehmern anhand ihrer Ähnlichkeit mit den die Segmente repräsentierenden Markenwahl-Modellen hat den Vorzug, daß sehr umfangreiche Samples klassifiziert werden können im Gegensatz zu den üblichen Clusteranalyseprogrammen [Vgl. hierzu *Blattberg/Sen* (1974) 23].

Von Nachteil ist allerdings, daß die visuelle Segmentbildung mitunter nicht gelingt und selbst wenn man hierbei Erfolg hat, daß sich die Kaufgeschichten der Segmente nicht ohne weiteres durch ein mathematisches Modell abbilden lassen [Im vorliegenden Falle gelang die Abbildung durch die *Bernoulli*- bzw. *Markoff*-Modelle nur bei drei Segmenten ohne Einschränkungen, bei zwei Segmenten unbefriedigend und bei den restlichen drei Segmenten überhaupt nicht].

Glückt die Verhaltenssegmentierung bei bereits eingeführten Marken, so lassen sich die Positionen des eigenen Produktes im Vergleich zu Konkurrenzprodukten sowie die Nutzenerwartungen der Abnehmergruppen und die vermutlich sinnvollen Marketing-Strategien ersehen [Vgl. *Blattberg/Sen* (1974) 25]. Hierzu ein Beispiel:

Bei einer Marke von hoher Qualität, die eine treue, wenig preisbewußte Anhängerschaft hat, wird man den eventuell hohen Preis beibehalten. Eine Preissenkung würde

u. U. dazu führen, daß die Anhängerschaft damit eine verminderte Qualität assoziiert und die Marke wechselt. Sonderaktionen im Wege des Preisnachlasses würden die bisherigen Segmentangehörigen nicht zu vermehrtem Konsum veranlassen und die preisbewußten Käufer anderer Marken nicht auf Dauer zu dieser Marke bringen. Damit verbleiben als Marketing-Maßnahmen Werbekampagnen, die die Qualität betonen sowie eine Produkt- und Packungsgestaltung, die dieses Image unterstreicht. Preisbewußte Segmente wären von diesem Anbieter eher durch Plazierung einer Zweitmarke mit niedrigerem Preis, verminderter Qualität und geringer Werbeaktivität anzusprechen, dafür wären umsomehr Sonderaktionen durchzuführen. Des weiteren wird man versuchen, diese Marke in Einkaufsstätten unterzubringen, in denen üblicherweise preisgünstige Artikel angeboten werden und die deshalb von den preisbewußten Segmenten frequentiert werden.

Lassen sich die Verhaltenssegmente zusätzlich durch Persönlichkeitsmerkmale beschreiben, so können zudem die entsprechenden Medien gewählt und die Anzeigengestaltungen auf die Bedürfnisse, Einstellungen und Life-Style-Merkmale abgestellt werden; zudem wird die Auswahl des entsprechenden Kommunikators erleichtert.

Das Hauptproblem der punktuellen Verhaltenssegmentierung bleibt jedoch, daß Segmente anhand einzelner Werte der Abnehmer auf der Hyperebene ihrer Reaktionsfunktion gebildet werden. Zwei Personen, die gleiche Werte (z. B. Kauf der gleichen Mengen einer Marke, im gleichen Geschäft) aufweisen und deshalb einem Segment zugewiesen werden, können bei Änderungen der Marketing-Maßnahmen höchst unterschiedlich reagieren. Die Reaktionsfunktionen sind m. a. W. unterschiedlich und haben rein zufällig zu einer gleichartigen Reaktion geführt, weil sie sich an diesem Punkt schneiden [Siehe drittes Kapitel A. II]. Dadurch kommt es mitunter immer noch zu einer beträchtlichen segmentinternen Heterogenität der Reaktionen auf segmentspezifisch zugeschnittene Marketing-Programme.

3. *Segmentierung anhand von Reaktionsfunktionen*

Im Idealfall sollen Segmente so gebildet werden, daß die Segmentangehörigen gleichartige Reaktionen auf die Marketing-Maßnahmen des Anbieters zeigen und daß die Reaktionen der verschiedenen Segmente sich stark unterscheiden. In diesem Falle lohnt sich die Erstellung segmentspezifischer Marketing-Programme.

Als Segmentierungskriterium wird damit die Reaktionsfunktion der Abnehmer verwendet, d. h. der funktionale Zusammenhang zwischen den Marketing-Maßnahmen eines Anbieters, eventuell einschließlich der Maßnahmen seiner Konkurrenten sowie der Maßnahmen Dritter (z. B. Handel), und den absatzwirtschaftlich relevanten Reaktionen der Abnehmer innerhalb eines bestimmten Definitionsbereiches [Vgl. hierzu die Ausführungen zum partiellen, konkret-rechnerischen Ansatz der Marktsegmentierung im dritten Kapitel A. I. 3]. Je nach der Anzahl der einbezogenen Verhaltensvariablen der Abnehmer ist hier, analog zu den punktuellen Ansätzen, zwischen monovariabler und multivariabler Verhaltenssegmentierung zu unterscheiden.

a) Monovariable Verhaltenssegmentierung anhand von Reaktionsfunktionen (Typ III)

aa) Zur Schätzung individueller Reaktionsfunktionen

Hier wird lediglich eine Verhaltensvariable (meist Einkaufsmenge) einbezogen, deren Ausprägungen in Abhängigkeit von Variationen der Marketing-Maßnahmen des Anbieters und Handlungen Dritter gesehen werden:

$$y = f(X, B)$$

y = Kaufverhaltensvariable des Bedarfsträgers bzw. Segments
X = Marketing-Mix des Anbieters
B = Handlungen Dritter als Teil des Bedingungsrahmens für das Kaufverhalten (z.B. Konkurrenzaktionen)

In der Praxis beschränkt man die Analyse zumeist auf einige wenige Marketing-Maßnahmen, im Extremfall auf nur eine wie z.B. Preis oder Werbung, und bezieht nur selten Variablen des Bedingungsrahmens (z.B. in Form von Konkurrenzaktivitäten) ein.

Die Einengung des Untersuchungsbereiches auf wenige Marketing-Maßnahmen ist zum einen branchenbedingt, wenn nur einzelne Marketing-Submixes eine größere Rolle spielen (z.B. der Preis oder die Anzahl der Distributionsstätten auf dem Benzinmarkt); zum anderen bestimmen methodische Überlegungen die Auswahl der Marketing-Mix-Variablen. Da (bezüglich des Verhaltens) monovariable Reaktionsfunktionen zumeist mittels der multiplen Regressionsanalyse geschätzt werden, entsteht bei Einbeziehung vieler Marketing-Maßnahmen oft eine unerwünschte Multikollinearität zwischen den unabhängigen Variablen, wodurch es zu unplausiblen Regressionskoeffizienten und starken Restwertschwankungen kommen kann. In diesem Falle muß man sich für eine der korrelierenden Marketing-Maßnahmen entscheiden.

Die Anwendung der monovariablen Verhaltenssegmentierung anhand von Reaktionsfunktionen steht und fällt mit der Beschaffung der notwendigen Daten, der Schätzung der Funktionstypen und -parameter, der Möglichkeit der Aggregation gleicher bzw. ähnlicher Reaktionsfunktionen sowie der Möglichkeit, die Segmente mit den angemessenen Marketing-Maßnahmen gezielt anzusprechen.

Hinsichtlich der Datenbeschaffung stehen die Methoden der Befragung, der Labor- und Testmarktexperimente sowie der Panelforschung zur Verfügung.

Welche Probleme hierbei auftreten, läßt sich unschwer an folgendem Beispiel erkennen: Selbst bei nur 5 verschiedenen Preisforderungen, 4 Werbemittelentwürfen und 3 Produktvarianten ergeben sich 60 zu überprüfende Kombinationen. Dabei ist die Anzahl der überprüften Variationen immer noch zu gering, um zu einer zuverlässigen Schätzung der Reaktionsfunktionen zu kommen.

Bei der Ermittlung hypothetischer Einkaufsmengen aufgrund von Befragungen [Vgl. z.B. *Abrams* (1964) 6 ff; *Behrens* (1966) 143 ff; *Brede* (1969) 809 ff], durch Vorlegen von Werbemittelentwürfen und mitunter verbal umschriebenen bzw. gezeichneten Produktentwürfen etc. besteht zwar die Möglichkeit, eine genügend hohe Anzahl von Variationen des Marketing-Mix durchzuspielen. Doch liegt es auf der Hand, daß derartige Kaufabsichtsäußerungen recht spekulativ sind.

Labor- und Testmarktexperimente dagegen sind meist zu kostspielig und zwingen zur

Funktionenschätzung anhand weniger realisierter Punkte im gesamten Reaktionsbereich. Sie wurden bisher hauptsächlich zur Schätzung von Preis-Absatz- [Vgl. *Pessemier* (1962) 153ff] und Werbewirkungs-Funktionen eingesetzt [Zu den Methoden vgl. u.a. *Möbius* (1967) 123ff; *Johannsen* (1970) 753ff; *Spiegel* (1970)].

Daneben tritt hier ein unvermeidbarer Zirkel auf, der solange nicht behoben werden kann als nicht alle denkbaren Marketing-Maßnahmen überprüft worden sind [So auch *Dichtl* (1974) 57; *Müller-Hagedorn* (1974) 230]. Die Segmente sind nach Maßgabe gleichartiger Reaktionsfunktionen zu bilden. Die Reaktionsfunktionen ergeben sich jedoch aus den präsentierten Marketing-Maßnahmen. Aus diesen Funktionsverläufen werden anschließend die segmentspezifischen Marketing-Aktionen abgeleitet. Wären andere Marketing-Maßnahmen getestet worden, hätten sich mitunter ganz andere Verläufe ergeben [Vgl. auch die Ausführungen zu der Marktsegmentierung nach punktuell realisierten Werten des absatzwirtschaftlich relevanten Verhaltens im dritten Kapitel A.II und B.III.2].

Allerdings agieren die meisten Anbieter schon länger auf diesen Märkten. Zudem liegen bereits Vermutungen über Reaktionskurvenverläufe in Abhängigkeit von der Produktart und den betrachteten Marketing-Maßnahmen sowie den Deskriptorvariablen (Einkommen, Alter etc.) vor. Für die Auswahl der zu überprüfenden Marketing-Maßnahmen gibt es somit Anhaltspunkte, durch die sich ihre Anzahl von vornherein beschränken läßt. Dennoch bleibt das Problem einer genügend hohen Variation der Marketing-Aktivitäten, ohne die die Schätzung der Funktionsverläufe nicht gelingt.

Einen möglichen Ausweg bei bereits eingeführten Produkten scheint die Auswertung von Panelmaterial zu bieten. Allerdings lassen sich Funktionsverläufe nur schätzen, wenn in der Vergangenheit genügend Preisänderungen und unterschiedliche Werbeausgaben etc. erfolgten. Dies ist jedoch oft nicht der Fall. Zudem werden unterschiedliche Reaktionswerte der Abnehmer zu verschiedenen Zeitpunkten gegenübergestellt. In diese gehen sonstige Einflüsse wie Einkommens-, Konjunktur- und Saisonschwankungen sowie Konkurrenzmaßnahmen ein. Da zudem die eigenen Maßnahmen meist nie sehr stark variiert wurden, beschränkt man sich auf einen schmalen Ausschnitt der Reaktionsfunktion, wobei die Nichtbeachtung vieler Einflußfaktoren mitunter zu einer starken Streuung der beobachteten Werte um die Regressionsfunktion führt. Der Anteil der mit der Variation der Marketing-Maßnahmen erklärten Varianz der Verhaltensvariablen ist meist außerordentlich gering.

Ein großes Problem entsteht auch dadurch, daß der Segmentbildung idealerweise die individuellen Reaktionsfunktionen zugrunde zu legen wären. Regressionsanalysen auf der Grundlage individueller Einkaufsakte sind aufgrund der Zufallseinflüsse, die auf die individuelle Kaufentscheidung einwirken, wenig sinnvoll. Die Einkaufsmengen x schwanken z. B. aufgrund des gerade verfügbaren Einkommens, des Zeitdrucks und ähnlicher Einflußgrößen erheblich um die durchschnittliche Verbrauchsintensität λ_j. Marketing-Maßnahmen wirken sich dagegen oft nur geringfügig aus und werden von den sonstigen situativen Stimuli überlagert. In diesem Falle behilft man sich mitunter mit der Schätzung der Reaktionsfunktionen von einzelnen Abnehmern, Segmenten oder auch des Gesamtmarktes durch systematische Einbeziehung von Experten,

z. B. im Wege des Decision-Calculus-Ansatzes [Vgl. hierzu *Little* (1970) B-466 ff; *Lodish* (1971) P-25 ff; *Montgomery/Silk/Zaragoza* (1971) P-3 ff].

Hierbei wird zunächst ein bestimmter Funktionstyp (z. B. logistischer Funktionsverlauf bei Vertretereinsätzen) angenommen. Anschließend sind folgende Punkte der Reaktionsfunktion durch Experten (Manager, Außendienstmitarbeiter) zu schätzen(!):

(1) Minimales Reaktionsniveau (z. B. Minimalverkaufserfolg je Kunde) bei einer Kommunikationsaktivität von Null;
(2) Maximales Reaktionsniveau (maximal möglicher Verkaufserfolg je Kunde);
(3) Gegenwärtiges Reaktionsniveau bei gegebenen Aktivitäten;
(4) Reaktionsniveau bei einer Erhöhung der gegenwärtigen Marketing-Aktivitäten um 50 %.
(5) Reaktionsniveau bei Verminderung der gegenwärtigen Aktivitäten um 50 %.

Zur Infragestellung der Realitätsnähe solcher Schätzungen meint *Little:* »The answer is that management make such judgments all the time but in a less formal and less numerical way. Whenever they take an action they form some belief about what will happen. As a result, it has not proven difficult for them to make estimates which they feel reasonably comfortable with« [(1970) B-474; Vgl. auch *Krautter* (1973) 77 ff].

Sinnvoll ist dieser Ansatz zur Ermittlung von Individualreaktionsfunktionen aber nur für überschaubare Märkte (z. B. bestimmte Investitionsgütermärkte sowie Pharmazeutika-Märkte). Während zudem bei Regressionsanalysen der günstigste Funktionstyp (linear, logistisch, additive oder multiplikative Verknüpfung der Marketing-Instrumente etc.) mittels des R^2-Wertes gewählt werden kann, ist man beim Decision-Calculus-Ansatz weitgehend auf Spekulationen angewiesen. Bei einzelnen Marketing-Instrumenten können nur Plausibilitätsüberlegungen angestellt werden, gestützt auf einige empirische Untersuchungen [Vgl. hierzu *Fischerkoesen* (1967) 187 ff und die dort zitierten empirischen Untersuchungen sowie *Freter* (1974) 106 ff und *Klenger/Krautter* (1972) 135 ff].

Problematisch bleibt im Reaktionsfunktionenansatz zur Marktsegmentierung auch die Auswahl und Messung der abhängigen und unabhängigen Variablen. Was die unabhängigen Variablen anbelangt, so ist es oft schwierig, diese metrisch zu messen. Oft werden monetäre Indikatoren für das Aktivitätsniveau eingesetzt, wie z. B. Werbebudgets, Distributionsausgaben, oder Kennziffern für die Qualität der Produktvarianten. Bei der abhängigen Variablen von individuellen Reaktionsfunktionen hängt das Meßniveau von den herangezogenen Reaktionsmerkmalen ab. Für Güter des täglichen Bedarfs, der mengenmäßig teilbar ist, kann man die Einkaufsmenge des Haushalts verwenden und näherungsweise eine stetige Funktion annehmen. Bei Gütern, die nur in sehr langen Zeitabständen erworben werden, bleibt oft nur eine dichotome Abhängige, nämlich Kauf oder Nichtkauf. Die Reaktionsfunktion verläuft dann z. B. bei nichtpreislichen Aktivitäten auf der Abszisse bis zum Niveau des Instrumenteneinsatzes, bei dem die Kaufhandlung erfolgt und springt an diesem Punkt auf den Wert 1. Von hier ab verläuft sie für alle höheren Aktivitätsniveaus auf dem Wert 1 als Parallele zur Abszisse (Vgl. Abb. 47).

Zieht man derartige individuelle Werbewirkungsfunktionen als Segmentierungskriterien heran, so sind alle Bedarfsträger, die bei der gleichen Kontaktzahl mit einem Kaufentscheid reagieren, zu einem Segment zusammenzufassen. Die segmentspezifi-

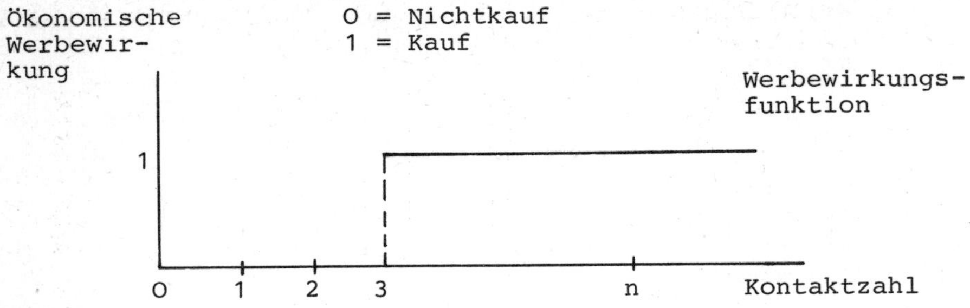

Abb. 47: Individuelle Werbewirkungsfunktionen bei Kauf bzw. Nichtkauf als Abhängige

schen Werbebudgets müssen sich dabei an der Höhe der notwendigerweise zu erzielenden Kontakte orientieren [Derartige Werbewirkungsfunktionen werden oft in Mediaselektionsmodellen unterstellt, so etwa in MOSES V. Vgl. hierzu *Asimus/Nauwerk* (1977)]. Ein höheres Skalenniveau der abhängigen Variablen läßt sich um den Preis erreichen, daß man von ökonomischen Verhaltensvariablen abläßt und deren psychologische Vorstufen einsetzt, wie z.B. Intensität der geäußerten Kaufabsichten oder Einstellungsänderungen. Allerdings bleibt dann das Problem des oft fehlenden Zusammenhanges zwischen den psychologischen Größen und dem tatsächlichen Kaufverhalten.

Die Schwierigkeiten, die mit der Ermittlung *individueller* Reaktionsfunktionen verbunden sind (geringe Zahl beobachteter Werte, dadurch keine statistische Absicherung; starke Streuung der gelegentlich eingekauften Menge um die mittlere Verbrauchsintensität; dichotome Abhängige bei langfristigen Gebrauchsgütern; erhebliche Kosten der Datenanalyse bei größeren Stichproben), zwingen zur Aufgabe dieses Ansatzes.

ab) Mikrosegment-Reaktionsfunktionen als Basis zur Marktsegmentierung

Da es prinzipiell wünschenswert ist, Segmente mit intern homogenen individuellen Reaktionsfunktionen zu erhalten, und da sich aus diesen Reaktionsfunktionen Empfehlungen zur Aufteilung der Marketing-Budgets auf die Segmente ableiten lassen [Vgl. hierzu *Topritzhofer* (1977)], werden Hilfslösungen vorgeschlagen, die auf Reaktionsfunktionen a priori gebildeter Gruppen beruhen.

Grundgedanke ist, daß zunächst Gruppen gebildet werden anhand von Merkmalen, die die Gleichartigkeit der Reaktionen der Segmentangehörigen *vermuten* lassen; d.h. man versucht, mittels bewährter Hilfskriterien zunächst relativ viele und dabei sehr homogene Segmente (im weiteren »Mikrosegmente«) zu bilden, die allerdings vom Stichproben Umfang her groß genug sind, um statistisch abgesicherte Reaktionsfunktionen schätzen zu können [4]. Wenn diese Hilfskriterien bis zu einem gewissen Grad

[4] Dies ist ein Problem, das sich mit den bisherigen Clusteranalysealgorithmen noch nicht lösen läßt. Es verlangt nämlich die Verarbeitung sehr großer Stichproben, aus denen sehr viele homogene Gruppen zu bilden sind. Als Ausweg wird z.B. vorgeschlagen, von einem kleinen

prognostische Relevanz haben, so werden die nach solchen Hilfsmerkmalen gering streuenden Mikrosegmente auch eine geringe Streuung der individuellen Reaktionsfunktionen aufweisen. Als Indikator hierfür ist der R^2-Wert geeignet: Je weniger sich die individuellen Reaktionsfunktionen eines Segments unterscheiden, desto höher wird der R^2-Wert der Mikrosegment-Reaktionsfunktion sein (et vice versa) [Vgl. auch *Müller-Hagedorn* (1974) 125].

Die weitere Aggregation von Mikro- zu Makrosegmenten erfolgt dann nach der Ähnlichkeit der Mikrosegment-Reaktionsfunktionen anstatt nach den üblichen Hilfskriterien (sozioökonomisch, demographisch etc.).

Nach welchen Kriterien die Mikrosegmente zu bilden sind, hängt von mehreren Faktoren ab, wie z.B. der Branche, den primär interessierenden Verhaltensweisen und dementsprechend den wesentlichen Marketing-Instrumenten. Hauptsächlich werden allerdings leicht erfaßbare Merkmale bevorzugt werden, die am ehesten einen Indikator für homogene Reaktionsfunktionen darstellen, nämlich die aus Panelunterlagen ersichtlichen punktuellen Reaktionen der Bedarfsträger auf bisherige Marketing-Aktivitäten. Handelt es sich um neu einzuführende Produkte, dürfte sich der Reaktionsfunktionen-Approach zur Segmentbildung ohnehin verbieten.

Betrachtet man die bisherigen spärlichen Empfehlungen zur segmentspezifischen Reaktionsfunktionenschätzung, so sind im deutschsprachigen Raum nur die Veröffentlichungen von *Dichtl* [(1974) 38] und *Krautter* [(1975) 109 ff] zu nennen, wobei diese Autoren Reaktionsfunktionen im weiteren nicht als Segmentierungskriterien verwenden, sondern hieraus Anregungen zur Allokation der Marketing-Instrumente ableiten wollen.

Dichtl schlägt in Anlehnung an *Lessig/Tollefson* [(1971) 480 ff] vor, homogen reagierende Segmente in einem Merkmalsraum zu suchen, der durch demographische, sozioökonomische und psychographische Merkmale erstellt wird, darunter insbesondere solche Kriterien, wie sozialpsychologisches Rollenverhalten, Einstellungen gegenüber dem Produktbereich sowie Merkmale des Kaufverhaltens. Diese Vorgehensweise entspricht im großen und ganzen auch dem hier verfolgten Ansatz: Allerdings scheinen psychographische Größen, die sich auf relativ globale Objekte wie z.B. den Produktbereich beziehen, wenig prognosetauglich. Sie wären deshalb eher durch Merkmale zu ersetzen, die sich auf konkrete Objekte beziehen, wie z.B. markenspezifische Einstellungen oder Nutzenerwartungen sowie Lebensgewohnheiten, die speziell für ein konkretes Produkt ermittelt wurden. In dieser Hinsicht ist auch der Vorschlag *Krautters* [(1975) 115 ff] zu verstehen, der die ex ante-Mikrosegmentbildung mittels der Clusteranalyse im mehrdimensionalen Einstellungsraum empfiehlt.

Als Fazit bleibt, daß Mikrosegmente aus punktuell erfaßten Merkmalen des Kaufverhaltens und markenspezifischen bzw. produktbezogenen psychographischen Merk-

---

Sample (z.B. 1000–2000 Haushalte) auszugehen, Cluster nach den jeweils interessierenden Merkmalen zu bilden, und dann eine große Stichprobe (z.B. 10 000 Haushalte) mit Hilfe der Diskriminanzfunktionen auf die Segmente zu verteilen. Dieser Ansatz ist u.U. dem von Blattberg und Sen vorzuziehen, da dort die Schwierigkeiten der mathematischen Modellbildung auftreten, durch die die einzelnen Segmente abzubilden sind. Bei Verwendung der MDA tritt allerdings das Problem auf, trennscharfe Kriterien zu finden. Vgl. hierzu auch *McCann* (1974) 399 ff.

malen zu bilden sind. Unter den wenigen Vertretern dieser Methode zur Ermittlung segmentspezifischer Reaktionsfunktionen sind *Frank/Massy* [(1965) 171ff] sowie *Sexton* [(1974) 113f] zu erwähnen. *Frank/Massy* bilden zunächst auf recht einfache Weise sieben Marktsegmente, indem sie den Markt einer bestimmten Produktgattung im ersten Falle nach der Markentreue, im zweiten Falle nach der gekauften Packungsgröße und im dritten Falle nach der meistpräferierten Einkaufsstätte der Bedarfsträger unterteilen:

1. Markentreue
Segment A: treu gegenüber der Marke M
Segment B: kauft andere Marken

2. gekaufte Packungsgröße
Segment A: Großpackungskäufer
Segment B: Kleinpackungskäufer

3. Einkaufsstätte
Segment A: kauft in Handelskette X
Segment B: kauft in Handelskette Y
Segment C: kauft in freien Geschäften oder kleinen Handelsketten

Für jedes dieser sieben Segmente wurde eine Reaktionsfunktion errechnet, wobei als Abhängige der Marktanteil von M und als Unabhängige der Preis und die Sonderaktionen (in Form von Preisnachlässen) verwendet wurden.

Als Funktionstyp wurde eine Cobb-Douglas-Funktion gewählt und gleichzeitig ein Koyck-Time-Lag eingebaut [Siehe hierzu die Ausführungen im dritten Kapitel B.III.3ab]. Dadurch wird unterstellt, daß die betreffenden Marketing-Maßnahmen nicht vollkommen substituierbar sind und nicht nur in der gleichen, sondern auch in späteren Perioden eine Auswirkung haben. Zudem hat dieser Funktionstyp die Eigenschaft, daß die Exponenten, die nach Logarithmierung als Regressionsparameter zu schätzen sind, Elastizitäten darstellen [Zum Beweis vgl. *Kotler* (1971) 40 und 28]. Die Kenntnis der segmentspezifischen Elastizitäten ermöglicht wiederum die Ableitung der optimalen Marketing-Maßnahmen.

Die logarithmierte Formel lautet [*Frank/Massy* (1965) 173]:

$$\begin{aligned} S_t = a_o \; & + a_1 P_t + a_2 P_{t-1} + a_3 P_{t-2} + a_4 D_t + \\ & + a_5 D_{t-1} + a_6 D_{t-2} + a_7 P_t D_t + a_8 ES_t + \\ & + a_9 ES_{t-1} + \lambda S_{t-1} + V_t \end{aligned}$$

mit

a_o = Absolutes Glied
a_1 bis a_9 = Elastizitäten, d.h. die prozentuale Änderung des Marktanteils bei einer einprozentigen Änderung der unabhängigen Variablen
t = Wochenindex
P_t = Logarithmus des Preises in der Woche t
D_t = Logarithmus der Ausgaben für Sonderaktionen in der Woche t
S_t = Logarithmus des Marktanteils in der Woche t

ES_t = Logarithmus des erwarteten Marktanteils in der Woche t. ES_t wurde in die Formel einbezogen, um bei kleinen Samplegrößen (z.B. Mikrosegmenten) zu berücksichtigen, daß durch unterschiedliche Einkaufszeitpunkte der Haushalte mit unterschiedlicher Verbrauchsintensität sich die Marktanteile erheblich verschieben können. Auf diese Weise soll ermöglicht werden, Marktanteilsänderungen, die sich durch Preisänderungen oder Sonderaktionen ergeben, von solchen zu unterscheiden, die durch die Einkaufsgewohnheiten der Haushalte hervorgerufen werden (z.B. dreiwöchige Einkaufsrhythmen von Großverbrauchern).

ES_t wird deshalb wie folgt berechnet:

$$ES_t = \frac{\sum_i W_i P_{iM}}{\sum_i W_i} \quad \text{mit}$$

W_i = Gesamtverbrauch der Familie i in der betreffenden Produktgattung innerhalb von drei Jahren

P_{iM} = Anteil des Gesamtverbrauchs der Familie i, der auf die Marke M entfällt.

Die Summierung für ES_t (bzw. ES_{t-1}) erfolgt nur für die Familien, die in der Periode t (bzw. t-1) eingekauft haben, wodurch Veränderungen der wöchentlichen Marktanteile aufgrund der Familieneinkaufsgewohnheiten eliminiert werden.

λ = Parameter, der die Auswirkung einer Marketing-Maßnahme, die in t-1 durchgeführt wurde, in der Periode t zum Ausdruck bringt ($0 \leqq \lambda \leqq 1$). Das Koyck-Modell unterstellt eine exponentielle Abnahme, d.h. die Auswirkung einer Maßnahme x, die z.B. in t-2 realisiert wurde, wäre in t $\lambda^2 \cdot x$. Durch entsprechende Umrechnung können diese Effekte auch erfaßt werden, indem man statt der mit den λ-Werten gewichteten Marketing-Maßnahmen die Größe $\lambda \cdot S_{t-1}$ setzt.

V_t = Störglied

Die Reaktionsfunktionen für Segmente unterschiedlicher Markentreue zeigt folgende Tabelle [Entommen bei *Frank/Massy* (1965) 180]:

	Markentreue gegenüber M	Nichtmarkentreue
P_t	– 1.620	– 3.351
P_{t-1}	.201	.091
P_{t-2}	.162	.744
D_t	.026	.085
D_{t-1}	.029	.012
D_{t-2}	– .006	.014
P_tD_t	.046	.003
ES_t	1.584	1.165
ES_{t-1}	– .456	– .591
λ	.174	.003

Im großen und ganzen reagieren Markentreue weniger auf Preisänderungen (ein Widerspruch zeigt sich bei P_{t-1}). Bei Sonderaktionen sind kaum Unterschiede vorhanden, da Nichtmarkentreue zwar sensitiver gegenüber Sonderpreisaktionen sind und deshalb unter diesen Umständen verstärkt zur Marke M greifen, Markentreue aber eher wahrnehmen, wenn »ihre« Marke verbilligt angeboten wird und deshalb in dieser Hinsicht reaktionsfreudiger sind [Siehe die Begründung bei *Frank/Massy* (1965) 179].

Sexton bildete, wie schon erwähnt, zunächst mittels einer Clusteranalyse Segmente nach dem Einkaufsverhalten (Einkaufsmenge, Markentreue, Einkaufsstätte etc.). Für diese Segmente wurden sodann Reaktionsfunktionen geschätzt, wobei als abhängige Variable der Umsatz in den Segmenten und als unabhängige Variablen die Werbemaßnahmen und der Preis gewählt wurden. Allerdings verwendete er die segmentspezifischen Reaktionsfunktionen nicht als Ausgangsbasis einer weiteren Agglomeration von Mikro- zu Makrosegmenten, zumal seine a priori-Segmente ohnehin schon relativ umfangreich waren. Jedenfalls gelang es ihm mit einem Segmentierungsansatz, bei dem vier verschiedene Kriterien des Kaufverhaltens herangezogen wurden und bei dem der Regressionsanalyse eine Potenzfunktion mit einem 3-Perioden-Time-Lag zugrunde lag, recht gute Funktionsschätzungen durchzuführen [Vgl. *Sexton* (1974) 113f].

Ähnlich erfolgreich bei einer segmentspezifischen Reaktionsfunktionsschätzung war auch *McCann* [(1974) 399ff]. Er bildete wegen des Stichprobenumfangs Segmente allerdings nicht im Wege der Clusteranalyse, mit der simultan alle relevanten Segmentierungskriterien hätten berücksichtigt werden können. Statt dessen wurden die einbezogenen Kaufverhaltensmerkmale sowie demographische und sozioökonomische Variablen wie bei *Frank/Massy* jeweils für sich allein verwendet. Mittels einer FA dieser Merkmale wurde festgestellt, welche Variablen ein und dasselbe Phänomen repräsentieren. Aus diesen Merkmalen wurden einige stellvertretend ausgewählt. Übrig blieben acht Kaufverhaltensmerkmale und fünf demographisch-sozioökonomische Merkmale. Die Segmentbildung erfolgte anschließend jeweils immer nur für eine Variable (z.B. Intensivverwender und Geringverwender, hohe Markentreue, niedrige Markentreue etc.).

Als Marketing-Variablen wurden die Werbeausgaben, der Preis und Ausgaben für Sonderaktionen verwendet. Die Regressionskoeffizienten der linearen Reaktionsfunktion waren für die Werbeausgaben in allen Segmenten signifikant (zumindest auf dem 10% – Niveau). Für die Preishöhe ergab sich nur bei einem Segment ein nichtsignifikanter Regressionskoeffizient. Bei den zudem einbezogenen Sonderaktionen zeigten sich allerdings nur in 6 der 26 Segmente signifikante Regressionskoeffizienten.

Liegen die Reaktionsfunktionen einer größeren Anzahl von Mikrosegmenten vor, so verbietet sich i.d.R. die differenzierte Behandlung eines jeden Segments bzw. die Spezialisierung auf eines oder wenige Segmente, da ihr Marktvolumen zu gering ist, um die Kosten einer segmentspezifischen Behandlung zu rechtfertigen. Es stellt sich damit das Problem der optimalen Aggregation von kleinen Abnehmergruppen zu größeren anhand ihrer Reaktionsfunktionen.

ac) Optimale Segmentbildung anhand von Reaktionsfunktionen

Zunächst die Problemstellung [Vgl. zur Entwicklung dieses Ansatzes, der in der vorliegenden Form auf *Claycamp* und *Massy* zurückgeht: *Yntema* (1928) 686 ff; *v. Stackelberg* (1939) 1 ff; *Robinson* (1934) 186; *Claycamp/Massy* (1968) 388 ff; *Frank/Massy/Wind* (1972) 170 ff; *Tollefson* (1972)]: Ziel der Segmentbildung und der differenzierten Behandlung der Marktsegmente sei die Gewinnmaximierung:

(1) $G = E - K \rightarrow \text{Max!}$

G = Gewinn
E = Erlös
K = Gesamtkosten der Produktion und des Marketing

(2) $$E = \sum_{k=1}^{q} p_k \cdot f_k(p_k, y_k)$$

k = $1, \ldots, q$ = Marktsegmente
p_k = geforderter Preis im Segment k
$f_k(p_k, y_k)$ = Nachfrage im Segment k als Funktion von p_k und dem Vektor der nichtpreislichen Marketing-Maßnahmen im Segment k
y_k = $y_{k1}, y_{k2}, \ldots y_{km}$ $(i = 1, 2, \ldots, m)$

(3) $$K = C\left[\sum_k f_k(p_k, y_k)\right] + \sum_k v_k' y_k + F$$

Gesamtkosten = Variable Produktionskosten + Gesamtkosten der Marketing-Maßnahmen für Segment k (v_k = Vektor der pro Einheit der nichtpreislichen Marketing-Maßnahmen y_k anfallenden Kosten) + Fixkosten der Produktion

Setzt man die Gleichungen (2) und (3) in (1) ein und bildet die gleich Null gesetzten ersten Ableitungen, so folgt [*Frank/Massy/Wind* (1972) 182 und 187]:

(4) $$(p_k - C')\,\frac{\delta f_k}{\delta p_k} = -f_k(p_k \cdot y_k).$$

Nach einigen Umformungen von (4) zeigt sich die aus der volkswirtschaftlichen Preistheorie bekannte Forderung, nach der der Preis so zu setzen ist, daß die Grenzerlöse gleich den Grenzkosten sind (C' = Grenzherstellkosten).

(5) $$(p_k - C')\,\frac{\delta f_k}{\delta y_{ki}} \doteq v_{ki}$$

Diese Bedingung fordert:
Setze die Marketing-Maßnahme i (außer Preis) solange ein, bis der Kostenzuwachs der letzten Einheit dieser Maßnahme gleich dem marginalen Bruttogewinn (d.h. Gewinn vor Abzug der Marketing-Kosten) ist.

Nehmen wir an, daß der Gesamtmarkt aus n Segmenten bestünde, die mit nur einem Abnehmer besetzt sind und die mehr oder minder heterogene Reaktionsfunktionen (deren Ermittlung möglich sei) aufweisen. Bereitet ihre differenzierte Behandlung keine zusätzlichen Kosten, so realisiert ein Unternehmen dann und nur dann das Gewinnmaximum, wenn Bedingungen (4) und (5) für jeden Abnehmer $j = 1, \ldots, n$ erfüllt werden. Da die differenzierte Behandlung von n Abnehmern mit hohen Kosten (Marktforschung, Verwaltung, Produktion differenzierter Produkte, Werbung etc.) verbunden ist, folgt die optimale Marktsegmentierung aus folgenden Überlegungen:

Die Aggregation zweier unterschiedlicher Reaktionsfunktionen führt zu einer neuen Reaktionsfunktion und demnach wiederum, gemäß Bedingungen (4) und (5) zu einem neuen optimalen Marketing-Mix. Die Gleichbehandlung der aggregierten Abnehmer führt zu einer Erlösreduktion, der auf der anderen Seite jedoch eine Kosteneinsparung gegenübersteht. Anfangs wird die Kosteneinsparung größer als die Erlöseinbuße sein, so daß sich der Gesamtgewinn erhöht.

Realistischerweise wird man allerdings bei Mikrosegmenten beginnen müssen, in denen sich schon mehrere Abnehmer befinden. Doch auch dann läßt sich durch Zusammenlegung von Mikrosegmenten ein Gewinnzuwachs realisieren, da diese immer noch zu klein für eine differenzierte Behandlung sind. Gesucht ist das Aggregationsniveau, bei dem die durch die letzte Aggregation hervorgerufene Erlöseinbuße gerade gleich der dadurch entstandenen Kosteneinsparung ist [Vgl. *Claycamp/Massy* (1968) 393].

Abgesehen von dem Problem, ein geeignetes Clusteranalyse-Verfahren zur Suche nach der optimalen Aggregation zu finden, tritt bei dieser Aufgabenstellung eine gravierende Schwierigkeit auf: Zur Ermittlung der optimalen Segmentbildung müßte im Wege der vollständigen Enumeration jede zulässige Aggregations-Alternative von Responsefunktionen gebildet werden, um anschließend für jede Alternative die sich daraus ergebenden segmentspezifischen Reaktionsfunktionen zu berechnen. Aus den nun bekannten Reaktionsfunktionen der q Segmente einer jeden Partition wäre sodann das gewinnmaximale Marketing-Programm eines jeden Segmentes abzuleiten. Am Ende ist das insgesamt optimale Programm auszuwählen, wodurch auch die optimale Segmentanzahl bestimmt wäre. Dies ist ein schon bei relativ kleiner Anzahl möglicher Partitionen nicht gangbarer Weg. Bei n Abnehmern wären auf der ersten Stufe $n\,(n-1)\,/\,2$ Aggregationsalternativen zu überprüfen, auf der zweiten $(n-1)\,(n-2)\,/\,2$ Alternativen u.s.f.

In der Literatur werden deshalb drei verschiedene Heuristiken vorgeschlagen, die den Rechenaufwand einerseits zu reduzieren suchen, indem sie das Oberziel Gewinnmaximierung durch einfacher zu ermittelnde Hilfskriterien ersetzen, und indem sie andererseits Algorithmen vorschlagen, durch die die Zahl der zu überprüfenden Alternativen drastisch reduziert wird. Dabei werden die Segmentierungskosten vernachlässigt bzw. für jedes Segment als gleich hoch unterstellt.

Der erste Vorschlag lehnt sich an die Erörterung zur Preisdifferenzierung von J. *Robinson* [Vgl. *Robinson* (1954) 186] an und fordert, daß Abnehmer bzw. Mikrosegmente mit gleichen bzw. ähnlichen Preis-, Werbe- und Distributionselastizitäten zu einem Segment zusammenzufassen sind [Vgl. *Frank/Massy* (1965) 187]. Liegen isoelastische Reaktionsfunktionen vor [Siehe hierzu die Ausführungen zur Multiplen Regressionsanalyse im dritten Kapitel C.III.1] (z.B. Potenzfunktionen), so wäre theoretisch eine regressionsanalytische Schätzung der Elastizitäten und anschließend die Aggregation von Abnehmern bzw. Mikrosegmenten anhand der Elastizitätsdifferenzen ohne weiteres durchführbar. In vielen Fällen werden aber Funktionsverläufe vorliegen, bei denen die Elastizitäten nicht nur vom Kurvenverlauf, sondern auch vom Einsatzniveau der Marketing-Instrumente abhängen (Punktelastizitäten). Damit wird dieses Aggregationskriterium nur sinnvoll, wenn aus den Regressionsfunktionen im Zusammenhang mit einem marginalanalytischen Marketing-Mix-Modell die für die Abnehmer (Mikrosegmente) jeweils optimalen Marketing-Maßnahmen abgeleitet wurden. Erst wenn diese Einsatzniveaus festgelegt sind, lassen sich die Elastizitätskoeffizienten errechnen und untereinander vergleichen. Der Aufwand bei diesem Segmentierungsansatz bleibt damit immens, denn er setzt nicht nur signifikante und zu einem hohen Anteil die Varianz der Kaufmenge erklärende Regressionsfunktionen voraus, sondern auch die Prognose der Kosten der Marketing-Aktivitäten und die Ableitung der optimalen Marketing-Maßnahmen. Falls sich dennoch diese Hemmnisse überwinden lassen, bietet diese Aggregationsalternative keine Gewähr für eine optimale Lösung, denn die Erlöseinbußen bei Aggregation von Segmenten mit geringen Elastizitätsdifferenzen können größer sein als bei Aggregation von Segmenten mit größeren Elastizitätsdifferenzen.

Die Beweise hierfür finden sich für Preis- und Werbeelastizitäten bei *Tollefson* [(1972) 7ff]. Ihre Darlegung würde hier zu weit führen. Deshalb sei nur für die Preiselastizitäten ein kurzer Hinweis angeführt, zumal sich aus diesen Überlegungen Konsequenzen für die Wahl der später zu behandelnden Clusteranalyseverfahren ergeben, die immer mehr Bedeutung für die Marktsegmentierung gewinnen:

Abgesehen von der Höhe der Preiselastizität hängt die Erlöseinbuße durch Aggregation auch vom Segmentumfang ab. Je größer der Umfang der zu fusionierenden Segmente, desto stärker wird der Gesamtgewinn durch die einheitliche Preisstellung zurückgehen. Hat z.B. ein Segment j beim segmentspezifischen Optimalpreis eine Preiselastizität e_j, ein anderes Segment k die Preiselastizität e_k und ein drittes Segment l die Preiselastizität e_l, wobei $e_j > e_k >> e_l$ ist, so bedeutet dies nicht unbedingt, daß die Segmente mit e_j und e_k zu aggregieren sind, obwohl sie die geringste Elastizitätsdifferenz aufweisen. Es ist unter Gewinngesichtspunkten auch der Segmentumfang zu berücksichtigen, d.h. falls Segment l einen wesentlich geringeren Segmentumfang aufweist als Segment k, so daß der Erlöseffekt des Segmentumfanges größer ist als der Erlöseffekt der Elastizitäten, ist es notwendig, j und l zu fusionieren [Hinter der Elastizität, d.h. dem Verhältnis »relative Mengenänderung dividiert durch relative Preisänderung«, stehen bei unterschiedlich großen Segmenten auch unterschiedlich große absolute Mengen- und damit Umsatzzahlen!].

Der optimale Preis läßt sich bei einer linearen Preis-Absatzfunktion vom Typ $p = a - bx$ und einer Kostenfunktion $K_v = c \cdot x$ als $p_{opt} = \frac{a+b}{2}$ errechnen. Betrachtet man zwei Segmente j und k mit den dazugehörigen optimalen Preisen p_{opt_j} und p_{opt_k}, so läßt sich zeigen [Vgl. *Tollefson* (1972) 7ff], daß eine Aggregation und einheitliche Preisstellung zu einer Schmälerung des Maximalgewinnes in Höhe von

(6) $$\Delta G_{jk} = \frac{(a_j - a_k)}{4(b_j + b_k)}$$

a_j, a_k = Ordinatenabschnitte
$b_j\ b_k$ = Steigungsmaße
führt.

Bei der vorliegenden Preisabsatzfunktion ist die Gewinnschmälerung nur dann gleich Null, wenn die Elastizitäten oder, was dasselbe bedeutet (siehe Abb. 48), die Ordinatenabschnitte (a_j, a_k) der Funktionen gleichgroß sind. In allen anderen Fällen bestimmen nicht nur die Elastizitäten bzw. Ordinatenabschnitte, sondern auch die Segmentgrößen (hier ausgedrückt durch Marktvolumina der Segmente) die Gewinneinbuße (vgl. b_j, b_k im Nenner; je näher sie bei gegebenen Ordinatenabschnitten beim Wert Null liegen, desto größer ist der Segmentumfang und daher auch ΔG_{jk}).

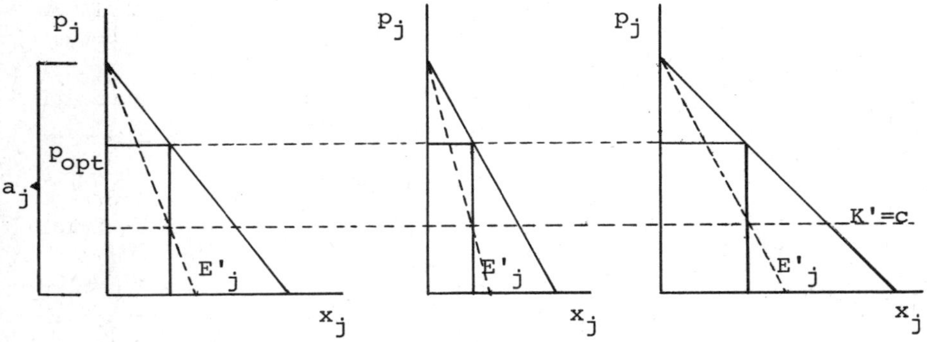

Abb. 48: Zusammenhang zwischen dem Ordinatenabschnitt einer Preis-Absatzfunktion und Preiselastizitäten bei p_{opt}

In ähnlicher Weise kann gezeigt werden, daß anhand von Werbeelastizitäten kaum die optimale Aggregation zu finden ist. Bei unterschiedlichen Werbeelastizitäten ist nicht gesagt, daß die Aggregation von Reaktionsfunktionen mit geringeren Elastizitätsdifferenzen auch zu geringeren Erlösschmälerungen führt. Ähnliches gilt für andere nichtpreisliche Marketing-Aktivitäten, da für diese oft ein Kurventyp wie bei Werbemaßnahmen angenommen werden kann.

Ein anderer Vorschlag empfiehlt, zur Aggregation von Abnehmern von »Koeffizienten« der Reaktionsfunktionen auszugehen [Vgl. *Claycamp/Massy* (1968) 388 ff sowie *Frank/Massy/Wind* (1972) 204].

»Thus it is desirable to form macrosegments such that:

Variance $\sum_{i \varepsilon j} \frac{df_i}{dx_j}$ over all $j\varepsilon h$ is as small as possible for each. In words, this

means that microsegments (j) should be assigned to macrosegments (h) in such a way that the within group variances of microsegment response coefficients are as small as possible relative to the between group variance. That is macrosegments should be as homogeneous as possible«.

Bevor auf diese Regel zur Aggregation von Mikrosegmenten anhand ihrer Reaktionsfunktionen eingegangen wird, sind einige terminologische Erläuterungen angebracht. Der Ausdruck $\sum_{i \varepsilon j} \frac{df_i}{dx_j}$ soll die Reaktion eines Mikrosegments j auf Marketing-Maßnahmen darstellen, wobei das Mikrosegment aus i Individuen gebildet wird. Die Mikrosegmente sollen so zu Makrosegmenten anhand ihrer Reaktionskoeffizienten aggregiert werden, daß die Intrasegmentvarianz eines jeweiligen Makrosegments h minimal wird.

Betrachtet man jedoch diesen Vorschlag näher, der sich an einem der meistvertretenen Zielkriterien der Clusteranalyse orientiert, so fällt auf, daß die interne Varianz der Segmente durch die Streuung der Reaktionskoeffizienten gemessen werden soll. Obwohl nicht näher spezifiziert wird, welcher Funktionstyp hierbei unterstellt wird, ist aus anderweitig geäußerten Empfehlungen der Autoren zu schließen, daß wiederum Potenz-Funktionen gemeint sind.

In diesem Falle stellen die »response coefficients« nichts anderes als Elastizitäten der Nachfrage auf die Änderung des Einsatzes der Marketing-Instrumente dar. Damit handelt es sich lediglich um eine Operationalisierung des Vorschlages von *Robinson* bezüglich der Grenzziehung zwischen den Segmenten. Es gilt jedoch die gleiche Kritik: Elastizitäten bieten keine Gewähr zur Auffindung der optimalen Segmentbildung.

Damit stehen wir erneut vor dem Ausgangspunkt unserer Fragestellung: Wie sollen anhand der geschätzten Reaktionsfunktionen die Mikrosegmente zu Makrosegmenten aggregiert werden, ohne einen nicht zu bewältigenden Suchaufwand zu verursachen? *Tollefson* schlägt als Aggregationsheuristik vor, jeweils die Mikrosegmente zusammenzufassen, bei denen sich die ihnen gegenüber zu realisierenden optimalen Marketing-Maßnahmen (vor der Aggregation) am wenigsten unterscheiden.

Sind die vor der Zusammenfassung zu ergreifenden optimalen Maßnahmen gleich (z.B. $p_{opt_j} = p_{opt_k}$ oder $\text{Werbemaßnahme}_{opt_j} = \text{Werbemaßnahme}_{opt_k}$), so führt die Aggregation der beiden Reaktionsfunktionen und die Gleichbehandlung der Abnehmer k und j selbstverständlich nicht zu einer Erlöseinbuße.

Doch bringt auch diese Heuristik kaum ein anderes Ergebnis als die Aggregation nach Elastizitäten, da die jeweils optimalen Marketing-Maßnahmen ebenfalls durch die Elastizitäten festgelegt werden (z.B. wird der optimale Preis durch die Preiselastizität der Nachfrage gesteuert ($p_{opt} = \frac{GK}{1 + 1/e}$)).

Große Elastizitätsunterschiede führen demnach zu großen Unterschieden der optimalen Marketing-Maßnahmen. Zudem unterstellt dieser Ansatz gleiche Kosten der differenzierten Behandlung eines jeden Segments, unabhängig von seinem Umfang, die zuverlässige Schätzung der Reaktionsfunktionen und die Kenntnis der jeweils zu realisierenden optimalen Marketing-Maßnahmen. Beobachtet man schließlich, daß es Mühe bereitet, die Wirkung der Konkurrenzmaßnahmen auf die Segmente einzubeziehen [Vgl. z.B. den Ansatz von *Lambin* (1972) 119ff, der Konkurrenzmaßnahmen dadurch einbezieht, daß das eigene Aktivitätsniveau der einzelnen Marketing-Maßnahmen in Beziehung zu den jeweiligen Aktivitäten der gesamten Branche gesetzt wird] und daß bei Gütern des täglichen Bedarfs Handelsbetriebe zwischengeschaltet sind, die selbständig agieren und damit den Effekt der Marketing-Maßnahmen des Herstellers verstärken bzw. abschwächen können [5], so bleibt die Ermittlung segmentspezifischer Reaktionsfunktionen ein kostspieliges Vabanque-Spiel.

Geht man realistischerweise davon aus, daß die geschätzten Mikrosegmentreaktionsfunktionen nur Näherungswerte darstellen, so ist es offensichtlich, auf welchen rechnerischen Artefakten die Segmentbildung und die Bestimmung des global optimalen Marketing-Mix beruht. Berücksichtigt man zudem die Probleme der Clusteranalyse bei der Suche nach einer optimalen Partition und die Problematik, aus »farblosen« Elastizitätskoeffizienten (in Verbindung mit Marginalansätzen zur Marketing-Mix-Gestaltung) Mediaselektionsentscheidungen, Kommuniqués, Produktgestaltungsalternativen u.ä. abzuleiten, so bleibt beim derzeitigen Stand des Wissens für die Praxis nur die Heranziehung von Segmentierungskriterien, die zwar keine Optimallösung versprechen, aber in vielen Fällen zu befriedigenden Ergebnissen bei erträglichem Aufwand führen. Dabei fällt auf, daß sich gerade jene Kriterien zu bewähren scheinen, die relativ gute Indikatoren für Nachfrageelastizitäten (Verbrauchsvolumen, Preisbewußtsein etc.) und/oder optimale Marketing-Maßnahmen (Nutzenerwartungen, Idealproduktvorstellungen) sind. *Tollefson* empfiehlt als Fazit, Clusteralgorithmen zu verwenden, die nicht auf dem Varianzkriterium, sondern auf hierarchischen Prinzipien beruhen, da sich hier am ehesten Kostengrößen und Nutzenerwartungen der infrage kommenden Segmentierungsstufen gegenüberstellen lassen. Doch bleibt diese Erkenntnis insoweit ungenutzt, als hierarchische Clusterverfahren bei realistischen Samplegrößen nicht einsetzbar sind: Die Anzahl der mit ihnen aggregierbaren Bedarfsträger ist so gering, daß keinerlei Repräsentanz der Segmente für die Grundgesamtheit gewährt ist.

Abb. 49 verdeutlicht noch einmal das Fazit dieses Abschnittes.

b) Multivariable Verhaltenssegmentierung anhand von Reaktionsfunktionen (Typ IV)

Ein Einwand gegen die Schätzung von Reaktionsfunktionen war, daß eine einzige Abhängige, wie z.B. die Kaufmenge, nicht die Vielschichtigkeit des Verbraucherverhaltens berücksichtigt und daher nur der Effekt der Marketing-Instrumente hinsichtlich einer Verhaltensdimension analysiert wird. Es ist möglicherweise sinnvoll, daß Marketing-Maßnahmen hinsichtlich ihrer Wirkung auf die Kaufmenge verschiedener Produkte bzw. Marken, Einkaufsstättenwahl, Markentreue, Einstellungen, Kaufab-

[5] Das Problem läßt sich nur durch einen hohen Aufwand lösen, indem die Marketing-Aktivitäten des Handels (z.B. Preisfestsetzung, Regalplatz für das Produkt etc.) aus den Aktivitäten des Herstellers (eventuell einschließlich des Marktanteils des Produktes) geschätzt werden. Die handelsspezifischen Marketing-Aktivitäten gehen anschließend als unabhängige Variablen in die Reaktionsfunktionen der Marktsegmente ein. Vgl. hierzu *Frank/Massy* (1965) 184.

Marginalanalytischer Ansatz zur optimalen Marktsegmentierung

(Durch hohe Anforderungen an die Datenbeschaffung, langwierige Suchprozesse und geringen Informationsgehalt für die Vielzahl durchzuführender Aktivitäten nicht zu verwirklichen)

deshalb:

↓

Heuristiken zur Segmentbildung auf der Basis von Reaktionsfunktionen

1. Elastizitäten als Kriterien zur Aggregation
2. Optimale Marketing-Maßnahmen gegenüber den noch nicht aggregierten Abnehmern als Kriterien zur Aggregation

(Durch hohe Anforderungen an die Datenbeschaffung etc. nicht realisierbar)

deshalb:

↓

Heuristiken zur Segmentbildung

Segmentierung mittels operationaler Segmentierungskriterien

1. Als Indikatoren für Nachfrageelastizitäten (z.B. Verwendungsintensitäten, Einkommen etc.)
2. Als Indikatoren für optimale Marketing-Maßnahmen gegenüber den einzelnen Segmentangehörigen (z.B. Benefit-, Product Space- und Life Style-Segmentation etc.)
3. Zur Unterstützung der Segmenterreichung (z.B. demographische und sozioökonomische Merkmale)

Abb. 49: Gründe für die Wahl leicht erfaßbarer Segmentierungskriterien trotz geringer Prognoserelevanz

sichten, u. a. m. analysiert werden. Dadurch lassen sich u. U. größere Anteile der Varianz des Käuferverhaltens erklären.

Die Reaktionsfunktion setzt sich bei mehreren Abhängigen wie folgt zusammen:

$$Y = f(X, B)$$

Y = Set der Kaufverhaltensvariablen des Abnehmers bzw. Segments
X = Marketing-Mix-Variablen des Anbieters
B = Maßnahmen Dritter als Teil des Bedingungsrahmens für das Kaufverhalten

Als geeignete statistische Methode kommt die Kanonische Analyse infrage, bei der die Positionen der Abnehmer im Verhaltensraum den Positionen der Marketing-Maßnahmen im Raum des Marketing Mix gegenübergestellt werden. Korrelierende Verhaltensdimensionen (z.B. Einkaufsmenge und Einkaufshäufigkeit, Einkaufsstätte und Markenwahl etc.) werden auf redundanzfreie Dimensionen (Kanonische Faktoren) reduziert. Das gleiche erfolgt auch bei korrelierenden Marketing-Mix-Maßnahmen (z.B. Werbe- und Sales-Promotion-Maßnahmen). Insoweit wird zwar das bei der Regressionsanalyse auftretende Problem der Multikollinearität ausgeräumt, aber es bereitet oft Mühe, zu einer sinnvollen Interpretation dieser Dimensionen zu kommen, wenn die verschiedensten Verhaltensvariablen zu ein und demselben Kanonischen Faktor zusammengefaßt werden.

Zudem zeigten schon die Ausführungen zur monovariablen Verhaltenssegmentierung anhand von Reakionsfunktionen, daß die Funktionsansätze zur Segmentbildung nicht realisierbar sind. Das gleiche gilt auch für die multivariable Methode. So bleibt nur die Ermittlung von (hinsichtlich des Kaufverhaltens) multivariablen Reaktionsfunktionen für a priori gebildete Makrosegmente, um von hier aus Anregungen für segmentspezifische Marketing-Programme zu erhalten [Vgl. z.B. *Gensch/Turner* (1973) 499 ff. Hier werden die Einkaufsmengen verschiedener Güter von Intensivverwendern mit Mediauntersuchungsdaten dieser Haushalte korreliert, um eine für das jeweilige Produkt angemessene Mediaselektion durchzuführen].

IV. Zusammenfassung

In Kapitel B wurde ein breites Spektrum möglicher Segmentierungsmerkmale vorgestellt. Eine Durchsicht der bisherigen empirischen Untersuchungen bezüglich der Indikatoreignung der verschiedenen Merkmale ermöglicht, trotz widersprüchlicher Befunde, folgende Feststellungen:

Generelle Segmentierungskriterien, d.h. solche, die als Indikator für eine Vielzahl verschiedenster Güterkategorien und die vielfältigsten Verhaltensweisen eingesetzt werden, scheinen wenig prognostische Relevanz zu besitzen. Dies gilt sowohl für sozioökonomisch/demographische wie auch für allgemeine psychographische Merkmale. Produktspezifische psychographische Merkmale sowie Merkmale des Kaufverhaltens bieten dagegen eher die Chance, homogen reagierende Segmente zu identifizieren. Versuche, Segmentbildungen anhand von Reaktionsfunktionen vorzunehmen, scheitern meist im Vorfeld, d.h. bei der Schätzung der Reaktionsfunktionen. Zudem bereitet es extreme Schwierigkeiten, Abnehmer bzw. Abnehmergruppen anhand von Reaktionsfunktionen zu aggregieren.

Wenn auch kaum generelle Hinweise für die Wahl der »richtigen« Segmentierungsmerkmale möglich sind, so lassen sich unter Einbeziehung von Wirtschaftlichkeitsaspekten und im Hinblick auf die Marketing-Mix-Gestaltung doch einige Tendenzaussagen ableiten:

- Bei ex-post-Analysen zur Überprüfung der bisherigen segmentspezifischen Marketing-Programme bzw. zur Auffindung von Marktnischen sind die aus Panelanalysen leicht erfaßbaren Merkmale des Kaufverhaltens durchaus sinnvoll (punktuelle, multivariable Verhaltenssegmentierung). Hieraus lassen sich schon globale Hinweise auf einzelne segmentspezifische Marketing-Aktivitäten ableiten, wie z.B. auf die Bedeutung des Preises, der Werbung, der Sonderaktionen, Zweitmarkeneinführung u.a.m.
- Detailliertere Hinweise bzw. Anregungen für neu einzuführende Produkte liefert (sodann) eine Segmentbildung anhand *produkt-* bzw. *markenspezifischer* psychographischer Merkmale, wie Einstellungen, Nutzenerwartungen und Life-Style-Variablen. Mit diesen Kenntnissen lassen sich die Hintergründe der eventuell in Stufe I identifizierten Kaufverhaltenssegmente durchleuchten. Hieraus ergeben sich Anregungen für Produktneugestaltung und Repositionierungen, Werbeinhalte etc. Überlappen sich die Kaufverhaltenssegmente und die produktbezogenen psychographischen Segmente nur teilweise, so ist man u.U. gezwungen, die in der ersten Stufe gebildeten Segmente weiter zu unterteilen, um zu homogen reagierenden Gruppen zu kommen. Ob dies jedoch wünschenswert ist, hängt weitgehend von der verfolgten Marktsegmentierungsstrategie (differenziert versus konzentriert) und damit von den anzuvisierenden Zielgruppen ab.
- Schließlich ist es sinnvoll, die gefundenen Segmente zusätzlich nach Merkmalen zu beschreiben, die eine gezielte Bearbeitung ermöglichen (demographische, sozioökonomische und geographische Merkmale).

C. Multivariate Datenanalysemethoden zur Auswahl relevanter Segmentierungsmerkmale und zur Aufbereitung von Merkmalsräumen

I. Vorbemerkung

Die Vielschichtigkeit des Verbraucherverhaltens und der Einflußfaktoren, die es mitprägen, zwingt zur Erstellung eines mehrdimensionalen Merkmalsraumes, gestützt auf die Ergebnisse multivariater Datenanalysen. In diesem Sinne stellt *Sheth* [(1970) 29] fest: »... consumer behavior and marketing environment are complex enough to make univariate or bivariate analysis inadequate«, und *Gatty* [(1965/1966) 158] behauptet sogar: »One is pushed to a conclusion that unless a marketing problem is treated as a multivariate problem it is treated superficially«.

Ohne die Anwendung komplexer Datenanalysemethoden könnten einige der erfolgversprechendsten Segmentierungsmerkmale nicht zuverlässig gemessen werden. Darüber hinaus unterstützen einige dieser Verfahren die Suche nach den im jeweiligen Falle angemessenen Merkmalen, sie komprimieren die Vielzahl der ursprünglichen Variablen auf einige Indikatoren und ermöglichen die Identifikation und Beschreibung von Marktsegmenten im mehrdimensionalen Merkmalsraum. In Abschnitt C des dritten Kapitels sollen deshalb die wichtigsten Verfahren zur Erstellung und Aufbereitung mehrdimensionaler Merkmalsräume diskutiert werden. Das vierte Kapitel schließt daran an und behandelt die Verfahren zur Abgrenzung von Marktsegmenten im aufbereiteten Merkmalsraum.

Allerdings kann das weite Spektrum der Methoden mit ihren Konzeptionen, ihren Stärken und Schwächen nicht in aller Ausführlichkeit erörtert werden. Diese Situation zwingt zu einem Kompromiß: Zunächst beschränkt sich die Auswahl der hier zu behandelnden Methoden auf die wichtigsten multivariaten Verfahren, die in Segmentierungsstudien eingesetzt werden können. Die ausgewählten Methoden sind zudem in ihrer Grundstruktur darzustellen, da sich hieraus Konsequenzen für ihre Brauchbarkeit im jeweiligen Einsatzbereich ergeben. Nur so sind Fragen zu beantworten, warum z.B. im konkreten Fall die multiple Diskriminanzanalyse einer Regressionsanalyse vorzuziehen ist, weshalb vor die Regressionsanalyse eine Faktorenanalyse geschaltet wird, weshalb es sich empfiehlt, die nichtmetrische mehrdimensionale Skalierung am ehesten simultan mit metrischen Ansätzen einzusetzen etc.

Die Verknüpfung der Diskussion über die methodischen Grundzüge der Verfahren einerseits und die Eigenarten der Segmentierungsmerkmale andererseits ist das wesentlichste Anliegen der nachfolgenden Ausführungen. *Diese Schnittstelle ist eine der Hauptursachen enttäuschter Segmentierungsversuche, da die Vertreter der Verhaltenswissenschaften oftmals Methoden auf Problemstellungen anwenden, für die sie nicht geeignet sind. Den Methodenexperten wiederum mangelt es oft am Wissen über die grundlegenden verhaltenswissenschaftlichen Annahmen, die hinter vielen Kriterien stehen. Die rechnerischen Ergebnisse sind dann trotz aller methodischen Exaktheit unbrauchbare Artefakte.*

Erst die simultane Berücksichtigung beider Bereiche ermöglicht die volle Nutzung verhaltenswissenschaftlicher Konstrukte zur Marktsegmentierung.

II. Klassifikation multivariater Methoden zur Unterstützung der Marktsegmentierung

Multivariate Datenanalyseverfahren sind mathematisch-statistische Methoden, die an einem Objekt mehrere Variablen messen und alle diese Größen für eine Reihe von Objekten in der statistischen Analyse gleichzeitig betrachten und auswerten [Nach *Überla* (1971) 81; so auch *Kendall* (1957)]. Ziel ist es, anstelle einer schwer isolierbaren und unüberschaubaren Fülle von Einzelbeziehungen zwischen Variablen wenige charakteristische Größen zu setzen, die die im Datenmaterial vorherrschenden Grundbeziehungen beschreiben und transparent machen [So auch Infratest (1974) 4].

Die ständig wachsende Zahl multivariater Techniken läßt es ratsam erscheinen, eine Klassifikation vorzunehmen, bevor auf die einzelnen Verfahren eingegangen wird [Die Ausführungen zu den multivariaten Datenanalyseverfahren erfolgen in Anlehnung an eine Vorstudie des Verfassers. Vgl. *Böhler* (1975)].

Zur Klassifikation der multivariaten Methoden werden drei Dimensionen herangezogen [Die hier vorgenommene Klassifikation stützt sich auf Ausführungen von *Kendall* (1950) 60 ff, *Sheth* (1971) 15 sowie *Kinnear/Taylor* (1971) 57]:

1. Abhängigkeit der Variablen,
2. Anzahl der abhängigen Variablen,
3. Skalenniveau der Variablen.

ad 1: Die wohl gebräuchlichste Einteilung der multivariaten Methoden geht auf Kendall zurück, der eine Zweiteilung in *Methoden zur Analyse von Abhängigkeiten (»Analysis of Dependence«)* und in *Methoden zur Analyse von gegenseitigen Beziehungen (»Analysis of Interdependence«)* vorgeschlagen hat. Bei den ersteren werden die Werte einer oder mehrerer Variablen durch andere Variablen erklärt bzw. vorhergesagt. Ein Beispiel hierfür ist die Regressionsanalyse. Bei den letzteren gibt es keine abhängigen und unabhängigen Variablen. Beispielsweise kann die Methode auf die Beseitigung redundanter Variablen abzielen, die nichts zur Erklärung des betrachteten Phänomens beitragen (z. B. Faktorenanalyse).

ad 2: Bei den Methoden zur Erklärung bzw. Prognose der Werte abhängiger Variablen ist zu unterscheiden zwischen *einer abhängigen Variablen* (z. B. Regressionsanalyse) und *mehreren abhängigen Variablen* (z. B. Kanonische Analyse).

ad 3: Ein wesentlicher Faktor für die Wahl der multivariaten Methoden ist die Eigenschaft der zugrunde liegenden Daten: Hierbei ist zwischen *nichtmetrischen* (nominal- und ordinalskalierten Daten) sowie *metrischen* (intervall- und verhältnisskalierten Daten) zu unterscheiden. Die Tatsache, daß viele Segmentierungsmerkmale lediglich nominal oder ordinal skaliert sind, erhöht die Bedeutung nichtmetrischer Datenanalysemethoden.

Unter Einbeziehung dieser drei Dimensionen erhalten wir das in Abb. 50 gezeigte Klassifikationsschema.

Allerdings birgt auch diese Klassifikation einige Probleme: So ist z.B. der rein rechnerische Output der Diskriminanzanalyse, nämlich die Trennfunktion(en), durchaus metrisch skaliert. Anschließend erfolgt anhand dieser Trennfunktion(en) eine Zuordnung von Individuen zu Gruppen. Betrachtet man die nominal skalierte Variable *Gruppenzugehörigkeit* als Output, so ist die Zuordnung der DA bzw. MDA in Abb. 50 berechtigt.

Schwierigkeiten bereitet auch die Zuordnung der Verbundmessung (Conjoint Measurement). Je nach dem unterlegten Modell läßt sich die Verbundmessung als nichtmetrische Varianzanalyse, als nichtmetrische Faktorenanalyse, als nichtmetrische multidimensionale Skalierung u.a.m. präzisieren. Damit ist ihr Standort in Abb. 50 etwas willkürlich und hauptsächlich wegen ihrer starken Verwandtschaft zur NMDS vorgenommen.

Desgleichen kann gezeigt werden, daß eine Reihe anderer multivariater Techniken einem generellen Modell zuzuordnen sind. So unterscheiden sich die Kanonische Analyse, die multiple Diskriminanzanalyse und die multiple Varianzanalyse nur im Skalenniveau der Variablen und können praktisch alle im weiteren Sinne als Kanonische Analyse aufgefaßt werden (Vgl. Abb. 51).

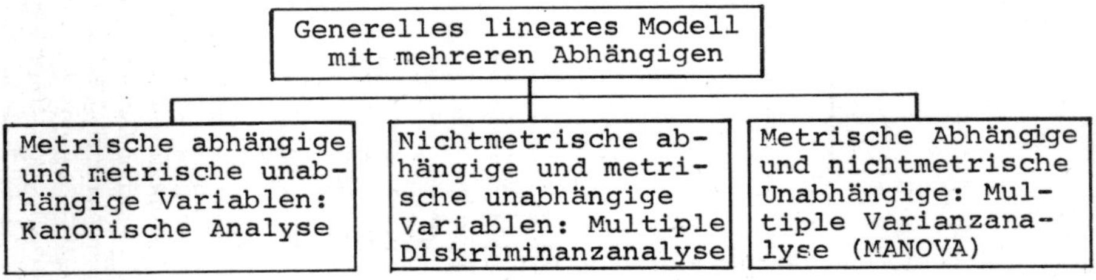

Abb. 51

Gleiches gilt, wie Abb. 52 zeigt, für das Verhältnis von multipler Regressionsanalyse, multipler Regressionsanalyse mit Dummy-Variablen und der Varianzanalyse mit einer Abhängigen (ANOVA).

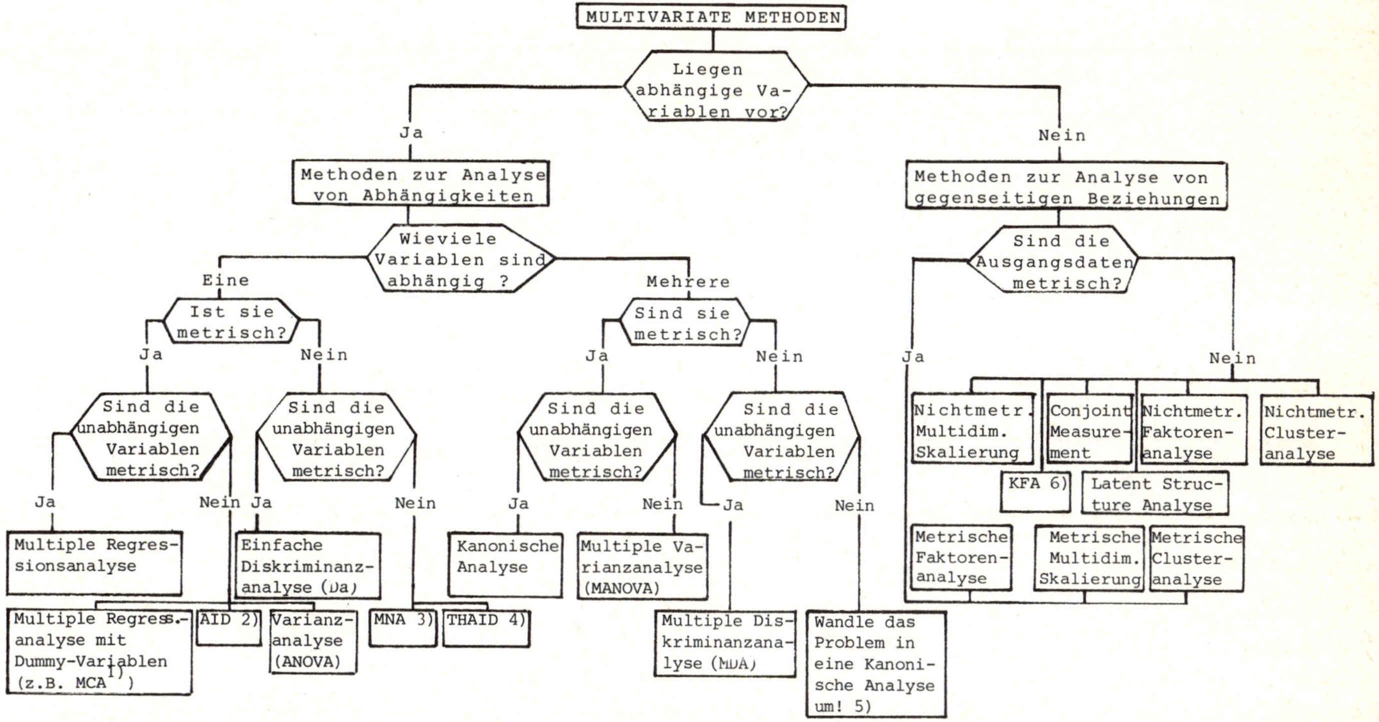

[1] MCA = Multiple Classification Analysis. Vgl. hierzu z. B. *Andrews/Morgan/Sonquist* (1967); *Peters* (1970) 360 ff
[2] AID = Automatic Interaction Detector. Vgl. z. B. *Sonquist/Morgan* (1967); *Sonquist/Baker/Morgan* (1971)
[3] MNA = Multivariate Nominale Scale Analysis. Vgl. *Andrews/Messenger* (1973)
[4] Vgl. hierzu *Morgan/Messenger* (1973)
[5] Vgl. zu diesem Problem *Skrikantan* (1971) 284 ff
[6] Vgl. *Krauth/Lienert* (1973)

Abb. 50: Einteilung der wichtigsten multivariaten Methoden

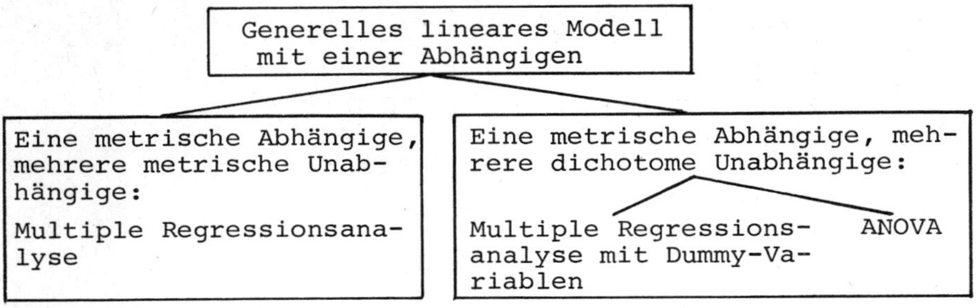

Abb. 52

III. Kriterienauswahl und Aufbereitung von Merkmalsräumen mit Hilfe von multivariaten Methoden zur Analyse von Abhängigkeiten

1. *Die multiple Regressionsanalyse zur Auswahl von Segmentierungsmerkmalen*

a) Das Grundmodell

Die multiple Regressionsanalyse dient der Erklärung bzw. Prognose der Werte einer abhängigen (endogenen) Variablen aus den Werten mehrerer unabhängiger (exogener) Variablen [Zur Einführung in die multiple Regression vgl. *Draper/Smith* (1966); *Förster/Egermayer* (1966); *Schneeweiß* (1971); *Johnston* (1972); *Sachs* (1972); *Schmutzler/Dalichow/Krieger* (1975) 136 ff; *Cohen/Cohen* (1975)]:

(1.1) $y = f(x_1, x_2, \ldots, x_m)$

Hierbei unterstellt man Linearität bzw. führt nichtlineare in lineare Beziehungen über [Vgl. hierzu *Frank* (1966) 247 ff]:

(1.2) $y_j = \beta_o + \beta_1 x_{1j} + \beta_2 x_{2j} + \ldots + \beta_m x_{mj} + \mu_j$

In Matrizendarstellung lautet Gleichung (1.2):

(1.3) $y = X\beta + \mu$

mit $y = \begin{bmatrix} y_1 \\ \cdot \\ \cdot \\ y_j \\ \cdot \\ \cdot \\ y_n \end{bmatrix}$ = Spaltenvektor der beobachteten Werte der abhängigen Variablen

$x = \begin{bmatrix} x_{01} & x_{11} \ldots & x_{m1} \\ \cdot & \cdot & \cdot \\ \cdot & \cdot & \cdot \\ x_{0j} & x_{1j} & x_{mj} \\ \cdot & \cdot & \cdot \\ \cdot & \cdot & \cdot \\ x_{0n} & x_{1n} \ldots & x_{mn} \end{bmatrix}$ = Matrix der beobachteten Werte aller Einflußfaktoren

$$\beta = \begin{bmatrix} \beta_0 \\ \cdot \\ \cdot \\ \beta_i \\ \cdot \\ \cdot \\ \beta_m \end{bmatrix} = \text{Vektor der Regressionskoeffizienten} \qquad \mu = \begin{bmatrix} \mu_1 \\ \cdot \\ \cdot \\ \mu_j \\ \cdot \\ \cdot \\ \mu_n \end{bmatrix} = \text{Vektor der Restgröße}$$

$i = 0, 1, \ldots, m \qquad j = 1, \ldots, n \qquad x_{0j} = 1$ für alle j

Gesucht ist, ausgehend von den beobachteten Werten $x_{1j}, \ldots, x_{mj}, y_j$, die Schätzfunktion:

(1.4) $\hat{y}_j = b_0 + b_1x_{1j} + b_2x_{2j} + \ldots + b_mx_{mj}$

Bezeichnet man die Abweichung zwischen beobachtetem und geschätztem y-Wert als:

$$\hat{\mu}_j = y_j - \hat{y}_j,$$

so sind nach der »Methode der kleinsten Quadrate« (1KQ-Methode) die Regressionsparameter so zu schätzen, daß $\sum_{j=1}^{n} \hat{\mu}_j^2$ minimal wird, d.h.:

(1.5) $Q = \sum_{j=1}^{n} \hat{\mu}_j^2 \rightarrow \text{min.}$

bzw. $Q = \sum_{j=1}^{n} \{y_1 - (b_0 + b_1x_{1j} + b_2x_{2j} + b_mx_{mj})\}^2 \rightarrow \text{min.}$

In Matrizenschreibweise folgt:

(1.6) $\hat{y} = Xb$ mit $\hat{\mu} = y - \hat{y}$ bzw. $\hat{\mu} = y - Xb$

Die Zielfunktion lautet dann

(1.7) $Q = \hat{\mu}'\hat{\mu} \rightarrow \text{min.}$ bzw. $Q = (y - Xb)'(y - Xb) \rightarrow \text{min.}$

Wird die Gleichung (1.7) ausmultipliziert und werden die partiellen Ableitungen von Q nach den b_i gebildet und gleich Null gesetzt, so folgen die Normalgleichungen:

(1.8) $X'Xb = X'y,$

woraus sich die Regressionskoeffizienten b_i durch Multiplikation von (1.8) mit $(X'X)^{-1}$ errechnen lassen:

(1.9) $b = (X'X)^{-1}X'y$

Da die Gleichung (1.8) Analogien zur Koeffizientenbestimmung bei anderen Methoden aufweist, soll sie in eine allgemeinere Form gebracht werden:

Geht man von standardisierten Variablen aus ($\bar{x} = 0$, $s_x^2 = 1$) und dividiert (1.8) auf beiden Seiten durch n-1, so erhält man [Vgl. *Cooley/Lohnes* (1971) 52f]:

(1.8 a) $\frac{X'X}{n-1}\, b = \frac{X'y}{n-1}$

Da $\frac{X'X}{n-1} = R_{11}$ (Matrix der Produkt-Moment-Korrelationen zwischen den unabhängigen Variablen)

und $\frac{X'y}{n-1} = R_{12}$ (Vektor der Produkt-Moment-Korrelationen zwischen den unabhängigen und der abhängigen Variablen)

folgt:

(1.8 b) $R_{11}b = R_{12}$

Multipliziert man (1.8 b) mit R_{11}^{-1}, so folgt:

(1.9 a) $R_{11}^{-1} R_{11}b = R_{11}^{-1} R_{12}$, d.h.

(1.9 b) $b = R_{11}^{-1} R_{12}$

b) Probleme und Varianten der multiplen Regressionsanalyse bei der Auswahl von Segmentierungsmerkmalen

Die 1KQ-Methode wurde in bisherigen empirischen Studien hauptsächlich eingesetzt, um die Verbrauchshöhe von Haushalten in Abhängigkeit von sozioökonomischen, demographischen und psychographischen Variablen zu erklären [Hierzu sind vor allem folgende z.T. schon erwähnte Studien aufzuführen: *Massy/Boyd* (1967) 184ff; *Frank/Douglas/Polli* (1968) 237ff; *Day* (1970) 138f; *Bass/Tigert/Lonsdale* (1968) 266f; *Assael/Day* (1968) 3ff; *Frank/Massy/Lodahl* (1969) 15ff] bzw. um Reaktionsfunktionen zu schätzen [Vgl. u.a. *Frank/Massy* (1965 a) 186ff; (1965 b) 171ff; *Sexton* (1974) 113f; *McCann* (1974) 399ff; *Frank/Massy* (1971) 18ff; *Lambin* (1976) 58ff]. Bei der regressionsanalytisch unterstützten Auswahl von Persönlichkeitsmerkmalen i.w.S. treten vor allem vier Probleme auf:

(1) Als potentielle Kriterien kommt eine Vielzahl von Variablen in Betracht.
(2) Die Variablen sind mitunter erheblich korreliert (Problem der Multikollinearität).
(3) Die Beziehungen zwischen der Abhängigen und den Segmentierungsmerkmalen sind u.U. nichtlinear.
(4) Die Variablen sind häufig nichtmetrisch skaliert.

Damit stellt sich die Frage, wie man aus vielen Merkmalen mittels der Regressionsanalyse wenige und zugleich die am besten erklärenden Segmentierungsvariablen herausfiltern kann. Außerdem interessiert, wie die Korrelationen zwischen den Variablen sich auswirken und wie sie zu eliminieren sind und schließlich, wie nichtmetrisch skalierte Variablen in die Regressionsanalyse einbezogen werden können.

ad (1): Als Indikator für die Güte des Zusammenhangs zwischen den unabhängigen Variablen und der abhängigen Variablen wird R^2 ($0 \leqq R^2 \leqq 1$) verwendet [Vgl. auch *Palda* (1971) 37]. R^2 ist identisch mit dem Bestimmtheitsmaß: Es zeigt die Höhe der erklärten Varianz an, d.h. je näher R^2 am Wert 1 liegt, desto besser sind die einbezogenen Segmentierungsmerkmale zur Erklärung des Kaufverhaltens geeignet.

Im Segmentierungszusammenhang wird die Höhe von R^2 (neben anderen Kriterien wie Signifikanz der Regressionsparameter und der Maximalzahl der zulässigen Segmentierungskriterien) zur Auswahl der Segmentierungsmerkmale herangezogen.

Ziel ist, aus der Menge potentieller Segmentierungskriterien nur diejenigen auszuwählen, die die abhängige Variable (z.B. Kaufmenge) am besten erklären, wobei gleichzeitig die Anzahl der Variablen möglichst gering sein soll. Das bekannteste Verfahren hierzu ist die »Schrittweise Regression« [Vgl. hierzu Siemens (1974) 5 ff; Infratest (1974) 47 ff; *Kim/Kohout* (1975) 345 f]. Aus den potentiellen Segmentierungskriterien wird im ersten Schritt dasjenige ausgewählt, das zum höchsten R^2-Wert führt und dessen Einfluß auf die Abhängige statistisch gesichert ist. In den weiteren Schritten werden sukzessive die Segmentierungskriterien in die Regressionsfunktion mit einbezogen, die zum höchsten Zuwachs des R^2-Wertes führen und gleichzeitig ein bestimmtes Signifikanzniveau erreichen. Sinkt allerdings bei einem Berechnungsschritt das Signifikanzniveau eines bereits einbezogenen Merkmals, gemessen am F-Wert, so wird dieses aus der Regressionsfunktion entfernt. Das Verfahren endet bei der vorgegebenen Maximalzahl der einzubeziehenden Variablen.

Will man bei der endgültigen Regressionsgleichung herausfinden, welche Segmentierungskriterien den größten Beitrag zur Erklärung der Abhängigen leisten, dann sind vor allem zwei Punkte zu beachten: Der relative Beitrag einer Variablen kann nur geschätzt werden, wenn es sich um standardisierte Variablen handelt, da sonst die Größe der Regressionskoeffizienten von der Varianz der Variablen beeinflußt wird (je größer $s^2_{x_i}$, desto kleiner b_i).

ad (2): Zudem dürfen die Unabhängigen nicht miteinander korrelieren (Problem der Multikollinearität). Ist dies der Fall, so wird der gemeinsame Einfluß zweier Variablen auf die Abhängige (willkürlich) zu gleichen Teilen den betrachteten Variablen zugeschrieben [Vgl. *Hope* (1975) 210]. Daß die Regressionsanalyse bei Multikollinearität versagt, erkennt man auch an der Formel zur Berechnung des standardisierten partiellen Regressionskoeffizienten [Vgl. *Cohen/Cohen* (1975) 88]:

$$\beta_{yx_1 \cdot x_2} = \frac{r_{yx_1} - r^2_{yx_2} r_{x_1x_2}}{1 - r_{x_1x_2}}$$

Sind x_1 und x_2 vollständig korreliert ($r^2_{x_1x_2} = 1$), so ergibt sich im Nenner der Wert Null.

Die Diskussion um die möglicherweise verwendbaren Segmentierungskriterien führt zur Forderung, möglichst viele Einflußfaktoren des Käuferverhaltens zu erfassen, und mündet bei der Regressionsanalyse in der Anwendung der multiplen Regressionsanalyse, wobei sinnvollerweise eine Schrittweise Regression erfolgen sollte. Schwierigkeiten bereiten bei diesem Konzept die mitunter recht erheblichen Korrelationen zwischen den Segmentierungsmerkmalen. Wie gezeigt, erweist sich die Schätzung der Regressionsfunktion dann entweder als unmöglich oder die Ergebnisse weisen starke Verzerrungen auf (z.B. unplausible Regressionskoeffizienten, starke Restwertschwankungen).

Im vorliegenden Zusammenhang empfiehlt sich daher meist eine Überprüfung der Multikollinearität, z.B. durch Berechnung der Produkt-Moment-Korrelation je zweier unabhängiger Merkmale, um anschließend das Set der unabhängigen Variablen von den Interkorrelationen zu bereinigen.

Zur Beseitigung der Multikollinearität bietet es sich an, solange Variablen zu eliminieren, bis kaum noch Korrelationen zwischen den verbliebenen Unabhängigen bestehen; oder es ist eine lineare Variablentransformation durchzuführen [Vgl. hierzu und zu weiteren Verfahren *Schneeweiß* (1971) 140ff]: ist die Frage, welche Variablen zu eliminieren sind, nicht ohne weiteres zu beantworten, so kann z.B. eine Faktorenanalyse oder Hauptkomponentenanalyse der unabhängigen Variablen erfolgen, um die Korrelationen zu beseitigen und um gleichzeitig die Variablenzahl zu reduzieren.

ad (3): Oft sind die Beziehungen zwischen der abhängigen Variablen und den Segmentierungsmerkmalen nichtlinear. So nimmt z.B. die Kaufmenge vieler Produkte zwar mit steigendem Einkommen zu, allerdings mit abnehmenden Zuwachsraten (Vgl. Abb. 53):

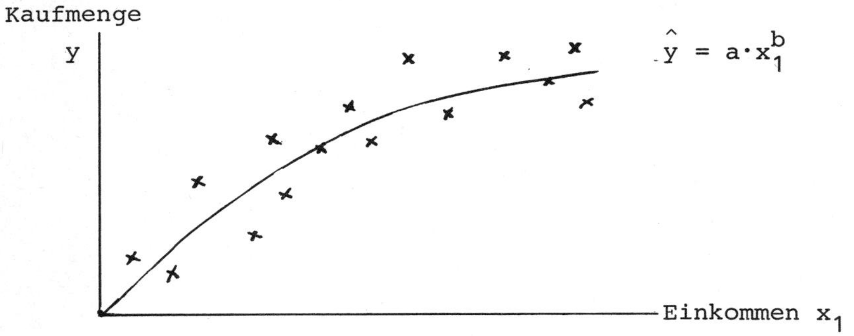

Abb. 53: Nichtlineare Beziehung zwischen Kaufmenge und Einkommen

Zur Beseitigung dieses nichtlinearen Zusammenhanges, der zwangsläufig zu einem niedrigen R^2-Wert führt und mitunter zur voreiligen Verneinung der Erklärungsfähigkeit von Segmentierungsmerkmalen veranlaßt, bietet sich eine Linearisierung der Funktion an. Im vorliegenden Falle wäre eine Logarithmierung der Potenzfunktion möglich:

$$\log y = y^+ \qquad \log a = a^+ \qquad \log x_1 = x_1{}^+$$

Daraus folgt: $y^+ = a^+ + bx_1{}^+$

Daneben ist eine a priori-Gruppenbildung der Beobachtungseinheiten und innerhalb der Gruppen eine Approximation der Gesamtfunktion durch Geraden möglich [Vgl. auch *Müller-Hagedorn* (1974) 192f].

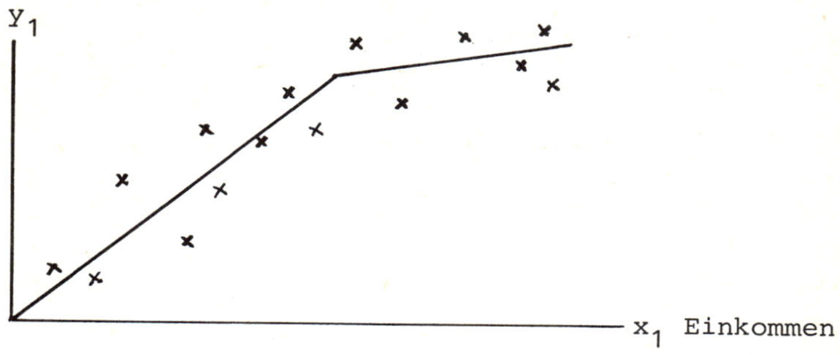

Abb. 54: Klassenbildung zur Handhabung nichtlinearer Beziehungen

Die Berechnung zweier getrennter Regressionsfunktionen für das Segment der Bezieher niedriger und der Bezieher hoher Einkommen erbringt hier wesentlich höhere R^2-Werte für die beiden Funktionen und bestätigt die Indikatoreignung des Einkommens.

Zur Handhabung der nichtlinearen Beziehungen und zusätzlich der Multikollinearität führt ein Ansatz, der den Gedanken der Klassenbildung noch konsequenter realisiert, nämlich die Verwendung von »Dummy-Variablen« [Vgl. hierzu *Johnston* (1972) 176ff; *Gaensslen/Schubö* (1973) 143ff; *Cohen/Cohen* (1975) 171ff]. Zu diesem Zweck werden alle Variablen (auch die metrischen) dichotomisiert. Zwischen dichotomisierten unabhängigen Variablen und einer metrischen Variablen bestehen zwangsläufig lineare Beziehungen [Vgl. *Gaensslen/Schubö* (1973) 143ff und 193]. Hierzu ein Beispiel [Entnommen aus *Frank/Massy/Wind* (1972) 127ff]: Nehmen wir an, daß der Alkoholkonsum eines Haushaltes in Beziehung zum Einkommen, zur Ausbildung und zum Hausbesitz gesetzt werden soll:

$$y = \beta_0 + \beta_1 x_1 + \beta_2 x_2 + \beta_3 x_3 + \mu$$

y = Ausgaben für Alkoholika
x_1 = Haushaltseinkommen
x_2 = Ausbildungsdauer des Haushaltsvorstandes
x_3 = Wohnbesitz; $x_{3j} = \begin{cases} 1 \text{ falls Hausbesitz} \\ 0 \text{ sonst} \end{cases}$
μ = Störvariable

Die Regressionsanalyse wird bei Nichtlinearität und Multikollinearität unbrauchbare Resultate bringen. Aus diesem Grund wird eine Regression mit Dummy-Variablen durchgeführt: Die Variable »Einkommen« läßt sich z.B. in drei Klassen (niedrig, mittel, hoch) unterteilen, die Variable »Ausbildung« wird nach dem abgelegten Schulabschluß eingeteilt (z.B. Volksschule, Mittelschule, Gymnasium). Der Hausbesitz ist schon dichotomisiert. Führt man alle Kombinationen durch (z.B. niedriges Einkommen, Volksschulabschluß, kein Hausbesitz etc.), so erhält man k = 18 Klassen, die als unabhängige Variablen zu interpretieren sind. Einem Haushalt wird für die Klasse, in die er fällt, eine 1 und für alle anderen Klassen eine Null zugeordnet (Siehe Abb. 55).

	x_1	x_2	x_3	.....	x_{17}
Klasse 1 (niedriges Einkommen, Volksschule, kein Hausbesitz)	1	0	0	.....	0
Klasse 2 (mittleres Einkommen, Volksschule, kein Hausbesitz)	0	1	0	.....	0
.	.	.	.		.
.	.	.	.		.
.	.	.	.		.
Klasse 17 (hohes Einkommen, Gymnasium, kein Hausbesitz)	0	0	0	.....	1
Klasse 18 (hohes Einkommen, Gymnasium, Hausbesitz)	0	0	0	.....	0

Abb. 55: Erfassung der Klassenzugehörigkeit durch Dummy-Variablen

Nach diesem Modell benötigt man nur k−1 = 17 Variablen, denn Klasse 18 läßt sich durch den Wert 0 bei allen Variablen kennzeichnen [Vgl. u.a. *Cohen/Cohen* (1975) 173f. Hier unterläuft *Frank* et al. ein Fehler, indem sie 18 Variablen verwenden. Die 18. Variable ist jedoch redundant].
Das Modell hat dann folgendes Aussehen:

$$(1.10) \qquad y = \beta_0 + \sum_{i=1}^{17} B_i X_i + \mu$$

wobei die X_i die Dummy-Variablen darstellen. Statt einer a priori-Gruppierung, bei der zudem die Anzahl der Klassen und damit der Rechenaufwand in der Regressionsanalyse sehr groß wird, kann zuvor eine Clusteranalyse durchgeführt werden (z.B. mit einer Q-Faktorenanalyse), wodurch man nur wenige Gruppen erhält. Der weitere Rechengang ist der gleiche wie bei anderen multiplen Regressionsanalysen, wobei sich zudem der Rechenaufwand zur Erstellung der Interkorrelationsmatrix R vereinfacht [Die Korrelationskoeffizienten zwischen y und x_i entsprechen dem Punktbiserialen-, die Korrelationen zwischen den x_i dem Phi-Koeffizienten. Vgl. hierzu *Cohen/Cohen* (1975) 34ff].
Die Regressionskoeffizienten haben folgende Bedeutung [Vgl. *Cohen/Cohen* (1975) 182ff]: Der prognostizierte $\hat{y}$-Wert der letzten Gruppe entspricht dem absoluten Glied b_0, denn $x_i = 0$ und damit $\sum_i B_i X_i = 0$. b_0 ist zudem identisch mit dem Gruppenmittel-

wert $\bar{y}_{18}$. Bei den anderen Gruppen ergibt sich $\hat{y}$ aus $b_o + b_i$. Der Regressionskoeffizient b_i zeigt den Betrag an, um den der Gruppenmittelwert $\bar{y}_k$ vom Mittelwert der letzten Gruppe abweicht:

$$\hat{y}_i = \bar{y}_k = b_o + b_i \qquad i = 1, \ldots, k-1$$

Zudem folgt, daß der prognostizierte Wert $\hat{y}_i$ identisch ist mit den Gruppenmittelwerten $\bar{y}_k$. Dadurch ist $\Sigma(y-\hat{y}_i)^2$ gleich $\Sigma(y-\bar{y}_k)^2$. Damit folgt aber, daß bei der Dummy-Variablen-Regression $\Sigma(y-\hat{y}_i)^2$ (Summe des quadrierten Fehlers) identisch ist mit der gruppeninternen Quadratsumme (QS) der einfaktoriellen ANOVA und daß die erklärte Quadratsumme $\Sigma(\bar{y}-\bar{y}_k)^2$ identisch ist mit der externen (Zwischengruppen-) Quadratsumme. Der Signifikanztest für R^2 entspricht in diesem Falle dem F-Test der einfachen Varianzanalyse [Aus den Ausführungen zur multiplen Regressionsanalyse mit Dummy-Variablen wird deutlich, daß das Modell identisch ist mit dem der Varianzanalyse. Dort entsprechen die Variablen x_i den Faktoren und die k Klassen einer Variablen den k Ausprägungen eines Faktors mit n_k Beobachtungswerten der abhängigen Variablen in den Klassen].

Ein bekanntes Softwarepaket zur Durchführung von Dummy-Variablen-Regressionsanalysen ist das MCA-Programm [Vgl. hierzu *Andrews/Morgan/Sonquist* (1967)]. Es wurde u.a. von *Peters* eingesetzt, um den Prozentsatz der Pkw-Besitzer in den einzelnen Klassen zu erklären, die durch das Haushaltseinkommen, Berufstätigkeit, Alter und Beruf des Haushaltsvorstandes, Alter und Beruf des Haushaltsvorstandes, Alter und Anzahl der Kinder u.a.m. gebildet wurden [Vgl. *Peters* (1970) 360ff].

Abb. 56 zeigt eines der Ergebnisse: Als Output erhält man die Klassen der herangezogenen Segmentierungsmerkmale, die Klassenbesetzung und die Abweichungen der Klassenmittelwerte y_k vom Gesamtmittelwert y. Die sich zunächst ergebende Bruttoabweichung wird um den Effekt bereinigt, der in die Zellenbesetzung durch andere Variablen eingeht (z.B. der Effekt der Variablen Alter) [Zur Bereinigungsmethode vgl. *Kim/Kohout* (1975) 378]. Die Größe β^2 gibt die Fähigkeit einer Variablen an, die Abhängige zu erklären. Je höher β^2, desto höher ist die Prognosefähigkeit.

ad (4): Mit dem Dummy-Variablen-Ansatz läßt sich in der Regressionsanalyse durch das Problem gemischter Variablensets lösen. Soll z.B. die Verbrauchsmenge eines Haushalts durch das Einkommen, das Alter, die geographische Region und die soziale Klasse erklärt werden, so kann folgendes Modell erstellt werden [Zu dem Modell mit einem absoluten Glied β_o vergleiche *Johnston* (1972) 180f]:

$$(1.11) \qquad y = \beta_1 x_1 + \beta_2 x_2 + \sum_k \alpha_k D_k + \sum_p \gamma_p D_p + \mu$$

y = Verbrauchsmenge
x_i = metrische Variablen (Einkommen, Alter)
D_k = Dummy-Variablen für die Regionen
$D_k = \begin{cases} 1 \text{ falls Region k} \\ 0 \text{ sonst} \end{cases} \qquad D_p = \begin{cases} 1 \text{ falls soziale Klasse p} \\ 0 \text{ sonst} \end{cases}$
D_p = Dummy-Variablen für die soziale Klasse
μ = Störvariable
α, β, γ = Regressionskoeffizienten

MCA ANALYSIS, DEPENDENT VARIABLE "COMPACT CAR"[a]

Variable	*Number of cases*	*Difference from grand mean*	
		Gross	*Net*
Income decile			
1st	too few		
2nd	too few		
3rd	99	.0293	.0681
4th	113	.0700	.1150
5th	160	.0451	.0551
6th	192	.0191	.0203
7th	258	.0088	.0122
8th	285	-.0476	-.0464
9th	365	-.0109	-.0325
10th	517	-.0166	-.0290
β^2 = .0193			
Age of head			
1. Under 25	104	.1173	.0832
2. 25-34	378	.0296	.0175
3. 35-44	463	-.0106	-.0108
4. 45-54	517	.0008	-.0035
5. 55-64	368	-.0337	-.0267
6. 65-74	185	-.0289	.0116
7. 75 and over	too few		
β^2 = .00479			

[a] Only two explanatory variables shown for purposes of demonstration. (Grand mean = .1424. Standard deviation = .3495.)

Abb. 56: Output der MCA [Quelle: *Peters* (1970) 361]

Wenden wir uns nun der multiplen Regressionsanalyse zur Reaktionsfunktionenschätzung zu!

c) Probleme und Varianten der multiplen Regressionsanalyse bei der Schätzung segmentspezifischer Reaktionsfunktionen

Trotz leicht erhältlicher Daten, verfeinerter funktionaler Beziehungen zwischen Marketing-Mix-Variablen und Absatzmengen sowie einfach anzuwendender Softwarepakete bleibt es jedoch illusorisch, individuelle Reaktionsfunktionen als Aggregationskriterium verwenden zu wollen [Vgl. drittes Kapitel B.III.3ab].

In zunehmendem Maße wird in den letzten Jahren versucht, Reaktionsfunktionen von a priori gebildeten Segmenten zu schätzen, um Anhaltspunkte für die Reallokation der Marketing-Budgets zu gewinnen.
Hierbei treten immer mehrere Probleme auf:

- Welcher Funktionstyp ist im jeweiligen Falle angemessen?
- Wie lassen sich Elastizitätskoeffizienten aus Reaktionsfunktionen ableiten, um anschließend eine optimale Budgetallokation vornehmen zu können?
- Wie ist vorzugehen, wenn vermutet werden kann, daß Marketing-Variablen über mehrere Perioden hinweg einen Einfluß auf die Abhängige ausüben?
- Wie sind die Regressionskoeffizienten von Marketing-Variablen (z.B. Werbung, Außendiensteinsatz, Sales Promotion etc.) zu schätzen, wenn anzunehmen ist, daß ihre Einsatzhöhe wiederum von der Höhe der abhängigen Variablen (Umsatz, Marktanteil etc.) abhängt?

Für die Wahl des Funktionstyps können keine allgemeingültigen Aussagen getroffen werden. Im konkreten Falle wird man jene wählen, die den höchsten R^2-Wert und signifikante Regressionskoeffizienten erbringt. *Banks* erzielte z.B. mit einem linearen Funktionsverlauf zur Erklärung von Marktanteilen einzelner Produkte ein R^2 von 0,999 [Vgl. *Banks* (1961) 22ff].

Häufig geht man zur Schätzung von Reaktionsfunktionen von einer multiplikativen Verknüpfung der Marketing-Instrumente aus, so daß dem Wirkungsverbund Rechnung getragen wird. Die Regressionskoeffizienten werden dabei als Potenzen erfaßt:

$$MS = k \cdot P^p \cdot A^a \cdot D^d \cdot Q^q \tag{1.12}$$

MS = Marktanteil
k = Skalierungsfaktor
P = Preis
A = Werbeausgaben
D = Distributionsausgaben
Q = Produkt-Qualitätsindex
p, a, d, q = Regressionskoeffizienten, die hier identisch mit der Preis-, Werbe-, Distributions- und Qualitätselastizität sind [Siehe drittes Kapitel C.III.1c].

Eine empirische Studie, die von diesem Funktionsverlauf ausging und zudem auch die Konkurrenzaktivitäten berücksichtigte, stammt z. B. von *Lambin* [6]:

$$MS_{i,t} = k \cdot \left[\frac{DS_{i,t}}{\sum_j DS_{j,t}}\right]^{\eta_{1,i}} \cdot \left[\frac{DO_{i,t}}{\sum_j DO_{j,t}}\right]^{\eta_{2,i}} \cdot \left[\frac{ST_{i,t}}{\sum_j ST_{j,t}}\right]^{\eta_{3,i}}$$

$MS_{i,t}$ = Marktanteil des Unternehmens i in der Periode t
$DS_{i,t}$ = Anzahl der Servicestationen des Unternehmens i in t
$DO_{i,t}$ = Anzahl der anderen Vertriebsstellen des Unternehmens i in t
$ST_{i,t}$ = Gesamtausgaben für die Werbung des Unternehmens i in t
$\sum_j DS_{j,t}$, $\sum_j DO_{j,t}$, $\sum_j ST_{j,t}$ = entsprechende Größen für die gesamte Branche, wobei i in j enthalten ist
$\eta_{g,i}$ = Elastizitäten, die die Veränderung des Marktanteils bei Änderung der hinsichtlich der Branchenaktivitäten relativierten Ausgaben für Werbung und der relativierten Anzahl der Distributionsstellen angeben (g = 1, …, 3).
k = Skalierungsfaktor

Durch Logarithmieren ergibt sich:

$$\log MS_{i,t} = \log k + \eta_{1,i} \log \frac{DS_{i,t}}{\sum_j DS_{j,t}} + \eta_{2,i} \log \frac{DO_{i,t}}{\sum_j DO_{j,t}} + \eta_{3,i} \log \frac{ST_{i,t}}{\sum_j ST_{j,t}}$$

Vereinfachen wir die Schreibweise, indem wir für $\eta_{g,i}$ und für die log-Größen übersichtlichere Symbole wählen, so folgt nach Berücksichtigung eines *Koyck*-lags für die Werbung folgende Gleichung [In Anlehnung an *Lambin* (1972) 121]:

$$MS'_{i,t} = k' + \lambda MS'_{i,t-1} + b_{1,i} DS'_{i,t} + b_{2,i} DO'_{i,t} + b_{3,i} ST'_{i,t}$$

Nimmt man – wie *Lambin* – an, daß die Werbung der Vorperiode noch unvermindert wirkt, so folgt

$$MS'_{i,t} = k' + b_{o,i} ST'_{i,t-1} + \lambda MS'_{i,t-2} + b_{1,i} DS'_{i,t} + b_{2,i} DO'_{i,t} + b_{3,i} ST'_{i,t}$$

Für dieses Regressionsmodell erhielt *Lambin* [(1972) 122] folgende Werte:

$$MS'_{i,t} = 0{,}3666 + 0{,}0291\, ST'_{i,t-1} + 0{,}6446\, MS'_{i,t-2} + 0{,}5945\, DS'_{i,t} - 0{,}0063\, DO'_{i,t} + 0{,}0354\, ST'_{i,t}$$

$R^2 = 0{,}9486$ Signifikanzniveau der Regressionskoeffizienten $t = 0{,}05$ (signifikant)

Mit Hilfe dieses und ähnlicher Regressionsmodelle kann die Auswirkung alternativer Marketing-Strategien auf den Marktanteil simuliert werden, um den geeignetsten Marketing-Mix auszuwählen.

[6] *Lambin* (1972) 119ff. Dieses Regressionsmodell ist in mancherlei Hinsicht problematisch; es unterstellt, daß der Marktanteil einer Marke Null wird, wenn das Unternehmen die Werbung einstellt (eine Folge, die nicht unbedingt eintreten muß). Umgekehrt wird der Marktanteil unendlich, wenn das Unternehmen wirbt und alle Konkurrenten keine Werbeausgaben tätigen. Neben diesen Grenzfällen besteht das Hauptproblem darin, daß die *Marktanteile sich nicht zu 1 summieren*. Vgl. zu diesen Schwierigkeiten: *Naert* (1974) 2f.

Selbstverständlich stellt sich auch in den Reaktionsfunktionsmodellen das Problem der Variablenauswahl und der Multikollinearität. Zunächst werden jene Instrumente ausgeschlossen, die sich gegenüber den Konkurrenzmaßnahmen kaum unterscheiden (im *Lambin*-Modell z.B. der Preis, da die Regressionsfunktion für den belgischen Markt erstellt wurde und dort die Benzinpreise staatlich reglementiert sind). Daneben werden schwer quantifizierbare Variablen (z.B. Produktqualität) und korrelierende Maßnahmen (Werbung, Sales Promotion etc.) meist nur durch eine Maßnahme repräsentiert [Vgl. z.B. *Frank/Massy* (1971) 22, die von 36 Werbevariablen acht wegen Kollinearität und drei wegen Nichteinsatzes während des Beobachtungszeitraumes eliminierten.].

Der *Lambin*-Ansatz zur Berücksichtigung von Konkurrenzmaßnahmen und Vergessenseffekten läßt sich auch auf die Schätzung segmentspezifischer Regressionsfunktionen übertragen, wie es schon bei dem Modell von *Frank/Massy* in etwa dargelegt wurde, bei dem allerdings nur ein Koyck-lag berücksichtigt wurde. [Vgl. drittes Kapitel B.III.3ab]

Die anschließende Budgetverteilung auf die Segmente sowie auf die zur Diskussion stehenden Marketing-Instrumente anhand eines marginalanalytischen Marketing-Mix Modells (z.B. nach dem *Dorfman/Steiner*-Theorem) ist ohne weiteres möglich (wenn man von den bereits diskutierten Einwänden absieht), wenn, wie im *Lambin*-Modell, eine Potenzfunktion zugrunde liegt. Hier stellen die Regressionskoeffizienten Elastizitäten dar, die über den gesamten Definitionsbereich der Reaktionsfunktion konstant sind. Das folgende Beispiel beweist dies für die Preiselastizität der Nachfrage [Siehe hierzu *Kotler* (1971) 28]:

Die Funktion lautet

$$y = b_o P^{-b_1}$$

Die Preiselastizität der Nachfrage ist definiert als

$$(1.13) \quad \varepsilon_p = \frac{dy}{dP} \cdot \frac{P}{y} = (-b_1 b_o P^{-b_1-1}) \cdot \frac{P}{b_o P^{-b_1}} = \frac{-b_1 b_o P^{-b_1}}{b_o P^{-b_1}} = -b_1.$$

Potenzfunktionen erlauben somit rein rechnerisch die Budgetallokation anhand der Elastizitäten.

Sehr oft müssen jedoch andere Funktionstypen unterstellt werden. In diesen Fällen ändern sich die Elastizitäten mit dem Wert der jeweiligen Marketing-Maßnahmen. Eine exakte Ableitung für die optimale Marketing-Maßnahme ist dann nur bei relativ einfachen Beziehungen möglich. So wurde bereits ausgeführt [Vgl. drittes Kapitel B.III. 3ac], daß sich bei einer linearen Preis-Absatzfunktion der Optimalpreis wie folgt errechnet:

$$P_{opt} = \frac{a + GK}{2}$$

mit a = Ordinatenabschnitt
GK = Grenzkosten

Ähnlich kann bei linearen Marketing-Mix-Funktionen vorgegangen werden [Vgl. hierzu *Topritzhofer* (1977)]. Bei nichtlinearen Verläufen, die keine Potenzfunktionen sind, kann der segmentspezifische optimale Marketing-Mix nur noch approximativ bestimmt werden [Vgl. *Topritzhofer* (1977)].

In der Praxis kann bei Anwendung dieses Ansatzes zumeist nur etwas über die Richtung ausgesagt werden, in der eine Korrektur der bisherigen Marketing-Maßnahmen erfolgen sollte. Dabei ist zu beachten, daß Reaktionsfunktionsschätzungen, »selbst wenn sie allen Anforderungen im statistischen Sinne genügen, doch von den ›wahren‹ Werten mehr oder minder differieren können, daß sämtliche Aussagen ... immer nur für jenen Datenbereich Gültigkeit besitzen, welcher der Schätzung der Regressionsfunktion zugrunde liegt und auf dem daher auch alle den Optimierungsregeln als Input dienenden Elastizitätsberechnungen beruhen« [*Topritzhofer* (1977)].

Bisher wurde von einer einseitigen Beziehung zwischen den Marketing-Mix-Variablen und dem Umsatz, Marktanteil etc. ausgegangen. Häufig liegt jedoch eine wechselseitige Beziehung vor: steigende Umsatzzahlen führen nachfolgend wiederum zu größeren Werbebudgets für das Produkt, veranlassen zu stärkerem Außendiensteinsatz u.a.m. Umgekehrt ist bei rückläufigem Absatz, sei er konjunkturell bedingt oder auf das Erreichen der Degenerationsphase im Produktlebenszyklus zurückzuführen, häufig eine Kürzung der Budgets zu beobachten.

In diesem System ist der Umsatz (y) von der Werbung (x_1) und die Werbung (x_1) vom Umsatz (y) abhängig. Damit haben wir es mit zwei Abhängigen y und x_1 zu tun. Für ein solches interdependentes Gleichungssystem kann die 1KQ-Methode nicht mehr herangezogen werden, da sie zu einer falschen Schätzung der Regressionsparameter führt [Vgl. hierzu z.B. *Johnston* (1972) 282; *Foote* (1971) 66 ff].

Ein brauchbares Verfahren ist in diesem Falle die »Methode der zweistufigen kleinsten Quadrate (2KQ-Methode) [Vgl. Zur Einführung *Schmutzler/Dalichow/Krieger* (1975) 145 ff; *Aaker* (1971) 63 ff; *Johnston* (1972) 341 ff]. Zunächst ist ein simultanes Gleichungssystem zu erstellen, wobei die Anzahl der Gleichungen der Zahl der abhängigen (endogenen) Variablen entspricht. Versucht man z.B., den Waschmittelverbrauch durch Werbeausgaben zu schätzen, so liegen unter den vorstehend genannten Prämissen zwei endogene Variablen vor und es müssen mithin zwei Gleichungen erstellt werden. Daneben sind aber auch unabhängige (exogene) Variablen einzuführen. Im Waschmittelbeispiel ist es der Preis, das verfügbare Einkommen, die Haushaltsgröße u.a.m. [Vgl. die Erklärung des Zigarettenabsatzes in den USA bei *Rehm* (1976) 12 ff].

Hierzu ein Beispiel [In Anlehnung an *Schmutzler/Dalichow/Krieger* (1975) 146 ff]:

y_1 = Haushaltsausgaben für Oberhemden
y_2 = Haushaltsausgaben für Bekleidung (ohne Oberhemden)
y_3 = Werbeausgaben der Branche für Oberhemden
x_1 = Konstante ($x_1 = 1$ in allen Perioden)
x_2 = verfügbares Einkommen
x_3 = durchschnittlicher Preis für Oberhemden

Die Struktur der Abhängigkeiten möge wie folgt aussehen:

	y_1	y_2	y_3	x_1	x_2	x_3
y_1		x	x	x	x	x
y_2	x			x	x	
y_3	x	x		x		

Verwendet man lineare Gleichungssysteme so ergibt sich:

(1.14) $y_1 = \gamma_{12}y_2 + \gamma_{13}y_3 + \beta_{11}x_1 + \beta_{12}x_2 + \beta_{13}x_3 + \mu_1$

(1.15) $y_2 = \gamma_{21}y_1 + \beta_{21}x_1 + \beta_{22}x_2 + \mu_2$

(1.16) $y_3 = \gamma_{31}y_1 + \gamma_{32}y_2 + \beta_{31}x_1 + \mu_3$

Die Auflösung eines derartigen Gleichungssystems erfordert zunächst, daß die endogenen Variablen y_f ($f = 1, \ldots, 3$) auf der rechten Seite von den Zufallsschwankungen bereinigt werden, von denen sie betroffen sind. Dies erfolgt durch Anwendung der 1KQ-Methode, in der die jeweils betroffene endogene Variable y_f durch die in der Funktion vorhandenen Unabhängigen x_i erklärt wird. Setzt man die bereinigten Werte $\hat{y}_f$ der endogenen Variablen in (1.14) bis (1.15) ein, so lassen sich die Regressionskoeffizienten durch nochmalige Anwendung der 1KQ-Methode schätzen. Für (1.14) gilt:

(1.14a) $y_1 = \gamma_{12}\hat{y}_2 + \gamma_{13}\hat{y}_3 + \beta_{11}x_1 + \beta_{12}x_2 + \beta_{13}x_3 + \mu_1$

Die 2KQ-Methode besteht somit aus einer zweimaligen Anwendung der 1KQ-Methode.

Um prognostizieren zu können, muß anschließend das Gleichungssystem in eine Form übergeführt werden, in der die endogenen Variablen y_f nur noch von den exogenen Variablen x_1 abhängig sind (sog. reduzierte Form) [Vgl. *Schmutzler/Dalichow/Krieger* (1975) 156f].

Der enorme Aufwand wäre nicht berechtigt, wenn man nur den Umsatz in einzelnen Segmenten prognostizieren wollte.

Simultane Gleichungssysteme lassen jedoch auch Aussagen über die Auswirkung alternativer Marketing-Maßnahmen zu und erleichtern die Entscheidungsfindung [Vgl. *Rehm* (1976) 25].

So könnte im obigen Beispiel überprüft werden, wie sich Preisalternativen bei Oberhemden auf den Absatz für Oberhemden und für sonstige Bekleidung sowie die Werbeausgaben auswirken.

2. *Die Kontrastgruppenanalyse zur Auswahl von Segmentierungsmerkmalen und zur Aufdeckung des Abhängigkeitstyps*

Mittels der Kontrastgruppenanalyse versucht man, Gesamtheiten so in Teilgruppen aufzuspalten, daß durch die Gruppierung ein möglichst hoher Varianzanteil der abhängigen Variablen erklärt wird [Vgl. zur neuesten Entwicklung der Kontrastgruppenanalyse (AID III): *Sonquist/Baker/Morgan* (1971)]. Es handelt sich damit um eine Methode zur Erklärung einer abhängigen (metrischen oder in Prozentsätze transformierten dichotomen) Variablen durch mehrere unabhängige (dichotomisierte) Variablen [Inzwischen gibt es auch ein Softwarepaket, das ebenfalls schrittweise homogene Untergruppen bildet, jedoch von lediglich nominalskalierten abhängigen Variablen ausgeht. Vgl. hierzu *Morgan/Messenger* (1973)].

Gegenüber der Regressionsanalyse hat die Kontrastgruppenanalyse den Vorteil, daß kein Funktionstyp unterstellt werden muß.

In der Praxis wird dieses Verfahren zur Bildung homogener Marktsegmente, die sich von anderen möglichst unterscheiden, angepriesen [Vgl. z.B. Infratest (1972)]. Dies ist, wie noch gezeigt wird, eine Überbewertung des Verfahrens, das eine Reihe von Schwächen aufweist und im Grunde lediglich als eine Vorstufe anderer Techniken anzusehen ist [Vgl. *Doyle/Fenwick* (1975) 408ff]. D.h. die Kontrastgruppenanalyse erfährt ihre primäre Berechtigung durch die Aufdeckung der Struktur der Beziehungen zwischen den Segmentierungsmerkmalen und der zu erklärenden Abhängigen (Umsatz, Lesehäufigkeit von Zeitschriften etc.). Ihre Ergebnisse bilden somit z.B. die Vorstufe für die multiple Regressionsanalyse.

Das Verfahren geht schrittweise vor: In einer ersten Stufe wird das Gesamtsample in zwei Teilgruppen zerlegt, die durch bestimmte Merkmalsausprägungen einer unabhängigen Variablen charakterisiert sind (z.B. Zerlegung einer Stichprobe in die zwei Kategorien »männlich« – »weiblich«). Diese Teilgruppen werden dann wieder in zwei Gruppen aufgeteilt, wobei nun ein anderes dichotom ausgeprägtes Merkmal herangezogen wird (z.B. »Arbeiter« – »Angestellter«). Dieser Prozeß wird solange fortgeführt, bis bestimmte Stopregeln eine weitere Aufteilung verbieten (siehe unten!). Auf jeder Stufe wird gefordert, daß

1. jede Teilgruppe in bezug auf die Varianz der *abhängigen* Variablen homogener ist als die Ausgangsgruppe;
2. die Teilgruppen untereinander möglichst heterogen sind.

Die Merkmalskombinationen der unabhängigen Variablen beschreiben somit Teilgruppen (z.B. Marktsegmente), die in bezug auf die abhängige Variable (z.B. Markentreue, gewöhnlich gekaufte Produktart, Mediengewohnheiten etc.) sehr homogen sind. Anders formuliert könnte man die Merkmalskombinationen der unabhängigen Variablen zur Erklärung bzw. Prognose der Ausprägung der abhängigen Variablen verwenden: So könnten z.B. Mercedeskäufer (abhängige Variable) durch folgende Ausprägungen der unabhängigen Variablen charakterisiert sein: hohes Durchschnittseinkommen, über 40 Jahre alt, männlich.

Als Anhaltspunkt für die Auswahl der Variablen, die zur Gruppenbildung Verwendung finden, wird die durch den Split erklärte Varianz verwendet.

Ausgangsbasis der Methode ist jedoch aus rechentechnischen Gründen nicht die Varianz, sondern die Quadratsumme QS. Zerlegt man das Sample in zwei Gruppen ($k = 1, 2$) vom Umfang $j = 1, \ldots, n_k$, so errechnet sich die Quadratsumme des gesamten Samples (QS_{gesamt}) wie folgt:

$$(2.1) \quad QS_{ges} = \sum_{j=1}^{n_k} \sum_{k=1}^{2} (x_{jk} - \bar{x})^2$$

Die QS_{ges} läßt sich vollständig in eine gruppeninterne QS (QS innerhalb der Gruppen) und eine externe QS (QS zwischen den Gruppen) zerlegen. Dies läßt sich leicht nachweisen, indem man (2.1) um die Gruppenmittelwerte x_k erweitert:

$$(2.2) \quad \sum_{j=1}^{n_k} \sum_{k=1}^{2} (x_{jk} - \bar{x})^2 = \sum_{j=1}^{n_k} \sum_{k=1}^{2} \{(x_{jk} - \bar{x}_k) + (\bar{x}_k - \bar{x})\}^2$$

Durch Quadrieren und Summieren von (2.2) folgt dann:

$$(2.3) \quad \sum_{j=1}^{n_k} \sum_{k=1}^{2} (x_{jk} - \bar{x})^2 = \sum_{j=1}^{n_k} \sum_{k=1}^{2} (x_{jk} - \bar{x}_k)^2 + \sum_{k=1}^{2} n_k (\bar{x}_k - \bar{x})^2$$

$$QS_{gesamt} = QS_{intern} + QS_{extern}$$

Zieht man irgendein Merkmal zur Aufspaltung des Gesamtsamples in zwei Untergruppen heran, so kann die QS_{in} als die durch die Aufspaltung des Samples nicht erklärte QS bezeichnet werden. Analog dazu stellt die QS_{ex} die durch die Aufspaltung erklärte QS dar. Der Anteil der erklärten Varianz folgt damit aus $\frac{QS_{ex}}{QS_{ges}}$.

Wir verfolgen im weiteren mit der Kontrastgruppenanalyse das Ziel, zunächst das Merkmal zur Aufspaltung heranzuziehen, das die QS_{ex}, also die erklärte Quadratsumme, maximiert:

$$(2.4) \quad QS_{ex} = QS_{ges} - QS_{in} \rightarrow \text{Max!}$$

Der konkrete Rechengang sieht folgendermaßen aus: Zunächst werden die potentiellen Segmentierungsmerkmale aufgrund von a-priori-Überlegungen ausgewählt. Multichotome, ordinale und metrische Merkmale müssen sodann dichotomisiert werden. Liegt z.B. nur das Merkmal »monatliches Einkommen« vor, so ist dieses zunächst in mehrere Klassen (bis 1000, 1001–1500, 1501–2000 etc.) einzuteilen. Die Gruppen werden dann so gebildet, daß das Gesamtsample gesplittet wird in »Einkommensbezieher bis 1000« vs. »Alle anderen Einkommensbezieher«, »Einkommensbezieher von 1001 – 1500« vs »Alle anderen Einkommensbezieher« usf. Der Split, der zur höchsten Zwischengruppen-QS führt, wird in der ersten Stufe verwendet. Ist dies z.B. die Gruppierung »Bis 1000« vs. »Alle anderen«, so ist in der zweiten Stufe eine analoge Aufteilung für die Gruppen »Alle anderen« vorzunehmen, wobei auch hier wieder die Aufteilung der Einkommensbezieher zum Zuge kommt, die zur höchsten QS_{ex} führt. Erweitert man das Modell um zusätzliche Variablen, so ist in jeder Stufe auch für die anderen Variablen eine Dichotomisierung und QS-Berechnung der Splits erforderlich. Aus der Gesamtheit der Variablen wird jene und hierbei wiederum die Aufteilung gewählt, die die QS_{ex} maximiert. Als Ergebnis erhält man einen Kontrastgruppenbaum.

Abb. 57 zeigt das Ergebnis eines hypothetischen Beispiels: Abhängige: Besitz eines Mittelklasse-Pkw's (ja/nein), wodurch der Mittelwert

$$\frac{\sum_j x_j}{n} = \bar{x} = p \quad \begin{cases} \text{Prozentsatz} \\ \text{der Besitzer} \\ \text{eines Mittelklasse-Pkw} \end{cases}$$

Unabhängige: Einkommen (drei Klassen), Beruf (zwei Klassen), Familienstand (zwei Klassen).

Die Untergruppenbildung wird in einem Zweig unterbrochen, auch wenn nicht alle Variablen überprüft wurden, wenn folgende Fälle eintreten [Vgl. *Assael* (1970) 155; *Mayntz/Holm/Hübner* (1972) 224]:

1. Der Umfang der Teilgruppen (n_k) wird durch die weitere Aufteilung zu klein (dadurch ist der mittlere Stichprobenfehler zu groß).
2. Die interne Varianz (s^2) bzw. die interne Quadratsumme (QS) einer Teilgruppe wird klein, d. h. das Segment ist schon sehr homogen, so daß eine weitere Aufspaltung nicht lohnt.
3. Der Prozentsatz der externen QS an der QS des Gesamtsamples wird zu klein, womit die Spaltung nicht mehr erklärungskräftig ist.
4. Die Anzahl der Endgruppen wird zu groß und ist z. B. für die Marktsegmentierung uninteressant, da so viele Segmente nicht differenziert angesprochen werden können oder weil sie ein zu geringes Marktpotential aufweisen und eine auf sie ausgerichtete Marketing-Strategie nicht lohnen.

Die Kontrastgruppenanalyse eignet sich vor allem zur Ermittlung von verhaltensrelevanten Kriterien und zur grundsätzlichen Feststellung von Beziehungen zwischen der abhängigen und ausgewählten unabhängigen Variablen. Als Aufteilungskriterien kommen alle nur denkbaren Variablen in Betracht, angefangen von den üblicherweise verwendeten demographischen und sozioökonomischen Merkmalen bis hin zu Kaufverhaltensmerkmalen sowie psychologischen Variablen (Persönlichkeitsmerkmale oder Einstellungen) [Vgl. z. B. die Anwendung der AID-Technik zur Überpüfung des Kaufverhaltensmodells von *Howard/Sheth* bei *Farley/Ring* (1974) 89 ff. Vgl. auch die Untersuchung von Indikatoren für die Zeitdauer von Kaufentscheidungsprozessen von *Newman/Staelin* (1971) 192 ff, die 36 verschiedene unabhängige Variablen verwendeten].

Obwohl mit Hilfe der Kontrastgruppenanalyse Kombinationen vieler unabhängiger Variablen betrachtet werden können und damit die Schwächen der bivariaten Kreuzklassifikation überwunden werden, ist doch auf Grenzen dieser Methode hinzuweisen [Vgl. auch *Assael* (1970) 155 f; *Doyle/Fenwick* (1975) 409 f]:

1. Ein Nachteil beruht auf den dichotomen Splits. Im ersten Beispiel wurde nach dem Einkommen aufgeteilt, in hohes und mittleres einerseits sowie in niedriges Einkommen andererseits (erklärte Varianz 18,34 %). Eine sofortige Dreiteilung hätte gleich im ersten Durchlauf eine höhere erklärte Varianz (23,30 % vs. 18,34 %) gebracht. Zwar kam in unserem Falle doch die Einkommensaufteilung zum Zuge. Es hätte aber durchaus sein können. daß die Unterscheidung nach dem Beruf eine externe Varianz von beispielsweise 20 % erbracht hätte, und damit wäre bei der ersten Aufteilung das im Grunde erklärungskräftigere Merkmal Einkommen nicht zum

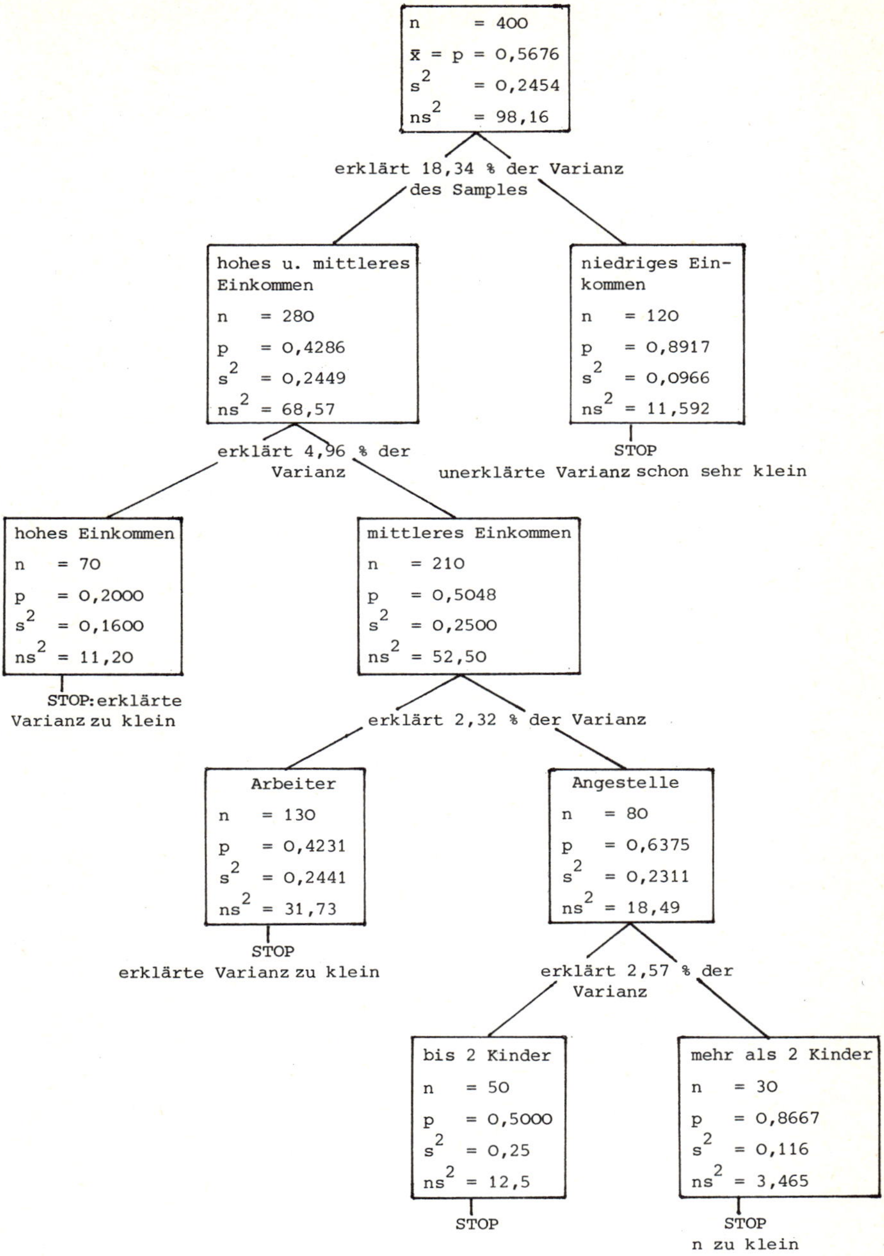

Abb. 57: Kontrastgruppenbaum

Zuge gekommen. Der weitere Aufteilungsprozeß und hierdurch die Segmentbildung kommt dadurch zu anderen Ergebnissen.

Außerdem wird durch die sukzessive Berücksichtigung jeweils einer Variablen nicht berücksichtigt, daß möglicherweise eine Variable allein eine geringe Varianz erklärt, wohl aber, wenn sie simultan mit einer zweiten überprüft worden wäre. So kommt es vor, daß zwei Variablen, obwohl sie zusammen einen Einfluß auf die Abängige ausüben, bei isolierter Betrachtung ausgeschieden werden.

2. Erklären zwei Merkmale auf einer Ebene eine gleich hohe bzw. nahezu gleiche Varianz (im Beispiel die Merkmale Beruf und Kinderzahl), so muß man sich für ein Merkmal entscheiden, wodurch der nachfolgende Teil des Baumdiagramms berührt wird. Deshalb ist es ratsam, in einem zweiten Lauf der anderen Variablen den Vorzug zu geben, um die Ergebnisse zu vergleichen. Allerdings kann dann wiederum die gleiche Situation zwischen anderen Variablen auftreten.

3. Besteht Multikollinearität zwischen den unabhängigen Variablen, so findet die Methode dies heraus. Bei späteren Splits fallen durch die geringe QS, die noch erklärt werden kann, alle Variablen weg, die mit schon verwendeten Merkmalen korrelieren. Es kommt jedoch zu einer Vielzahl von unnötigen Aufteilungsversuchen, wodurch der Programmlauf lange dauert und die Kosten steigen. Auf der anderen Seite kann diese Eigenart des Verfahrens genutzt werden, um aus einem vorgegebenen Variablenset korrelierende Merkmale zu eliminieren. Damit kann die AID-Technik z. B. einer Regressionsanalyse vorgeschaltet werden, die bei Multikollinearität versagt. Doch ist die Ausschaltung korrelierender Variablen nicht immer die beste Lösung des Problems [Vgl. hierzu *Schneeweiß* (1971) 140 ff].

4. Als Nachteil ist zudem zu werten, daß die Softwarenprogramme keinen Signifikanztest enthalten [7]. Es bleibt nur die Möglichkeit, das Gesamtsample zu teilen und für beide Subsamples einen AID-Lauf durchzuführen. Entsprechen die Ergebnisse einander, so kann man eher darauf vertrauen, daß sie nicht per Zufall entstanden sind.

5. Das Verfahren erfordert einen großen Sampleumfang ($\geqq 1000$), damit die Gruppen auf den untersten Ebenen noch groß genug sind. Damit ist das Verfahren im Grunde nur für Haushaltspanels oder großangelegte Umfragen anwendbar.

6. Wird die Kontrastgruppenanalyse trotz aller Mängel zur Marktsegmentierung eingesetzt, so darf das Streben nach homogener Gruppenbildung nicht Selbstzweck sein, sondern es steht die Erhöhung des Gesamtgewinns gegenüber einem undifferenzierten Marketing im Vordergrund. Die AID-Technik wählt jedoch das Merkmal aus, das den Anteil der erklärten Varianz maximiert, wobei nicht die Kosten der Erreichung des Segments in die Analyse einbezogen werden (dieser Einwand gilt insbesondere auch für die Clusteranalysen, die die Segmentbildung nach dem Varianzkriterium steuern). Die isolierte Betrachtungsweise kann zu einer Segmentbildung führen, die einen geringeren Gewinn erbringt als eine andere Aufteilung.

Hierzu ein Beispiel: Nehmen wir an, es stünden die Merkmale »Einkommen« und »Geschlecht« zur Aufteilung zur Debatte, wobei als abhängige Variable der Prozentsatz der Verwender eines Produktes herangezogen würde. Nach der AID-Technik ergäbe sich folgendes Bild ($n = 100$, $x = p = 0{,}633$, $s^2 = 0{,}2400$, $ns^2 = 24{,}00$)

Demnach würde das Sample zunächst nach dem Geschlecht aufgeteilt und die Werbemaßnahmen würden u. U. auf das männliche Segment konzentriert.

Nehmen wir im folgenden an, daß pro Käufer DM 3,– Umsatz anfallen, während die gezielte Bearbeitung der Segmente nach dem Merkmal »Geschlecht« pro Segmentangehörigen DM 1,30 kostet und die nach dem Merkmal »Einkommen« DM 1,–.

Als Deckungsbeitrag (Umsatz ./. Marketingkosten der Erreichung) ergibt sich

Geschlecht (männlich): $65 \cdot 0{,}8 \cdot 3 - 65 \cdot 1{,}30 = 156 - 84{,}50 = 71{,}50$
Einkommen (hoch): $70 \cdot 0{,}7 \cdot 3 - 70 \cdot 1 = 147 - 70 = 77$

---

[7] Die AID-Technik ist nichts anderes als eine mehrfach hintereinander geschaltete ANOVA. Allerdings wäre bei der Vielzahl der Splits der Rechenaufwand bei der Durchführung des F-Tests erheblich. Zudem ergeben sich methodische Bedenken, worauf im Rahmen der ANOVA-Darstellung eingegangen wird.

Einkommen: hoch		Einkommen: niedrig		Geschlecht: männlich		Geschlecht: weiblich	
n_1	= 70	n_2	= 30	n_1	= 65	n_2	=35
$\bar{x}_1$	= 0,700	$\bar{x}_2$	= 0,467	$\bar{x}_1$	= 0,800	$\bar{x}_2$	= 0,314
s_1^2	= 0,210	s_2^2	= 0,249	s_1^2	= 0,160	s_2^2	= 0,215
$n_1 s_1^2$	= 14,70	$n_2 s_2^2$	= 7,47	$n_1 s_1^2$	= 10,40	$n_2 s_2^2$	= 7,53

$QS_{ex} = 1{,}833$ (Einkommen) $\qquad QS_{ex} = 6{,}07$ (Geschlecht)

(x_k = Prozentsatz der Produktverwender in den jeweiligen Gruppen)

Unter Gewinnaspekten würde somit das Merkmal Einkommen zum Zuge kommen. I.d.R. wird durch Heranziehung monetärer Aspekte als Trennungskriterium ein anderes Baumdiagramm entstehen als bei der Maximierung der erklärten Varianz [Vgl. die Ergebnisse einer vergleichenden Studie von *Martin/Wright* (1974) 237 ff]. Allerdings stehen diesem Ansatz die Schwierigkeiten der Beschaffung der relevanten Informationen über Kosten und Umsätze entgegen. Zudem unterstellt der Ansatz, daß das jeweilige Segment ohne Streuverluste erreicht werden kann.

3. *Die Diskriminanzanalyse zur Merkmalsauswahl und zur Reduktion von Merkmalsräumen*

Die Diskriminanzanalyse (DA) dient der Untersuchung der Abhängigkeiten einer nominalen Variablen von metrischen unabhängigen Variablen [Zur Einführung vgl. *Anderson* (1958) 133 ff; *Koller* (1964) 1233 ff; *Linder* (1964) 238 ff; *Hope* (1975) 131 ff; *Skarabis* (1970); *Aaker* (1971) 115 ff]. Ist die Abhängige dichotom, so spricht man von einfacher DA, ist sie multichotom, von multipler DA.

Die DA bzw. MDA geht von bekannten Gruppen aus und versucht, die Zugehörigkeit zu einer Gruppe aus einer bzw. mehreren Linearkombination(en) der unabhängigen Merkmale zu erklären. Insbesondere lassen sich mit der Diskriminanzanalyse zwei Fragenkomplexe beantworten, die sie für Segmentierungszwecke interessant machen:

1. Analyse der Abhängigkeiten:
   – Welche Segmentierungsmerkmale tragen am meisten zur Unterscheidung des Kaufverhaltens von Individuen bzw. Gruppen bei?
   – Welche Linearkombination von m Merkmalen trennt die Gruppen am besten?
   – Wie läßt sich die Fülle möglicher und zudem korrelierender Segmentierungskriterien zu einigen wenigen, nichtkorrelierenden Dimensionen des Merkmalsraumes komprimieren, in dem sich die Segmente gut unterscheiden lassen?
2. Klassifikation von Beobachtungseinheiten:
   – Inwieweit sind die gefundenen Linearkombinationen der Segmentierungsmerkmale in der Lage, die Beobachtungseinheiten des Samples, anhand derer die Trennfunktionen berechnet wurden, korrekt zuzuordnen?
   – Zu welcher Gruppe gehört ein beliebiges Objekt (bzw. Subjekt) der Grundgesamtheit (Prognose der Segmentzugehörigkeit der potentiellen Bedarfsträger anhand ihrer Merkmalsausprägungen)?

In diesem Abschnitt interessiert vor allem der erste Fragenkomplex, d. h. die Möglichkeiten der Merkmalsauswahl und der Beseitigung von Defekten im Merkmalsraum. Da die Diskriminanzanalyse von bekannten Gruppen ausgeht, kann sie zwar nicht zur Segmentidentifikation verwendet werden, aber sie kann im Zusammenhang mit clusteranalytisch gefundenen Segmenten, die auf kleinem Sampleumfang beruhen, eingesetzt werden, um den Clustern nachträglich zusätzliche Abnehmer zuzuordnen.

a) Die Ermittlung der Indikatoreignung von Segmentierungsmerkmalen mittels der Diskriminanzanalyse bei zwei Gruppen

Jedes Element einer Gruppe (z. B. Käufer der Marke A gegenüber Käufer der Marke B) ist durch einen m-Tupel von Merkmalswerten im Merkmalsraum positioniert. Meist wird man mit keinem der Merkmale (z. B. Alter, Einkommen, psychologische Variablen etc.) allein in der Lage sein, die Gruppen auseinanderzuhalten (etwa Käufer der Marke A sind wesentlich älter als Käufer der Marke B). Es wird deshalb eine neue Achse, die sog. Diskriminanzfunktion gesucht, auf der die Projektionen der beiden Gruppen getrennt liegen. Man erhält diese Trennfunktion durch eine lineare Kombination der Merkmalswerte [Vgl. hierzu *Fisher* (1936) 179 ff. Neben dieser einfachen linearen Trennfunktion sind auch noch andere Verläufe möglich. Vgl. *Linder* (1964) 240]:

(3.1) $y_j = b_1 x_{1j} + b_2 x_{2j} + \ldots + b_m x_{mj}$, wobei

y_j = Trennindex des Individuums j
b_i = Trennkoeffizient der Variablen i ($i = 1, \ldots, m$)
x_{ij} = Wert der i-ten Variablen bei Individuum j

Das statistische Problem besteht darin, die Koeffizienten b_i so zu bestimmen, daß die beiden Teilklassen des Samples (Käufer der Marke A gegenüber Käufer der Marke B u. ä.) mit Hilfe der y-Werte ihrer Elemente möglichst gut auseinandergehalten werden können.

Zu diesem Zweck formuliert man im Zweigruppenfall zumeist folgende Zielfunktion:

$$(3.2) \qquad \frac{(\bar{y}_A - \bar{y}_B)^2}{\sum_j^{n_A} (y_{jA} - \bar{y}_A)^2 + \sum_j^{n_B} (y_{jB} - \bar{y}_B)^2} \rightarrow \text{Max!}$$

Verbal lautet die Zielfunktion: bestimme die Trennkoeffizienten in Gleichung (3.1) so, daß sich die durchschnittlichen Trennindizes der beiden Gruppen so weit wie möglich unterscheiden; zudem sollen die Trennindizes innerhalb der Gruppen möglichst geringe Unterschiede aufweisen. Dadurch wird gewährleistet, daß sich die beiden Gruppen auf der Trennfunktion so wenig wie möglich überlappen. Notwendige Bedingung zur Maximierung der Zielfunktion (3.2) ist die Bildung der ersten Ableitungen nach den zu bestimmenden Koeffizienten b_i. Setzt man diese partiellen Ableitungen gleich Null, so können die Koeffizienten b_i aus folgendem Gleichungssystem berechnet werden [Zur Ableitung vgl. *Linder* (1964) 241]:

$$
(3.3)\quad
\begin{array}{ccccccc}
b_1QS_{11} & + & b_2QS_{12} & + \ldots + & b_mQS_{1m} & = & d_1 \\
b_1QS_{21} & + & b_2QS_{22} & + \ldots + & b_mQS_{2m} & = & d_2 \\
\vdots & & \vdots & & \vdots & & \vdots \\
b_1QS_{m1} & + & b_2QS_{m2} & + \ldots + & b_mQS_{mm} & = & d_m
\end{array}
$$

Dabei bedeuten:

QS_{11}	$= QS_{11}^{A} + QS_{11}^{B}$ etc.	Abweichungsquadratsumme bei Merkmal x_1: $\sum_{j=1}^{n_k} \sum_{k=1}^{2} (x_{1jk} - \bar{x}_{1k})^2$
QS_{12}	$= QS_{12}^{A} + QS_{12}^{B}$ etc.	Summe der multiplizierten Abweichungen vom jeweiligen Gruppenmittelwert bei x_1 und x_2: $\sum_{j=1}^{n_k} \sum_{k=1}^{2} (x_{1jk} - \bar{x}_{1k})(x_{2jk} - \bar{x}_{2k})$
d_1	$= \bar{x}_{1A} - \bar{x}_{1B}$ etc.	Differenz der Gruppenmittelwerte

Schreibt man das Gleichungssystem (3.3) in Matrizenform, so wird die Analogie zur multiplen Regression offensichtlich (vgl. auch Gl. (1.9) bis (1.9b)).

$$(3.4)\quad b = (QS_{intern})^{-1} \cdot d$$

b	=	Koeffizientenvektor der Diskriminanzfunktion
(QS_{in})	=	Matrix der Summe der Abweichungsquadrate bzw. Abweichungskreuzprodukte vom jeweiligen Gruppenmittelwert der Gruppe A und Gruppe B.
d	=	Vektor der m Mittelwertsdifferenzen zwischen den beiden Gruppen.

Die Berechnung der Diskriminanzkoeffizienten ist damit relativ einfach: Sie folgen aus der Multiplikation der Inversen der Dispersionsmatrix $(QS_{intern})^{-1}$ mit dem Vektor der Differenzen der Gruppenmittelwerte.

Abb. 58 verdeutlicht das Ergebnis einer einfachen DA mit zwei unabhängigen Variablen [Aus *Cooley/Lohnes* (1971) 245].

Wenden wir uns der Beantwortung der Frage zu, wie sich mittels der DA die Indikatoreignung von Segmentierungsmerkmalen feststellen läßt [Vgl. im folgenden auch *Morrison* (1971) 134ff; *Robertson/Kennedy* (1971) 147].

Der Einfluß einer Variablen auf die Gruppenzugehörigkeit hängt vom Vorzeichen und der Höhe des $|b|$-Wertes ab. Hat man mit standardisierten x-Werten $(\frac{x_i}{s_i})$ gerechnet, so zeigt die Höhe des b^+-Wertes unmittelbar die Trennfähigkeit eines Merkmals an, d.h. wenn $|b_i^+| > |b_l^+|$, dann trennt Variable i besser als Variable l. Falls $b_i^+ = 0$, hat die Variable keinen Einfluß auf die Trennung der Gruppen und ist gleichzeitig nicht als Indikator des Kaufverhaltens (Markenwahl, Verwendungsintensität etc.) geeignet. Wurde mit nichtstandardisierten x_i-Werten gerechnet, müssen die b_i^+ aus den b_i wie folgt ermittelt werden:

$$(3.4)\quad b_i^+ = b_i\, s_i$$

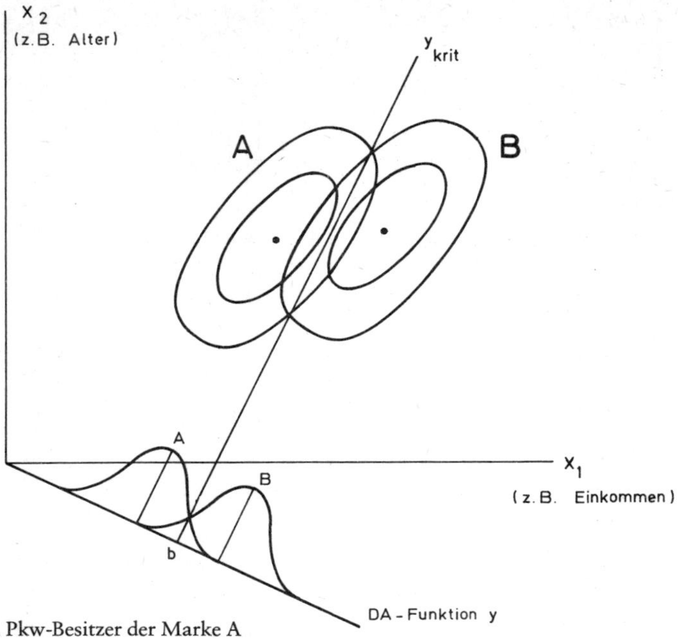

Gruppe A: z. B. Pkw-Besitzer der Marke A
Gruppe B: z. B. Pkw-Besitzer der Marke B

Abb. 58: Einfache DA bei zwei Unabhängigen

Schließlich ist die Frage zu klären, wie der Trennwert auf der Diskriminanzfunktion y_{krit} zu berechnen ist, da mit seiner Hilfe die Zuordnung einer beliebigen Erhebungseinheit zu den Klassen erfolgt.

Gibt man dann die Werte der Variablen x_i eines beliebigen Subjekts bzw. Objekts j an, so kann nach Ermittlung des Index y_j und dessen Vergleich mit y_{krit} bestimmt werden, in welche Teilklasse die Erhebungseinheit einzuordnen ist.

Der kritische Trennindex läßt sich im Zweigruppenfall aus den zwei Gruppenmittelwerten der abhängigen Variablen berechnen:

$$(3.5)\quad y_{krit} = \frac{\bar{y}_A + \bar{y}_B}{2}$$

Die Zuordnung ist dann recht einfach:

(3.6) $y_j \geq y_{krit}$: ordne in die Klasse B ein!

(3.7) $y_j < y_{krit}$: ordne in die Klasse A ein!

Die Klassifikationsgrenze y_{krit} ist der geometrische Ort aller Punkte, für die gilt:

(3.8) $b_1x_{1j} + \ldots + b_mx_{mj} = y_{krit}$

Letztlich ist es (neben dem Signifikanzniveau der Funktion) die Anzahl der richtig klassifizierten Elemente (gegenüber den rein zufällig zu erwartenden richtigen Zuordnungen), die einen Anhaltspunkt für die Trennfähigkeit der insgesamt zugrunde gelegten Segmentierungsmerkmale bietet. Wurden relativ viele Elemente über das zufällig zu erwartende Ergebnis hinaus richtig klassifiziert, so wird man jene Merkmale mit den höchsten $|b^+|$-Koeffizienten zur Marktsegmentierung heranziehen.

Beispiele für die 2-Gruppen-DA finden sich in der Marketing-Literatur vor allem zur Ermittlung trennfähiger psychologischer Merkmale [Vgl. hierzu die Veröffentlichungen von *Evans* (1959) 340 ff und (1961) 67 ff; *Westphall* (1962) 34 ff; *Evans/Roberts* (1963) 242 ff; *Robertson/Kennedy* (1971) 142 ff; *Wiseman* (1971) 42 ff; *Gronhaug* (1975) 49 ff; *Pessemier/Tigert* (1967) 332 ff; *Perry* (1969) 34 ff]. Die z.T. widersprüchlichen Ergebnisse sind dabei nicht nur auf mangelnde Erklärungsfähigkeit der Merkmale, sondern u.a. auch auf mangelhafte Meßtechniken (EPPS!), unzulängliche Skaleneigenschaften der unabhängigen Variablen (oft nur ordinalskalierte psychographische Merkmale) und nichtvorhandene Linearität der Beziehungen zwischen der Abhängigen und den unabhängigen Merkmalen zurückzuführen.

b) Die Auswahl von Segmentierungsmerkmalen mittels der multiplen Diskriminanzanalyse (k-Gruppen-, m-Variablen-Fall)

ba) Grundzüge des Verfahrens

Die Diskriminanzanalyse zur Trennung mehrerer Gruppen unterscheidet sich von dem hier dargestellten Zweigruppenfall in zwei Punkten:
(1) hinsichtlich der Zielfunktion,
(2) hinsichtlich der Zahl der sich ergebenden Diskriminanzfunktionen.

zu (1): Die Koeffizienten b_i der linearen Funktion $y_j = b_1x_{1j} + b_2x_{2j} + \ldots + b_mx_{mj}$ sind so zu bestimmen, daß das Verhältnis der Quadratsumme zwischen den Gruppen (externe QS) zu der Quadratsumme innerhalb der Gruppen (interne QS) möglichst groß sein wird [Vgl. *Linder* (1964) 252].

Nehmen wir an, k sei die Zahl der Gruppen ($k = 1, \ldots, q$), n_k die Anzahl der Personen in der Gruppe k ($j = 1, \ldots, n_k$). Der Mittelwert der Trennwerte in der Gruppe k sei $\bar{y}_k$, den Gesamtdurchschnitt aller Trennwerte bezeichnen wir mit $\bar{y}$. Der j-te Einzelwert in der k-ten Gruppe ist damit y_{jk}. Die interne Quadratsumme lautet dann:

$$(3.9) \qquad QS_{intern} = \sum_{j=1}^{n_k} \sum_{k=1}^{q} (y_{jk} - \bar{y}_k)^2$$

und die externe Quadratsumme:

$$(3.10) \qquad QS_{extern} = \sum_{k=1}^{q} n_k (\bar{y}_k - \bar{y})^2$$

Die b_i einer Diskriminanzfunktion sind so festzulegen, daß [Vgl. auch *Colley/Lohnes* (1971) 246 sowie *Hope* (1975) 145 ff]:

(3.11) $$M = \frac{QS_{ex}}{QS_{in}} \rightarrow \text{Max!}$$

Hierzu wird M partiell nach den b_i abgeleitet und das Ergebnis jeweils gleich Null gesetzt. Es entsteht dadurch folgendes Gleichungssystem:

(3.12) $$\begin{aligned} & b_1 (QS_{11}^{ex} - MQS_{11}^{in}) + b_2 (QS_{12}^{ex} - MQS_{12}^{in}) + \ldots + \\ & + b_i (QS_{1i}^{ex} - MQS_{1i}^{in}) + \ldots + b_m (QS_{1m}^{ex} - MQS_{1m}^{in}) = 0 \\ & \vdots \\ & b_1 (QS_{m1}^{ex} - MQS_{m1}^{in}) + b_2 (QS_{m2}^{ex} - MQS_{m2}^{in}) + \ldots + \\ & + b_i (QS_{mi}^{ex} - MQS_{mi}^{in}) + \ldots + b_m (QS_{mm}^{ex} - MQS_{mm}^{in}) = 0 \end{aligned}$$

Formuliert man (3.12) in Matrizenschreibweise, so folgt:

(3.13) $$(I^{-1} Z - \lambda E) b = 0$$

dabei ist

Z = Matrix der Summen der Abweichungsquadrate und Summen der Abweichungskreuzprodukte der y-Werte zwischen den Gruppen

I = Matrix der Summen der Abweichungsquadrate und Summen der Abweichungskreuzprodukte der y-Werte innerhalb der Gruppen.

E = Einheitsmatrix

b = Koeffizientenvektor

λ = Vektor der Eigenwerte

Die Auflösung dieses Gleichungssystems nach den b erfolgt dadurch, daß zunächst aus den Determinante von (3.13) die Eigenwerte errechnet werden:

(3.14) $$|I^{-1} Z - \lambda E| = 0$$

Setzt man den ersten Eigenwert in (3.13) ein, so läßt sich der Koeffizientenvektor der ersten Diskriminanzfunktion errechnen. Der zweite Eigenwert erbringt den Koeffizientenvektor der zweiten (zur ersten orthogonalen) Diskriminanzfunktion usw.

zu (2): Der Grund, weshalb mehrere Diskriminanzfunktionen abgeleitet werden müssen, wird einsichtig, wenn man sich die Gruppen im m-dimensionalen Merkmalsraum vorstellt, in dem sie durch ihre Zentroide repräsentiert sein sollen. Hat man zwei Gruppen,so lassen sich die beiden Zentroide durch eine Linie verbinden, auf der die Gruppen getrennt werden können. Bei drei Gruppen benötigt man schon zwei Dimensionen, um die Positionen der Zentroide zu beschreiben usw. Betrachtet man die Anzahl der Gruppen q, so ist die maximale Anzahl der benötigten und auch errechenbaren Diskriminanzfunktionen gleich $q-1$. Eine Ausnahme entsteht für den Fall, daß drei oder mehr Gruppen (Zentroide) auf einer Linie zusammenfallen. Dann ist die Anzahl der benötigten Funktionen, um alle Gruppen zu beschreiben, kleiner als $q-1$. In der Praxis zeigt es sich häufig, daß im Mehrgruppenfall relativ wenige Dimensionen genügen, um nahezu alle Gruppen ohne Informationsverlust im reduzierten Raum zu positionieren.

Daneben wird die Anzahl der errechenbaren Diskriminanzfunktionen auch von der Variablenzahl m bestimmt. Logischerweise können nicht mehr Diskriminanzfunktionen berechnet werden als unabhängige Variablen vorhanden sind. Letztendlich bestimmt der kleinere der beiden Werte $\{\text{Min}\ (m, q-1)\}$ die Maximalzahl berechenbarer Trennfunktionen.

In der Praxis stellt die Bestimmung der Anzahl der Diskriminanzfunktionen $(f = 1, \ldots, d)$ ein Entscheidungsproblem dar. Einerseits empfiehlt es sich, um die Überschaubarkeit der Daten zu gewährleisten, die Anzahl der Funktionen gering zu halten, andererseits sollen nicht allzuviele Informationen, die in den Ausgangsmerkmalen enthalten waren, verlorengehen.

Bei welcher Funktionszahl abgebrochen wird, obwohl $\{\text{Min}\ (q-1, m)\}$ noch nicht erreicht ist, hängt u. a. von mehreren statistischen Kriterien ab.

Zunächst ist die durch die Diskriminanzfunktionen erklärte Varianz der ursprünglichen (Segmentierungs-)Variablen zu beachten. Werden alle berechenbaren Diskriminanzfunktionen ermittelt, so wird die gesamte Varianz der unabhängigen Variablen durch die Funktionen erklärt. Da aber die erste Funktion den größten Teil der Gesamtvarianz erklärt, die zweite den größten Anteil des bisher unerklärten Rests usf., nimmt die unerklärte Varianz zunehmend ab. Falls die unerklärte Varianz nur noch einen »geringen« Teil der Gesamtvarianz beträgt, verzichtet man auf weitere Funktionen. Da die Summe der Eigenwerte ein Maß für die insgesamt vorhandene Varianz in den unabhängigen Variablen ist, stellt der Eigenwert λ_f einer Diskriminanzfunktion ein Kriterium für ihre Bedeutung dar. Andererseits gibt der Prozentsatz eines Eigenwertes an der Gesamtsumme der Eigenwerte einen Hinweis auf die Anzahl der benötigten Funktionen. Wird er relativ klein, so werden die restlichen Funtkionen nicht mehr herangezogen.

Ein weiteres Eliminationskriterium ist die statistische Signifikanz der Funktionen. Bei der Berechnung der Funktionen gibt man deshalb eine Mindestgröße für den Prozentsatz eines Eigenwertes und das zumindest erreichbare Signifikanzniveau vor.

bb) Zur Ermittlung der Indikatoreignung von Segmentierungsmerkmalen aus Diskriminanzfunktionen

Nachdem die Diskriminanzfunktionen berechnet wurden, liegt ein d-dimensionaler Raum vor, in dem die Beobachtungseinheiten j (z.B. Käufer der Marken $k = A, B, C$ etc.) durch die Vektoren ihrer y-Werte $(y^k_{1j}, y^k_{2j}, \ldots, y^k_{dj})$ positioniert sind. Berechnet man den Mittelwertsvektor einer Gruppe, so erhält man das Zentroid $(\bar{y}^k_1, \bar{y}^k_2, \ldots, \bar{y}^k_d)$. Der Vergleich der Gruppenmittelwerte auf den Dimensionen zeigt an, inwieweit die Gruppen im d-dimensionalen Raum getrennt liegen.

Die Koeffizienten der Diskriminanzfunktionen b_{fi}, $(f = 1, \ldots, d;\ i = 1, \ldots, m)$ geben, bei standardisierten Ausgangsmerkmalen, die Bedeutung eines Segmentierungsmerkmales für eine Diskriminanzfunktion an. Ein Segmentierungsmerkmal, das im Vergleich zu anderen Merkmalen auf einer Funktion einen hohen $|b^+|$-Wert aufweist, trägt auch mehr zur Trennfähigkeit der Dimension gegenüber allen Gruppen bei. Will man im konkreten Fall feststellen, ob ein Merkmal in der Lage ist, zwischen zwei bestimmten

Gruppen (k und q) zu diskriminieren, so ist neben dem $|b_i^+|$ -Wert noch der Unterschied der beiden Gruppen auf dem Segmentierungsmerkmal x_i zu berücksichtigen. Es kann nämlich vorkommen, daß die Gruppen k und q sich in diesem Merkmal kaum unterscheiden, wohl aber, daß die anderen k-2 Gruppen auf dem Merkmal x_i starke Unterschiede aufweisen, so daß der $|b^+|$-Wert der Funktion deshalb recht hoch ist.

Man verwendet deshalb als Maß für die Trennfähigkeit einer Variablen gegenüber zwei bestimmten Gruppen k und q im Mehrgruppenfall [Vgl. *Mosteller/Wallace* (1963) 275 ff]:

$$(3.13) \quad b_i^+ (\bar{x}_{ik} - \bar{x}_{iq})$$

Schließlich werden die b^i-Werte herangezogen, um die DA-Funktionen zu interpretieren. Gehen z. B. die Merkmale Ausbildung, Einkommen und Berufstätigkeit mit hohen $|b^+|$-Werten in eine Funktion ein, während alle anderen Variablen einen Wert nahe Null haben, so können die drei erstgenannten Merkmale zur Interpretation der Diskriminanzfunktion herangezogen werden [I. d. R. wird jedoch eine Rotation des Diskriminanzraumes z. B. nach dem VARIMAX-Verfahren notwendig sein. Siehe hierzu die Ausführungen zur FA!]. In unserem Falle ließen sich diese Dimension als »Soziale Klasse« umschreiben.

Wie schon angedeutet, stellt die MDA auch eine Methode zur Datenkomprimierung dar: Statt m Ausgangsmerkmale liegen nur noch d ($d << m$) DA-Funktionen vor, die sich zudem durch die ursprünglichen Merkmale interpretieren lassen. Bei demographisch/sozioökonomischen Merkmalen erhält man u. U. Konstrukte wie »Soziale Schicht«, »Lebenszyklus« u. a. Im Life Style-Ansatz werden die Ausgangsvariablen z. B. zu Dimensionen wie Freizeitverhalten, Einstellung zur Hausarbeit oder Bedürfniskomplexen komprimiert. Zur produktspezifischen Einstellungsmessung versucht man, die MDA heranzuziehen, um das redundante Set vorgegebener Einstellungsmerkmale (gemessen mit Rating-Skalen) zu wenigen wichtigen Beurteilungsdimensionen zu komprimieren und um die beurteilten Produkte im Diskriminanzraum zu positionieren.

Ähnlich wie in der Regressionsanalyse bereitet auch in der Diskriminanzanalyse die Auswahl der Segmentierungsvariablen, die in die Funktion(en) eingehen sollen, Schwierigkeiten. Auch hier läßt sich eine schrittweise Prozedur durchführen: In der »Schrittweisen Diskriminanzanalyse« wird aus einem Set potentieller Merkmale zunächst das »beste« ermittelt. Im zweiten Schritt wird jenes Segmentierungsmerkmal hinzugefügt, das in Verbindung mit dem ersten am besten diskriminiert usw. Bereits aufgenommene Merkmale, die im weiteren Verlauf ihre Diskriminationsfähigkeit verlieren, werden dabei wieder eliminiert. Der Prozeß wird solange durchgeführt, bis keine Verbesserung mehr erreicht werden kann. Als Gütekriterien kommen u. a. der F-Test für die Signifikanz der Unterschiede der Gruppenzentroide bzw. die Distanz zwischen den Gruppenzentroiden infrage (sog. Mahalanobis-Distanz).

Allerdings gelten die bisherigen Aussagen nur für den Fall, daß die unabhängigen Merkmale nicht interkorreliert sind. In diesem Falle lassen sich aber aus den Diskriminanzkoeffizienten (ähnlich wie bei der multiplen Regression) keine Anhaltspunkte über die Indikatoreignung einzelner Merkmale gewinnen. Betrachten wir zu diesem Zweck die Gleichung (3.13):

$$(I^{-1}Z - \lambda E)\,b = 0$$

Die Zwischengruppen-Dispersionsmatrix (Z) wird mit der Inversen der gruppeninternen Dispersionsmatrix (I) multipliziert. Durch diesen Vorgang wird sichergestellt, daß Korrelationen zwischen den unabhängigen Merkmalen ausgeräumt werden. Damit fallen korrelierende Segmentierungsmerkmale nicht mehrmals bei der Trennung der Gruppen ins Gewicht [Vgl. *Hope* (1975) 149]. Betrachten wir nun unseren Anwendungsbereich, so stehen wir wiederum vor einem Dilemma: Es können bei korrelierenden Segmentierungsmerkmalen (wie bisher deutlich wurde, ein recht häufig eintretender Fall, wenn man möglichst viele Varianzquellen des Käuferverhaltens erfassen möchte) keine Aussagen über die Bedeutung der *einzelnen* Merkmale mehr getroffen werden, sondern nur noch Aussagen über die Merkmalskombination insgesamt. Dieser äußerst wichtige Umstand ist insbesondere bei der Anwendung der MDA zur mehrdimensionalen Einstellungsmessung und damit für die Produktfeldsegmentierung zu beachten.

c) Die Eignung der MDA zur produktspezifischen Einstellungsmessung

Ausgangsdaten bilden in diesem Falle die Einstufungen von o Produkten (o = 1, ..., p) durch n Vpn (j = 1, ..., n) auf m Rating-Skalen (i = 1, ..., m). Es liegt damit eine dreidimensionale Matrix vor: $X_{m \times n \times p}$ [Vgl. auch zweites Kapitel A]. Die Gruppen n_o stellen in diesem Falle die Cluster der individuellen Beurteilungen der p Produkte durch die n Vpn dar. Unabhängige (und aufgrund des Ansatzes bewußt redundante) Merkmale [Vgl. oben drittes Kapitel B.3. dcb)] bilden die vorgegebenen Eigenschaften (Vgl. Abb. 59).

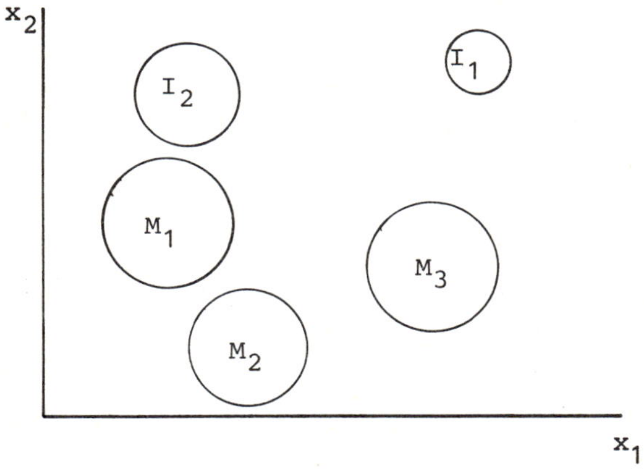

I_1, I_2 = Individuelle Idealprodukte der Präferenzsegmente 1 und 2.
M_1–M_3 = Individuelle Beurteilung der Realmarken 1 – 3 (bei relativ homogener Wahrnehmung der Realmarken).

Abb. 59: Ausgangssituation der MDA zur Produktpositionierung [In der Realität liegen m > 2 Merkmale vor]

Aufgabe der MDA ist in diesem Falle die Erstellung eines neuen Koordinatensystems, das die p »Gruppen« der Individualimages möglichst gut trennt und gleichzeitig berücksichtigt, daß die Individualimages einer jeden Marke so wenig wie möglich um die Durchschnittsbeurteilung jeder einzelnen Marke streuen.

Gegen die MDA als metrisches Verfahren zur Produktpositionierung lassen sich zunächst die Einwendungen vorbringen, die an späterer Stelle auch gegenüber der FA und HKA anzubringen sind [Vgl. auch *Böhler* (1975 a) 65 f und (1975 b) 34 ff sowie *Böhler/Stölzel* (1976) 2 f]:

- Damit keine einstellungsrelevanten Beurteilungskriterien übersehen bzw. keine Kriterien vorgegeben werden, die für die Beurteilung der Marken irrelevant sind, bedarf es entsprechender Vorarbeiten zur Auswahl der Merkmale (Repertory Grid, NMDS etc.)
- Die MDA setzt metrisches Skalenniveau der unabhängigen Merkmale voraus. Die Vpn sind mitunter nicht in der Lage, Aussagen auf diesem Skalenniveau abzugeben. Allerdings scheinen die metrischen Varianten zur Produktpositionierung relativ robust zu sein: Im Vergleich zu nichtmetrischen Verfahren erbringen sie, von Extremfällen abgesehen, gleichartige Lösungen [Vgl. z. B. die Verfahrensvergleiche bei *Green/Rao* (1972)].
- Die psychologische Nähe zweier Marken läßt sich nicht immer durch die kürzeste Entfernung im Einstellungsraum zum Ausdruck bringen, wie es bei der MDA unterstellt wird. Doch zeigt sich auch hier, daß i. d. R. diese Annahme zutrifft und selbst wenn dies nicht der Fall sein sollte, liefert die MDA eine gute Approximation der tatsächlich zugrunde liegenden Punktekonfiguration [Vgl. hierzu *Green* (1974) 75 ff].
- Die Ermittlung der Idealproduktposition bleibt problematisch. Einerseits müssen die Vpn ihre Wunschvorstellungen durch Einstufung des Idealproduktes auf Rating-Skalen zum Ausdruck bringen, wobei man sie manchmal überfordert. Andererseits berücksichtigen sie dabei nicht die Zielkonflikte in der Realisierung ihrer Wunschvorstellungen, wenn sie auf allen Rating-Skalen den Optimalwert fordern (möglichst billig, möglichst hohe Qualität usw.).
- Die metrischen Verfahren (also auch die MDA) nehmen konzentrische Isopräferenzkurven um das Idealprodukt an, wobei mit wachsender Entfernung vom Idealprodukt die Präferenz nach allen Seiten abnimmt. Hier lassen die NMDS-Verfahren auch andere Modelle zu, wie noch gezeigt wird.

Ein gewichtiger Einwand, der speziell die MDA betrifft, gründet sich auf das statistische Modell, das im Widerspruch zu seinem verhaltenswissenschaftlichen Anwendungsbereich steht. Erfahrungsgemäß muß den Vpn zur Produktbeurteilung auf Rating-Skalen ein mehr oder minder redundantes Merkmalsset vorgegeben werden, das alle wesentlichen Eigenschaften des semantischen Raumes repräsentiert. M. a. W., es kommt der Urteilsfähigkeit der Vpn entgegen, wenn man eine Dimension durch mehrere Items repräsentiert, die dem Alltagssprachgebrauch entsprechen. Außerdem kann a priori nicht ohne weiteres festgestellt werden, welche der Items welcher Dimension zuzurechnen sind.

Sind zwei Items jedoch redundant, dann wird eine Vpn die Produkte auf beiden Items (nahezu) gleich beurteilen. Dadurch kommt es zwangsläufig zu Korrelationen der Items, die bei der MDA zur Produktpositionierung als unabhängige Variablen verwendet werden. Das MDA-Modell unterstellt, daß Variableninterkorrelationen stören: Wenn ein Item, das mit anderen korreliert, schon in die DA-Funktion aufgenommen wurde, so erhält das erste einen hohen b-Wert, die nachfolgenden gehen aber nur noch mit niedrigen Koeffizienten ein, da ein und derselbe Sachverhalt nicht mehrmals zur Gruppentrennung herangezogen werden soll.

Somit wird die Interpretation der DA-Funktionen (Dimensionen des Produktfeldes) erschwert. Es ist aus der Höhe der Diskriminanzkoeffizienten nicht ersichtlich, welche Merkmale »hinter« dieser Dimension stehen, denn die Merkmale gingen im Hinblick auf ihre *Trennfähigkeit* in die Funktion ein und nicht wegen möglicher Gemeinsamkeiten. Niedrige b_i-Koeffizienten auf einer Dimension des Produktfeldes können damit zwei Ursachen haben: Entweder das Beurteilungskriterium x_i hat nichts mit dieser Dimension zu tun oder es weist sehr wohl Gemeinsamkeiten mit der Dimension auf, korreliert aber stark mit bereits vorhandenen Merkmalen.

Abb. 60 veranschaulicht den Sachverhalt der MDA.

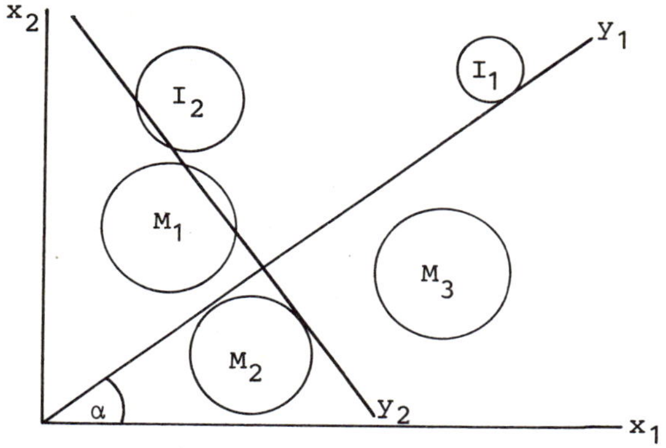

Abb. 60: Positionierung im 5-Marken-2-Variablen-Fall (3 Real-, 2 Idealmarken)

Mittels der Merkmale x_1 und x_2 können die Gruppen M_1, M_2, M_3 und I_1, I_2 nicht bzw. sehr schlecht unterschieden werden. Nach Berechnung der DA-Funktionen dagegen, können alle Gruppen relativ gut getrennt werden [Vgl. auch *Diller/Bauer* (1974) 187ff]: Projiziert man die individuell beurteilten Produkte auf die y_1-Achse, so zeigt es sich, daß mit dieser Diskriminanzfunktion die Marken M_1, M_2 von der Marke M_3 und den Idealprodukten I_1, I_2 getrennt werden können. Funktion y_2 diskriminiert I_2 von M_1, I_1 und M_2, M_3. In y_1 geht stärker die Variable x_1 ein, die Funktion y_2 weist bei der Variable x_2 einen höheren Trennkoeffizienten auf.

Da die Trennkoeffizienten kaum einen Einblick in die Interpretation der DA-Funktionen geben, muß man sich eines Notbehelfs bedienen: man berechnet die Korrelationskoeffizienten eines Merkmals x_i mit der DA-Funktion y_f, also $r_{x\ y}$, wobei $f = 1, \ldots, d$. Geometrisch gesehen, lassen sich die Korrelationskoeffizienten als der cos des Winkels α zwischen der ursprünglichen Dimension x_i und der neuen Dimension y_f ermitteln (je kleiner der Winkel, desto größer $r_{xi\ yf}$:

Für $\cos \alpha_{if} = \cos 0$ folgt $r_{if} = 1{,}00$
$\cos \alpha_{if} = \cos 90$ folgt $r_{if} = 0{,}00$
$\cos \alpha_{if} = \cos 45$ folgt $r_{if} = 0{,}71$ etc.

Eine Interpretationserleichterung bietet auch die Rotation des Raumes nach dem VARIMAX-Kriterium. (Vgl. hierzu die Ausführungen zur FA!)

Abb. 61 demonstriert dies am schon mehrmals referierten Beispiel des Chicago-Biermarktes.

Hier korrelieren z.B. die Items »süß«; »helle, goldene Farbe«; »milder Geschmack« und die Items »malzig«; »gehaltvoll« hoch mit der Dimension I und können deshalb zu ihrer Interpretation verwendet werden.

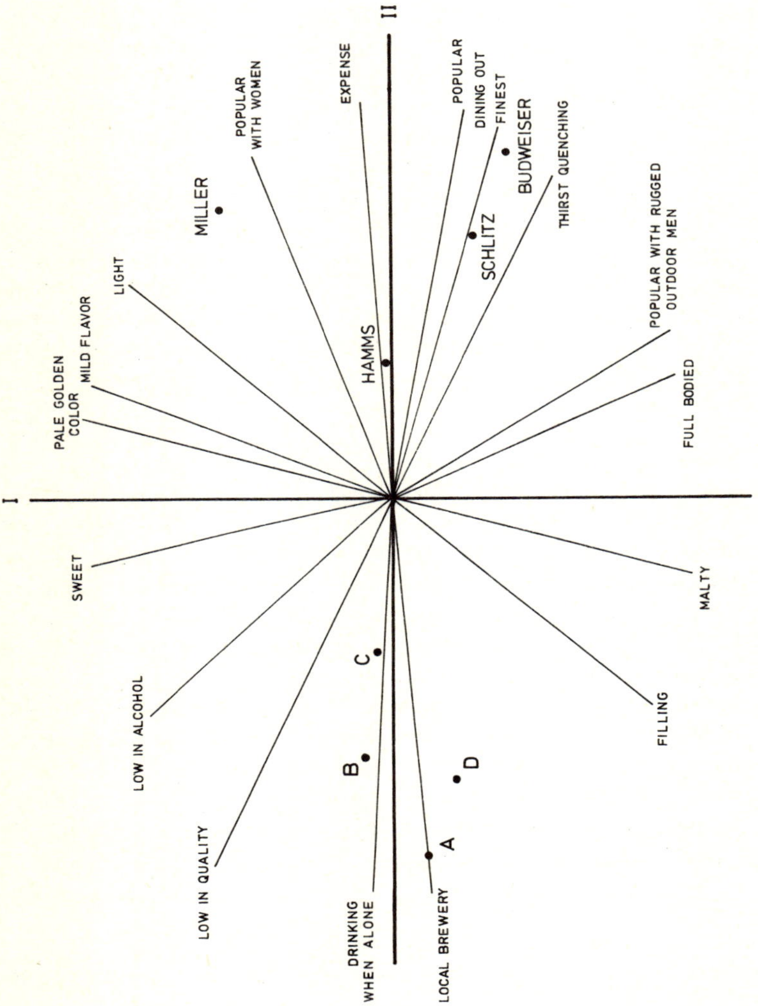

Abb. 61: Das Verhältnis von Beurteilungsmerkmalen und DA-Funktionen [Quelle: *Johnson* (1971) 14]

4. *Die Kanonische Analyse zur Merkmalsauswahl und zur Reduktion von Merkmalsräumen*

a) Methodische Grundzüge

Inhaltlich kann die KA als Analogie zur multiplen Regressionsanalyse betrachtet werden. Im Unterschied zur multiplen Regressionsanalyse werden hier mehrere metrische Abhängige durch mehrere metrische Unabhängige erklärt. Die KA ist damit ein Verfahren, das sich vor allem zur Untersuchung der Indikatoreignung potentieller Segmentierungsmerkmale für mehrere Kaufverhaltensvariablen eignet. Damit wird die univariate Betrachtungsweise im Kaufverhaltensbereich überwunden, die oft dazu führte, daß regressionsanalytische Untersuchungen den betrachteten Segmentierungskriterien jegliche Erklärungsfähigkeit absprachen. Die KA ist insbesondere dann anzuwenden, wenn keine der verschiedenen Kaufverhaltensvariablen (Wahl der Marke, der Einkaufsstätte, Kaufmenge, Mediennutzung etc.) für sich allein in Verbindung mit den Segmentierungsvariablen steht. Die KA führt eine Linearkombination der abhängigen Variablen durch und überprüft die Korrelation dieser Linearkombination mit der Linearkombination der Segmentierungskriterien [Vgl. zur Einführung *Gaensslen/Schubö* (1973) 165 ff sowie *Hotelling* (1936) 321 ff; *Anderson* (1958) 288 ff; *Koons* (1962) 267 ff; *Green/Halbert/Robinson* (1966) 33 ff; *Cooley/Lohnes* (1971) 168 ff].

Genauer ausgedrückt, lautet die Frage der Kanonischen Analyse: Falls an n Personen zwei Gruppen von Variablen ($x_1, \ldots, x_i, \ldots, x_m$ und $y_1, \ldots, y_h, \ldots, y_t$) gemessen wurden, wie sind die Koeffizienten a_i, b_h festzulegen, damit die beiden linearen Funktionen $x^+ = a_1x_1 + \ldots + a_mx_m$ und $y^+ = b_1y_1 + \ldots + b_ty_t$ die maximal erreichbare Korrelation aufweisen:

$$(4.1) \quad R_{x^+ \cdot y^+} \rightarrow \text{Max!}$$

Als Nebenbedingung wird gefordert, daß die Varianz der Variablen x^+ bzw. y^+ gleich 1 sein soll:

$$(4.2) \quad s^2_{x+} = s^2_{y+} = 1$$

Stellt man die Linearkombinationen und die Zielfunktion in Matrizenschreibweise dar und geht dabei von standardisierten Variablen aus (z-Transformation der x_i, y_h zu z_i, w_h), so folgt:

$$(4.3) \quad x^+ = a' \cdot Z$$

$$(4.4) \quad y^+ = b' \cdot W$$

a', b' = Zeilenvektoren der Kanonischen Koeffizienten.
Z, W = Matrizen der zeilenweise standardisierten Ausgangsdaten für n Personen.

Damit ergibt sich:

$$(4.5) \quad R_{x^+ \cdot y^+} = \frac{x^+ y^{+\prime}}{n-1} = \frac{a'Z \cdot W'b}{n-1} \rightarrow \text{Max!}$$

Da $\frac{Z \cdot W'}{n-1} = R_{12}$ (Matrix der Produktmoment-Korrelationen zwischen den unabhängigen und den abhängigen Variablen), kann (4.5) auch folgendermaßen formuliert werden:

(4.5 a) $R_{x+y+} = a \cdot R_{12} \cdot b \rightarrow \text{Max!}$

Als Nebenbedingung wird gefordert, daß die neuen Variablen x^+, y^+ standardisiert sein sollen:

(4.6) $s^2_{x+} = \frac{x^+ x^{+'}}{n-1} = \frac{a' ZZ' a}{n-1} = a' R_{11} a = 1$

(4.7) $s^2_{y+} = \frac{y^+ y^{+'}}{n-1} = \frac{b' WW' b}{n-1} = b' R_{22} b = 1$

(R_{11} und R_{22} sind die Matrizen der Korrelationskoeffizienten zwischen den unabhängigen bzw. den abhängigen Variablen)

Die Maximierung von (4.5) unter Beachtung zweier Nebenbedingungen erfolgt mittels des Verfahrens von Lagrange:

(4.8) $\Phi = R_{x+y+} - \frac{1}{2} \lambda_1 \; (s^2_{x+} - 1) - \frac{1}{2} \lambda_2 \; (s^2_{y+} - 1) = 0$ bzw.

(4.9) $\Phi = a' R_{12} b - \frac{1}{2} \lambda_1 \; (a' R_{11} a - 1) - \frac{1}{2} \lambda_2 \, (b' R_{22} b - 1) = 0$

Bildet man die erste Ableitung von (4.9) nach b und setzt sie gleich 0, so folgt [Die Ableitung nach a erbringt ein ähnliches Ergebnis. Vgl. *Anderson* (1958) 289f, Gleichungen (7) bis (12) sowie 296, Gleichungen (48) bis (53). Vgl. auch die ähnliche Behandlung des Problems bei *Cooley/Lohnes* (1971) 173f; *Green/Halbert/Robinson* (1966) 38]:

(4.10) $(R_{22}^{-1} R_{21} R_{11}^{-1} R_{12} - \lambda_2 E) \cdot b = 0$, wobei E die Einheitsmatrix ist [Das Modell der KA entspricht dem MDA-Modell. Das MDA-Problem läßt sich daher mit der KA lösen, indem die Gruppenzugehörigkeit als System von Dummy-Variablen formuliert wird].

Voraussetzung für eine nichttriviale Lösung ist:

(4.11) $| R_{22}^{-1} R_{21} R_{11}^{-1} R_{12} - \lambda_2 E | = 0$

Es handelt sich hier wiederum um das auch in der MDA auftretende Eigenwertproblem, dessen Lösung maximal zu so vielen Funktionen $x^+_{(f)} = a'_{(f)} Z$, $y^+_{(f)} = b'_{(f)} W$ führt ($f = 1, \ldots, d$) wie das kleinere der beiden Variablensets Variablen enthält: $d \leqq \text{Min}(m, t)$.

Betrachtet man den Rechengang sukzessiv [Vgl. hierzu *Gaensslen/Schubö* (1973) 168ff sowie *Cooley/Lohnes* (1971) 169ff], so werden in einem ersten Schritt die ersten Kanonischen Faktoren $y^+_{(1)}$ und $x^+_{(1)}$ so bestimmt, daß $R^{(1)}_{x^+_{(1)} y^+_{(1)}}$ ein Maximum wird. Jeder der beiden Kanonischen Faktoren erklärt jedoch in seiner Variablengruppe nur einen bestimmten Teil der Varianz. Man bereinigt deshalb die ursprünglichen

Variablen $x_1, \ldots, x_m; y_1, \ldots, y_t$ um den durch $x^+_{(1)}$ bzw. $y^+_{(1)}$ erklärten Teil und erhält sog. Restvariablen erster Ordnung. Für diese Restvariablen werden wieder Linearkombinationen gebildet, die den Bedingungen (4.1), (4.2) bzw. (4.5) bis (4.7) genügen. Dadurch erhält man im zweiten Schritt die Kanonischen Faktoren $x^+_{(2)}$, $y^+_{(2)}$ und die Kanonische Korrelation $R^{(2)}_{x^+_{(2)} y^+_{(2)}}$. M. a. W.: die Kanonischen Faktoren 2 bis d sind so zu bestimmen, daß sie ein Maximum der bisher noch nicht erfaßten Korrelation zwischen den Variablensets erklären, wobei die Faktoren $y^+_{(1)}$, $y^+_{(2)}$ etc. untereinander unkorreliert sein müssen. Gleiches gilt auch für die Faktoren $x^+_{(1)}$, $x^+_{(2)}$ etc. (die Kanonischen Faktoren müssen innerhalb der Variablensets zueinander orthogonal stehen).

Wie in der MDA und der FA stellt sich auch hier die Frage nach der Anzahl der Kanonischen Faktoren, die bei der Analyse praktischer Probleme zu berücksichtigen sind. Im Interesse einer Datenreduktion wird man die Informationen in den Ausgangsdaten durch möglichst wenige Kanonische Faktoren erfassen wollen. Sobald ein Faktorenpaar nur noch einen geringen Kanonischen Korrelationskoeffizienten erbringt bzw. falls er nicht signifikant ist, werden nur die vorherigen Funktionen berücksichtigt.

Man kann sich die Vorgehensweise der Kanonischen Analyse auch geometrisch vorstellen. Die Beobachtungseinheiten (z.B. potentielle Abnehmer einer Produktgattung) sind zum einen in einem m-dimensionalen Raum positioniert, der z.B. durch die Segmentierungsmerkmale aufgespannt wird, zum anderen sind sie im t-dimensionalen Raum des absatzwirtschaftlich relevanten Verhaltens positioniert, der durch die t Verhaltensvariablen erstellt wird. Die Kanonische Analyse überprüft nun, ob die Positionen der Abnehmer im Raum der Segmentierungskriterien mit den Positionen im Raum der Verhaltensvariablen korrelieren. Gleichzeitig übt sie eine Reduktionsfunktion aus: Da die Segmentierungskriterien mehr oder minder redundant sind und gleiches auch für die Verhaltensvariablen gilt, werden die beiden Räume auf wenige wichtige orthogonale Dimensionen komprimiert und gleichzeitig so rotiert, daß die extrahierten Dimensionen der beiden Räume miteinander so weit wie möglich korrelieren.

b) Anwendungsbereiche in der Marktsegmentierung

Die Kanonische Analyse ist ein Hilfsmittel zur Lösung mehrerer Probleme der Marktsegmentierung: Sie erlaubt nicht nur die Identifikation der erklärungsfähigsten Segmentierungsmerkmale und der wichtigsten Verhaltensdimensionen, sondern sie zeigt auch auf, welche Segmentierungsmerkmale (unabhängige Variablen) in Beziehung zu den einzelnen Verhaltensdimensionen (abhängige Variablen) stehen. Darüber hinaus läßt sie sich zur operationalen Beschreibung von bereits identifizierten Marktsegmenten einsetzen. Wurden z.B. Einstellungssegmente im mehrdimensionalen Joint Space oder Life-Style-Segmente im mehrdimensionalen Life-Style-Raum entdeckt, so fehlt es an Anhaltspunkten zur Medienauswahl, da die Mediaanalysen solche Daten überhaupt nicht bzw. nur lückenhaft enthalten. In diesem Falle können die Positionen im Joint Space bzw. Life-Style-Raum mit dem Raum der Mediennutzung korreliert werden. Die Dimensionen des Mediennutzungsraumes werden dabei z. B. durch die verschiedenen Zeitschriften repräsentiert; die Positionierung der Abnehmer erfolgt nach der Lesehäufigkeit.

Liegen auch keine Mediennutzungsinformationen vor, so können die psychologischen Räume hilfsweise mit sozioökonomisch/demographischen Merkmalsräumen korreliert werden. Erhält man genügend große und signifikante Kanonische Korrelationskoeffizienten, so kann die Medienauswahl nach den korrespondierenden sozioökonomisch/demographischen Merkmalsausprägungen der anvisierten Marktsegmente erfolgen [In empirischen Untersuchungen zeigten sich allerdings nur schwache Beziehungen].

Bevor auf einige typische empirische Untersuchungen zur Marktsegmentierung unter Heranziehung der KA eingegangen wird, soll ein einfaches, hypothetisches Beispiel den Rechengang erläutern. Auf diese Weise wird unmittelbar ersichtlich, wie das KA-Modell aufgebaut ist und von welcher Seite mögliche Bedenken gegen seine Anwendung im Segmentierungszusammenhang vorzubringen sind [Das Rechenbeispiel ist entnommen aus *Cooley/Lohnes* (1971) 176 ff].

Nehmen wir den einfachsten Fall an, daß zwei abhängige Variablen y_1 und y_2 durch zwei unabhängige Variablen erklärt werden sollen:

y_1 = Verbrauchsmenge der Marke 1 (Marke 1 und Marke 2 gehören
y_2 = Verbrauchsmenge der Marke 2 derselben Produktgattung an).
x_1 = Leistungsstreben
x_2 = Aufgeschlossenheit gegenüber Mitmenschen

Aus den Werten y_{hj} und x_{ij} von n = 100 Vpn sei folgende Korrelationsmatrix R errechnet:

$$R = \begin{array}{c|cc|cc} & x_1 & x_2 & y_1 & y_2 \\ \hline x_1 & 1.00 & .40 & .50 & .60 \\ x_2 & .40 & 1.00 & .30 & .40 \\ \hline y_1 & .50 & .30 & 1.00 & .20 \\ y_2 & .60 & .40 & .20 & 1.00 \end{array} = \begin{array}{c|c} R_{11} & R_{12} \\ \hline R_{21} & R_{22} \end{array}$$

Wie man sieht, sind die Korrelationskoeffizienten zwischen den einzelnen Verhaltensvariablen und den einzelnen Persönlichkeitsmerkmalen (R_{12} bzw. R_{21}) nicht sehr hoch. Dennoch darf nicht ohne weiteres der Schluß gezogen werden, daß Persönlichkeitskriterien und Konsumentenverhalten in keinerlei Beziehung stehen, wie es in vielen Veröffentlichungen zu diesem Problemkreis anhand der sich ergebenden partiellen und multiplen Korrelationskoeffizienten getan wird. Die Persönlichkeit eines Individuums und dessen Kauf- bzw. Entscheidungsverhalten kann nicht ohne weiteres in voneinander unabhängige Teilkategorien aufgespalten werden. Es ist deshalb ratsam, den Grad der Übereinstimmung zwischen der Gruppe von Persönlichkeitsmerkmalen und der Gruppe von Variablen des Entscheidungsverhaltens zu überprüfen. In unserem Beispiel sind die beiden Gleichungen gesucht:

$$x^+ = a_1x_1 + a_2x_2$$

$$y^+ = b_1y_1 + b_2y_2$$

Werden zuerst die Koeffizienten von y^+ gesucht, so errechnet man aus R das Matrizenprodukt:

$$R_{22}^{-1} R_{21} R_{11}^{-1} R_{12} = M = \begin{bmatrix} .206 & .251 \\ .278 & .341 \end{bmatrix}$$

Sodann sind aus der Determinante $|M - \lambda E|$ die Eigenwerte zu berechnen:

$$\begin{aligned} |M - \lambda E| &= \begin{vmatrix} .206 - \lambda & .251 \\ .278 & .341 - \lambda \end{vmatrix} = 0 \\ &= (.206 - \lambda) \cdot (.341 - \lambda) - (.251) \cdot (.278) = 0 \\ &= \lambda^2 - .547\lambda + .0004 = 0 \\ &\lambda_1 = .546 \\ &\lambda_2 = .001 \end{aligned}$$

Da sich nur λ_1 als signifikant erweist, wird nur ein Paar Kanonischer Faktoren und ein Kanonischer Korrelationskoeffizient berechnet. Zunächst kann man aus λ_1 den Kanonischen Korrelationskoeffizienten $R^{(1)}_{y+\ x+}$ ermitteln:

$$R^{(1)}_{y+\ x+} = \sqrt{\lambda_1} = \sqrt{.546} = .74$$

Wir sehen, daß trotz der niedrigen Korrelationskoeffizienten zwischen den einzelnen Variablen eine beachtliche Relation zwischen der Gruppe der Persönlichkeitsvariablen und der Gruppe der Variablen des Verbrauchsverhaltens auftreten kann. Die Regressionsgleichung würde dann lauten: $y_j^+ = 0{,}74\ x_j^+$, da es sich um standardisierte Variablen handelt und $R^{(1)}_{y+\ x+}$ somit identisch ist mit dem Steigungsmaß. Diese Gleichung könnte auch für Prognosezwecke verwendet werden. D. h., wenn man für eine beliebige Person die Persönlichkeitswerte $x_1, \ldots, x_m$ hätte, dann könnten die entsprechenden Werte von y^+ prognostiziert werden.

Um feststellen zu können, wie sich die einzelnen Persönlichkeitsmerkmale auf die Wahl zwischen Marke 1 und Marke 2 auswirken, müssen die Vektoren der Kanonischen Koeffizienten a bzw. b berechnet werden. Setzt man den Wert λ_1 in Gleichung (4.11) ein, so folgt:

$$\left[\begin{bmatrix} .206 & .251 \\ .278 & .341 \end{bmatrix} - \begin{bmatrix} .546 & 0 \\ 0 & .546 \end{bmatrix}\right] \cdot \begin{bmatrix} b_1 \\ b_2 \end{bmatrix} = 0$$

$$\begin{bmatrix} -.340 & .251 \\ .278 & -.205 \end{bmatrix} \cdot \begin{bmatrix} b_1 \\ b_2 \end{bmatrix} = 0$$

Da hier beliebig viele Werte für den Vektor b eingesetzt werden können, wird gefordert, daß $b' R_{22} b = 1$ (vgl. Nebenbedingung (4.7)).

Eine Umrechnung erbringt als gesuchten Eigenvektor $b = \begin{bmatrix} .545 \\ .737 \end{bmatrix}$.

Für den Eigenvektor a folgt: $a = \begin{bmatrix} .856 \\ .278 \end{bmatrix}$

Die gesuchten Gleichungen lauten dann

$$x^+ = 0{,}856x_1 + 0{,}278x_2 \qquad \text{Kanonische Korrelation}$$

$$y^+ = 0{,}545y_1 + 0{,}737y_2 \qquad R^{(1)}_{y+\ x+} = 0{,}74$$

Aus der Kanonischen Korrelation ersieht man die Stärke des Zusammenhanges zwischen dem Set der Segmentierungsmerkmale und dem Markenwahlverhalten. Geht man von standardisierten Variablen aus, so zeigen die Koeffizienten, daß x_1 (Leistungsstreben) einen wesentlich stärkeren Einfluß auf die Verbrauchsintensität hat als x_2 (Aufgeschlossenheit gegenüber Mitmenschen).

Personen, die in den unabhängigen Variablen hohe Werte aufweisen (besonders bei x_1), neigen somit dazu in der betreffenden Produktgattung mehr zu verbrauchen. Betrachtet man die unabhängigen Variablen, so führt ein hoher x^+ Wert eher zu einem hohen Konsum der Marke 2.

In einer ähnlichen Studie untersuchten *Sparks/Tucker* Beziehungen zwischen Persönlichkeitsmerkmalen und dem Gebrauch einer Reihe von Produkten [(1971) 67 ff]. Wie zu erwarten, korrelierten die einzelnen Persönlichkeitsmerkmale und die Häufigkeit des Produktgebrauchs wenig (siehe hierzu Abb. 62).

Eine simultane Analyse der Persönlichkeitsmerkmale und aller betrachteten Produkte ergab jedoch drei Paare Kanonischer Faktoren, deren Kanonische Korrelationskoeffizienten relativ hoch waren (Siehe Abb. 63).

Eigenvektorpaar 1 zeigt, daß der Gebrauch von Shampoo, Alkoholika, Zigaretten sowie die frühzeitige Annahme neuer Moden korreliert mit Geselligkeitsstreben, Unverantwortlichkeit (negative »Responsibility«) und emotionaler Stabilität. Das zweite Eigenvektorenpaar deutet darauf hin, daß der Gebrauch von Kopfschmerzmitteln, Mundwasser sowie die frühe Annahme neuer Moden mit Geselligkeitsstreben, Ängstlichkeit und emotionaler Instabilität korrelieren.

Das Beispiel läßt vermuten, daß eine isolierte Betrachtung von einzelnen Persönlichkeitsmerkmalen und Produktnutzung verfehlt ist: Frühe als auch späte Unternehmer neuer Moden können emotional stabil sein (Eigenvektorpaar 1: Fashion adoption +.3226, Emotional stability +.4309; Eigenvektorpaar 2: Fashion adoption –.3993, Emotional stability +.6405). Erst die Kombination dieses Merkmals mit anderen Persönlichkeitszügen (negative responsibility and Geselligkeitsstreben im ersten Falle bzw. cautiousness und Geselligkeitsstreben im zweiten Falle) führen zu einer eindeutigen Unterscheidung zwischen früher und später Modeannahme anhand von Persönlichkeitsmerkmalen:

»The most obvious explanation for these findings lies in the notion *that it is the person in some gestalt ... who acts*, not the individual personality trait« [*Sparks/Tucker* (1971) 70]. Auch hier konnten Segmente mit homogenen Persönlichkeitsmerkmalen gebildet werden, von denen zu erwarten ist, daß sie sich im Produktgebrauch unterscheiden.

Eine bemerkenswerte Studie zur Segmentbildung mit Hilfe von KA-Ergebnissen

Product	*Ascendancy*	*Responsibility*	*Emotional stability*	*Sociability*	*Cautiousness*	*Original thinking*	*Personal relations*	*Vigor*
Headache remedy	.0254	-.1391	-.2104[a]	.1490	-.0073	-.0649	-.0875	-.0907
Mouthwash	.0702	-.0983	-.1308	.1125	.1501[a]	-.0242	.0443	-.1238
Men's cologne	.1473	-.1066	-.1222	.2599[a]	.1247	.0715	-.459	.0008
Hair spray	-.0580	-.1241	-.0725	.0388	-.0824	-.0668	-.664	-.0159
Shampoo	.1735[a]	-.1420	.0729	.1459	-.0449	.0757	.0412	.0116
Antacid remedy	.0217	-.1521[a]	-.2692[a]	.0393	-.1222	-.0974	-.1119	-.0886
Playboy	.1293	-.0218	.0787	.2621[a]	-.1038	.0650	.0169	.1185
Alcoholic beverages	.2001[a]	-.1605[a]	.0159	.1973[a]	-.2861[a]	.0041	-.1436	.0261
Brush teeth	-.1324	-.0418	.0196	-.0624	-.0663	-.1645[a]	.0329	-.1074
Fashion adoption	.2892[a]	-.1647[a]	-.0628	.3858[a]	-.0919	.0924	.0838	.0557
Complexion aids	.0065	-.0591	-.0106	.0845	-.1131	-.0826	-.0667	-.0902
Vitamin capsules	.1384	-.1197	-.1759[a]	.1288	-.0855	.0963	-.0414	.0016
Haircut	-.0587	.0616	.0655	-.0774	-.0670	-.0247	-.0394	-.0311
Cigarettes	.0869	-.1465	-.1213	.0954	-.1313	.1408	-.0376	-.0305
Coffee	-.0413	-.0265	-.1478	-.0185	.0403	-.0781	-.0683	-.0734
Chewing gum	.1645[a]	-.1035	-.1165	.2581[a]	-.1209	-.0447	.0433	-.0446
After-shave lotion	.0506	.1016	.0429	.0751	.0091	.1288	.0168	.0676

[a] Indicates correlation coefficient is significant at the .05 level.

Abb. 62: Matrix der Korrelationen zwischen Persönlichkeitsmerkmalen und Produktgebrauchshäufigkeit [Quelle: *Sparks/Tucker* (1971) 68]

Variables	*Canonical coefficients*		
	1	2	3
Criterion set (product use)			
Headache remedy	-.0081	-.4433	.1123
Mouthwash	-.1598	-.4538	.2809
Men's cologne	.2231	-.1935	-.2121
Hair spray	.0664	.0706	.0857
Shampoo	.3784	.1587	-.0063
Antacid remedy	-.1421	-.1746	-.3226
Playboy	.1511	.1591	.5220
Alcoholic beverages	.4639	.3098	-.1329
Brush teeth	-.1879	-.0152	.2341
Fashion adoption	.3226	-.3993	.0856
Complexion aids	-.0243	.0925	.1799
Vitamin capsules	.2870	-.0599	-.4975
Haircut	-.1698	.1855	-.0170
Cigarettes	.4065	.0551	-.2894
Coffee	-.2441	-.2453	.1330
Chewing gum	.2051	-.1320	.1342
After-shave lotion	-.0270	.3022	.0108
Predictor set (personality traits)			
Ascendancy	.0182	-.0517	-.4375
Responsibility	-.5125	.0777	-.1688
Emotional stability	.4309	.6405	.4880
Sociability	.6072	-.3597	.6199
Cautiousness	-.2869	-.5959	.2438
Original thinking	.2377	.1620	-.3076
Personal relations	-.1245	-.0567	.0369
Vigor	.1681	.2592	.0481
Roots	.3671	.3000	.1711
Canonical R	.606	.548	.413
χ^2	72.7419	56.7026	29.8417
d.f.	24	22	20
Probability	.0000	.0002	.0752

Abb. 63: Ergebnisse der Kanonischen Analyse [Quelle: *Sparks/Tucker* (1971) 69]

stammt von *Frank/Strain* [(1972) 385 ff. Ein ähnliches Beispiel, bei dem es um die Kanonische Analyse zwischen Produktvariablen und Mediennutzung geht, findet sich bei *Gensch/Turner* (1973) 499 ff]. Als abhängige Variablen wurden die Verwendungsintensitäten zweier Getränke verwendet [Es handelte sich um eine von der Fa. COCA COLA finanzierte Erhebung]. Als unabhängige Variable wurden nicht nur sozioökonomische und demographische Merkmale, sondern auch generelle und produktspezifische Life-Style-Variablen (AIO-Variablen) herangezogen.

Da d = Min (m, t) = 2, ließen sich zwei Kanonische Faktorpaare berechnen. Bei den abhängigen Variablen $y_f^+ = b_1 y_{f1} + b_2 y_{f2}$ deutete der erste Faktor die Verwendungsintensität der Produktgattung an [Vgl. *Frank/Strain* (1972) 387 f]:

$$y_1^+ = 0{,}85\, y_1 + 0{,}53\, y_2$$

Personen mit hohen y_1-Werten weisen bei beiden Produkten (y_1, y_2) eine stärkere Verbrauchsintensität auf.

Der zweite Faktor zeigt das Produktwahlverhalten an:

$$y_2^+ = -0{,}52\, y_1 + 0{,}85\, y_2$$

Hohe y_2^+-Werte gehen nach dieser Studie mit einem geringeren Verbrauch des Produktes y_1 und einem höheren Verbrauch des Produktes y_2 einher.

Bei den unabhängigen Variablen kristallisierte sich x_1^+ als Konglomerat von Life-Style-Merkmalen, Kommunikations- und Adoptionsverhalten sowie Einkommens- und Besitzverhältnissen .heraus. Abnehmer mit hohen x_1^+-Werten hatten ein höheres Einkommen, ein größeres Haus, waren nach ihrer Meinung Innovateure und Meinungsführer und hatten eine positive Gesamteinstellung zum Leben. x_2^+ ließ sich als Variable des Familien-Lebenszyklus interpretieren. Hohe x_2^+-Werte gingen dabei mit frühen Lebenszyklus-Phasen einher (kleinerer Haushalt, hohe geographische Mobilität etc.).

Anschließend wurde eine Segmentbildung auf der Basis der Kanonischen Variablen $x^+_{(1)}$ und $x^+_{(2)}$ mittels einfacher Kreuzklassifikation durchgeführt.

Die Variable $x^+_{(1)}$ wurde mit »Einstellung zum Leben«, Variable $x^+_{(2)}$ mit »Familien-Lebenszyklus« umschrieben. Eine Dreiteilung der beiden Variablen und die Zuordnung der Haushalte analog ihrer $x^+_{(1)}$ -, $x^+_{(2)}$ -Werte führte zu neun Segmenten. Da diese Segmentbildung noch zu detailliert war, wurden für jedes Segment die Mittelwertsvektoren ($\bar{y}^+_{(1)}$, $\bar{y}^+_{(2)}$) berechnet und die Mikrosegmente mit ähnlichen Mittelwertsvektoren zu Makrosegmenten aggregiert [Statt dessen hätte auch eine Clusteranalyse im 2-dimensionalen Raum, ausgehend von den individuellen Scores ($y^+_{(1)\,j}$, $y^+_{(2\ j)}$), durchgeführt werden können].

Die einzelnen Segmente unterschieden sich stark im Produkt- und Markenwahlverhalten. »Old High Achievers« und »Young Independents« stellten nur 39 % aller Haushalte dar, konsumierten jedoch über 61 % der Gesamtabsatzmenge der Produktgattung (hohe y_1^+-Scores!). Eine Untersuchung, auf welche Produkte y_1 bzw. y_2 sich

Zweiter Kanonischer Faktor: Phase im Familien-Lebenszyklus

	Frühe Phase (hoher Wert)		Späte Phase (niedriger Wert)
Positiv (hoher Wert)	"Young Independents" 1	2	"Old High Achievers" 3
Erster Kanonischer Faktor: Einstellung zum Leben	4	"Middle of the Road" 5	6
Negativ (niedriger Wert)	"Young Dependents" 7	8	"Old Low Achievers" 9

Abb. 64: Segmentbildung mittels unabhängiger Kanonischer Variablen [Quelle: *Frank/Strain* (1972)]

diese Segmente konzentrierten, zeigte, daß auf »Old High Achievers« 56% des Absatzes von y_1 und nur 19% der Absatzmenge von y_2 entfiel. »Young Independents« dagegen verbrauchten nur 20% der y_1-Absatzmenge wohl aber 37% der y_2-Absatzmenge (hohe y_2^+-Werte!) [8].

Die Kritik an der KA im Segmentierungszusammenhang leitet sich aus dem Zielkriterium und der Reduktion der ursprünglichen Merkmalsräume ab [Vgl. *Wells* (1974) 350]. Es bereitet, wie noch gezeigt wird, schon in der FA Schwierigkeiten, die Faktoren anhand der Korrelationen der ursprünglichen Segmentierungsvariablen mit den extrahierten Dimensionen zu interpretieren, obwohl dort der Faktorraum so rotiert wird, daß sich eine möglichst leichte und intersubjektiv überprüfbare Interpretation ergibt. In der KA tritt das Problem gleich zweimal auf, nämlich bei der Interpretation des reduzierten Raumes der abhängigen und der unabhängigen Variablen. Zudem werden die Räume nicht wie in der FA nach dem Kriterium möglichst leichter Interpretation rotiert, sondern so abgeleitet, daß x_f^+, y_f^+ möglichst gut korrelieren. Die Dimensionsbe-

[8] Die Verwandtschaft der KA zur MDA zeigt sich auch hier: Hätte man a priori Gruppen gebildet nach der Verwendungsintensität der Marken (Gruppe 1 = Intensivverwender der Marke 1, usw.), eventuell via Clusteranalyse, so hätte auf dieses Datenmaterial die MDA angewandt werden können. Aufgrund der Koeffizienten der DA-Funktionen wären analoge Beschreibungen der Intensivverwender erfolgt wie im obigen Beispiel. Bei komplexeren Problemstellungen, die neben der Verbrauchsintensität auch andere absatzwirtschaftlich relevante Verhaltensdimensionen einbeziehen, scheint die Kanonische Analyse jedoch sinnvoller; dennoch sind auch hier beide Approaches: Clusteranalyse + MDA versus KA + Clusteranalyse substitutiv.

zeichnung bleibt damit mehr oder minder willkürlich und zufällig (so vernachlässigen Frank/Strain fast alle Vorinformationen und bezeichnen $x^+_{(1)}$ lediglich als »Outlook on life«). Die vage Etikettierung der Segmente stimmt nur noch sehr lose mit den Variablen überein, die in die $x^+_{(1)}$- und $x^+_{(2)}$-Scores eingegangen sind. Um sicher zu gehen, daß die Ergebnisse der KA nicht zufallsbedingt sind, empfiehlt es sich, zumindest eine Split-Half-Validierung der Resultate zu versuchen, indem eine separate KA für je die Hälfte der Stichprobe durchgeführt wird. Was die Interpretation anbelangt, so behält die KA zumindest dort ihren Wert, wo z.B. »objektive« Daten der Produktnutzung mit Daten der Mediennutzung verglichen werden. Zeigen sich hohe Korrelationen zwischen der Verbrauchshäufigkeit bestimmter Produktpaletten und bestimmter Medientypen, so leistet die KA eine brauchbare Hilfe zur Medienwahl.

Eine Interpretationshilfe besteht auch darin, daß man ähnlich wie in der MDA die Produkt-Moment-Korrelationskoeffizienten zwischen den jeweiligen Kanonischen Variablen und den ursprünglichen Variablen berechnet (z.B. $r_{x^+x_1}$, $r_{x^+x_2}\ldots r_{x^+x_m}$, ebenso $r_{y^+y_1}$ etc.

5. *Einsatzmöglichkeiten der Varianzanalyse zur Unterstützung von Marktsegmentierungs-Entscheidungen*

Die Varianzanalyse dient der Untersuchung des Zusammenhanges zwischen einer bzw. mehreren metrisch gemessenen abhängigen Variablen und nominal gemessenen Einflußfaktoren. In der Marktsegmentierung lassen sich u.a. Kaufmenge, Einstellung, Kaufabsicht, Markenkenntnis etc. (allgemein: absatzwirtschaftlich relevante Zustandsgrößen bzw. Reaktionen der Abnehmer) als Abhängige heranziehen [9]. Zu den interessierenden unabhängigen Variablen (sog. Faktoren) gehören in unserem Anwendungsbereich zu testende segmentspezifische Marketing-Maßnahmen und potentielle

		Anzahl der unabhängigen Variablen	
Anzahl der abhängigen Variablen		eine	mehrere
	eine	Einfaktorielle ANOVA^{++}	Mehrfaktorielle ANOVA
	mehre-re	Einfaktorielle MANOVA^{+}	Mehrfaktorielle MANOVA

$^{++}$) ANOVA = Analysis of Variance
$^{+}$) MANOVA = Multiple Analysis of Variance

Abb. 65: Einteilung varianzanalytischer Modelle

[9] Je nach Skalierungsmethode werden die psychographischen Variablen allerdings nur Ordinalskalenniveau aufweisen. Insoweit handelt es sich um unzulässige Rechenoperationen. Allerdings zeigen empirische Untersuchungen, daß viele multivariate Verfahren relativ robust gegenüber diesem Verstoß sind.

Segmentierungsmerkmale, wobei diese allerdings in Klassen einzuteilen sind (Produktvariante A, B, C; Werbespot A, B sowie Einkommensklassen etc.).

Je nach der Anzahl der Einflußfaktoren unterscheidet man zwischen ein- und mehrfaktorieller Varianzanalyse.

Je nach der Anzahl der abhängigen Variablen spricht man von univariater bzw. multivariater Varianzanalyse.

Im folgenden sollen die Anwendungsmöglichkeiten der mehrfaktoriellen ANOVA und der ein- bzw. mehrfaktoriellen MANOVA kurz umrissen werden [Vgl. *Banks* (1965); *Bloch/Huang* (1974) 162 ff; *Green/Tull* (1975) 398 ff; *Mittenecker* (1970) 70 ff; *Walter* (1970) 212 ff; *Ahrens/Läuter* (1974)].

a) *Varianzanalyse bei einer abhängigen und mehreren unabhängigen Variablen (mehrfaktorielle ANOVA)*

Obwohl das hinter der mehrfaktoriellen ANOVA stehende Modell identisch mit der Dummy-Variablen-Regressionsanalyse ist, wird diese historisch bedingte Unterscheidung zunächst beibehalten. Jedoch ist dieser Abschnitt im Grunde nur als Nachtrag zur Inferenzstatistik der Dummy-Variablen-Regression zu verstehen.

Aufgabe der ANOVA ist die Prüfung der Hypothese, ob sich die Mittelwerte mehrerer Gruppen mehr als zufällig zu erwarten vom Mittelwert einer gemeinsamen Grundgesamtheit unterscheiden.

Abb. 66 zeigt die Situation unterschiedlicher »wahrer« Mittelwerte.

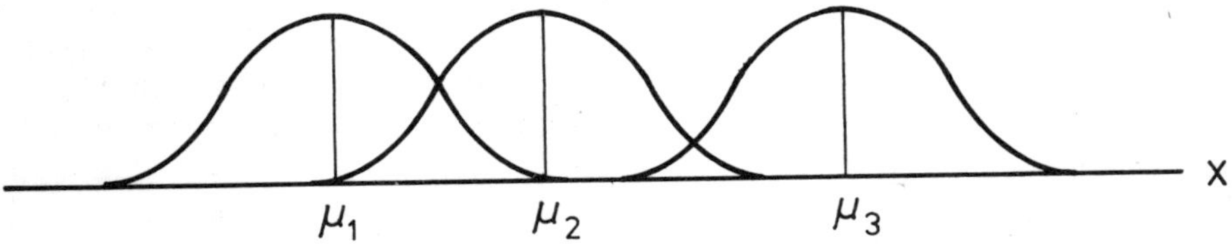

Abb. 66: ANOVA-Situation bei »wahren« Mittelwertsdifferenzen [Quelle: *Cooley/Lohnes* (1971) 224]

Abbildung 67 zeigt einen vollständigen zweifaktoriellen Design, d.h. eine Anordnung, bei der zwei unabhängige Variablen mit sämtlichen Bedingungskombinationen herangezogen werden und in jeder Bedingungskombination die gleiche Anzahl an Erhebungseinheiten untersucht wird [Zu den verschiedenen Designs vgl. z.B. *Stelzl* (1974) 138 ff; *Banks* (1965) 51 ff].

Es ist die Frage zu beantworten, ob sich unterschiedliche Ausprägungen der Beobachtungswerte y_{ijk} zurückführen lassen auf unterschiedliche Ausprägungen der unabhängigen Variablen x_1 bzw. x_2. Zu diesem Zweck zerlegt man bei Berücksichtigung von Wechselwirkungen die Abweichung eines Beobachtungswertes vom Gesamtmittelwert in folgende Bestandteile [Beim Fall ohne Wechselwirkung fällt der entsprechende Term weg]:

$$(5.1)\quad (y_{ijk} - \bar{y}_{...}) = \underbrace{(y_{ijk} - \bar{y}_{i.k})}_{\text{Zufallsabweichung}} + \underbrace{(\bar{y}_{i..} - \bar{y}_{...})}_{\text{Einfluß von } x_1} + \underbrace{(\bar{y}_{..k} - \bar{y}_{...})}_{\text{Einfluß von } x_2} + \underbrace{(\bar{y}_{i.k} - \bar{y}_{i..} - \bar{y}_{..k} + \bar{y}_{...})}_{\text{Wechselwirkung von } x_1 \text{ und } x_2}$$

Durch Quadrieren und Summieren erhält man die entsprechenden QS:

$$(5.2)\quad \sum_i\sum_j\sum_k(y_{ijk} - \bar{y}_{...})^2 = \sum_i\sum_j\sum_k(y_{ijk} - \bar{y}_{i.k})^2 + n \cdot q \sum_i(\bar{y}_{i..} - \bar{y}_{...})^2 + n \cdot m \sum_k(\bar{y}_{..k} - \bar{y}_{...})^2 + n \sum_i\sum_k(\bar{y}_{i.k} - \bar{y}_{i..} - \bar{y}_{..k} + \bar{y}_{...})^2$$

Gesamte QS = Gruppeninterne QS (Zufallsabweichung, Fehler)
+
Spalten-QS (Einfluß von x_1)
+
Zeilen-QS (Einfluß von x_2)
+
Wechselwirkungs-QS (Interaktionseffekt von x_1 und x_2)

Um von den Quadratsummen zu den Varianzen zu gelangen, sind die QS durch die Anzahl der Freiheitsgrade zu dividieren. Für die Freiheitsgrade gilt $(N = n \cdot m \cdot q)$ [Vgl. z.B. *Banks* (1965) 153]:

$$(5.3)\quad (N-1) = (N-m \cdot q) + (m-1) + (q-1) + (m-1) \cdot (q-1)$$

oder

$$(5.4)\quad n \cdot m \cdot q - 1 = m \cdot q(n-1) + (m-1) + (q-1) + (m-1) \cdot (q-1)$$

$$FG_{gesamt} = \underbrace{FG_{intern}}_{\text{(Fehler)}} + \underbrace{FG_{Spalten}}_{(x_1)} + \underbrace{FG_{Zeilen}}_{(x_2)} + \underbrace{FG_{Interaktion}}_{(x_1 \cdot x_2)}$$

Hinter der rechnerischen Aufspaltung der Abweichungen der Einzelwerte vom Gesamtmittelwert in Gleichung (5.1) steht ein Grundmodell, das annimmt, daß ein beliebiger Beobachtungswert y_{ijk} additiv wie folgt zustandekommt:

$$(5.5)\quad y_{ijk} = \mu_{...} + \alpha_i + \beta_k + (\alpha\beta)_{ik} + \varepsilon_{ijk}$$

wobei:

μ = Mittelwert der Grundgesamtheit, geschätzt durch y
α_i = wahrer Effekt der Variablen x_1, $i = 1, \ldots, m$
β_k = wahrer Effekt der Variablen x_2, $k = 1, \ldots, q$
$(\alpha\beta)_{ik}$ = wahre Wechselwirkung, wenn x_1 die Ausprägung i und x_2 die Ausprägung k hat
ε_{ijk} = normalverteilter Zufallsfehler mit $\mu(\varepsilon) = 0$; $\sigma^2(\varepsilon)$ ist gleich groß in allen Gruppen

Ausprägungen der unabhängigen Variablen x_2	Beobachtungswerte	Ausprägungen der unabhängigen Variablen x_1				Zeilenmittelwerte der abhängigen Variablen y $\bar{y}_{..k} = \frac{\sum\sum_{ij} y_{ijk}}{n \cdot m}$ ↓
		i=1	i=2	...	i=m	
k=1	j = 1 ⋮ j = n	y_{111} ⋮ y_{1n1}	y_{211} ⋮ y_{2n1}	... ⋮ ...	y_{m11} ⋮ y_{mn1}	
Gruppenmittelwerte $\bar{y}_{i.1}$ →	$\frac{\sum_{j}^{n} y_{ij1}}{n}$	$\bar{y}_{1.1}$	$\bar{y}_{2.1}$	...	$\bar{y}_{m.1}$	$\bar{y}_{..1} = \frac{\sum\sum_{ij} y_{ij1}}{n \cdot m}$
k=2	j = 1 ⋮ j = n	y_{112} ⋮ y_{1n2}	y_{212} ⋮ y_{2n2}	... ⋮ ...	y_{m12} ⋮ y_{mn2}	
Gruppenmittelwerte $\bar{y}_{i.2}$ →	$\frac{\sum_{j}^{n} y_{ij2}}{n}$	$\bar{y}_{1.2}$	$\bar{y}_{2.2}$	...	$\bar{y}_{m.2}$	$\bar{y}_{..2} = \frac{\sum\sum_{ij} y_{ij2}}{n \cdot m}$
⋮	⋮	⋮	⋮	⋮	⋮	⋮
k=q	j = 1 ⋮ j = n	y_{11q} ⋮ y_{1nq}	y_{21q} ⋮ y_{2nq}	... ⋮ ...	y_{m1q} ⋮ y_{mnq}	
Gruppenmittelwerte $\bar{y}_{i.q}$ →	$\frac{\sum_{j}^{n} y_{ijq}}{n}$	$\bar{y}_{1.q}$	$\bar{y}_{2.q}$	...	$\bar{y}_{m.q}$	$\bar{y}_{..q} = \frac{\sum\sum_{ij} y_{ijq}}{n \cdot m}$
Spaltenmittelwerte $\bar{y}_{i..}$ →	$\frac{\sum\sum_{jk} y_{ijk}}{n \cdot q}$	$\bar{y}_{1..}$	$\bar{y}_{2..}$	...	$\bar{y}_{m..}$	
Gesamtmittelwert	$\frac{\sum\sum\sum_{ijk} y_{ijk}}{n \cdot m \cdot q}$					$\bar{y}_{...}$

Abb. 67: Vollständige zweifaktorielle Versuchsanordnung

Erläuterung zu den Symbolen in Abb. 67:

y_{ijk} = j-ter Beobachtungswert, j = 1, ..., n, bei Ausprägung i der Variablen x_1, i = 1, ..., m und Ausprägung k der Variablen x_2, k = 1, ..., q.

$\frac{\sum_j^n y_{ijk}}{n} = \bar{y}_{i.k}$ = Mittelwerte der Beobachtungsdaten bei Ausprägung i von x_1, und k von x_2 (Gruppenmittelwerte).

$\frac{\sum_j \sum_k y_{ijk}}{n \cdot q} = \bar{y}_{i..}$ = Mittelwerte der Beobachtungsdaten bei Ausprägung i der Variablen x_1 (Spaltenmittelwerte).

$\frac{\sum_i \sum_j y_{ijk}}{n \cdot m} = \bar{y}_{..k}$ = Mittelwerte der Beobachtungsdaten bei Ausprägung k der Variablen x_2 (Zeilenmittelwerte).

$\frac{\sum_i \sum_j \sum_k y_{ijk}}{n \cdot m \cdot q} = \bar{y}_{...}$ = Gesamtmittelwert aller Beobachtungsdaten

Im Falle zweier unabhängiger Variablen mit Interaktionswirkungen sind sodann die Nullhypothesen zu formulieren [Vgl. *Bolch/Huang* (1974) 183; *Roßner* (1970) 231], daß die wahren Spaltenmittelwerte gleich sind

(5.6) $H_{01}: \mu_{1..} = \mu_{2..} = \ldots = \mu_{i..} = \ldots = \mu_{m..} = \mu_{...}$,

bzw., daß die wahren Zeilenmittelwerte gleich sind

(5.7) $H_{02}: \mu_{..1} = \mu_{..2} = \ldots = \mu_{..k} = \ldots = \mu_{..q} = \mu_{...}$

und

(5.8) H_{03}: es bestehen keine Wechselwirkungen

Die Alternativhypothesen lauten entsprechend:

(5.9) H_{11}: nicht alle Spaltenmittelwerte sind gleich

(5.10) H_{12}: nicht alle Zeilenmittelwerte sind gleich

(5.11) H_{13}: nicht alle Wechselwirkungen sind gleich Null

Der nächste Schritt besteht in der Überprüfung der Nullhypothesen. Wenn sich die Spaltenmittelwerte bzw. die Zeilenmittelwerte untereinander stark unterscheiden, dann wirkt sich dies auf die Spalten- sowie die Zeilenvarianz aus. Sie sind dann wesentlich größer als die Fehlervarianz, in der sich Unterschiede zwischen den Mittelwerten nicht niederschlagen (vgl. z.B. Gleichung (5.1)!). Diesen Grundgedanken legt man in der ANOVA, bei der keine Interaktionswirkungen angenommen werden, zugrunde, indem man das Verhältnis der Zeilen- bzw. Spaltenvarianz und der Fehlervarianz bildet. Die Testgrößen folgen der F-Verteilung und stellen empirische F-Quotienten dar:

(5.12 a) $F_{emp} = \frac{s^2_{Spalten}}{s^2_{Fehler}}$ (5.12 b) $F_{emp} = \frac{s^2_{Zeilen}}{s^2_{Fehler}}$

Sind die in (5.12 a) und (5.12 b) ermittelten F_{emp} größer als der F_{theor}, die sich aus der Tabelle bei vorgegebener Irrtumswahrscheinlichkeit und der zugehörigen Anzahl der Freiheitsgrade ergeben, so ist die jeweilige Nullhypothese zu verwerfen.

Eine Besonderheit ergibt sich bei Unterstellung von Interaktionswirkungen [Vgl. hierzu *Banks* (1965) 154. Zum Nenner des F-Quotienten bei mehr als zwei unabhängigen Variablen und signifikanten Interaktionswirkungen vgl. *Banks* (1965) 157 ff]. Zunächst ist der Interaktionseffekt zu testen:

(5.13) $F_{emp} = \frac{s^2_{Interaktion}}{s^2_{Fehler}}$

Ist die Interaktion nicht signifikant, so sind die empirischen F-Quotienten für die Spalten- und Zeileneffekte nach (5.12 a) und (5.12 b) zu berechnen. Ist die Interaktionswirkung signifikant, so ist für die Signifikanztests der Variablen x_1 und x_2 nicht die Fehlervarianz im Nenner des F_{emp} zu wählen, sondern es ist die Interaktionsvarianz heranzuziehen [Zur Begründung vgl. *Banks* (1965) 153, Tabelle 7-2 und 154]:

(5.14 a) $F_{emp} = \frac{s^2_{Spalten}}{s^2_{Interaktion}}$ (5.14 b) $F_{emp} = \frac{s^2_{Zeilen}}{s^2_{Interaktion}}$

Dadurch, daß der Blickwinkel der ANOVA auf der Überprüfung der Signifikanz der Gruppenunterschiede gerichtet ist, entsteht mitunter der Eindruck, daß mit diesem Verfahren lediglich ein Signifikanztest durchgeführt werden kann: Denn die Ergebnisse über die Auswirkungen alternativer Marketing-Maßnahmen oder die Unterschiede des Verbraucherverhaltens in Abhängigkeit verschiedener Ausprägungen der Segmentierungsmerkmale lassen sich schon vor Anwendung der ANOVA in den Zellen ablesen. Die ANOVA hätte dann nur formalen Charakter.

Gegenüber dieser Auffassung läßt sich der folgende Einwand vorbringen: Es wurde schon erwähnt, daß sowohl die ein- als auch die mehrfaktorielle Varianzanalyse identisch ist mit der multiplen Regression anhand von Dummy-Variablen. Aus einer einfaktoriellen ANOVA ergibt sich z.B. der durch die unabhängigen Variablen erklärte Anteil der Varianz (R^2) durch folgende Berechnung [Vgl. *Cohen/Cohen* (1975) 187; *Gaensslen/Schubö* (1973) 146 ff und 155]:

(5.15) $R^2 = \frac{QS_{zwischen}}{QS_{gesamt}}$

Insbesondere sind die Prüfgrößen zur Signifikanzermittlung in der Dummy-Variablen-Regression identisch mit den Prüfgrößen der ANOVA. Insoweit handelt es sich um ein allgemeines statistisches Modell, das durchaus geeignet ist, die Segmentierungsmerkmale mit der größten Erklärungsfähigkeit zu ermitteln und das gleichzeitig angibt, ob die Gruppen sich nur zufällig bei den Kaufverhaltensvariablen unterscheiden.

Allerdings geht die Tendenz mehr zur Beantwortung dieser Fragen mittels des Dummy-Variablen-Ansatzes der Regressionsanalyse, mit dem sich insbesondere das Problem der Korrelation der unabhängigen Variablen (sog. nichtorthogonale Varianzanalyse) [10] leichter bewältigen läßt.

Betrachten wir im folgenden den Beitrag, den die ANOVA zur Auswahl von Segmentierungsmerkmalen und von segmentspezifischen Marketing-Programmen zu leisten vermag.

Um die brauchbarsten Segmentierungsmerkmale auszuwählen, könnten diese als unabhängige Variablen vorgegeben werden, deren Einfluß auf abhängige Variablen wie Verbrauchsmenge, Kaufabsicht, Markenwahl usw. zu überprüfen wäre. Dabei tritt allerdings das Problem auf, daß der Analytiker eine mehr oder minder willkürliche Unterteilung der unabhängigen Variablen vornehmen muß, um zu den in Abb. 67 angedeuteten Abnehmergruppen zu gelangen.

Zudem können bei der ANOVA mit den gängigen Softwarenpaketen nur wenige Segmentierungsmerkmale simultan überprüft werden (im SPSS z.B. nur fünf). Bei realistischen Problemstellungen ist das Set potentieller Segmentierungsmerkmale allerdings wesentlich umfangreicher als es die Rechenkapazität der ANOVA-Softwarepakete erlaubt. Ein möglicher Ausweg zur Anwendung der ANOVA für die Merkmalsauswahl besteht jedoch darin, die Vielzahl korrelierender Merkmale mittels datenverdichtender Methoden (z.B. FA, HKA) zu wenigen neuen Variablen zu komprimieren. Anschließend werden die neuen Variablen als Unabhängige und die interessierende Kaufverhaltensvariable als Abhängige in die ANOVA eingegeben. Dieser Lösungsweg setzt allerdings voraus, daß der ursprünglich m-dimensionale Merkmalsraum auf fünf Dimensionen (bei Anwendung des SPSS-Softwarepaketes) reduziert werden kann. Bei umfangreichen Variablenbeständen ist dies nicht immer möglich.

Wollte man, trotz der angedeuteten Schwierigkeiten, die ANOVA zur Auswahl von Segmentierungsmerkmalen verwenden, so liefern die traditionellen Softwarepakete wiederum nur Signifikanztest-Ergebnisse. Hinzu kommt, daß die Feststellung eines signifikanten Zusammenhanges zwischen einem Segmentierungsmerkmal und einer Verhaltensvariablen nur den Schluß zuläßt, daß der Mittelwert der Verhaltensvariablen bei einer der Gruppen, die nach dem betreffenden Segmentierungsmerkmal gebildet wurden, sich vom Mittelwert der Grundgesamtheit unterscheidet.

Um den Anteil der durch die herangezogenen Segmentierungsmerkmale erklärten Varianz zu ermitteln, muß auch bei der ANOVA auf das generelle lineare Modell zurückgegriffen werden: In diesem Falle bietet z.B. das SPSS die Möglichkeit, innerhalb des ANOVA-Laufes zusätzlich das multiple Bestimmtheitsmaß (R^2) zu berechnen (es handelt sich hierbei um die Anwendung des MCA-Programms). Da sich diese

[10] Dieses Problem tritt insbesondere dann auf, wenn wegen der Vielzahl der Segmentierungsmerkmale und ihrer Unterteilungen die Zahl der Zellen ins Uferlose steigen würde, so daß vorab eine Clusteranalyse erfolgt. Da die Cluster jedoch unterschiedlich groß sind, ruft die ungleiche Zellenbesetzung eine Korrelation der Faktoren hervor (sie sind, geometrisch interpretiert, nicht mehr orthogonal).

Problemstellung mit der der Dummy-Variablen-Regression deckt, kann hier auf die Darstellung von Anwendungsbeispielen verzichtet werden [Vgl. hierzu die Ausführungen im dritten Kapitel C.III.1.b)].

Mitunter wird vorgeschlagen, die ANOVA einzusetzen, um innerhalb der AID-Technik oder im Anschluß an die Clusteranalyse zu überprüfen, ob sich die Gruppen bei der abhängigen Variablen (AID-Technik) bzw. bei den Segmentierungsmerkmalen (Clusteranalyse) signifikant unterscheiden. Dies erscheint nicht sinnvoll, denn sowohl bei der AID-Technik als auch bei der Clusteranalyse werden die Gruppen so gebildet, daß sie sich möglichst stark unterscheiden. Sie werden daher zwangsläufig bei vielen Merkmalen signifikante Unterschiede aufweisen.

Die bisherigen Ausführungen machen deutlich, daß die ANOVA aufgrund der beschränkten Kapazität im Hinblick auf die zu überprüfenden Segmentierungsmerkmale, keine große Bedeutung für die Merkmalsauswahl besitzt.

Die mehrfaktorielle ANOVA hat allerdings eine überragende Bedeutung, wenn es um die Überprüfung der Wirkung experimenteller Marketing-Stimuli geht, da die Anzahl der simultan zu überprüfenden Marketing-Instrumente meist gering ist: Mittels der ANOVA kann z.B. überprüft werden, ob die segmentspezifischen Marketing-Programme bei den Zielgruppen die gewünschte Wirkung zeigen. Dabei wird die Problematik der einfaktoriellen ANOVA überwunden, bei der u.a. die signifikant »beste« Packung, der signifikant »beste« Markenname, der »beste« Werbespot etc. getrennt ausgewählt werden, ohne mögliche Interaktionswirkungen der Marketing-Instrumente zu berücksichtigen [Vgl. auch empirische Ergebnisse in o.V. (1975 a) 46 ff; die Bibliographie bei *Banks* (1965) 263 ff; neuere Untersuchungen bei *Barclay* (1969) 427 ff; *Cox* (1970) 55; *Wind/Douglas/Ascoli* (1971) 158 ff; *Holland/Cravens* (1973) 270 ff; *Curhan* (1974) 286]. Zudem ist die mehrfaktorielle ANOVA ökonomischer als mehrere einfaktorielle Untersuchungen.

Im folgenden ein Beispiel zur Anwendung der ANOVA im Rahmen der Auswahl der besten segmentspezifischen Produktvariante für Pulverkaffee [Vgl. o.V. (1975 a) 46 ff]: In einer Voruntersuchung wurden produktspezifische Einstellungssegmente ermittelt. Zugleich wurden deren Verbrauchsintensitäten, Nutzenerwartungen, Konsumgewohnheiten und sozio-demographischen Merkmale erfaßt. Als Zielgruppe wurde ein Marktsegment herausgegriffen, bei dem die vorhandenen Kaffeemarken nicht den Idealproduktvorstellungen der Segmentangehörigen entsprachen. Da sich als wichtige Beurteilungsdimensionen für Pulverkaffee der Koffeingehalt (hoch, niedrig), die Körnchengröße (groß, mittel, klein) und die Farbe (hell, mittel, dunkel) herausstellten, wurden diese Eigenschaften als unabhängige Variablen herangezogen. In dem dadurch entstehenden Tableau ließen sich die vorhandenen Marken einordnen (z.B. hoher Koffeingehalt, mittlere Körnchengröße und mittlere Farbe bei Marke B). Unbesetzte Felder zeigten Eigenschaftskombinationen an, die noch nicht von Kaffeemarken besetzt waren. Da die aus Einstellungs- und Nutzensegmentierungen bekannten Idealproduktvorstellungen zu vage sind, um sich unmittelbar in konkrete Neuproduktvarianten umsetzen zu lassen, empfiehlt es sich, verschiedene Produktvariationen, die den Vorstellungen der Zielgruppe am ehesten entsprechen, zu testen, um die beste auszuwählen. Daneben ist es sinnvoll, auch bereits eingeführte Marken zu testen, um zu überprüfen, inwieweit die beabsichtigte Neueinführung bei der anvisierten Zielgruppe besser abschneidet als die schon vorhandenen Konkurrenzmarken [In der erwähnten Studie wurden unverständlicher Weise nur die am Markt vorhandenen Realmarken getestet und die Kaufabsichtsnennungen einer Varianzanalyse unterzogen. Aufgrund dieser Ergebnisse wurde anschließend das neue Produkt entwickelt]. Als abhängige Variable wird in derartigen Untersuchungen meist die Kaufabsicht herangezogen, die mittels einer 7-er Rating-Skala gemessen wird. Die ANOVA zeigt in diesem Falle an, inwieweit sich die Kaufabsichtsnennungen hinsichtlich der überprüften Produktvarianten (Konkurrenzprodukte und zu testende neue Produktvarianten) bei der Zielgruppe unterscheiden.

Erzielt eine der neuen Produktvarianten signifikant bessere Werte als die anderen Marken bzw. Neuproduktvarianten, so dürfte sich ihre Einführung lohnen. Außerdem läßt sich feststellen, welcher Varianzanteil auf die Produkteigenschaften einzeln, und insgesamt bezüglich der Kaufabsicht der Zielgruppe entfällt [Im vorliegenden Beispiel erklärten die Produkteigenschaften die Varianz zu 40 %].

In derartigen Untersuchungen interessieren jedoch nicht nur die Reaktionen der Vpn im Hinblick auf eine einzelne Variable wie z.B. die Kaufabsicht. Meist werden auch Variablen wie Verbrauchsmenge, Geschmacksurteile u.a.m. erfaßt. Damit muß man genauso viele ANOVA-Auswertungen vornehmen, wie abhängige Variablen untersucht werden. Dies ist kostspielig. Zudem liefert die ANOVA nur die isolierten Erkenntnisse über die Beziehungen zwischen einer abhängigen und mehreren unabhängigen Variablen. Geht man von einer Stufenwirkung der Kommunikationsmaßnahmen aus, so wird die Auswirkung von Werbespots auf die Aufmerksamkeit, die Markenkenntnis, die Einstellung, die Kaufabsicht oder die Kaufmenge isoliert für jede Abhängige untersucht. Eine zusammenfassende Einschätzung der u.U. verborgenen Zusammenhänge ist nicht möglich [Vgl. *Ahrens/Läuter* (1974) 3]. Es besteht die Gefahr, daß aus den Einzelbetrachtungen keine signifikanten Zusammenhänge zwischen den Faktoren und den einzelnen abhängigen Variablen hervorgehen, obwohl sie bei gleichzeitiger Betrachtung aller Abhängigen eine hohe Signifikanz zeigen. Aus diesem Grunde empfiehlt sich die Anwendung der MANOVA.

b) Varianzanalyse bei mehreren abhängigen Variablen (MANOVA)

Bei der MANOVA wird der Unterschied von Mittelwertsvektoren getestet. Die Fragestellung lautet somit, ob einige oder alle der zu untersuchenden Grundgesamtheiten unterschiedliche Positionen im mehrdimensionalen Raum einnehmen, der durch die abhängigen Variablen aufgespannt wird. Abb. 68 zeigt die Situation im einfachsten MANOVA-Fall.

Wir haben es mit einer ähnlichen Situation zu tun wie bei der Kanonischen Analyse, bei der allerdings die unabhängigen Variablen ebenfalls metrisch sind.

Die MANOVA ist dann anzuwenden, wenn anzunehmen ist, daß die unabhängigen Variablen eine Vielzahl verschiedener Wirkungen auslösen.

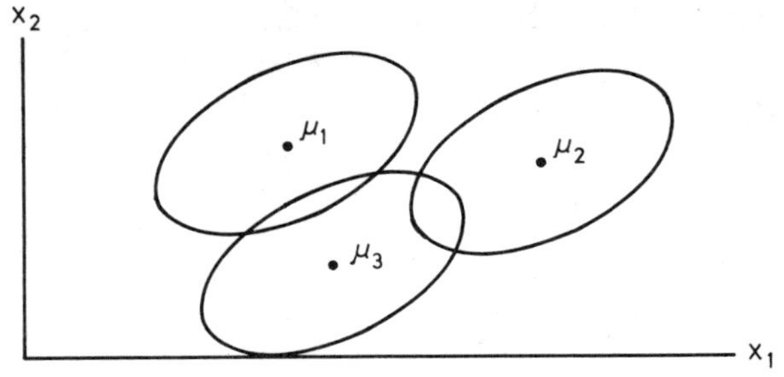

Abb. 68: MANOVA-Situation bei zwei abhängigen Variablen und »wahren« Unterschieden der Mittelwertsvektoren [Entnommen bei *Cooley/Lohnes* (1971) 224]

Nehmen wir an, daß p abhängige Variablen und q Gruppen betrachtet werden [11]. In jeder Gruppe befinden sich n Testpersonen, an denen die Werte der p abhängigen Variablen gemessen werden können. Der Vektor

$$(5.16) \qquad y_{jk} = \begin{bmatrix} y_{1jk} \\ \vdots \\ y_{pjk} \end{bmatrix}$$

ist der Vektor der Werte der p abhängigen Variablen für das Subjekt j (j = 1, ..., n) in der Gruppe k (k = 1, ..., q).

Das Grundmodell der MANOVA kann dann in Vektorschreibweise dargestellt werden:

(5.17) $(y_{jk} - \bar{y}_{..})$	=	$(\bar{y}_{.k} - \bar{y}_{..})$	+	$(y_{jk} - \bar{y}_{.k})$
Vektor der Abweichungen der p Einzelwerte des Subjekts j in der Gruppe k vom Mittelwertsvektor der Gesamtheit	=	Vektor der Abweichungen der p Mittelwerte der Gruppe k vom Mittelwertsvektor der Gesamtheit	+	Vektor der Abweichungen der p Einzelwerte des Subjekts j in der Gruppe k vom Mittelwertsvektor der Gruppe k

Durch Quadrieren und Summieren erhalten wir folgende Matrizen:

[11] Die Anzahl der Gruppen (q) hängt vom Experimentdesign (faktorielles Experiment, Lateinisches Quadrat etc.), von der Anzahl und Ausprägung der unabhängigen Variablen sowie dem Umstand ab, ob man nur eine Versuchsgruppe oder mehrere verschieden strukturierte Versuchsgruppen (z. B. potentielle Marktsegmente) heranzieht.

(5.18) $\sum_j \sum_k (y_{jk} - \bar{y}_{..})(y_{jk} - \bar{y}_{..})' = \sum_k n_k(\bar{y}_{.k} - \bar{y}_{..})(\bar{y}_{.k} - \bar{y}_{..})'$

Gesamt-Dispersionsmatrix (G) = Zwischengruppen-Dispersionsmatrix (Z)

$+ \sum_j \sum_k (y_{jk} - \bar{y}_{.k})(y_{jk} - \bar{y}_{.k})'$

\+ Gruppeninterne Dispersionsmatrix (I)

Die Nullhypothese lautet:

(5.19) H_0: $\mu_k = \mu$ wobei $k = 1, \ldots, q$, d.h.
H_0: Die Mittelwertsvektoren aller Gruppen sind gleich und identisch mit dem Gesamtmittelwertsvektor.

Die Alternativhypothesen lauten:

(5.20) H_1: Die Mittelwertsvektoren unterscheiden sich.

Der gebräuchlichste Test der Nullhypothese beim MANOVA-Fall wurde von Wilks entwickelt [Vgl. *Wilks* (1932) 471 ff. Hinsichtlich anderer Testkriterien vgl. *Ahrens/Läuter* (1974) 39 ff]. Er schlägt vor, die Testgröße Lambda (Λ) aus dem Verhältnis der Determinante der Matrix der gruppeninternen Abweichung $|I|$ und der Determinante der Matrix der Gesamtabweichung $|G|$ zu bilden:

(5.21) $$\Lambda = \frac{|I|}{|G|}$$

Je größer $|G|$ wird, relativ zu $|I|$, desto kleiner wird Λ und desto eher kann die Nullhypothese verworfen werden. Allerdings wird Λ nicht unmittelbar als empirische Testgröße verwendet. Rao transformierte Λ in eine F-Größe, die mit der theoretischen F-Größe aus der Tabelle zu vergleichen ist [Vgl. hierzu die Ausführungen bei *Cooley/Lohnes* (1971) 227 f].

Die MANOVA wurde bisher im Marketing relativ spärlich eingesetzt. So wurde von *Wind/Denny* [(1974) 136 ff] die Wirkung von Werbefernsehspots mittels der MANOVA getestet. Zu diesem Zweck wurden als abhängige Variablen die Merkmale »Overall liking«, »Intention to buy«, »Value for the money« und zusätzlich vier Produktattribute verwendet, die die Probanden nach Betrachtung des Spots auf einer 5-Punkte-Skala einstufen mußten.

Eine zunächst durchgeführte Analyse der beiden ersten Variablen zeigte, daß 1% der Testgruppe bei »Overall liking« das Produkt besser bewertete als die Kontrollgruppe und 9% der Testgruppe bei »Intention to buy« das Produkt besser einstuften als die Kontrollgruppe. Demnach wurde angenommen, daß der Fernsehspot erfolgreich sei, und das Management des Unternehmens tendierte zu einer nationalen Einführung. Zur Überprüfung dieser Hypothese wurde die MANOVA durchgeführt. Sie zeigte, daß keine signifikanten Unterschiede in der Bewertung des Produktes hinsichtlich der sieben Merkmale zwischen Kontroll- und Testgruppe bestanden. Somit war von einer Realisierung dieses Werbespots abzuraten.

Die außerordentlich seltene Verwendung der MANOVA im Marketing dürfte wohl auf die relative Neuheit dieses Instruments zurückzuführen sein, denn von der Sache her besteht kein gewichtiger Grund, auf sie zu verzichten. Ähnlich wie die Kanonische Analyse hilft sie Zusammenhänge zu entdecken, wo die univariate Analyse versagt. Zu denken ist z.B. an die Analyse von Werbewirkungen, deren univariate Analyse bislang wenig erfreuliche Ergebnisse brachte. Die Untersuchung eines Werbewirkungs-Sets, in dem z.B. Einstellungen, Kaufabsichten, Markenkenntnis etc. enthalten sind, scheint ein besserer Indikator für den »wahren« Werberesponse zu sein als ein einziges Kriterium. Diese Feststellung läßt sich ohne weiteres auf andere Marketing-Maßnahmen übertragen: »Any new marketing strategy or a change in an existing marketing variable ... may have a number of effects, ranging from mere awareness of the change, through some attitude toward the given product and its associated change, to the actual purchase behavior of the product or service« [*Wind/Denny* (1974) 141].

Anzumerken ist noch, daß auch die MANOVA als generelles lineares Modell formuliert werden kann: Während die ANOVA auch als multiple Regression mit Dummy-Variablen gerechnet wird, kann die MANOVA als Kanonische Analyse interpretiert werden, bei der das Set der unabhängigen Variablen in 0/1-Form gebracht wurde. Da es zudem für die Berechnung (nicht aber bei der Interpretation der Ergebnisse) gleichgültig ist, welches Variablenset als »abhängig« bzw. »unabhängig« betrachtet wird, ist das generelle lineare Modell als Verallgemeinerung der MANOVA, der KA und der MDA zu betrachten. Wie beim Verhältnis ANOVA und DVR hat die Anwendung der KA mit einem nichtmetrischen Variablenset den Vorteil, daß das Problem der ungleichen Zellenbesetzung exakt gelöst werden kann, während der traditionelle MANOVA-Ansatz nur approximative Lösungen zuläßt [Vgl. auch *Perreault/Darden* (1975) 333ff].

6. *Zusammenfassung*

In den vorhergehenden Abschnitten wurden die wichtigsten Verfahren zur Auswahl von Segmentierungsmerkmalen dargestellt, die als unabhängige Merkmale eine oder mehrere abhängige Variablen (absatzwirtschaftlich relevante Verhaltensweisen) erklären bzw. prognostizieren sollen. Daneben lassen sich einige Verfahren einsetzen, um Reaktionsfunktionen zu schätzen (MRA, KA) bzw. um die Auswirkungen vorgegebener segmentspezifischer Marketing-Maßnahmen zu überprüfen (ANOVA, MANOVA).

Abb. 69 gibt einen Überglick über die anwendbaren Methoden.

Um mit Hilfe der Multiplen Regressionsanalyse die brauchbarsten Segmentierungsmerkmale auswählen zu können, muß sich der Analytiker auf eine metrisch gemessene Verhaltensdimension (z.B. Verbrauchsmenge der Haushalte bei einem Produkt) beschränken. Zudem muß er die einzubeziehenden (metrisch gemessenen) Segmentierungsmerkmale aufgrund von Vorüberlegungen bestimmen. Hinzu kommt die Festlegung der Funktionsform (linear, logistisch etc.) und die Vorgabe von Merkmalsinteraktionen (z.B. $x_1 \cdot x_2$). Interaktionstermini spielen insbesondere eine Rolle, wenn es um die Ermittlung von Reaktionsfunktionen geht, bei denen häufig Interaktionen zwischen Marketing-Maßnahmen zu berücksichtigen sind [Vgl. z.B. die Interaktion zwischen Preis und Sonderaktionen im dritten Kapitel B.III.3.ab].

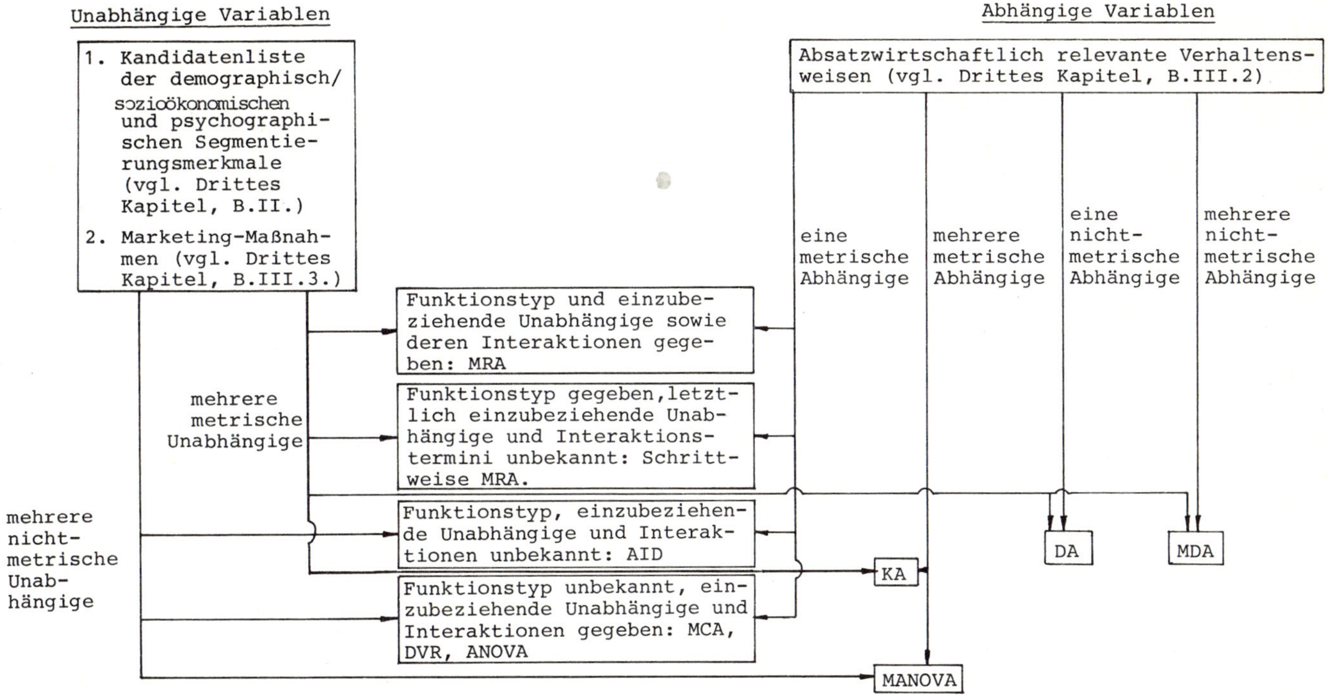

Abb. 69: Methoden zur Auswahl von Segmentierungsmerkmalen

Von großer Bedeutung sind bei der vorliegenden Problemstellung sog. *Suchtechniken*, die es ermöglichen, relativ umfangreiche Bestände an Segmentierungsmerkmalen nach den erklärungsfähigsten Merkmalen abzusuchen. Hierzu zählen die Schrittweise Regressionsanalyse und die AID-Technik. Während die Schrittweise Regressionsanalyse zwar die Auswahl der unabhängigen Variablen sowie der Interaktionstermini unterstützt, erfordert sie immer noch die Vorgabe des Funktionstyps. Die AID-Technik dagegen stellt die geringsten Anforderungen, d.h. es müssen lediglich die potentiellen Segmentierungsmerkmale vorgegeben werden. Das Verfahren ermittelt hieraus nicht nur die erklärungsfähigsten Merkmale, sondern es zeigt auch mögliche nichtlineare Beziehungen auf. Allerdings ist das Verfahren anfällig gegenüber zufälligen Strukturen in den Ausgangsdaten, da keinerlei Restriktionen bezüglich des Funktionstyps etc. vorgegeben sind. Es empfiehlt sich daher nur als Vorstufe zur multiplen Regressionsanalyse.

Eine andere Gruppe von Suchtechniken stellt die DVR, MCA und ANOVA dar. Ihr Einsatz zur Auswahl von Segmentierungsmerkmalen ist insbesondere dann angemessen, wenn die infrage kommenden Merkmale aufgrund von Vorüberlegungen bekannt sind und es an gesicherten Erkenntnissen über den angemessenen Funktionstyp fehlt.

AID, DVR, MCA und ANOVA sind zudem in der Lage, nichtmetrische Segmentierungsmerkmale heranzuziehen.

Falls die abhängige Variable nur dichotom gemessen werden kann (z.B. Käufer der Marke A versus Käufer anderer Marken) und die potentiellen Segmentierungsmerkmale metrisches Skalenniveau aufweisen, bietet sich die einfache Diskriminanzanalyse an. Liegen mehrere Klassen vor, so kann die multiple Diskriminanzanalyse die Auswahl erklärungsfähiger Segmentierungsmerkmale unterstützten. Auch die Diskriminanzanalyse kann als schrittweises Verfahren eingesetzt werden und entlastet damit den Analytiker von der Aufgabe der Merkmalsauswahl.

In vielen Fällen ist der Zusammenhang zwischen Segmentierungsmerkmalen und mehreren Verhaltensdimensionen von Interesse. Sind beide Variablensets metrisch gemessen, so läßt sich die Kanonische Analyse einsetzen, sind die unabhängigen Merkmale nichtmetrisch gemessen, dann kann die MANOVA herangezogen werden.

Man sieht, daß das breite Spektrum der Verfahren notwendig ist, um im jeweiligen Anwendungsfall das angemessenste Verfahren einsetzen zu können. Die Methodenvielfalt ermöglicht es, die Segmentierungsmerkmale mit den unterschiedlichsten Skalenniveaus auszuwählen, wobei auf die Vorgabe von Funktionstypen, Merkmalsinteraktionen und sowie auf eine konkrete Variablenspezifizierung verzichtet werden kann. Zudem läßt sich auch die Indikatoreignung von Segmentierungsmerkmalen im Hinblick auf mehrere Verhaltensvariablen überprüfen.

IV. Kriterienauswahl und Erstellung orthogonaler Merkmalsräume mit Methoden zur Analyse von gegenseitigen Beziehungen

Die Beschäftigung mit den einzelnen Segmentierungsmerkmalen machte deutlich, daß viele von ihnen mehr oder minder denselben Sachverhalt repräsentieren. Bei den demographisch/sozioökonomischen Merkmalen korrelieren z.B. Ausbildung, Beruf und Einkommen. Bei den Verhaltensmerkmalen überlappen sich Variablen wie Einkaufshäufigkeit, gewählte Packungsgrößen und Verbrauchsintensitäten. Bei den psychographischen Variablen fehlt es meist an Vorstellungen darüber, welche Items Konstrukte wie Motive, Einstellungen, Life Style u.a.m. am ehesten erfassen. Der Analytiker gibt daher bewußt Items vor, die sich gegenseitig ergänzen und u.U. redundant sind.

Die hieraus entstehenden Merkmalsinterkorrelationen haben einige unangenehme Konsequenzen: Bei Anwendung der Multiplen Regressionsanalyse und der Diskriminanzanalyse kann von der Höhe der Koeffizienten nicht mehr auf die Indikatoreignung einzelner Segmentierungsmerkmale geschlossen werden. Gleiches trifft auch bei der AID-Technik zu. Bei ihr werden korrelierende Merkmale eliminiert, so daß anhand des Baumdiagramms nicht festgestellt werden kann, ob Merkmale nicht auftreten, weil sie keinen nennenswerten Anteil der Varianz erklären oder weil sie mit bereits aufgenommenen Merkmalen korrelieren.

Darüber hinaus können viele multivariate Verfahren nicht die immense Merkmalsanzahl verarbeiten, die im Rahmen der Marktsegmentierung auftritt. Zudem wird bei sehr vielen Merkmalen die Interpretation der Ergebnisse erschwert. Es empfiehlt sich daher, die Korrelationen zu beseitigen, wobei gleichzeitig die Anzahl der Merkmale reduziert wird.

Schließlich ist auch im Hinblick auf die Segmentsuche im Merkmalsraum eine Komprimierung der Merkmale zu wenigen orthogonalen Dimensionen sinnvoll: Zum einen können brauchbare Clusteralgorithmen mitunter nur wenige Variablen berücksichtigen, zum anderen erfordern sie die Ausräumung von Merkmalsinterkorrelationen, da sonst die Segmentbildung verzerrt werden würde.

Die genannten Gründe machen die Bedeutung von Verfahren deutlich, mit denen umfangreiche Variablenbestände auf einige unkorrelierte Dimensionen reduziert werden können. Eine dieser Methoden, die sich in diesem Zusammenhang besonders bewährt hat, ist die Faktorenanalyse (FA).

Bei der Diskussion um die Einsatzmöglichkeiten dieses Verfahrens im Rahmen der Marktsegmentierung ist insbesonders auf die Möglichkeiten einzugehen, mittels der FA eine mehrdimensionale Einstellungsmessung durchzuführen, um anschließend den Markt einer Produktart anhand interindividuell unterschiedlicher Einstellungen zu segmentieren.

Als weiteres Methodenbündel zur Erstellung orthogonaler Wahrnehmungs-, Einstellungs- bzw. Präferenzräume sind zudem die Methoden der mehrdimensionalen Skalierung (MDS) zu diskutieren. Die Bedeutung dieser Verfahren ergibt sich aus der recht guten Indikatoreignung produkt- bzw. markenspezifischer psychographischer Merkmale. MDS-Methoden bieten gegenüber der MDA bzw. FA und HKA, die ebenfalls zur Einstellungsmessung verwendet werden können, einige Vorteile: Sie entheben den Forscher von der Aufgabe, Beurteilungskriterien vorzugeben und überfordern durch die Art der Datenerhebung (z.B. Paarvergleiche oder Präferenzordnungen) auch nicht die Auskunftsfähigkeit der Vpn.

Als neueste Entwicklung im Bereich psychometrischer Verfahren ist schließlich die Polynomiale Verbundmessung (Conjoint Measurement) zu behandeln. Dieses Verfahren beruht auf ähnlichen Prinzipien wie die nichtmetrische mehrdimensionale Skalierung und ist u.a. gut geeignet, um die Nutzenerwartungen von Bedarfsträgern zu messen. Ihre Ergebnisse können anschließend zur »Benefit Segmentierung« herangezogen werden.

Abb. 70 veranschaulicht die Zusammenhänge.

1. *Die Faktorenanalyse zur Identifikation relevanter Segmentierungsmerkmale und zur Erstellung orthogonaler Merkmalsräume*

Die Faktorenanalyse wurde in dem Bestreben entwickelt, »etwas über die Struktur des Zusammenhanges einer Menge von meßbaren Variablen zu erfahren« [*Überla* (1971) 89]. Wenn m Merkmalsvariablen an n Personen gemessen wurden, so lassen sich m (m−1) 1/2 Korrelationen zwischen den Variablen bilden [Nach *Horst* (1965) soll die Zahl der Personen n > 3 m sein. *Pawlik* (1968) verlangt eine Mindestzahl n von 80. Ist n < m, so versagt die multiple Regression zur Kommunalitätenschätzung und zur Faktorscore-Berechnung]. Da m meist groß ist, wird die Analyse des gesamten Variablenkomplexes außerordentlich schwierig, wenn nicht gar unmöglich. Die bivariate Analyse, d.h. die isolierte Betrachtung nur je zweier Variablen, vernachlässigt zudem die vielschichtigen Beziehungen, die zwischen mehreren Variablen vorliegen.

In diesem Zusammenhang lassen sich u.a. zwei Hauptaufgaben der Faktorenanalyse hervorheben [Vgl. *Überla* (1971) 3, 89 und 355 ff; *Weber* (1974) 16]:

(1) Sie erlaubt es, aus den zwischen m Variablen beobachteten Beziehungen (Korrelationen) hypothetischer Größen (Faktoren) zu extrahieren, welche die in der Korrelationsmatrix enthaltenen Zusammenhänge beschreiben und »erklären«. M.a.W.: Korrelierende Variablen werden zu Merkmalskomplexen zusammengefaßt, d.h. durch einen »Faktor« repräsentiert.

(2) Dies führt zu einer Reduktion der Ausgangsdaten: Anstelle der m Variablen stehen (im allgemeinen) wenige Faktoren, wobei der Anteil der verlorengegangenen Informationen gering sein soll. Diese Datenkompression erlaubt eine leichtere Interpretation als die Fülle der Ausgangsdaten. Zudem können die Faktoren als unkorrelierte Variablen bei anderen statistischen Problemstellungen verwendet werden.

a) Grundzüge des linearen Faktorenmodells

Unter dem Begriff »FA« verbirgt sich ein umfangreiches Methodenbündel, dessen ausführliche Darstellung sich an dieser Stelle verbietet. Hier sollen nur die Grundzüge und Rechenschritte des linearen Modells »gemeinsamer« Faktoren soweit skizziert wer-

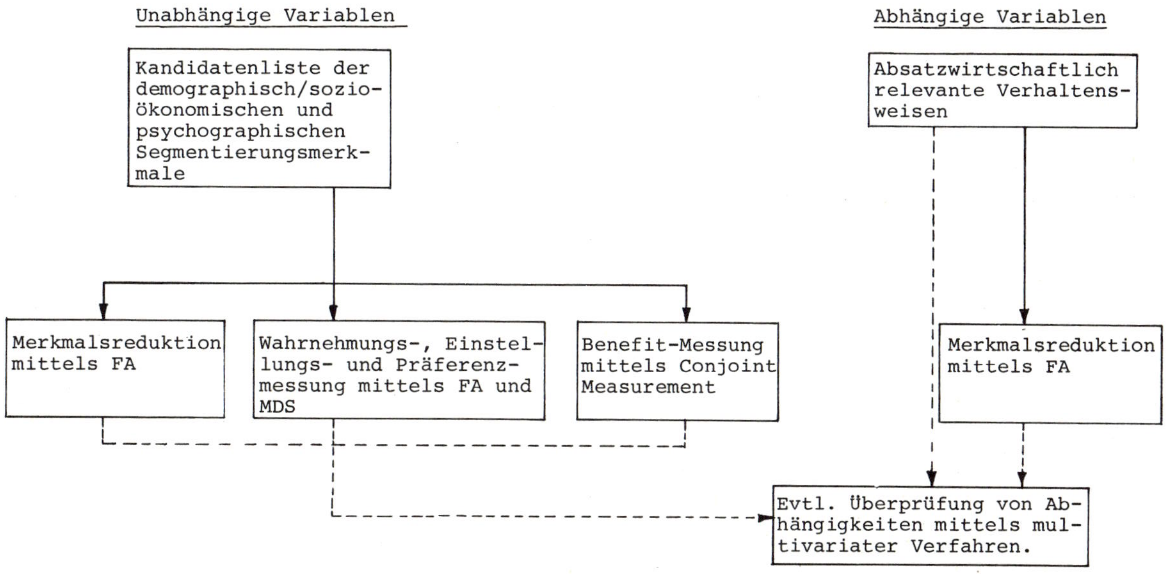

Abb. 70: Einsatzmöglichkeiten von multivariaten Verfahren zur Analyse gegenseitiger Beziehungen im Rahmen der Merkmalsmessung, -auswahl und -raumaufbereitung

den, wie es zum Verständnis der Ausführung zum Einsatz der FA in der Marktsegmentierung erforderlich ist [Hinsichtlich der umfangreichen Literatur zur FA sei beispielsweise verwiesen auf *Harder* (1966) 104ff; *Harman* (1967); *Hofstätter* (1974) 204ff; *Jahn/Vahle* (1970); *Pawlik* (1968); *Roth* (1965) 282ff; *Überla* (1971); *Weber* (1974)].

In der Faktorenanalyse geht man davon aus, daß ein Beobachtungswert z_{ij}, also ein Element der Matrix der Beobachtungsdaten bei m Merkmalen und n Personen (Z), als eine Funktion mehrerer Faktoren aufzufassen ist [Vgl. *Pawlik* (1968) 18f]:

$$(1.1)\quad Z = \Theta(p_{1j}, p_{2j}, \ldots, p_{rj})$$

Z = m x n – Matrix der Beobachtungsdaten ($i = 1, \ldots, m$, $j = 1, \ldots, n$)
P = r x n – Matrix der Faktorenwerte der Individuen ($f = 1, \ldots, r$)

Unterstellt man eine lineare Beziehung, so folgt für einen beliebigen Beobachtungswert z_{ij}

$$(1.2)\quad z_{ij} = a_{i1}\,p_{1j} + a_{i2}\,p_{2j} + \ldots + a_{ir}\,p_{rj}$$

z_{ij} = Beobachtungswert der Variablen i bei Objekt bzw. Individuum j
a_{if} = zu ermittelnde Koeffizienten (sog. Faktorladungen, factor loadings) $f = 1, \ldots, r$
p_{fj} = Meßwert des f-ten Faktors p bei Objekt bzw. Person j (sog. Faktorenwerte, factor scores).

Schreibt man (1.2) in Matrizenform, dann gilt:

$$(1.3)\quad \underset{\text{m Variablen}}{\overset{\text{n Individuen}}{\begin{bmatrix} z_{11} & \cdots & z_{1n} \\ \vdots & & \vdots \\ z_{m1} & \cdots & z_{mn} \end{bmatrix}}} = \underset{\text{m Variablen}}{\overset{\text{r Faktoren}}{\begin{bmatrix} a_{11} & \cdots & a_{1r} \\ \vdots & & \vdots \\ a_{m1} & \cdots & a_{mr} \end{bmatrix}}} \underset{\text{r Faktoren}}{\overset{\text{n Individuen}}{\begin{bmatrix} p_{11} & \cdots & p_{1n} \\ \vdots & & \vdots \\ p_{r1} & \cdots & p_{rn} \end{bmatrix}}}$$

$$Z \quad = \quad A \quad \cdot \quad P$$

Datenmatrix = Faktorenmatrix · Faktorenwertematrix

Gleichung (1.3) zeigt den Grundansatz der Faktorenanalyse: Ausgehend von den Beobachtungsdaten (Z) sucht man die Faktorenladungen a_{if}, deren Matrix A als Faktorenmuster oder Faktorenmatrix bezeichnet wird, und die ebenfalls unbekannte Matrix der Faktorenwerte P.

Um A und P ermitteln zu können, berechnet man aus Z die Matrix R der Korelationskoeffizienten r_{ik}. Bei standardisierten Merkmalen gilt:

$$(1.4)\quad R = \frac{1}{n-1}\, Z \cdot Z'$$

Setzt man (1.3) in (1.4) ein, so folgt [Siehe hierzu *Überla* (1971) 52f]

$$(1.5)\quad R = \frac{1}{n-1} \cdot Z \cdot Z' = A\,\frac{P\,P'}{n-1}\,A'$$

$\frac{P\,P'}{n-1}$ ist analog (1.4) eine Korrelationsmatrix zwischen den Faktoren. Fordert man, daß die Faktoren unkorreliert sind, so wird $\frac{P\ P'}{n-1} = E$ und für (1.5) folgt das »Fundamentaltheorem der Faktorenanalyse« [*Thurstone* (1935) 70]:

(1.6) $R = A \cdot A'$

Es besagt, daß sich bei unkorrelierten Faktoren die Korrelationsmatrix R aus dem Faktorenmuster A reproduzieren läßt.

aa) Hauptkomponentenmodell versus Modell gemeinsamer Faktoren

Bevor auf die Grundzüge des Rechenganges eingegangen wird, ist das Hauptkomponentenmodell vom Modell gemeinsamer Faktoren abzugrenzen. Danach ist auf die Unterscheidung zwischen vollständiger und unvollständiger Faktorenlösung einzugehen.

Beim Hauptkomponentenmodell, dem eine eigenständige multivariate Methode (die Hauptkomponentenanalyse) entspricht, nimmt man an, daß die Datenmatrix Z vom Rang m ist, d.h. die Merkmale sind voneinander linear unabhängig. Bei der Berechnung der Hauptkomponentenkoeffizienten (a_{if}) geht man von der Matrix R aus, die in der Diagonalen Einsen enthält ($r_{ii} = 1$). Die Zahl der extrahierbaren Hauptkomponenten entspricht der Zahl der Variablen ($r = m$). Es handelt sich somit lediglich um eine lineare Transformation der m korrelierten Variablen in m neue unkorrelierte Variablen (Hauptkomponenten). Überträgt man das Hauptkomponentenmodell und die zugehörige HKA auf das Modell gemeinsamer Faktoren, so spricht man von Hauptfaktorenanalyse [Vgl. auch *Weber* (1974) 109].

Das Modell gemeinsamer Faktoren zur Erklärung der Merkmalsinterkorrelationen (r_{ik} mit $i \neq k$), geht davon aus, daß die Merkmalswerte z_{ij} durch drei Bedingungsgruppen zustandekommen [Vgl. *Gaensslen/Schubö* (1973) 270f]:

(a) Zunächst wirken sich auf die Meßwerte Zufallsereignisse aus. Die Gruppe dieser die Meßergebnisse zufällig beeinflussenden Bedingungen bezeichnet man als »Zufallsfaktor«.

(b) Daneben gibt es eine Gruppe von Einflußfaktoren, die das Meßergebnis mehrerer oder aller Variablen z_{ij} systematisch beeinflussen: So wird der Faktor »positive Gesamteinstellung zum technischen Fortschritt« eine Vpn dazu bewegen, der Weiterentwicklung von Pkw's, der Ausdehnung des Straßennetzes, der Verausgabung von Steuergeldern für Forschungslabors etc. zuzustimmen. Man nennt diese Gruppe von Beeinflussungsbedingungen, die sich in mehreren Variablen niederschlagen, mit *Thurstone* »gemeinsame Faktoren«.

(c) Schließlich sind Bedingungen zu nennen, die sich nur auf das Ergebnis einer einzigen Variablen auswirken. Ist die Vpn engagierter Wissenschaftler, hat sie eine positive Einstellung zur empirischen Forschung u.a.m., so wird sie bei einer Befragung der Verausgabung von Steuergeldern für Forschungslabors zustimmen. Diese Bedingungen lassen sich im Hinblick auf die Beantwortung dieser Frage als »spezifischer Faktor« bezeichnen. Thurstone geht nun davon aus, daß sich ein beliebiger Beobachtungswert als Linearkombination der gemeinsamen Faktoren, des spezifischen und des Zufallsfaktors ergibt. Von Interesse sind nur die d gemeinsamen Faktoren, jene hypothetischen Größen, die das Zustandekommen der Variablen z_i erklären.

Die wahre Anzahl gemeinsamer Faktoren (d) ist unbekannt: Sie kann gleich, *kleiner oder größer sein als die Zahl der zufälligerweise erfaßten Variablen.* Hinzu kommt noch, daß es genausoviele spezifische Faktoren und so viele Fehlerfaktoren wie Variablen gibt.

Faßt man den spezifischen Faktor und den Fehlerfaktor bei einer Variablen zu einem Faktor zusammen, so ergibt sich bei jeder Variable ein sog. Einzelrestfaktor [Vgl. *Überla* (1971) 55]. Betrachtet man die Faktorladungsmatrix nach dem Modell gemeinsamer Faktoren, so folgt z.B. das in Abb. 71 gezeigte Faktorenmuster.

	F a k t o r e n							
	A	B	C	u_1	u_2	u_3	u_4	u_5
1	x	-	-	x	o	o	o	o
2	x	-	x	o	x	o	o	o
3	x	x	x	o	o	x	o	o
4	-	x	x	o	o	o	x	o
5	-	x	-	o	o	o	o	x
	gemeinsame Faktoren			Einzelrestfaktoren				

x = Hohe Ladungen (nahe bei (1))
- = Niedrige Ladungen (nahe bei 0)

Abb. 71: Faktorenmuster beim Modell gemeinsamer Faktoren
[Etnommen aus *Überla* (1971) 55]

Die gemeinsamen Faktoren A, B, C in Abb. 71 laden bei mehr als einer Variablen hoch. Da in diesem Modell die Einzelrestfaktoren vernachlässigt werden, folgt aus dem Produkt $A \cdot A'$ nicht mehr die Korrelationsmatrix R: Die gemeinsamen (kommunalen) Faktoren erklären nur einen Teil der Varianz der Variablen z_i. Diesen Teil bezeichnet man als »Kommunalität« (h_i). Daraus folgt wiederum, daß beim Modell gemeinsamer Faktoren von einer Korrelationsmatrix R_h auszugehen ist, deren Elemente ober- und unterhalb der Diagonalen die Korrelationen ($i \neq k$) zwischen zwei Variablen darstellen, in deren Diagonalen dagegen die Kommunalitäten stehen, denn

$$s^2_{d_i} = h_i^2 = (a_{11}, a_{12}, \ldots, a_{1d}) \begin{bmatrix} a_{11} \\ a_{12} \\ \vdots \\ a_{1d} \end{bmatrix} = a_i' \cdot a_i$$

$s^2_{d_i}$ = aus den gemeinsamen Faktoren erklärte Varianz der Variablen i (kommunale Varianz)
h_i^2 = Kommunalität
a_{if} = Ladung der Variablen i bei Faktor f

Die zweite Unterscheidung, nämlich zwischen vollständiger und unvollständiger Faktorenlösung, bezieht sich auf die Frage nach der Zahl der innerhalb des jeweiligen Modells zu extrahierenden Faktoren. Z.B.: sollen alle gemeinsamen Faktoren aus R_h ermittelt werden oder genügt nur ein Teil? Diese Frage hängt von mehreren Aspekten ab, wie z.B. der Interpretierbarkeit der Faktoren, dem Anteil der durch einen Faktor erklärbaren Varianz der Beobachtungsdaten etc.; sie wird unter Zuhilfenahme verschiedener Faustregeln (Eigenwertkriterium, Scree-Test u. a. m.) beantwortet.

Greift man das Modell gemeinsamer Faktoren auf, so sind die Gleichungen (1.2) bis (1.6) zu modifizieren:

(1.7) $Z_{ij} = a_{i1} p_{1j} + \ldots + a_{id} p_{dj} + u_{is} p_{sj}$

a_{if} = Ladungen der »gemeinsamen« Faktoren (common factor), mit $f = 1, \ldots, d$
u_{is} = Ladungen der Einzelrestfaktoren (unique factors) mit $s = d + 1, \ldots, d + m$
p_{sj} = Wert des Einzelrestfaktors bei Person j, mit $s = d + 1, \ldots, d + m$

In Matrixschreibweise:

(1.8) $Z = (A_f | A_s) \left(\frac{P_f}{P_s}\right)$

Matrix der Ausgangsdaten	Matrix der gemeinsamen Faktorladungen und der Ladungen der Einzelrestfaktoren	Matrix der Faktorenwerte und der Werte der Einzelrestfaktoren

Da nur die gemeinsamen Faktoren A_f berücksichtigt werden, folgt aus (1.3)

(1.9) $\hat{Z} = A_f \cdot P_f$

Die Matrix $\hat{Z}$ ist eine Schätzung der ursprünglichen Datenmatrix Z. Das Fundamentaltheorem der Faktorenanalyse lautet bei Berücksichtigung dieses Sachverhaltes:

(1.10) $R = A_f \cdot A_f' + A_u \cdot A_u'$

oder, wenn $R_h = A_f A_f'$ und $A_u = A_u A_u'$

(1.11) $R = R_h + A_u^2$

R ist die Korrelationsmatrix mit 1 in der Diagonalen, R_h ist die sog. reduzierte Korrelationsmatrix, bei der die Kommunalitäten (h_i^2) in der Diagonalen stehen, wobei

(1.12) $h_i^2 = a_{i1}^2 + a_{i2}^2 + \ldots + a_{if}^2 + \ldots + a_{id}^2$ und

(1.13) $s_i^2 = h_i^2 + u_i^2 = 1$

Aufgrund des Modells treten vier Hauptprobleme auf [Vgl. *Überla* (1971) 62f]:

(1) Kommunalitätenproblem
Aus R_h ist das Faktorenmuster A_f zu berechnen. Da allerdings aus den Beobachtungsdaten nur die Matrix R erstellt werden kann, müssen zunächst die Kommunalitäten h^2 geschätzt werden. h^2 wiederum kann aber nur angegeben werden, wenn die gemeinsamen Faktoren bekannt sind. Aber diese sollen erst noch ermittelt werden. Zur Bestimmung der Kommunalitäten muß deshalb auf Näherungsverfahren zurückgegriffen werden.

(2) Faktorenproblem
Ist R_h geschätzt, so sind im nächsten Schritt die Faktoren zu ermitteln. Auch hierfür gibt es mehrere Verfahren, von denen nur die Hauptachsenmethode referiert werden soll.

(3) Rotation der Faktoren
Aus R_h können beliebig viele Faktorenmuster abgeleitet werden. Man sucht sich jedoch jenes aus, das eine möglichst leichte Interpretation der Faktoren ermöglicht. Hierfür wird das neue Koordinatensystem am Nullpunkt gedreht.

(4) Schätzung der Faktorenwerte
Liegen die d gemeinsamen Faktoren vor, so ist die Frage zu beantworten, welche Werte die Personen bzw. Objekte bei diesen neuen Variablen aufweisen.

ab) Methoden zur Kommunalitätenschätzung

Von Vorteil in unserem Zusammenhang ist, daß i.d.R. eine hohe Variablenzahl z_i vorliegt, denn die Ergebnisse der FA sind dann recht insensitiv gegenüber ungenauen Kommunalitätenschätzungen [Vgl. *Überla* (1971) 162]. Wir begnügen uns hier mit den drei wichtigsten Verfahren [Vgl. *Überla* (1971) 157 ff. Weitere Rechentechniken finden sich bei *Pawlik* (1968) 81 ff; *Harman* (1967) 68 ff].

Das einfachste und willkürlichste Schätzverfahren besteht darin, den höchsten Korrelationskoeffizienten je Zeile der Matrix R als Kommunalität zu wählen [Vgl. *Weber* (1974) 81]:

(1.13) $\hat{h}_i^2 = \max |r_{ik}|$

Als zweites Verfahren kommt die Heranziehung des multiplen Bestimmtheitsmaßes (multiplen Korrelationskoeffizienten) in Frage [Vgl. *Harman* (1967) 86]:

(1.14) $\hat{h}_i^2 = R_{i\cdot 1,2,\ldots,i-1,i+1,\ldots,m}^2$

Aus Untersuchungen ist bekannt, daß h_i^2 bei zunehmender Variablenzahl gegen R_i^2 konvergiert, so daß gilt:

(1.15) $R_i^2 \leq h_i^2 \leq 1$

Ein weiteres Verfahren ist die iterative Kommunalitätenschätzung. Man kann dabei vom höchsten Korrelationskoeffizienten r_{ik}, vom multiplen Bestimmtheitsmaß R_i^2 oder von anderen Schätzungen $\hat{h}_i^2$ ausgehen.
Sodann werden d Faktoren mittels der unten zu besprechenden Verfahren extrahiert, aus $A_f \cdot A_f'$ die Kommunalitäten errechnet und als neue Schätzung in die Matrix R_h eingesetzt. Daraus werden wieder d Faktoren extrahiert etc. Die Iterationen werden abgebrochen, wenn sich zwischen den eingesetzten Kommunalitäten und den aus dem Faktorenmuster A_f berechneten Kommunalitäten kaum noch Unterschiede ergeben. Allerdings gibt es keine Garantie für eine Konvergenz.

Aus der durch Lösung des Kommunalitätsproblems gewonnenen Matrix R_h ist jetzt das Faktorenmuster A_d zu extrahieren.

ac) Faktorenextraktion

Geometrisch gesehen besteht das Faktorenextraktionsproblem in der Aufgabe, einen möglichst niedrig dimensionierten Raum zu finden, in dem sich alle Variablen der Matrix Z bzw. die Korrelationen r_{ik} noch abbilden lassen. Dabei entsprechen die Koordinaten des Raumes den d Faktoren und die Variablen werden als Vektoren in diesen Raum projiziert. Das Faktorenproblem beinhaltet somit den Übergang von einem m-dimensionalen Raum, der durch die Matrix Z aufgespannt wird, auf einen d-dimensionalen, der durch die gemeinsamen Faktoren, d.h. durch die Matrix A aufgespannt wird ($d < m$). Dabei ist d zugleich der Rang der Korrelationsmatrix [Der Rang einer Matrix ist die maximale Anzahl linear unabhängiger Vektoren]. Extrahiert man weniger als d Faktoren, so lassen sich nicht mehr alle Variablenvektoren abbilden, d.h. es gehen Informationen verloren. Im Interesse einer Datenkompression nimmt man einen gewissen Informationsverlust in Kauf und verzichtet auf eine vollständige Faktorenlösung.

Im Faktorenraum können sowohl die Variablen x_i als auch die Individuen abgebildet werden. Abb. 72 zeigt die Beziehungen zwischen den Ausgangsvariablen und den gemeinsamen Faktoren.

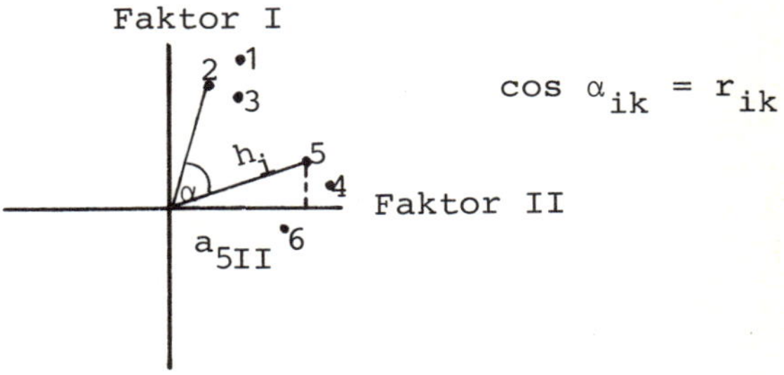

Abb. 72: Gemeinsamer Faktorenraum bei d = 2 und 6 Variablen [Aus *Überla* (1971) 73]

Die Koordinaten der Variablenvektoren sind im gemeinsamen Faktorraum die Ladungen einer Variablen auf den Faktor (a_{if}). Die Länge eines Variablenvektors entspricht nach (1.12) der Wurzel aus der Kommunalität ($h_i = \sqrt{a_{i1}^2 + a_{i2}^2}$). Nur im totalen Faktorraum, bei dem auch die Einzelrestfaktoren herangezogen werden, ist die Länge gleich eins. Die durch das Faktorenmuster reproduzierte Korrelation r_{ik} zwischen zwei Variablen entspricht dem Skalarprodukt ihrer Vektoren im gemeinsamen Faktorraum.

Zur Extraktion von gemeinsamen Faktoren gibt es mehrere Methoden [Vgl. u.a. *Harman* (1967) 135 ff]. Im weiteren wird nur die gebräuchlichste, nämlich die Hauptfaktorenmethode skizziert, bei der die HKA auf die reduzierte Interkorrelationsmatrix R_h angewandt wird. Das Modell gemeinsamer Faktoren führt zu einer Gleichung, in der die Beobachtungswerte z_i der Variablen i durch eine Linearkombination der d gemeinsamen Faktoren erklärt werden (vgl. Gleichung (1.9)!):

$$(1.16) \quad \hat{z}_{ij} = a_{i1} p_{1j} + \ldots + a_{if} p_{fj} + \ldots + a_{id} p_{dj}$$

Die Quadratsumme der Faktorkoeffizienten gibt die Kommunalität einer Variablen an (vgl. (1.12)!), während a_{if} den Beitrag des Faktors f zur Kommunalität der Variablen z_i darstellt. Ziel der Hauptfaktorenmethode bei der Extraktion des ersten Faktors ist es nun, die Koeffizienten a_{i1} so festzulegen, daß der Beitrag des ersten Faktors zu den Kommunalitäten aller Variablen ein Maximum wird:

(1.17) $V_1 = a_{11}^2 + a_{21}^2 + \ldots + a_{i1}^2 + \ldots + a_{m1}^2 \rightarrow \text{Max!}$

Diese Forderung ist gleichbedeutend damit, daß der erste Faktor ein Maximum der in den Ausgangsdaten enthaltenen kommunalen Varianz erklären soll. Dabei gelten die Nebenbedingungen, daß die Multiplikation der Faktorladungen die Korrelationskoeffizienten ergibt (vgl. 1.6!):

(1.18) $r_{im} = a_{i1} \cdot a_{m1}$,

wobei $r_{ii} = h_i^2$

Die Maximierung von (1.17) unter den Nebenbedingungen (1.18) führt wiederum zum Eigenwertproblem [Vgl. *Harman* (1967) 138 f]:

(1.19) $(R_h - \lambda_1)\, a_1 = 0$

Aus der gleich Null gesetzten Determinanten werden die Eigenwerte errechnet:

(1.20) $|R_h - \lambda_1| = 0$

Setzt man den größten Eigenwert in (1.19) ein, so erhält man einen Eigenvektor $\alpha_1 = (\alpha_{11}, \alpha_{21}, \ldots \alpha_{i1}, \ldots \alpha_{m1})$. Die Faktorladungen a_{i1} erhält man durch Normierung [Vgl. *Harman* (1967) 140]:

(1.21) $$a_{i1} = \frac{\alpha_{i1}\sqrt{\lambda_1}}{\sqrt{\alpha_{11}^2 + \alpha_{21}^2 + \ldots + \alpha_{m1}^2}}$$

für $i = 1, \ldots, m$

Der zweite Faktor wird errechnet, indem man dem zweitgrößten Eigenwert in (1.19) einsetzt und den zugehörigen Eigenvektor normiert. Er ist zum ersten orthogonal und erklärt ein Maximum in bezug auf die Restkommunalität.

Hinsichtlich der Anzahl der zu extrahierenden Faktoren gibt es eine Reihe von Faustregeln, auf die hier nicht eingegangen werden kann [Vgl. *Überla* (1971) 123 ff]. Lediglich hingewiesen sei auf das Eigenwertkriterium $\lambda_f > 1$. Da theoretisch gilt $\lambda_f = \sum_i a_{if}^2 = V_f$, ist λ_f ein Indikator für die erklärte kommunale Varianz [12].

Da die Ausgangsvariablen standardisiert sind, bedeutet ein Eigenwert λ_f von 1, daß der Faktor lediglich noch die Varianz einer einzigen Variablen erklärt.

[12] Bei Anwendung des Modells gemeinsamer Faktoren auf R_h mit schlecht geschätzten Kommunalitäten können sich allerdings auch negative Eigenwerte ergeben. Die Summe aller Eigenwerte entspricht dann zwar der Summe der Kommunalitäten, die positiven Eigenwerte sind aber größer und können damit nicht als Maßzahlen der erklärten kommunalen Varianz aufgefaßt werden. Negative Eigenwerte wiederum würden eine Varianz kleiner Null andeuten, was definitionsgemäß nicht möglich ist. Dieser Sachverhalt wird als einer der Hauptkritikpunkte gegen das Modell gemeinsamer Faktoren vorgebracht. Vgl. auch *Harman* (1967) 143; *Gaensslen/Schubö* (1973) 279.

Abschließend wird die geometrische Interpretation der Hauptfaktorenmethode dargestellt, da diese Kenntnisse wichtig sind für die Anwendung der FA zur Produktpostionierung bzw. zur Reduktion umfangreicher Variablenbestände bei stark unterschiedlichen Marktsegmenten.

Stellt man den Merkmalsraum als orthogonalen, m-dimensionalen Raum dar, so zeigen sich Variableninterkorrelationen an der Form eines Punkteschwarmes (ein Punkt gibt die Position eines Individuums im Raum an). Positive Korrelation zwischen drei Merkmalen (x, y, z) führt bei multinormalverteilten Merkmalen zu einem Ellipsoid. Der erste Faktor wird dann so gelegt, daß er auf dem längsten Durchmesser der Punktwolke liegt; der zweite Faktor liegt auf dem zweitlängsten Durchmesser und ist orthogonal zum ersten usf. Die Faktorenwerte entsprechen den Koordinatenwerten der Individuen auf den Faktoren (λ_1, λ_2, λ_3) (Vgl. Abb. 73).

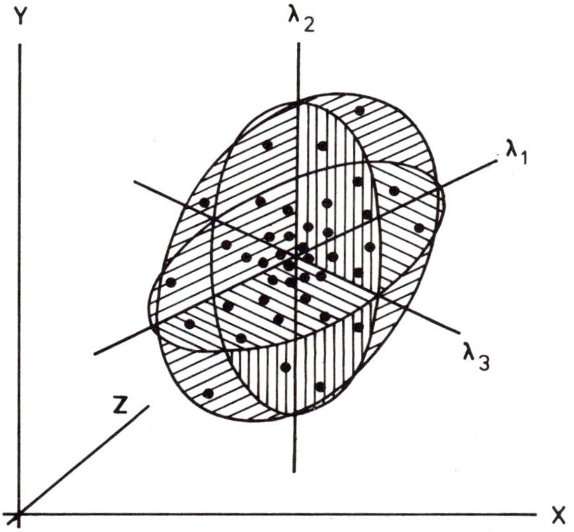

Abb. 73: Dreidimensionale Verteilung mit zugehörigen Hauptachsen λ_1, λ_2, λ_3 [Entnommen bei *Überla* (1971) 94]

ad) Faktorenrotation

Durch die Faktorenextraktion wurde lediglich die Konfiguation der Variablenvektoren im gemeinsamen Faktorenraum bestimmt, wobei man auf eine möglichst geringe Anzahl der Faktoren abzielte. Die Koordinatenachsen (Faktoren) wurden dabei je nach Extraktionsmethode in eine willkürliche Position gebracht. Bei der Faktorenextraktion nach der Hauptfaktorenmethode laden alle Variablen auf dem ersten Faktor relativ hoch. Dies macht eine Interpretation der Faktoren schwierig bzw. unmöglich. Das Koordinatensystem muß – geometrisch gesehen – um den Nullpunkt gedreht werden, um eine leichte Interpretation der Faktoren zu ermöglichen [Vgl. auch *Überla* (1971) 175].

Die Rotation der Faktoren soll also so erfolgen, daß das Zueinander von Variablen und Faktoren möglichst einfach ist. Hierfür prägte *Thurstone* [Vgl. *Thurstone* (1947) 335] den Begriff der »Einfachstruktur« und legte eine Reihe von Bedingungen fest, die die Einfachstruktur erfüllen muß. Im Grunde wird gefordert, daß durch die Rotation fast alle oder sehr viele Variablenvektoren in die Nähe von Koordinatenachsen gebracht werden [Vgl. *Überla* (1971) 183].

Die Rotation kann orthogonal sein, oft wird jedoch eine schiefwinklige Rotation erfolgen müssen, da die Variablencluster keinen rechten Winkel einschließen [Hier zeigt sich wiederum eine Inkonsistenz des FA-Modells gemeinsamer Faktoren. Während bei der Ermittlung der Faktoren zunächst Orthogonalität unterstellt wird, zeigt es sich im Nachhinein, daß die Faktoren korrelieren]. In beiden Fällen kann die Rotation visuell oder analytisch erfolgen. Im folgenden soll nur der Grundgedanke der orthogonalen Rotation erläutert werden.

Ausgehend von den Koordinaten aus der Faktorenextraktion (F_1 und F_2) wird eine Drehung des Koordinatensystems durchgeführt und zwar so, daß die neuen Koordinaten ($F_1^{\cdot}$ und $F_2^{\cdot}$) durch Schwerpunkte der Variablenendpunktecluster gehen (Vgl. Abb. 74). Der rechte Winkel zwischen den Koordinaten bleibt dabei gewahrt.

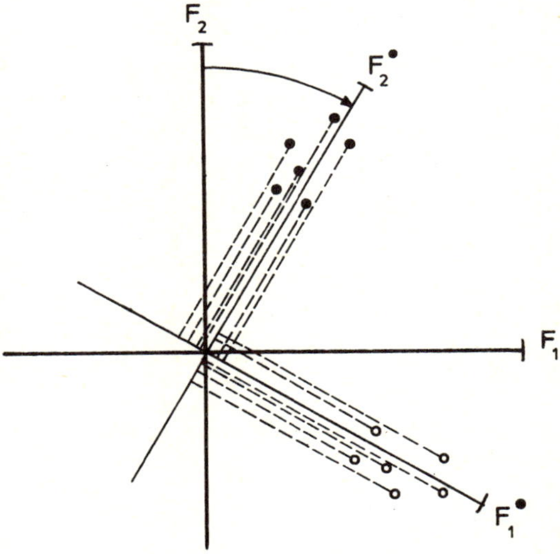

Abb. 74: Orthogonale Rotation zur Einfachstruktur; F_1, $F_2^{\cdot}$ sind die neuen Koordinaten [Entnommen aus *Überla* (1971) 177]

Durch die Rotation erreicht man, daß die Faktorenladungen bei solchen Variablen hoch sind, die nahe an einem Faktor f_d liegen, während sie bei den anderen Faktoren $f_{\bar{d}}$ niedrig sind. Die Koordinaten können dann durch die Variablen beschrieben werden, die in ihrer Nähe liegen.

Bei den analytischen Verfahren zur Orthogonalrotation hat sich vor allem die Varimax-Methode bewährt. Die Forderung der Einfachstruktur soll dadurch erfüllt werden, daß die Varianz der quadrierten Faktorladungen für einen Faktor f ein Maximum ist: die Ladungen sind dann zum einen Teil alle nahe Null, zum anderen Teil alle nahe bei 1. Der Faktor kann damit gut interpretiert werden. Überträgt man diese Gedanken auf alle Faktoren, so ist das Zielkriterium die Varianzmaximierung der Quadrate aller Faktorladungen der Matrix A_f.

Während diese Methode bei orthogonalen Faktoren gute Lösungen liefert, gibt es keine Methode zur analytischen schiefwinkligen Rotation, die ebenso eindeutig wie das Varimax-Verfahren bevorzugt werden könnte. Auf ihre Darstellung sei verzichtet [Eine umfassende Darstellung findet sich bei *Harman* (1967) 314 ff].

Überla schlägt deshalb die Anwendung der Varimax-Methode vor, um deren Lösung als Ausgangspunkt für eine iterative Rotation zur schiefwinkeligen Einfachstruktur zu verwenden [Vgl. *Überla* (1971) 214].

ae) Die Berechnung der Faktorenwerte

Die Faktorenwerte sind Meßwerte von Personen in bezug auf die Faktoren. Sie ergeben zusammen mit dem Faktormuster A_f die beobachteten Variablen z_i der Person j. Dabei ergibt sich das Problem, daß in der Gleichung

(1.8) $Z = (A_f | A_s) \left(\frac{P_f}{P_s}\right)$ die Faktorladungsmatrix mehr Faktoren als Variablen

enthält (sie hat somit keine Inverse) und demnach die Faktorenwerte P nicht einfach durch Prämultiplikation der Gleichung (1.8) mit der Faktorladungsmatrix errechnet werden können [Diese Lösung wäre nur bei einer HKA möglich, da dort genausoviele Hauptkomponenten wie Variablen ermittelt werden: $P = A^{-1} \cdot Z$]. In der Praxis werden deshalb einige Näherungsverfahren vorgeschlagen, von denen die Schätzung der Faktorenwerte mittels der multiplen Regression das gebräuchlichste ist.

Überträgt man das Regressionsmodell auf die Faktorenwerteschätzung, so folgt

(1.22) $\hat{P} = Z \cdot B$

$\hat{P}$ = Matrix der geschätzten Faktorenwerte
B = Matrix der Regressionskoeffizienten
Z = Matrix der standardisierten Variablen

Die Matrix der Regressionskoeffizienten B errechnet sich aus [Vgl. drittes Kapitel C.III. 1. a]:

(1.23) $B = R_{11}^{-1} R_{12}$

R_{11} = Korrelationsmatrix der Variablen z_i
R_{12} = Korrelationsmatrix der Variablen mit den Faktoren (Faktorladungsmatrix A_f) (Dies gilt nur für orthogonale Faktoren. Zum Falle schiefwinkliger Faktoren vgl. *Überla* (1971) 245])

Setzt man (1.23) in (1.22) ein, so lassen sich die Schätzwerte für die Positionen im Raum gemeinsamer Faktoren errechnen.

b) Anwendungsprobleme bei der Marktsegmentierung

Der Grundgedanke der Datenkomprimierung auf einige wesentliche orthogonale Variablen läßt der FA im Rahmen der Marktsegmentierung eine hohe Bedeutung zukommen. Insbesondere lassen sich folgende Problembereiche unterscheiden:

(1) Zusammenfassung umfangreicher Variablensets, sei es um die Anzahl der Variablen zu reduzieren, so daß eine übersichtliche Beschreibung von Abnehmern erfolgt, oder um im reduzierten orthogonalen Raum nach Marktsegmenten zu suchen.
(2) Typen-Bildung bei Mediennutzern und Produktverwendern
(3) Messung der Markentreue
(4) Produktspezifische Einstellungs- und Präferenzmessung
(5) Segmentbildung mit Hilfe der Q-Faktorenanalyse

ba) Die Reduktion von Merkmalsbatterien

Aus der Vielzahl der Beispiele zur Reduktion umfangreicher (sozioökonomischer, demographischer, psychographischer) Variablenbatterien sollen die Studien von *Müller-Hagedorn* [(1974) 389f] und von *Wind/Green/Jain* [(1973) 224ff; *Massy/Frank/Lodahl* (1968); *Wells/Tigert* (1971) 27ff; *Ziff* (1971) 3ff] skizziert werden.

Müller-Hagedorn wandte das Hauptkomponentenmodell u.a. zur Analyse von sozioökonomisch/demographischen Merkmalen an. Ausgehend von Merkmalen wie Alter, Haushaltseinkommen, Telefonbesitz, Zahl der Kinder etc. gelang es ihm, die 13 vorgegebenen Merkmale auf drei Faktoren zu reduzieren, von denen der erste sich mit »Finanzieller Kraft« und der zweite mit »Haushaltsgröße« umschreiben läßt. Der dritte Faktor ist ein Life-Cycle-Konstrukt und erfaßt vor allem die Merkmale Alter und Zahl der Kinder.

Wind et al. versuchten Life-Style-Variablen zu komprimieren. Da man hier oft von umfangreichen, vielschichtigen Kriterienbatterien ausgeht, erhält man nicht selten bis zu 40 interpretierbare Faktoren. Diese können mitunter noch erheblich untereinander korreliert sein, so daß die Faktoren in einem zweiten Lauf als Variable aufgefaßt werden, die man wiederum der FA unterzieht, womit man zu Faktoren zweiter Ordnung gelangt etc. Obwohl die Pilotstudie von *Wind* et al. die Relevanz dieses Modells für die Marktsegmentierung aufzeigen konnte, ist hier Vorsicht geboten: bereits die Faktoren erster Ordnung sind hypothetische Konstrukte. Faktoren zweiter Ordnung sind noch weiter von den unmittelbar beobachteten Ausgangsdaten und damit von der Realität entfernt, wodurch eine Interpretation der Faktoren höherer Ordnung fragwürdig wird. Abbildung 75 zeigt das Ergebnis, bei dem 26 Variablen zu drei Faktoren zweiter Ordnung komprimiert worden sind.

Der Vorteil der Datenkomprimierung mittels der FA ist offensichtlich: Statt potentielle Abnehmer bzw. Marktsegmente durch kaum übersehbare und hochkorrelierende Merkmalsbatterien zu beschreiben, gelangt man zu wenigen wichtigen und weitgehend orthogonalen Dimensionen des Merkmalsraumes, in dem die Individuen anhand ihrer Faktorwerte positioniert sind und in dem die Segmente anhand der Faktorwertecluster identifiziert werden können. Allerdings muß hier vor einigen Fallstricken der FA gewarnt werden [Vgl. auch die kritischen Anmerkungen bei *Wells* (1974) 356]:

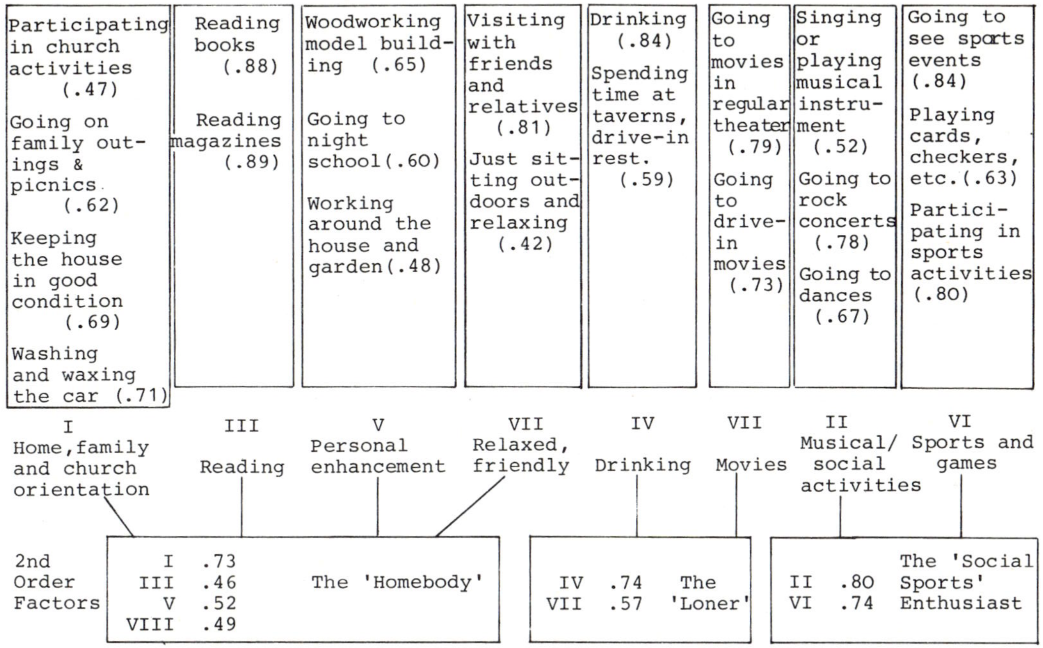

Abb. 75: Reduktion von Life-Style-Merkmalen zu Faktoren zweiter Ordnung [Entnommen bei *Wind/Green/Jain* (1973) 228]

- Das Ergebnis der FA nach dem Modell gemeinsamer Faktoren hängt von einer Vielzahl von Bedingungen ab. Aus den technischen Erläuterungen zu diesem Verfahren wird deutlich, daß die Ergebnisse divergieren können mit der jeweiligen Kommunalitätenschätzung, der Extraktionsmethode, dem Abbruchkriterium zur Ermittlung der Faktorenanzahl, der Rotationsmethode und dem Faktorenwertberechnungsansatz. Hinzu kommen Meßfehler und dergl.
- Ganz wesentlich ist auch die Zahl und Art der Variablen, die in die FA eingehen. Aus den Gleichungen (1.16) ff. wird deutlich, daß auf einem Faktor jene Variablen hoch laden, die auch hoch korreliert sind. Wenn ein Faktor durch sehr viele gleichartige Variablen vertreten ist, so laden diese auch hoch auf ihm. Die Extraktion des ersten Faktors nach dem Kriterium des höchsten Varianzbeitrages (quadrierte Ladungen des Faktors!) wird dann als bedeutendsten Faktor jenen präsentieren, der durch viele Variablen vertreten ist. Damit zeigt sich aber, daß die FA für sich allein genommen nicht in der Lage ist, dem Anwender die bedeutendsten Segmentierungskriterien (hier Faktoren) zu liefern. Oder anders ausgedrückt: Vom Analytiker bei der Erstellung der Liste der Ausgangsvariablen vernachlässigte Merkmalsbereiche verschwinden in der FA.
- Werden zudem die Ausgangsmerkmale aus den unterschiedlichsten Bereichen (sozioökonomisch/demographisch, psychographisch usw.) gewählt, so kommt es häufig vor, daß die unterschiedlichsten Merkmale (sowohl was die einzelnen Merkmalsklassen betrifft, als auch über die Merkmalsklassen hinweg) auf ein und demselben Faktor laden. Eine Interpretation des Faktors ist dann wenig sinnvoll bzw. schwierig.
- Mitunter schlagen Forscher den Weg ein, einen Faktor nur nach den am höchsten ladenden Variablen zu benennen (»Leitvariablen-Konzept«). Dadurch kommt es jedoch u.U. zu einer Vernachlässigung relevanter Informationen für die Segmentbeschreibung.
- Ein gravierendes Problem ergibt sich auch beim Vorliegen »inhomogener Stichproben« [Vgl. *Gaensslen/Schubö* (1973) 262ff]. Die FA nach der Hauptfaktorenmethode würde den ersten Faktor entlang des größten Durchmessers legen, der aufgrund der Punktewolken im Merkmalsraum entsteht (Vgl. Abb. 76).

Hieraus ergeben sich zwei Probleme: Zunächst kann man diesen ersten Faktor nicht als die »wichtigste Dimension« betrachten. Des weiteren kommt es zu einer Fehlinterpretation der Faktoren aufgrund der Faktorladungen. Während der erste Faktor (F_1') bei Gruppe 2 wenigstens identisch wäre mit der Interpretation eines Faktors F_2, der sich bei isolierter Faktorenanalyse des Subsamples 2 ergäbe, sieht die wahre Faktorenstruktur des Subsamples 1 ganz anders aus. Aus diesem Grunde empfiehlt sich vor der FA vermutlich heterogener Stichproben die Überprüfung der Identität der Faktorstrukturen [Dies kann z.B. durch Überprüfung der Übereinstimmung der Korrelationsmatrizen erfolgen]. Damit steht man aber bei der FA oder HKA im Zusammenhang mit der Marktsegmentierung vor einigen nur approximativ lösbaren Fragen. Liegen im ursprünglichen Merkmalsraum tatsächlich Segmente vor, wovon auszugehen ist, wenn man diskriminierungsfähige und prognostisch relevante Merkmale ausgesucht hat, dann kann die FA nicht ohne weiteres eingesetzt werden, um den Merkmalsraum zu wenigen orthogonalen Dimensionen zu verdichten. Entweder man muß für die Segmente eine getrennte FA rechnen oder man muß die Variablen, die zur Trennung führen, aus dem Set der zu komprimierenden Segmentierungsmerkmale herausnehmen. Der erste Weg scheitert im vorliegenden Zusammenhang daran, daß die Segmente erst noch gesucht werden sollen [Einige Ausnahmen gibt es, wie z. B. bei der Produktpositionierung mittels der FA]. Möglich wäre nur eine a-priori-Clusteranalyse, um für jedes Cluster eine gesonderte FA vornehmen zu können. Der zweite Weg ist oft nicht gangbar, da man die diskontinuierlichen Variablen zumeist nicht kennt, die die Gruppenbildung verursachten. Hierfür müßte man zunächst eine MDA rechnen, die allerdings wiederum voraussetzt, daß die Segmente bekannt sind.

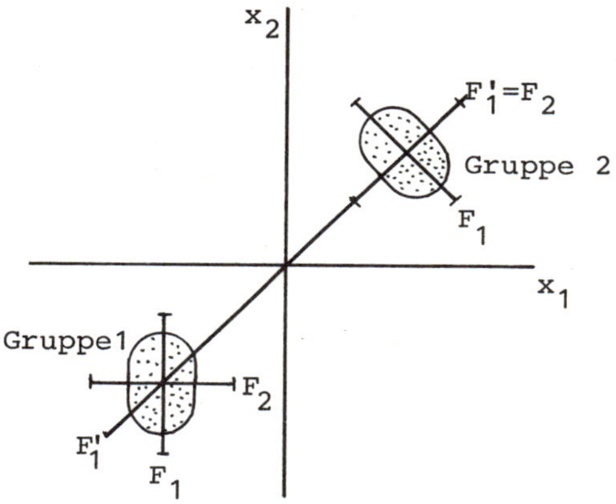

Abb. 76: Inhomogene Stichprobe und Hauptfaktorenanalyse

bb) Produktverwendertypologien und Zeitschriftentypologien

Neben der Analyse des Verwenderverhaltens und der Verwendungsintensität [Vgl. die Untersuchung von *Müller-Hagedorn* (1974) 378 ff] sowie der Zusammenfassung von Produkten zu produktspezifischen Life-Style-Faktoren (Variablen bilden die Produktverwendungsintensitäten für Produkte 1, 2, ..., m der Vpn 1, 2, ..., n) kann die FA auch zur Ermittlung von Medientypologien eingesetzt werden. *Bass* et al. benutzen diese Methode zur Erstellung einer Zeitschriftentypologie [(1969) 337 ff. Weitere FA-Anwendungen in diesem Bereich, z. B. *Twedt* (1952) 207 ff; *Gatty* (1966) 162 ff; *Wells/Sheth* (1974) 2–458 ff]. Als Variable wurde die Lesehäufigkeit von 44 Zeitschriften durch 540 Personen herangezogen (1 = lese sie nie bis 6 = lese beinahe jede Ausgabe). *Bass* et al. erhielten dadurch eine Matrix mit m = 44 Zeitschriften und n = 540 Personen. Die Korrelationsmatrix R enthielt die Interkorrelation der Lesehäufigkeit je zweier Zeitschriften. Die Faktorenanalyse führte zu 5 Faktoren die als Zeitschriftentypen zu bezeichnen sind. Die Ladungen der einzelnen Zeitschriften auf den Faktoren zeigten die Zugehörigkeit einer Zeitschrift zu dem jeweiligen Typ an. In einer weiteren Stufe wurde versucht, die demographische, sozioökonomische und psychographische Struktur der Leser dieser Typen mit Hilfe der schrittweisen multiplen Regression zu bestimmen.

bc) Messung der Markentreue

Neben der Messung der Markentreue bei einer Marke mittels der FA gelang es *Sheth* auch, die Multi-Markentreue mit einem analogen Meßansatz zu erfassen. Hierzu sei auf die obigen Ausführungen verwiesen [Vgl. drittes Kapitel B.III.2.ab].

bd) Faktorenanalytische Produktpositionierung

bda) Faktorenraum und mehrdimensionale Einstellung

Ein in jüngster Zeit stark diskutierter Anwendungsbereich der FA ist die Heranziehung des Verfahrens zur mehrdimensionalen Repräsentation von Einstellungen und Präferenzen der Bedarfsträger gegenüber Marketing-Stimuli [Vgl. u.a. *Assael* (1971) 39ff; *Doyle* (1972) 1ff; *Dichtl/Müller-Heumann* (1972) 249ff; *Rehder* (1975) 158ff; *Mazanec/Wiegele* (1977); *Böhler/Stölzel* (1976)]. Die FA versucht, ebenso wie die bereits dargestellte MDA, die mit Rating-Skalen erfaßte Beurteilung von Marketing-Stimuli (Realprodukte, Idealprodukte, Werbemaßnahmen etc.) zu wenigen relevanten Dimensionen zu verdichten. Unterstellt man Verhaltensrelevanz des Einstellungskonzepts, so sind die Dimensionen des Beurteilungsraumes »Entscheidungsprämissen des Marktverhaltens« [*Rehder* (1975) 24] bzw. »Choice criteria« zur Markenwahl innerhalb einer Produktklasse: »... Choice criteria are the factors that underlie the variables ... What is known as ›factor scores‹ become Attitude' scores in our analysis« [*Howard/Sheth* (1969) 213].

Dem verhaltenswissenschaftlichen mehrdimensionalen Einstellungsraum entspricht in den Termini der FA der Raum, der durch die gemeinsamen Faktoren aufgespannt wird [Vgl. *Mazanec* (1973) 45]. Die Faktorladungen geben den Zusammenhang zwischen den vorgegebenen sachhaltig-rationalen, emotionalen, unthematischen als auch thematischen Stimulieigenschaften und den zugrunde liegenden Beurteilungsdimensionen (Faktoren) an. Die Faktorenwerte können je nach der Auswertungstechnik die durchschnittliche (aggregierte) Position eines Marketing-Stimulus bzw. mehrerer Marketing-Stimuli im Einstellungsraum darstellen als auch die individuell beurteilten Stimuli repräsentieren.

bdb) Methodische Probleme der FA zur Produktpositionierung

Die folgenden Ausführungen gehen auf die Schwierigkeiten ein, die bei einer faktorenanalytischen Produktpositionierung auftreten.

Gegenüber der FA werden gewöhnlich die schon bei der MDA aufgeführten Vorbehalte angemeldet, nämlich das Problem der Vorgabe von Beurteilungskriterien, der

Meßniveaus von Rating-Skalen, der Euklid-Metrik als Indikator der psychologischen Nähe und des Idealproduktkonzeptes [Vgl. drittes Kapitel C.III.3.c sowie *Böhler/Stölzel* (1976) 2ff].

Diese Schwierigkeiten sind, wie schon dargestellt, nicht allzu gravierend. Ein weiterer Problembereich, der lediglich die FA betrifft und dessen Handhabung umstritten ist, betrifft die Inhomogenität der Stichprobe, die im Positionierungszusammenhang zwangsläufig auftritt, wenn sich die Realmarken untereinander und von den Idealprodukten im Hinblick auf die vorgegebenen Beurteilungskriterien unterscheiden.

Die Mehrdimensionalität der Ausgangsdatenmatrix. Bei der Produktpositionierung aufgrund vorgegebener Beurteilungsmerkmale kommt eine heterogene Stichprobe folgendermaßen zustande: Die Vpn ($j = 1, \ldots, n$) müssen mehrere Marken einer Produktklasse ($o = 1, \ldots, p$) auf Rating-Skalen ($i = 1, \ldots, m$) einstufen. Dadurch erhält man eine m x n x p-Matrix der Ausgangsdaten [Vgl. auch Abb. 3 der Arbeit]. In diese Ausgangsdaten geht neben der Varianz der Vpn-Aussagen hinsichtlich der Beurteilung eines Produktes auch die Varianz der Produktunterschiede ein. Im Variablenraum schlägt sich das nieder, indem jedes Produkt durch eine Punktwolke repräsentiert wird, wobei die einzelnen Punkte die Koordinatenwerte der individuellen Beurteilung einer Marke auf den m Ausgangsmerkmalen darstellen. Für p Produkte (einschließlich dem Idealprodukt) ergeben sich dann mindestens p Punktwolken bzw. noch mehr, wenn Wahrnehmungs- und Präferenzunterschiede bestehen.

Betrachten wir im folgenden nur bekannte Realmarken und nehmen an, daß jede Marke ein prägnantes Image aufweist, wodurch jede Marke nur durch ein Punktecluster im psychologischen Marktfeld vertreten ist. In dieser häufig vorliegenden Situation stellt sich die Frage nach der sinnvollsten Auswertungsrichtung der dreidimensionalen Datenmatrix mittels der R-Faktorenanalyse [Die R-Analyse ist der bisher diskutierte Fall, bei dem man von den Variableninterkorrelationen ausgeht. Die Q-Analyse ist eine FA, die von den Interkorrelationen der Vpn über die Variablen ausgeht. Die Faktoren stellen dann Vpn-Gruppen (z. B. Marktsegmente) dar]. Die nachfolgenden Ausführungen stellen die Vor- und Nachteile der verschiedenen Ansätze dar. Anschließend werden die theoretischen Ausführungen anhand einer empirischen Studie zur Positionierung von Haushaltsreinigern überprüft [Die Datenbeschaffung erfolgte bei den Vorarbeiten zu einer Fallstudie zur Neuprodukteinführung. Vgl. *Stölzel/Köhler* (1975)].

Der gemeinsame Beurteilungsraum aller Produkte für die Durchschnittsperson. Bei diesem Ansatz wird aus der dreidimensionalen Datenmatrix eine zweidimensionale Matrix mit nur einer Varianzquelle erstellt. Man beseitigt die personenbedingte Varianz durch Aggregation der Vpn-Aussagen zu Durchschnittswerten, $\frac{1}{n} \sum_{j=1}^{n} z_{ijo} = \bar{z}_{io}$, und erhält dadurch die m x p-Matrix einer hypothetischen Durchschnittsperson. Die Elemente der Matrix z_{io} stellen die durchschnittliche Einstufung des o-ten Produktes auf der i-ten Skala dar (Vgl. Abb. 77).

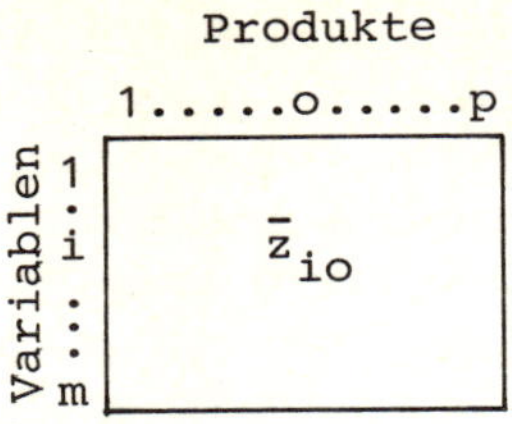

Abb. 77: Datenmatrix der Durchschnittsperson

Der FA geht bei der m x p-Matrix von den Interkorrelationen der m Variablen über die p Produkte aus. Die extrahierten d Faktoren repräsentieren die wesentlichen Beurteilungsdimensionen, während die Faktorenwerte die Positionen der Produkte angeben. Bei 4 Produkten (A, B, C, D), 2 positiv korrelierten Variablen, 1 Faktor und einer hypothetischen *Durchschnittsperson* ergebe sich z.B. folgendes Bild für die Lage der ersten Hauptachse (Vgl. Abb. 78).

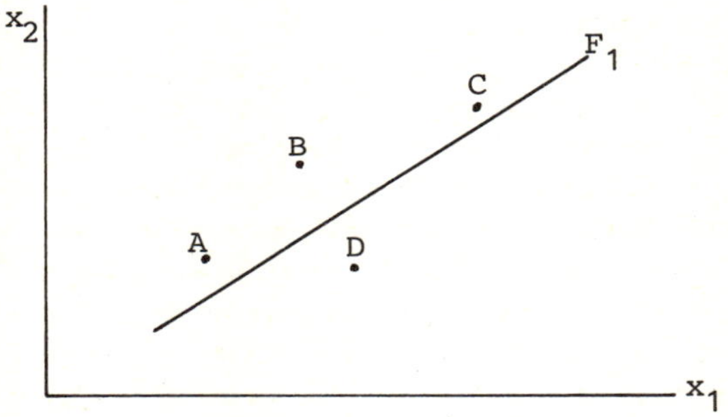

Abb. 78: Beurteilungsraum der Durchschnittsperson

Der Vorteil des m x p-Ansatzes besteht darin, daß alle Produkte im selben Raum positioniert werden.

Gegen die Wahl dieser Auswertungsrichtung sprechen allerdings gewichtige Günde. Zunächst entspricht dieses Vorgehen nicht dem Grundgedanken dieser Arbeit, dessen erklärtes Ziel es ist, Segmente innerhalb der potentiellen Abnehmerschaft zu finden, die sich durch interpersonelle Verhaltensunterschiede zwischen den Gruppen auszeichnen. Der Durchschnittsansatz verzichtet jedoch auf die Erhaltung der interindividuellen Heterogenität. Dies mag bei der Analyse bereits eingeführter Produkte nicht unbedingt ein Nachteil sein, wenn die Beurteilung der betreffenden Realmarken homogen ausfällt. Es würde aber die tatsächliche Marktstruktur hinsichtlich der Idealproduktvorstellungen stark verzerren, wenn man das durchschnittliche Idealprodukt im Raum positionierte. Die disaggregierte Idealproduktstruktur würde z.B. enthüllen, daß die eigene Marke nahe beim Zentroid eines Idealproduktcluster steht. Eine Repositionierung aufgrund der Durchschnittsbetrachtung hätte zur Folge, daß das Produkt von seiner bisherigen Anhängerschaft »wegbewegt« und an einem Ort im Einstellungsraum positioniert wird, der rein rechnerisch den Ort des Idealproduktes darstellt.

Dem ist allerdings abzuhelfen, wenn man alle $m \times n$-Matrixen »untereinander« stellt, so daß die Personen die Spalten und die $m \cdot p$ Rating-Skalen die Zeilen bilden. Berechnet man die Korrelationsmatrix durch Interkorrelation je zweier Vpn, so stellen die Faktoren nach Rotation Einstellungssegmente dar. Vpn mit hohen Ladungen auf einem Faktor werden zu einem Segment zusammengefaßt. Durch die erreichte Homogenität könnte anschließend für jedes Segment ein $m \times p$-Durchschnittsansatz gerechnet werden.

Darüber hinaus bereitet der Durchschnittsansatz jedoch rechnerische Schwierigkeiten, so daß das Modell gemeinsamer Faktoren in seiner klassischen Anwendung versagt:

Läßt man aus erhebungstechnischen Gründen und wegen der Tatsache, daß Verbraucher nur wenige Marken in ihre Kaufentscheidung einbeziehen, eine geringe Anzahl an Produkten beurteilen, wodurch $p < m$ ist, so weist die Korrelationsmatrix einen Rang $\leqq p$ auf (singuläre Interkorrelationsmatrix). Dadurch läßt sich keine Inverse R^{-1} bilden, womit bewährte Methoden zur Kommunalitätenschätzung und zur Faktorwertberechnung nicht anwendbar sind [Vgl. z.B. ein derartiges Vorgehen bei *Dichtl/Müller-Heumann* (1972) 249 ff; vgl. auch *Winkler* (1973) 1 ff; *Dichtl/Müller-Heumann* (1973) 89 ff; *Doyle* (1972) 3 ff]. Will man nicht auf zweifelhafte Schätzverfahren zurückgreifen, so muß beim Durchschnittsansatz auf das Modell gemeinsamer Faktoren zur Produktpositionierung verzichtet werden [Vgl. *Mazanec/Porzer/Scheuch* (1975)] [13]. Es läßt sich jedoch zeigen, daß das in der verhaltenswissenschaftlichen Forschung bewährte Modell gemeinsamer Faktoren auch bei $m > p$ eingesetzt werden kann, wenn eine entsprechende Auswertungsrichtung des $m \times p \times n$-Datenquaders vorgenommen wird. Hierzu finden sich in den nachstehenden Absätzen Lösungsvorschläge.

Die Beurteilungsräume einzelner Produkte auf der Basis von Individualaussagen. Um eine störende Varianzquelle (nämlich die Produktunterschiede) auszuschalten, kann man, entsprechend der Produktanzahl, p verschiedene $m \times n$-Matrixen erstellen. Die Zeilen der Matrix enthalten die Beurteilung eines Produktes o durch die Vpn j auf der Rating-Skala i (Vgl. Abb. 79).

Diese Datenmatrix entspricht der klassischen Ausgangssituation des Modells gemeinsamer Faktoren. Die $m \times n$-Matrix R enthält die Variableninterkorrelationen, die $m \times d$-Faktorladungsmatrix zeigt, welche Variablen in die jeweiligen Beurteilungsdimensionen eingehen und die $d \times n$-Faktorenwertmatrix gibt die Position des Produktes o an, d.h. wie es von den einzelnen Vpn beurteilt wird.

Bei einem Produkt, n Vpn, zwei Beurteilungsmerkmalen und einem Faktor erhält man z.B. das in Abb. 80 gezeigte Bild.

---

[13] Falls der Ansatz der über die Vpn aggregierten $m \times p$-Matrix dennoch beibehalten werden soll, so bietet sich die Anwendung der HKA an, bei der die Schätzung von Kommunalitäten entfällt und die Ermittlung der Produktpositionen in Form von Hauptkomponentenwerten möglich ist.

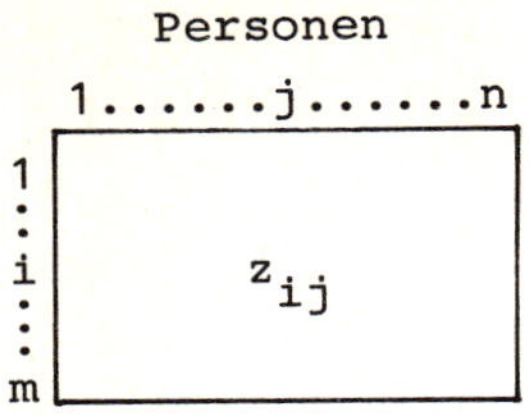

Abb. 79: Datenmatrix für Produkt o

Diese Vorgehensweise ist in mehrerer Hinsicht attraktiv: R ist nichtsingulär (d.h. es existiert eine Inverse R^{-1}), wodurch die Wahl des multiplen Bestimmtheitsmaßes zur Kommunalitätenschätzung und der 1 KQ-Methode zur Faktorenwertberechnung möglich ist. Zudem bleiben individuelle Einstellungsunterschiede erhalten, die insbesondere zur Präferenzsegmentierung anhand der Idealproduktpositionen notwendig sind. Der Nachteil ist darin zu sehen, daß die Produkte nicht im selben Raum positioniert werden. Während einige Studien deshalb Konkurrenzbeziehungen und Marktnischen außerhalb des FA-Ansatzes untersuchen [Vgl. hierzu die Studien von *Winkler* (1972) 114ff; *Baumann/Mielenhausen/Stuke* (1975)], wird mitunter eine approximative Positionierung in einem noch zu erstellenden gemeinsamen Raum unternommen [Zu diesen Ansätzen vgl. *Böhler/Stölzel* (1976) 10ff und die dort zitierte Literatur].

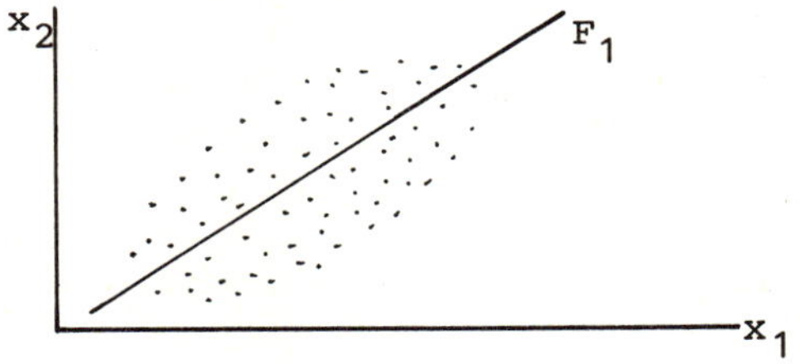

Abb. 80: Beurteilungsraum für Produkt o

Der gemeinsame Beurteilungsraum aller Produkte durch Auswertung der Dreiwegsmatrix. Eine in der Literatur unseres Wissens noch nicht diskutierte Auswertungsmöglichkeit der Datenmatrix für Positionierungszwecke mittels der FA wäre die Faktorenanalyse der Dreiwegsmatrix (Vgl. Abb. 81).

Die Interkorrelationsmatrix ist singulär und ermöglicht somit die Anwendung des Modells gemeinsamer Faktoren. Die Faktorladungen geben wiederum Hinweise auf die Dimensionsinterpretation und die $n \cdot p$ Faktorenwerte für d Faktoren erlauben die Überprüfung der Produktbeziehungen sowie die Wahrnehmungs- und Präferenzsegmentierung.

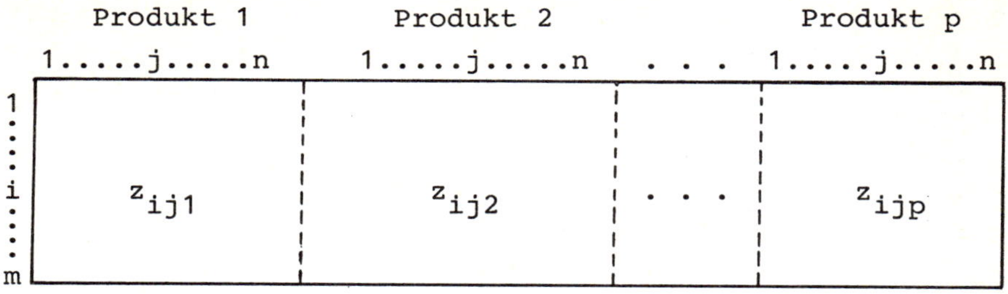

Abb. 81: Dreidimensionale Datenmatrix

Es bleiben jedoch die schon angedeuteten Bedenken gegen eine mechanische Anwendung der FA auf die m x n x p-Matrix, da die Markencluster Scheinkorrelationen und damit verzerrte Hauptachsen hervorrufen können. So kann z.B. bei zwei Produkten, n Personen, zwei Variablen und einem Faktor F_1 im Extremfall die in Abb. 82 dargestellte Situation eintreten.

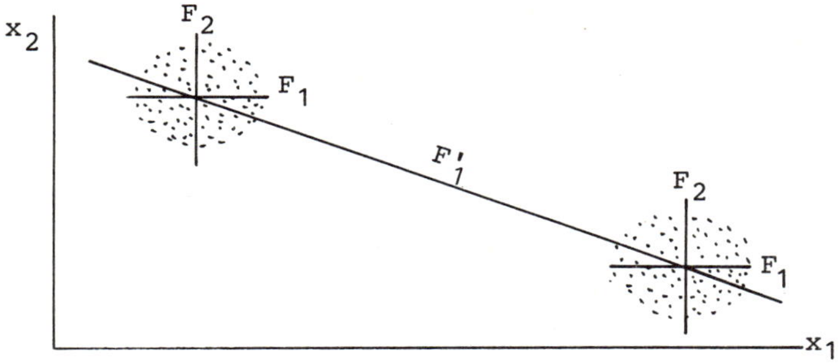

Abb. 82: Verzerrung der Hauptachsen infolge von Scheinkorrelationen

In Abb. 82 wird die Lage der Faktoren nicht allein durch die Korrelationen der Ausgangsvariablen determiniert (F_1, F_2), sondern auch durch die Scheinkorrelation, die durch die Punktwolken der Produkte erzeugt wird (F_1'). Damit laden Variablen auf ein und demselben Faktor, die im Grunde nichts miteinander zu tun haben. Zudem wird bei diesem Ansatz die Gleichartigkeit der produktspezifischen Einstellungsräume postuliert. Dies muß selbst bei recht eng definierten Produktgattungen nicht zutreffen (man denke z.B. an den Beurteilungsraum eines Kleinwagens, der als Zweitwagen infrage kommt, gegenüber dem Beurteilungsraum für Sportwagen).

Um den m x p x n-Ansatz durchführen zu können, gibt es zwei Wege: Beim ersten erstellt man die Korrelationsmatrizen der Einzelräume (aus den m x n-Datenmatrizen für die p Produkte) sowie die Korrelationsmatrix des gemeinsamen Raumes (aus der mxnxp-Datenmatrix) und überprüft die Identität der Räume, indem man sie einem Signifikanztest unterzieht [Zum Box-Test, der hierfür in Frage käme, vgl. *Cooley/ Lohnes* (1971) 228f]. Bei dieser Vorgehensweise wird nur aufgezeigt, ob die Produkte ähnlich gesehen werden, nicht aber, ob sich bei gemeinsamer Positionierung Verzerrungen der Hauptachsen ergeben.

Um alle relevanten Marken im selben Raum positionieren zu können und um individuelle Einstellungsunterschiede zu erhalten, wobei gleichzeitig die rechnerischen Voraussetzungen trotz m > p gegeben sind, wird folgender Lösungsweg vorgeschlagen:

Zunächst werden die p Einzelanalysen mittels der FA durchgeführt. Dies ermöglicht eine unverfälschte Interpretation der produktspezifischen Beurteilungsräume. Danach werden die Räume auf ihre Kongruenz hinsichtlich der Anzahl und der Interpretation der Faktoren überprüft. Zusätzlich können formale Überprüfungen mit dem Box-Test oder der Ähnlichkeitsrotation nach *Ahmavaara* [(1954) 1ff] erfolgen. Bei erheblichen Abweichungen werden nur Produkte mit kongruenten Räumen aggregiert.

In der zweiten Stufe wird sodann eine FA der Dreiwegsmatrix durchgeführt. Da die »wahren« Beurteilungsdimensionen und ihre Interpretation aus den Einzelprodukträumen bekannt sind, kann überprüft werden, ob der für alle Produkte gemeinsame Beurteilungsraum nicht durch Scheinkorrelationen zwischen Punkteclustern verzerrt wurde. Ist dies nicht der Fall, dann wurden sowohl die maßgeblichen Beurteilungsdimensionen als auch die Positionen der konkurrierenden Marken auf rechentechnisch einfache Weise nach dem Modell gemeinsamer Faktoren gefunden.

Die Brauchbarkeit dieses Lösungsweges wurde durch eine empirische Untersuchung auf dem Haushaltsreinigermarkt überprüft und bestätigt.

Ergebnisse einer empirischen Überprüfung des m x p x n-Ansatzes zur Produktpositionierung. [14] Die Stichprobe bestand aus 320 Hausfrauen, die vier Haushaltsreiniger im Hinblick auf 24 Beurteilungskriterien auf Sieben-Punkte-Rating-Skalen einstufen mußten:

Die Auswertung der 4 m x n-Matrizen erbrachte Einzelräume, die weitgehend identisch sind. Betrachtet man in den vier Faktorladungsmatrizen (vgl. Abb. 83) die Leitvariablen, die zur Faktorinterpretation verwendet wurden, so zeigt sich, daß bei Der General, Meister Proper und Ajax Faktor I einheitlich mit »Reinigungskraft« bezeichnet werden kann (V1, V6, V13). Faktor II läßt sich mit »Oberflächenschonung, Pflege und Glanz« umschreiben (V2, V7, V11) und Faktor III spiegelt »Qualität«, »Sympathie und Seriosität« wider. Die Ladungsmatrix von dor unterscheidet sich von denen der drei anderen Produkte lediglich in der Wichtigkeit der »choice criteria«, inhaltlich ist sie jedoch mit ihnen identisch [15].

---

[14] Die Datenerhebung erfolgte während der schon erwähnten Vorarbeiten zur Fallstudie »Der General«. Die Berechnungen der Faktorenanalyse führte Herr Dipl.-Kfm. A. Stölzel mittels des BMD-Programms X 72 durch. Als erste Schätzung für die Bestimmung der Kommunalitäten wurde der multiple Korrelationskoeffizient verwendet. Abbruchkriterien bei der Bestimung der Anzahl der zu extrahierenden Faktoren war das Eigenwertkriterium. Als Rotationsverfahren wurden die Varimax- und die Oblimin-Methode gewählt.

[15] Unerheblich sind dabei unterschiedliche Vorzeichen der Faktorladungen ein und derselben Variablen bei dem gleichen Faktor in den verschiedenen Räumen. Sie spielen für die Interpretation keine Rolle und geben nur die sich zufällig ergebende Intensitätsrichtung der Dimensionen wieder. Bei behelfsmäßigen Positionierungen außerhalb des FA-Modells müssen die Dimensionen durch

Während bei Der General, Meister Proper und Ajax die Reinigungskraft den größten Varianzanteil erklärt, gefolgt von Oberflächenschonung, Pflege und Glanz und die mehr metaphorisch-emotionale Dimension kaum noch Bedeutung hat (λ nahe bei 1), ist bei dor die Reihenfolge gerade umgekehrt (vgl. die Faktoren III*, II*, I*). Wegen der hohen Ähnlichkeit der drei Allzweckreiniger Der General, Ajax und Meister Proper erfolgte zunächst eine Positionierung dieser drei Produkte im gemeinsamen Raum. Die FA der m x n x p-Matrix erbrachte eine erstaunlich hohe Identität der Ladungsmatrix mit den Einzelräumen. Sowohl die Faktorenanzahl als auch deren Interpretation und Varianzanteile stimmten mit den Einzelräumen überein [Vgl. *Böhler/Stölzel* (1976) 18]. Auf eine Darstellung wird an dieser Stelle verzichtet [Vgl. *Böhler/Stölzel* (1976) 18 ff].

Interessanter ist die gemeinsame Positionierung aller 4 Produkte. Die Faktorenladungsmatrix des 4-Produkt-Falles zeigt Abb. 84. Auch hier wurden die gleichen Faktoren extrahiert wie bei den Einzelräumen und dem 3-Produkt-Fall. Lediglich die Reihenfolge der Faktoren änderte sich durch das etwas abseits liegende Punktecluster von dor. Dadurch liegt die längste Hauptachse nicht mehr entlang der Reinigungsdimension, sondern längs der Schonungs- und Pflegedimension: An erster Stelle steht nun der Schonungs- und Pflegefaktor, an zweiter der Reinigungsfaktor und an dritter der Sympathie-, Seriositäts- und Qualitätsfaktor. Sieht man jedoch von der im m x p x n-Fall nicht mehr zulässigen Wichtigkeitsdiskussion der Faktoren anhand der erklärten kommunalen Varianzanteile ab (sie wird ohnehin in den Einzelräumen aufgrund der Eigenwerte vor Rotation geklärt), dann liefert dieses Auswertungsverfahren im vorliegenden Fall ausgezeichnete Resultate.

Nach Berechnung der Faktorenwerte für jede Vpn können die individuellen Markenbeurteilungen im Einstellungsraum abgebildet werden, sei es als Häufigkeitspolygone auf jeder der drei Dimensionen oder als Punktewolken im Beurteilungsraum, der durch Gegenüberstellung von jeweils zwei Dimensionen (I versus II, I versus III, II versus III) entsteht [Inzwischen gibt es auch Plotter-Verfahren, die eine dreidimensionale Visualisierung der Ergebnisse erbringen]. Marktsegmente und Marktnischen können durch eine anschließende Clusteranalyse identifiziert werden. Im vorliegenden Fall wird jedoch auf eine extensive Präsentation der Ergebnisse verzichtet [16] und der Einfachheit halber in Abb. 85 nur die Durchschnittsposition der Produkte aufgezeigt [17].

Multiplikationen mit (–1) am Ursprung gespiegelt werden. Bei der Auswertung der m x n x p-Matrix entfällt diese Operation logischerweise, da der Raum für alle Produkte und deren Positionen simultan erstellt wird.

[16] Eine ausführliche Abhandlung zur Darstellung solcher Daten findet sich bei *Rehder* (1975) 165 ff, der von der Einzelräumen ausgeht und bei deren Identität annimmt, daß ihre Dimensionen mit denen des gemeinsamen Raumes übereinstimmen. In diesem hypothetischen gemeinsamen Raum werden die Produkte approximativ anhand ihrer Faktorenwerte aus den Einzelräumen positioniert. Der Dimensionswichtigkeit wird durch Gewichtung der raumspezifischen Factor-Scores mit der Wurzel der mit dem jeweiligen Faktor erklärten Varianz Rechnung getragen.

[17] Im Gegensatz zum Interpretationsproblem, bei dem die Vorzeichen lediglich die Intensitätsrichtung einer Dimension angeben, die durch Vorzeichenwechsel beliebig geändert werden kann, sind hier die Vorzeichen natürlich zu beachten: Wurde der Faktor gespiegelt, so müssen anschließend auch die Factor-Scores der betreffenden Dimension mit (–1) multipliziert werden, da sonst die schlechter beurteilten Produkte positiv beurteilt werden.

	DER GENERAL			AJAX			MEISTER PROPER			DOR		
	Faktor			Faktor			Faktor			Faktor		
	I	II	III	I	II	III	I	II	III	III*	II*	I*
V 1 Reinigt kraftvoll	.67			.70			.79					-.64
V 2 Bringt vollen Glanz zurück.	.33	-.68		.35	.53		.42	.65			.61	
V 3 Modernes Produkt	.34		-.47				.51			.54		
V 4 Vielseitig verwendbar	.40	-.31	-.41	.34			.52	.34		.45		
V 5 Hinterl.Geruch v.Sauberk.u.Frische		-.37	-.39					.34	-.36	.37		
V 6 Löst Fett restlos	.63			.54			.37		-.46			-.51
V 7 Wirkt pflegend		-.64		.34	.63			.73			.79	
V 8 Scharfer Geruch	.47										-.41	-.34
V 9 Löst sich gut auf	.35								-.63	.53		
V 10 Angenehme Farbe			-.53			.58		.34	-.45	.37	.31	
V 11 Schont die Oberfläche		-.74	-.37		.80			.84			.85	
V 12 Verhindert Streifen-u.Ränderbildg.		-.58		.38	.54		.36	.52			.52	
V 13 Entfernt auch stärksten Schmutz	.68			.71			.78					-.74
V 14 Sorgt für natürl.Sauberkeit	.32	-.41	-.50	.51	.31			.53	-.35	.46	.33	
V 15 Handliche Verpackung						.41			-.40	.62		
V 16 Seriös			-.59			.63		.33	-.42	.55		
V 17 Gute Qualität	.49	-.37	-.36	.45	.39	.38	.46	.35	-.37	.66		
V 18 Ist mild an den Händen		-.67			.50			.68			.57	
V 19 Preisgünstig			.34			.31	.35	.31				
V 20 Für empfindl.Flächen zu scharf		.43			.45			-.39			-.48	-.37
V 21 Sympathisch		-.32	-.69		.31	.52		.42	-.53	.68		
V 22 Sparsam im Gebrauch	.44		-.49	.44		.31			-.70	.48		
V 23 Desinfiziert			-.31	.33			.32		-.39			-.46
V 24 Schnelle,zeitsparende Reinigg.	.51		-.39	.47			.33		-.40	.55		-.44

Abb. 83: Rotierte Einfachstruktur mit Ladungen > 0.30 für die Haushaltsreiniger DER GENERAL – DOR – AJAX – MEISTER PROPER

		Faktor		
		1	2	3
1	Reinigt kraftvoll		.76	
2	Bringt vollen Glanz zurück	.66		
3	Modernes Produkt		.43	.37
4	Vielseitig verwendbar	.38	.38	
5	Hinterl.Geruch v.Sauberk.u.Frische	.33		
6	Löst Fett restlos		.64	
7	Wirkt pflegend	.77		
8	Scharfer Geruch	-.49	.46	
9	Löst sich gut auf		.34	.37
10	Angenehme Farbe			.42
11	Schont die Oberfläche	.83		
12	Verhind.Streifen-u.Ränderbildg.	.61		
13	Entfernt auch d.stärksten Schmutz		.83	
14	Sorgt für natürl.Sauberkeit	.42		.41
15	Handliche Verpackung			.40
16	Seriös			.67
17	Gute Qualität	.45		.47
18	Ist mild an den Händen	.72		
19	Preisgünstig	.39		
20	Für empfindl.Flächen zu scharf	-.53	.39	
21	Sympathisch	.39		.63
22	Sparsam im Gebrauch			.39
23	Desinfiziert		.48	
24	Schnelle zeitsparende Reinigung		.52	
Anteil der erklärten Varianz		55,6%	36,4%	8,0%

Abb. 84: Matrix der Faktorladungen für alle 4 Produkte mit $a_{if} > |.30|$

In Abb. 86 werden die Konkurrenzbeziehungen und die durch entsprechende Marketing-Strategien bewußt herbeigeführten Markenunterschiede deutlich. Bei den Allzweckreinigern wird die Marke Der General als kräftigstes Mittel vor Meister Proper und Ajax beurteilt. Der General liegt auch in der Pflege- und Schonungsdimension geringfügig besser als Meister Proper und deutlich besser gegenüber Ajax. In der Qualitäts- und Sympathiedimension schneidet Der General vor Ajax und Meister Proper besser ab [Anzumerken ist hier, daß es sich nicht um eine repräsentative Stichprobe

Produkt	Faktor		
	1	2	3
Der General	-0,18	0,47	0,13
dor	0,83	-0,86	0,12
Meister Proper	-0,21	0,27	-0,14
Ajax	-0,44	0,12	-0,11

Abb. 85: Mittelwerte der Factor-Scores für die vier Produkte Der General – dor – Ajax – Meister-Proper

handelt. Für die Überprüfung des formalen Ansatzes ist dies jedoch unerheblich]. Außerdem wird die Clusterbildung im Haushaltsreinigermarkt deutlich (Vgl. Abb. 86).

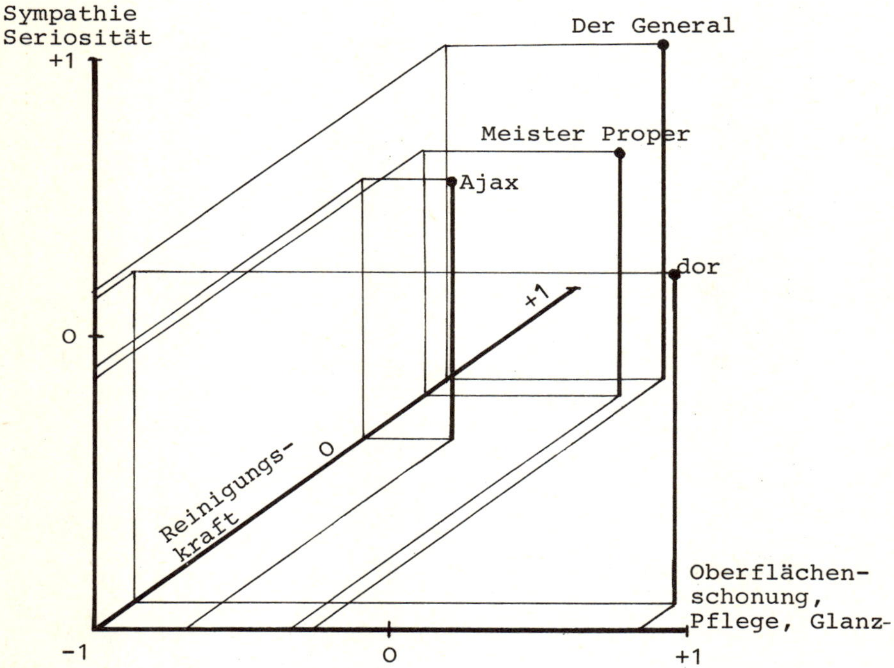

(Durchschnittswerte; Koordinatensystem auf allen drei Faktoren nach –1,0 verschoben, um die Darstellung zu erleichtern)

Abb. 86: Positionierung von Der General, Meister Proper, Ajax und dor im dreidimensionalen Beurteilungsraum

Während dor in der Reinigungs- und Pflegedimension weitab von den anderen Produkten positioniert ist, liegen diese eng beisammen und konkurrieren untereinander um dasselbe Segment. Abb. 87 und 88 verdeutlichen diesen Sachverhalt für den Drei- und Vierproduktfall in den beiden wichtigsten Dimensionen, wobei die Attributvektoren zur Verdeutlichung der Interpretation in den Raum gelegt sind. Die Stabilität des Dreiwegansatzes wird auch hier deutlich: Die Interpretation der Dimensionen und die relativen Positionen der drei Allzweckreiniger sind in beiden Fällen identisch. Eine Oblimin-Rotation im Dreiproduktfall führt zu einer noch größeren Ähnlichkeit, da der Schonungsfaktor dann in der Mitte der entsprechenden Variablenvektoren, wie im Vierproduktfall, liegt.

Abb. 87: Zweidimensionales psychologisches Produktfeld des Haushaltsreinigermarktes (drei Marken)

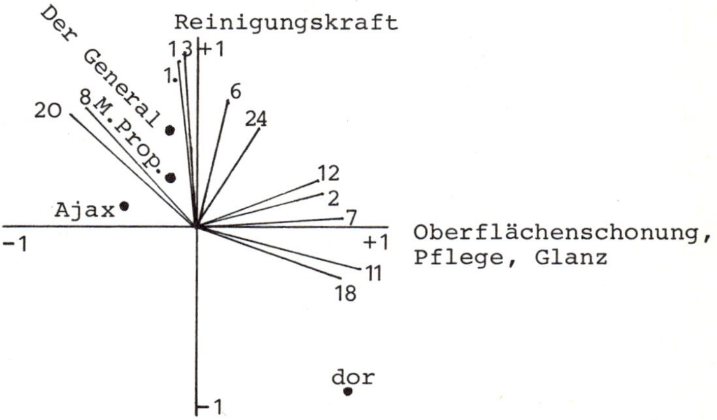

Abb. 88: Zweidimensionales psychologisches Produktfeld des Haushaltsreinigermarktes (vier Marken)

In dieser Studie brachte die R-Faktorenanalyse der Dreiwegsmatrix nach dem Modell gemeinsamer Faktoren zuverlässige Resultate. Dies liegt zum einen daran, daß die betrachteten Haushaltsreiniger einer homogenen Produktklasse angehören, wobei jedes Produkt nach denselben Kriterien beurteilt wird. Daneben wirkte sich die abseits liegende Marke dor kaum auf die Lage der Hauptachsen aus.

bdc) Die Relevanz des faktorenanalytischen Positionierungsmodells für Marketing-Entscheidungen

Auf einige praxeologische Konsequenzen, die aus einem psychologischen Marktmodell abgeleitet werden können, ist an dieser Stelle nur hinzuweisen [Vgl. u. a. *Green/Tull* (1975) 628 ff; *Mazanec/Wiegele* (1977) 2; *King* (1973) 1 ff]:

- Es ermöglicht, die Stärken und Schwächen vorhandener Marken und ihre Konkurrenzbeziehungen (z. B. Euklid-Distanz) festzustellen.
- Es zeigt Felder, die zwar von Idealprodukten besetzt sind, in denen aber noch keine Realmarken positioniert sind (unbearbeitete Marktsegmente).
- Es gibt die Richtungsänderung bei der Repositionierung von Realmarken an, sei es um die eigene Marke von Konkurrenzprodukten abzuheben oder um sie näher an segmentspezifische Idealvorstellungen heranzubringen.
- Es dient der Erfolgskontrolle der hierzu eingesetzten Marketing-Maßnahmen.
- Es gibt Anhaltspunkte über die Wichtigkeit der einzelnen Beurteilungsdimensionen und kann zur Einführung zusätzlicher Dimensionen veranlassen (z. B. Umweltfreundlichkeit bei Pkws) oder Hinweise auf mögliche Änderungen der Wichtigkeit bisheriger Beurteilungsdimensionen geben (Anregungen für Werbeargumente etc.).
- Es kann versucht werden, die Position von Idealprodukten zu ändern (statt sportliches, schnelles Auto ein sicheres, geräumiges Fahrzeug als Idealprodukt).
- Schließlich kann, je nach unterlegtem Verhaltenskonzept, mittels der Clusteranalyse die Suche nach Wahrnehmungs- bzw. Einstellungs- und/oder Präferenzsegmenten erfolgen.

Ist die Ermittlung von Produktfeld-Segmenten abgeschlossen [Vgl. hierzu die Ausführung zur Clusteranalyse in Kapitel vier der Arbeit!] und entscheidet man sich zur Bearbeitung eines oder mehrerer Segmente, so benötigt man zur gezielten Ausrichtung der Kommunikationsmaßnahmen eine Identifizierung der Segmente anhand sozioökonomischer und demographischer Merkmale. M. a. W., die psychologischen Segmentprofile, repräsentiert durch die Koordinatenwerte der Objektposition im Beurteilungsraum (Faktorenwerte), sind durch Segmentprofile zu ersetzen, deren Variablen in den Mediaanalysen enthalten sind. Hierfür gibt es mehrere multivariate Methoden: Sind die zur operationalen Beschreibung der Segmente herangezogenen Variablen metrisch (Einkommen, Alter etc.), so kann eine kanonische Korrelation durchgeführt werden. Sind allerdings nichtmetrische Daten enthalten (z. B. Geschlecht, Wohnort etc.), so ist die MANOVA anzuwenden. Schließlich bleibt noch die Möglichkeit der multiplen Diskriminanzanalyse, bei der die Segmentzugehörigkeit als Abhängige, die sozioökonomischen, demographischen etc. Merkmale als Unabhängige zu verwenden sind. Anhand der nun operationalen Segmentbeschreibung können anschließend die geeigneten Medien ausgewählt werden. Allerdings scheitert die aufgezeigte Vorgehensweise oft an der mangelnden Koinzidenz der Produktfeldsegmente und der traditionellen Segmentierungskriterien. Eine andere Möglichkeit besteht darin, von den Vpn neben der

Beurteilung der Produkte zugleich ihre Lesehäufigkeit von Zeitschriften zu erfragen, um die kanonische Korrelation zwischen den Produktfeld-Segmenten und ihren Lesegewohnheiten zu berechnen. Auch dieser Ansatz scheitert oft daran, daß die Segmente keine Unterschiede im Medienverhalten aufweisen. Dann kann das Marktmodell allenfalls noch Aussagen für die Produktpolitik und für die Gestaltung des Kommuniqués sowie der Werbemittel geben.

Zusammenfassend läßt sich festhalten, daß die Faktorenanalyse trotz methodischer Mängel (Kommunalitätenschätzung, Anzahl der zu extrahierenden Faktoren, Rotation und Interpretation, Linearität des Modells) für eine Reihe von Marketing-Problemen Lösungswege aufzeigt. Während einerseits die vielgerügten Methodenprobleme mehr und mehr gemeistert werden, bleibt die größte Frage vom einzelnen Methodenbenutzer zu lösen: ist das statistische Modell für den jeweiligen Sachverhalt adäquat. Ist z.B. der gemeinsame Faktorenraum im konkreten Fall ein geeignetes Modell für den psychologischen Beurteilungsraum? Diese Frage kann nicht mit Sicherheit beantwortet werden. Es gibt Beispiele, in denen die Faktorenanalyse gute Ergebnisse liefert und den Verfahren der NMDS gegenüber zu bevorzugen ist, während in anderen Fällen die NMDS überlegen ist.

Geht man noch einen Schritt weiter und sucht gar nach einem adäquaten verhaltenswissenschaftlichen Bezugsrahmen dessen, was eigentlich gemessen wird, dann werden die Probleme noch größer: das Spektrum hypothetischer Konstrukte reicht vom Image über die Einstellung bis hin zu den Begriffen Wahrnehmung und Präferenzen, deren prognostische Relevanz nicht unbedingt dadurch besser wird, daß man sie faktorenanalytisch mißt [Vgl. hierzu drittes Kapitel B.II.3.da. Umgekehrt betrachtet, sind einfachere Auswertungen nicht unbedingt untauglich. Zu diesem Schluß kommt man auch, wenn man die Polaritätenprofile der Marken dor, Ajax und Meister Proper einer Studie des Haushaltsreinigermarktes der Fa. Henkel aus dem Jahre 1969 betrachtet. Diese einfache Auswertungstechnik zeigt klar die Stärken und Schwächen der betreffenden Marken auf und wurde für die Positionierung des damals neu einzuführenden und heute sehr erfolgreichen Produktes Der General herangezogen. Eine Abbildung des Profils findet sich bei *Stölzel/Köhler* (1975) 19].

Diese Erkenntnis scheint sich inzwischen durchzusetzen und relativiert insofern die kapriziösen Erfassungs- und Auswertungstechniken der im folgenden darzustellenden MDS, die zur Zeit verstärkt diskutiert werden: »Angesichts dieser ... offenbar werdenden Probleme des optimalen Komplexionsgrades von Marketing-Meßmodellen ist zu fragen, ob es nicht sinnvoller ist, sich mit nur approximativ gültigen, aber immerhin meist ausreichenden Modellen ... zu bescheiden und die freibleibenden Forschungsressourcen den so wichtigen Voruntersuchungen (welche Attribute sind »salient«, welche Items sind repräsentativ) zu widmen, wenn eine Imageanalyse zu erstellen ist« [*Trommsdorff* (1976) 30].

2. *Ansätze zur mehrdimensionalen Skalierung (MDS) von Wahrnehmungen und Präferenzen*

Die Verfahren der MDS konkurrieren mit der FA, HKA und MDA, wenn es um die Erstellung mehrdimensionaler Wahrnehmungs- bzw. Einstellungs- und Präferenzräume geht. Im weiteren Verlauf werden nur einige wichtige Ansätze skizziert [Zu den Verfahren vgl. u.a. *Benett/Hays* (1960) 27ff; *Shepard* (1962) 125ff und 219ff; *Shepard* (1966) 287ff; *Shepard/Romney/Nerlove* (1972); *Kruskal* (1964a) 1ff, (1964b) 115ff; *Green/Carmone* (1970a) 73ff; (1970b); *Scheuch/Zehnpfennig* (1974) 97ff; *Ahrens* (1974); *Holtmann* (1974)] und die Vor- und Nachteile gegenüber den bisher aufgezeigten Methoden zur Produktpositionierung dargelegt.

a) Begriff und Abgrenzung der MDS

Die MDS wurde in der Psychophysik entwickelt, die sich mit der Untersuchung der Beziehungen zwischen physikalisch meßbaren Attributen der Stimuli und ihrer analogen Abbildung in Wahrnehmungs- und Beurteilungsräumen beschäftig [Vgl. *Ahrens* (1974) 29]. Sie stellt insoweit eine Erweiterung der eindimensionalen Skalierungsmodelle dar, bei der Stimuli nur hinsichtlich eines Merkmals variieren und den Vpn unterstellt wird, daß sie ihre Urteilsbildung nur nach dieser Dimension organisieren [Vgl. *Ahrens* (1974) 29. Zu den Vertretern eindimensionaler Skalierung vgl. u.a. *Sixtl* (1967) 19ff und die dort zitierte Literatur]. Der multivariablen Reizvariation und dem psychologischen Konzept der Ähnlichkeit zweier Stimuli entspricht bei der MDS das geometrische Konzept der Distanz zweier Punkte im mehrdimensionalen metrischen Raum.

Deshalb werden mitunter alle Verfahren, die zur Repräsentation von Stimuli im d-dimensionalen Raum führen, unter dem Oberbegriff der mehrdimensionalen Skalierung zusammengefaßt [18]: MDS in diesem weitesten Sinne sind jene mathematisch-statistischen Kalküle, welche (ausgehend von den Strukturen im empirischen Datenmaterial) die Dimensionen des Raumes bestimmen, die zur Abbildung der psychologischen Relationen zwischen den Stimuli durch analoge Positionen im Raum notwendig sind. Im weiteren Verlauf behalten wir den eingebürgerten Sprachgebrauch bei und unterscheiden zwischen FA, HKA und MDA einerseits und den Verfahren der MDS andererseits.

Zur Unterscheidung der beiden Gruppen sind folgende Aspekte bedeutsam:

(1) FA, HKA und MDA sind rein datenverdichtende Verfahren, die von »Profildaten« ausgehen. Die MDS dagegen verzichtet auf explizit vorgegebene Attribute. Sie schält aus Ähnlichkeitsaussagen (z.B. Objektpaar AD ist ähnlicher als AC) bzw. Präferenzaussagen ($A > B > C$) die dem globalen Urteilsprozeß der Individuen zugrunde liegenden Raumdimensionen heraus. Dabei werden nur einige wenige Hypothesen über die Urteilsbildung vorausgesetzt (siehe unten). Damit entfällt bei der MDS die Vorgabe von Attributen, durch die die Raumdimensionen präjudiziert werden.

---

[18] Ähnlich auch *Green/Rao* (1972) 5; *Aaker* (1971) 257. Die Vorgabe von m Attributen und die Eintufung von Objekten entsprechend ihrer Merkmalsausprägung, z.B. auf 7-er Skalen, bedeutet damit lediglich m eindimensionale Skalierungen. Diese Merkmalssets sind jedoch die Ausgangsinformationen zur Erstellung mehr-dimensionaler Räume.

(2) Die MDS läßt sich in metrische (MMDS) und nichtmetrische Verfahren (NMDS) unterteilen. Während die NMDS-Ansätze von vornherein nur Ordinalskalenniveau der Ähnlichkeits- bzw. Präferenzaussagen erfordern, gibt es auch bei der MMDS Möglichkeiten, bei der Datenerfassung nur ordinalskalierte Aussagen zu unterstellen. Diese sind jedoch vor der Raumerstellung in verhältnisskalierte Aussagen umzuformen. Die FA, HKA und MDA postulieren dagegen von Anfang an metrische Angaben der Vpn.

(3) Die MDS-Ansätze enthalten verschiedene Varianten, um die Präferenzen von Individuen abzubilden. Es wird nicht unbedingt ein positives Ideal vorausgesetzt, das als Präferenzzentrum mit isozentrisch abnehmender Präferenzintensität fungiert.

Die Klassifikation der Ansätze zur mehrdimensionalen Skalierung wird nach Kriterien vorgenommen, die insbesondere jene Ansätze herausheben, die für die Marktsegmentierung nach interindividuellen Unterschieden im Wahrnehmungs- bzw. Präferenzraum bedeutungsvoll sind. Daneben spielen die Art der Ausgangsdaten (Profildaten, Ähnlichkeitsdaten, Präferenzdaten) und deren Skalenniveau (metrisch, nichtmetrisch) eine Rolle. Wir gelangen damit zu folgender Einteilung (vgl. Abb. 89), wobei bei jeder Klasse einige Beispiele angegeben sind [Vgl. *Shepard* (1972) 21 ff; *Green/Rao* (1972) 5 ff und 181 ff; *Carroll* (1973) 299 ff; *Warwick* (1974) 609 ff].

In unserem Zusammenhang sind vor allem folgende Verfahren von Interesse:

(1) Das Point-of-View-Modell von *Tucker/Messick*

(2) INDSCAL und PREFMAP von *Carroll/Chang*

Um den Aufbau, die Vorgehensweise und die pragmatische Brauchbarkeit dieser Modelle beurteilen zu können, muß zuvor auf die Grundgedanken der MDS eingegangen werden, auf denen die Varianten von *Tucker/Messick* sowie *Carroll* und *Chang* beruhen.

b) Die metrische MDS von Wahrnehmungen und ihre Anwendung zur Marktsegmentierung

ba) Die Grundzüge des Torgerson-Ansatzes

Aufbauend auf den Theoremen von *Young/Householder*, entwickelte *Torgerson* ein praktikables Verfahren zur MMDS [Vgl. *Young/Householder* (1938) 19 ff; *Torgerson* (1952) 401 ff; *ders.* (1962)]. Sein Ansatz läßt sich in zwei Subroutinen unterteilen:

(1) Die Methoden der Datensammlung und die Überführung dieser Daten in verhältnisskalierte Distanzen zwischen Objektpaaren auf einem Ähnlichkeitskontinuum (Distanzmodell),

(2) die Transformation der globalen Distanzen zwischen Objekten in eine Punktekonfiguration im Euklid-Raum (Raummodell).

ad (1):

In der ersten Phase geht es darum, von einer Vpn Aussagen über die (Un-)Ähnlichkeit von Objektpaaren zu erhalten. Bezeichnet man diese Angaben mit *Shepard* als Proximitätsdaten [Der Ausdruck Proximity für die von den Vpn abgegebenen Ähnlichkeitsaussagen stammt von *Shepard* (1962 a) 126], so liegt bei p Objekten eine p x p-Proximitätsdatenmatrix D vor (vgl. Abb. 90).

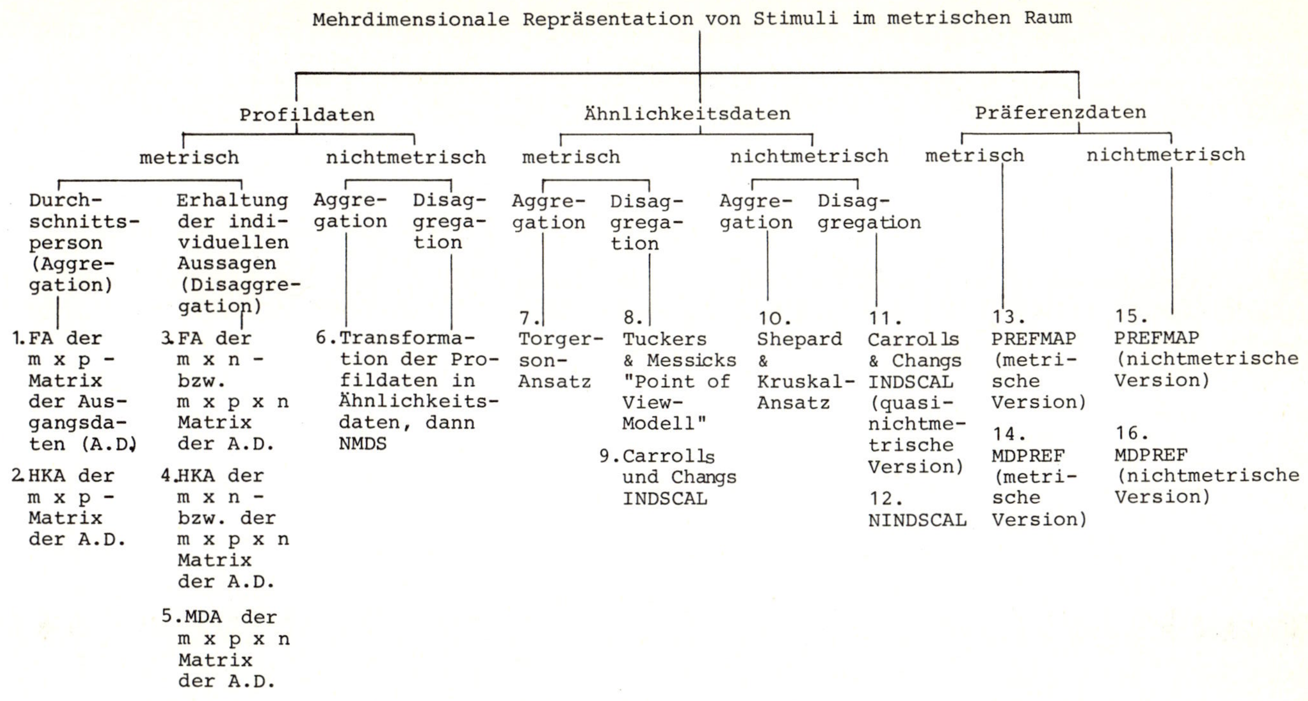

Abb. 89: Klassifikation der MDS-Ansätze mit Beispielen

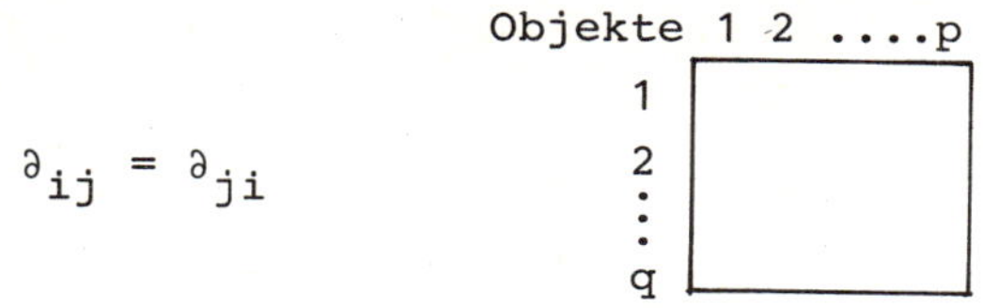

Abb. 90: Proximitätsdatenmatrix D

Man kann die Informationen der Proximitätsdatenmatrix auch als eindimensionales Kontinuum darstellen, auf dem die Ähnlichkeit zweier Objekte durch die Distanz eines Objektpaares vom Ursprung angegeben wird (Vgl. Abb. 91).

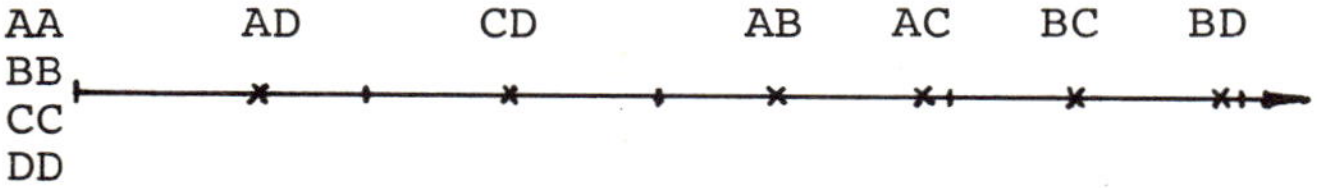

Abb. 91: Objektpaare auf dem Ähnlichkeitskontinuum

Eine derartige Datenmatrix erhält man am einfachsten durch das Distanzrating, bei dem den Vpn z.B. 7-er Skalen vorgelegt werden und die Ähnlichkeit zweier Objekte durch Ankreuzen (1 = identisch, 7 = sehr unähnlich) zum Ausdruck zu bringen ist. Andere Datengewinnungsprozeduren sind die ebenfalls Intervallskalenniveu unterstellende »Methode der gleicherscheinenden Intervalle« sowie folgende nur Ordinaldatenniveau erbringende Verfahren: Methode der sukzessiven Kategorien, Methode der Tetraden, Tripelvergleich, Multiple Rangordnungen u.a.m. [Vgl. u.a. *Sixtl* (1967) 126]

Um in der zweiten Stufe das Raummodell erstellen zu können, müssen die Vpn-Aussagen in verhältnisskalierte Ähnlichkeitsangaben d_{ij} transformiert werden. Auf die relativ komplexen Prozeduren, die Varianten des *Thurstone*schen »law of comparative judgement« zur Umwandlung von Ordinal- in Intervalldaten darstellen und bei denen anschließend die Suche nach dem absoluten Nullpunkt der nun intervallskalierten Ähnlichkeitsskala notwendig ist, kann hier nicht eingegangen werden [Zur Transformation der ordinalskalierten Ähnlichkeitsangaben δ_{ij} in intervallskalierte Daten vgl. z.B. *Sixtl* (1967) 320ff. Die anschließende Überführung in verhältnisskalierte Daten, bei der zu den intervallskalierten Ähnlichkeitswerten eine Konstante c zu addieren ist, geht iterativ vor: c wird so lange variiert, bis die Axiome der Euklid-Metrik und die Theoreme von *Young/Householder* erfüllt sind. Vgl. *Sixtl* (1967) 333ff; *Torgerson* (1958) 271ff].

ad (2):

Liegt die Matrix der verhältnisskalierten Ähnlichkeitsangaben D vor, so wird daraus ein Euklid-Raum erstellt, in dem die Objekte als Punkte repräsentiert sind (Distanzmodell). Zur Bestimmung der »wahren« Raumdimensionen und der Objektpositionen wird auf die Theoreme von *Young/Householder* zurückgegriffen. Im folgenden ist kurz darauf einzugehen [Vgl. *Torgerson* (1958) 254ff]. Die rechnerische Methode zur Raumerstellung besteht darin, die Objektdistanzen d_{ij} in Skalarprodukte b_{ij} umzuformen, die formal gesehen Produktmomentkorrelationen darstellen. Die Matrix B der Skalarprodukte wird anschließend faktorisiert, wodurch Raumdimensionalität und Objektpositionen vorliegen.

Die Umwandlung der in der ersten Stufe ermittelten d_{ij} in Skalarprodukte basiert auf dem Kosinussatz der Trigonometrie [$a^2 = b^2 + c^2 - 2\,bc \cos \alpha$]. Nehmen wir zunächst an, daß in der ersten Stufe fehlerfrei geschätzte verhältnisskalierte Distanzen d_{ij} gewonnen wurden: Bei drei Produktmarken (A, B, C) kann das Koordinatensystem jeden beliebigen Stimulus als Ursprung verwenden. Legt man den Ursprung in den Punkt C, so ergibt sich die in Abb. 92 dargestellte Situation.

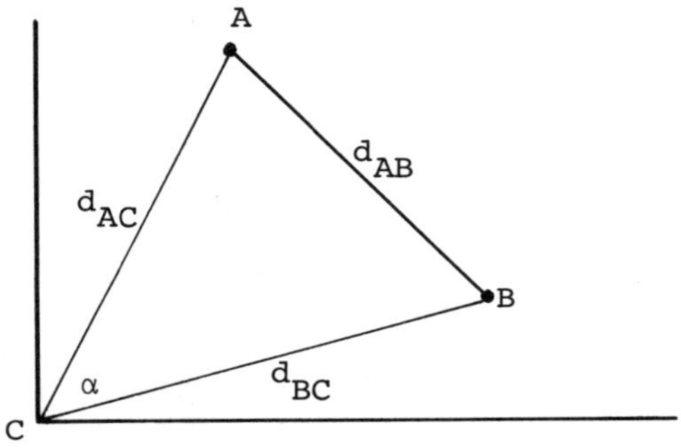

Abb. 92: Distanzen d_{ij} zwischen Objekten im Euklid-Raum [In Anlehnung an *Sixtl* (1967) 291; *Luce/Galanter* (1962) 245 ff und 303 ff]

Nach dem Kosinussatz der Trigonometrie folgt dann:

(2.1) $d^2_{AB} = d^2_{AC} + d^2_{BC} - 2\, d_{AC}\, d_{BC} \cos \alpha$ bzw.

(2.2) $b_{AB} = d_{AC} \cdot d_{BC} \cos \alpha = \frac{1}{2} \left[d^2_{AC} + d^2_{BC} - d^2_{AB}\right]$

Man erhält dadurch bei p Produkten eine $(p-1) \cdot (p-1)$-Matrix der Skalarprodukte B. Diese Matrix kann faktorisiert werden, wenn gilt [Vgl. *Young/Householder* (1938) 19ff]:

Theorem 1: Die Matrix B muß positiv-semidefinit sein (d. h. Eigenwerte $\lambda_f \geq 0$ aufweisen);
Theorem 2: Die Dimensionalität der Punktekonfiguration entspricht dem Rang d der Matrix B.

B läßt sich bei Beachtung der Theoreme wie eine Interkorrelationsmatrix R faktorisieren:

(2.3) $B = A \cdot A'$
$B = (p-1) \times (p-1)$-Matrix der Skalarprodukte
$A = (p-1) \times d$-Matrix der Faktorladungen

A gibt die Positionen a_{of} der $p-1$ Produktmarken auf den d Dimensionen an (eine der p Marken liegt im Ursprung!).

Während bei fehlerfreien Distanzangaben d_{ij} der Ursprung beliebig gewählt werden kann, da die Faktorenladungsmatrizen jederzeit durch Rotation und Translation ineinander überzuführen sind, ist dies bei fehlerhaften Daten nicht möglich. Jeder Stimulus, der als Ursprung verwendet wird, kann aufgrund von Fehleinschätzungen nicht an seinem wahren Ort im Raum liegen. Hinzu kommt, daß der absolute Nullpunkt der Ähnlichkeitsskala nur approximativ erreicht wird. Dadurch erhält man bei unterschiedlicher Ursprungswahl unterschiedliche Faktorladungsmatrizen, die sich nicht ineinander überführen lassen. *Torgerson* verwendet deshalb den Schwerpunkt (Zentroid) der Punktwolke, da man annehmen kann, daß sich Meßfehler dort am ehesten ausgleichen. Er erhält dadurch eine »mittlere« Matrix der Skalarprodukte B^+ und eine »mittlere« Faktorenladungsmatrix A^+ [Zum konkreten Rechengang vgl. *Torgerson* (1958) 171 ff; *Sixtl* (1967) 292 ff]. Da der Rang der Matrix B nicht bekannt ist, muß auch hier, wie bei der FA, mit Heuristiken gearbeitet werden, um die minimale Dimensionalität der Punktekonfiguration zu bestimmen (Eigenwertkriterium etc.).

Betrachten wir den Vorteil des *Torgerson*-Ansatzes gegenüber der FA, HKA und MDA, so besteht er im Grunde nur darin, daß keine Attribute vorgegeben werden müssen und dadurch die Wahl der Dimensionalität eher von den Vpn gesteuert wird. Als Nachteile des Ansatzes sind zu nennen:

- Es kann nur die Punktekonfiguration einer einzelnen Vpn bzw. einer Durchschnittsperson berechnet werden (es sei denn, man hätte a priori-Informationen über Segmente und würde den Ansatz für den typischen Vertreter eines jeden Segments durchführen).
- Die Dimensionsinterpretation ist außerordentlich schwierig, da als Information nur die Punktekonfiguration vorliegt (vgl. dagegen die interpretationsfreundlichen Faktorladungen der FA! [18]).
- Es müssen entweder metrische d_{ij}-Angaben unterstellt werden, bzw. sie sind mit aufwendigen Rechenschritten herzustellen, wobei ebenfalls bestimmte Annahmen eingehen (Normalverteilung der Reaktionen der Vpn auf Stimuli nach dem *Thurstone*-Ansatz).
- Die Faktorisierung von B^+ mit dem beliebig gewählten Zentroid als Ursprung des Koordinatensystems geht davon aus, daß sich die Meßfehler im Mittel ausgleichen.

Insoweit käme der *Torgerson*-Ansatz zur Produktfeld-Segmentierung nicht in Frage. Er wurde jedoch dargestellt, da er als Bestandteil in das Point-of-View-Modell von *Tucker/Messick* und in die INDSCAL-Methode eingeht.

bb) Der Grundgedanke des Point-of-View-Modells zur Wahrnehmungssegmentierung

Das Point-of-View-Modell geht zweistufig vor: In der ersten Stufe wird eine Gruppierung der Individuen nach ihren Wahrnehmungen durchgeführt. In der zweiten Stufe wird für jede Personengruppe (bzw. für typische Individuen) ein Wahrnehmungsraum nach dem *Torgerson*-Ansatz erstellt [Vgl. hierzu *Tucker/Messick* (1963) 333 ff. Aus-

[18] Allerdings gilt dies nur für eine interne Interpretation. Zur Interpretation können auch externe Daten herangezogen werden, wie z. B. die Einstufung der Objekte auf Attributskalen, u. a. m. Vgl. hierzu u. a. *Ahrens* (1974) 109 ff und die dort zitierte Literatur.

führliche Darstellungen finden sich auch bei *Sixtl* (1967) 354ff; *Ahrens* (1974) 122ff].

Tucker/Messick gehen zu diesem Zweck von einer Proximitätsdatenmatrix D aus, deren Zeilen die $\frac{p(p-1)}{2}$ Ähnlichkeitsangaben zwischen Objekten d_{ij} und deren Spalten die n Vpn bilden.

Objektpaare	Individuen: 1	2	......	n
1 2	$d_{12,1}$	$d_{12,2}$	......	$d_{12,n}$
1 3	$d_{13,1}$	$d_{13,2}$	......	$d_{13,n}$
...	...	...	......	...
1 p	$d_{1p,1}$	$d_{1p,2}$	......	$d_{1p,n}$
2 3	$d_{23,1}$	$d_{23,2}$	......	$d_{23,n}$
...	...	...	......	...
2 p	$d_{2p,1}$	$d_{2p,2}$	......	$d_{2p,n}$
...	...	...	......	...
p-1 p	$d_{p-1p,1}$	$d_{p-1p,2}$	......	$d_{p-1p,n}$

Abb. 93: Matrix D der individuellen Objektdistanzen

Die $\frac{p(p-1)}{2}$ x n-Matrix D in Abb. 93 läßt sich als dreidimensionale Datenmatrix denken: Jede Spalte von D enthält die Punktek⌒nfiguration einer Vpn. Würde man jede Spalte getrennt faktorisieren, so erhielte man die Punktekonfiguration nach dem Torgerson-Ansatz. Die Faktorenanalyse der dreidimensionalen Matrix D erfolgt nach den Theoremen von *Eckart/Young* [(1936) 211ff].

Aus der Matrix D lassen sich zwei neue Matrizen Q und B gewinnen:

$$(2.4) \quad \underset{n x n}{Q} = \underset{n x \binom{p}{2}}{D'} \cdot \underset{\binom{p}{2} x n}{D} \quad \text{bzw.}$$

$$(2.5) \quad \underset{\binom{p}{2} x \binom{p}{2}}{B} = \underset{\binom{p}{2} x n}{D} \cdot \underset{n x \binom{p}{2}}{D'}$$

Die Matrix Q enthält die Skalarprodukte zwischen den Spaltenvektoren von D. Es ist die Kovarianzmatrix der Personen. Hat Q den Rang 1, so liegt Homogenität der Wahrnehmungen vor, d.h. für alle Individuen gilt die gleiche Punktekonfiguration im d-dimensionalen Raum.

Die Matrix B enthält die Kovarianzen der Zeilen, d.h. der Stimuluspaare.

Gesucht wird ein gemeinsamer Raum, in dem sowohl die Individuen als auch die Stimulus*paare* positioniert sind.

Da sich die Matrizenreduktion nach *Eckart/Young* in die Form der FA überführen läßt [Vgl. auch *Tucker* (1964) 85 ff; *Ahrens* (1974) 131 f], kann das *Tucker/Messick*-»Point-of-View-Modell«, bei dem die Matrix Q als Ausgangspunkt genommen wird, auch wie folgt dargestellt werden:

Man berechnet aus der in den Spalten standardisierten Matrix D das Matrizenprodukt D'D. Die FA dieser Matrix (Q-Faktorenanalyse) erbringt ein Faktorenmuster mit so vielen Zeilen wie Individuen befragt wurden und so vielen Spalten wie es unabhängige Wahrnehmungsdimensionen gibt. Die Faktorenladungen geben das Gewicht an, das ein Individuum einer Wahrnehmungsdimension zugrunde legt. Die Faktorenwerte stellen die Variablenvektoren (Stimuluspaare) im Faktorraum dar.

Um Wahrnehmungssegmente zu erhalten, wird der Personenraum zur Einfachstruktur rotiert. Eine einfache Wahrnehmungssegmentierung besteht darin, so viele Segmente zu bilden, wie Faktoren extrahiert wurden. Zu einem Segment gehören die Vpn, die hohe Ladungen auf dem betreffenden Faktor aufweisen. Mitunter ist es jedoch sinnvoller, alle Dimensionen gleichzeitig zu berücksichtigen und mit Hilfe der Clusteranalyse zu gruppieren.

Berechnet man dagegen aus der Matrix D das Produkt B, so entspricht die Point-of-View-Analyse der üblichen R-Faktorenanalyse mit einer Faktorladungsmatrix, die die Positionen der Stimuluspaare angibt und einer Faktorenwertmatrix, die die Positionen der Individuen darstellt. Auch hier kann eine Clusteranalyse der Individuen erfolgen.

Zur Erstellung segmentspezifischer Wahrnehmungsräume kann z.B. so vorgegangen werden, daß aus den segmentspezifischen Distanzschätzungen (Spalten der Matrix D, die aufgrund des Point-of-View-Modells als gleichartig festgestellt wurden) die mittleren Distanzschätzungen erstellt werden, d.h. jedes Segment wird durch eine hypothetische Durchschnittsperson vertreten. Bei q Segmenten erhält man aus den entsprechenden Distanzmatrizen (siehe Abb. 90) mit Hilfe des *Torgerson*-Ansatzes q segmentspezifische Wahrnehmungsräume [Hinsichtlich weiterer Analysemöglichkeiten vgl. *Ahrens* (1974) 136 ff].

Der Point-of-View-Ansatz überwindet demnach den Magel der klassischen MMDS, indem er die Variationen der Vpn-Urteile nicht als zufallsbedingt ansieht, sondern Wahrnehmungssegmente bildet. Ansonsten haften ihm alle Probleme der MMDS an.

Auch hier stellt sich die Frage, ob in der Praxis der Marktsegmentierung der hohe Rechenaufwand und die Schwierigkeiten der Dimensionsinterpretation in Kauf zu nehmen sind, nur um die a priori-Vorgabe von Attribut-Skalen zu vermeiden.

Es sind allerdings Situationen denkbar, in denen man nur schwer a priori Attribute findet, wobei zudem Wahrnehmungsdifferenzen vermutet werden können, so daß das Point-of-View-Modell sinnvoll einzusetzen ist. Handelt es sich z.B. um ein neueinzuführendes Produkt, das auf die Vorstellungen einer bestimmten Zielgruppe abgestellt werden soll, so kann man mittels des Point-of-View-Modells überprüfen, in welchen Dimensionen das neue Produkt beurteilt wird und ob es der Zielgruppe gegenüber eindeutig positioniert wurde.

Wahrnehmungsdifferenzen gegenüber dem Produkt decken somit diffus perzipierte Produkteigenschaften auf und geben Hinweise zur Verbesserung der Produktgestalt.

Die extrahierten Dimensionen geben Anhaltspunkte für den Beurteilungsraum und somit für wichtige Werbeargumente, mit denen man sich von Konkurrenzprodukten abheben möchte.

Desgleichen können Marketing-Mix-Kombinationen überprüft werden. Zu diesem Zweck müssen die Vpn z.B. Ähnlichkeitsurteile über Produkt-Werbemittelkombinationen (d_{PW}) u.ä. Marketing-Stimuluspaare abgeben. Der Personenraum enthüllt hier ebenfalls heterogene Wahrnehmungen in der Zielgruppe und gibt entweder Anlaß für eine Neudefinition der Zielgruppe oder zu einer verbesserten Abstimmung der Submixes auf die Zielgruppenwahrnehmung. Die Punktekonfigurationen enthüllen die perzipierte Ähnlichkeit der überprüften Marketing-Instrumente innerhalb der Wahrnehmungssegmente. Nahe beieinander liegende Punkte (Produktvarianten, Werbemittelentwürfe, Point-of-Purchase-Material etc.) deuten hohe Übereinstimmung von Produktaussage, Werbemittelaussage, PoP-Aussage etc. an. Zur Beantwortung der Frage, welche der homogen wahrgenommenen Kombinationen von Produktvarianten, Werbemittelentwürfe etc. gewählt werden soll, gibt aber die Wahrnehmungsskalierung wenig her, da Wahrnehmungsunterschiede allein, d.h. ohne Vorliegen segmentspezifischer Präferenzzentren, noch keine Aussagen über die Bevorzugung einer Marketing-Mix-Variante gegenüber einer anderen Auskunft geben. M.a.W. das Wahrnehmungsmodell muß mittels eines zusätzlichen Präferenzmodells zum Joint Space erweitert werden.

Dies gilt auch für den INDSCAL-Ansatz zur Wahrnehmungssegmentierung, der als letzte Variante zu skizzieren ist.

bc) Der INDSCAL-Ansatz zur Wahrnehmungssegmentierung

Das Point-of-View-Modell hat den Nachteil, daß zunächst eine Segmentbildung erfolgt und anschließend für die Durchschnittsperson eines jeden Segmentes ein Wahrnehmungsraum erstellt wird. Dabei wird der Tatsache nicht Rechnung getragen, daß die segmentspezifischen Räume sich z.T. ähnlich sind. Wahrnehmungsunterschiede werden in eleganter Weise auch durch das INDSCAL-Modell von *Carroll/Chang* (1969) berücksichtigt.

Ausgehend von $p\,(p-1) \cdot \frac{1}{2}$ individuellen metrischen Ähnlichkeitsurteilen wird ein gemeinsamer Wahrnehmungsraum für alle Vpn gebildet (group stimulus space). Zugleich liefert das Programm für jede Vpn Attributgewichte, mit denen die Dimensionen des Wahrnehmungsraumes individuell gestreckt bzw. gestaucht werden. Auf diese Weise erhält man für jede Vpn einen individuellen Wahrnehmungsraum.

Die Distanzfunktion des n-ten Individuums bei Berücksichtigung von Attributgewichten hat folgendes Aussehen:

$$(2.6)\ D_{ij}^{n} = \left| \sum_{f=1}^{d} w_{nf}\,(x_{if} - x_{jf})^2 \right|^{\frac{1}{2}}$$

Sie unterscheidet sich von der »normalen« Euklid-Distanz nur durch das Gewicht w_{nf}, das das Individuum n der Dimension f hinsichtlich der Unterscheidung der Objekte i und j beilegt.

Zur Ermittlung des group-stimulus-Raumes und der Gewichte geht INDSCAL von einer verhältnisskalierten Ähnlichkeitsskala für jedes Individuum aus und transformiert die Distanzen separat für die n Individuen in Skalarprodukte (wie beim *Torgerson*-Approach). Im weiteren Verlauf wird unterstellt, daß in die Skalarprodukte die gewichteten Differenzen der zu beurteilenden Stimuli eingingen. Die b_{ij} für das n-te Individuum werden deshalb in Dimensionsgewichte und Objektpositionen faktorisiert [Es handelt sich dabei um die kanonische Dekomposition von dreidimensionalen Matrizen, die als Spezialfall der Faktorenanalyse dreidimensionaler Matrizen betrachtet werden kann. Vgl. *Carroll* (1972) 109 ff].

Dabei wird iterativ vorgegangen, wobei die Lösung für verschiedene vorzugebende Dimensionszahlen zu ermitteln ist. Die Dimensionszahl, bei der der höchste Anteil der in den Ausgangsdaten enthaltenen Varianz erklärt wird und bei der die Korrelation zwischen den Ausgangsdistanzen aus den Vpn-Angaben und den durch die gefundene Punktekonfiguration und Dimensionsgewichte reproduzierten Distanzen am höchsten ist, wird als Lösung akzeptiert. Die individuellen Wahrnehmungsräume haben im Vergleich zum ebenfalls erstellten durchschnittlichen Wahrnehmungsraum z. B. das in Abb. 94 gezeigte Aussehen.

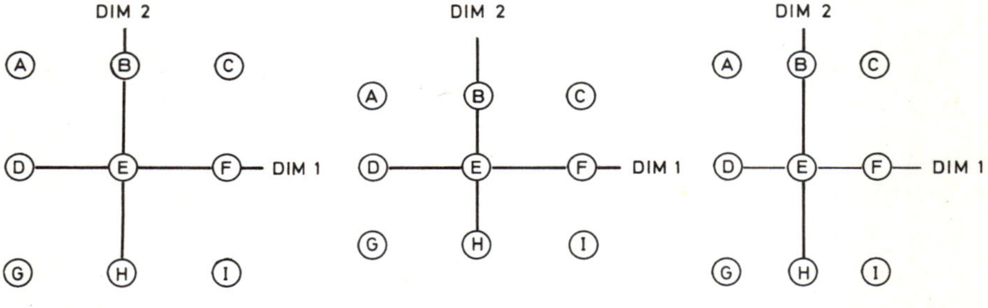

Durchschnittlicher Wahrnehmungsraum (group stimulus space)

Stärkere Gewichtung der Dimensionen I durch Individuum 1

Stärkere Gewichtung der Dimension II durch Individuum 2

Abb. 94: Individuelle Wahrnehmungsdifferenzen [Quelle: *Carroll* (1972) 108]

Die Gewichtung in Abb. 94 zeigt, daß Vpn 1 die Dimension I stärker berücksichtigt. Im Extremfall kann es vorkommen, daß sie Dimension II (z. B. Sportlichkeit von Pkws) überhaupt nicht beachtet, so daß das Gewicht $w_{1II} = 0$ wird. Im Gegensatz dazu kann es vorkommen, daß Vpn 2 Dimension I vollkommen übersieht (z. B. Reparaturanfälligkeit von Pkw's), wodurch Dimension I verschwindet, da $w_{2I} = 0$ wird.

Neben dem durchschnittlichen und den individuellen Wahrnehmungsräumen kann auch ein Personenraum erstellt werden. Im Personenraum, der aus denselben Dimensionen wie die Wahrnehmungsräume besteht, werden die Individuen anhand ihrer Gewichtungskoeffizienten positioniert. Mittels der Clusteranalyse kann in der Personenkonfiguration nach Wahrnehmungssegmenten gesucht werden (Vgl. Abb. 95).

Generell kann man aber immer auch schon die Ausgangsdaten der Personen mit Clusteranalyse gruppieren und dann für jedes homogene Segment eine aggregierende einfache MDS durchführen.

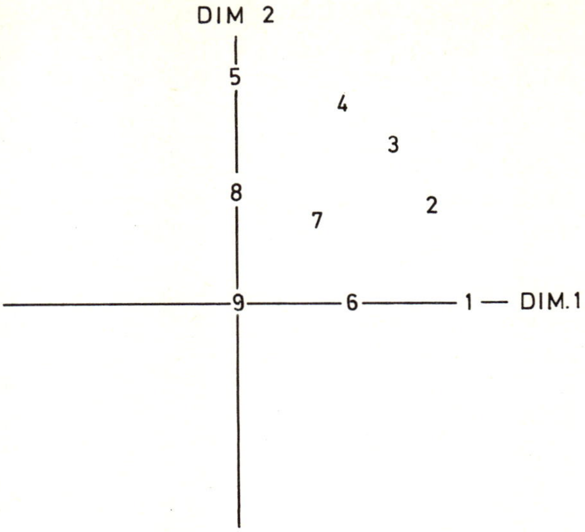

Abb. 95: Personenraum des INDSCAL-Ansatzes [Quelle: *Carroll* (1972) 108]

Vom Standpunkt der Marktsegmentierung aus liefert INDSCAL die besten Informationen für die Ausprägung des Konstruktes »Wahrnehmung« bei den potentiellen Abnehmern. Während einerseits der nivellierende Durchschnittsansatz der klassischen MMDS überwunden wird, hat INDSCAL andererseits gegenüber dem Point-of-View-Modell den Vorteil, daß Gemeinsamkeiten der Wahrnehmung über alle Segmente hinweg herausgearbeitet werden.

Dem Unternehmen wird gezeigt, welche Wahrnehmungsaspekte für die Unterscheidung der am Markt angebotenen Marken besonders wichtig sind. Dadurch wird u.a. der Fehler vermieden, daß bei der Produktgestaltung oder bei Werbeaussagen besonderes Gewicht auf Argumente gelegt wird, die für die Zielgruppe irrelevant sind.

Die Kritik an der INDSCAL-Lösung richtet sich gegen die Lösungsmethode und gegen das Konstrukt »Wahrnehmung«, das der Marktsegmentierung zugrunde gelegt wird:

Problematisch ist, daß das Verfahren zu den metrischen Ansätzen zählt, womit auch bei INDSCAL die schon vorgebrachten Einwände zutreffen, d.h. es werden entweder metrische Aussagen der Vpn unterstellt oder die Transformierbarkeit der Aussagen in verhältnisskalierte Distanzen mittels des Distanzmodells postuliert. Hinzu kommt, daß der Gruppen-Raum nicht rotiert werden darf, da für die einzelnen Individuen unterschiedliche Gewichte vorliegen. Damit erschwert sich die Interpretierbarkeit der Lösung. Zudem ist der iterative Rechenvorgang kostspielig.

Hinsichtlich der Wahrnehmungsdifferenzen zwischen Vpn unterstellt das Modell, daß es sich um systematisch bedingte Unterschiede handelt. So erbrachten derlei Meßmodelle immer dann zufriedenstellende Ergebnisse, wenn man es auf Extremfälle anwandte (z.B. Farbenblinde und Normal-Farbsehende bei der Beurteilung von Farbtafeln). Es fragt sich jedoch, ob die Variation der Vpn-Urteile bei einzelnen Marken allgemein in Unterschieden der Wahrnehmungsstruktur begründet sind und nicht auf Meßfehlern und sonstigen nicht kontrollierten Experimenteneinflüssen beruhen.

Für die Marktsegmentierung dürfte sich der Einsatz lohnen, wenn es sich um diffuse, komplexe Stimuli handelt (z.B. Beurteilung verschiedener Möglichkeiten des Sparens, der Altersversorgung, Einführung innovatorischer Produkte usw.). Dabei wird aber die Interpretation des Wahrnehmungsraumes erschwert.

Bisher wurden INDSCAL-Lösungen meist für leicht einsichtige Probleme erstellt [Vgl. u.a. *Wish/Deutsch/Biener* (1972) 289 ff; *Carroll* (1972) 111; *Green/Wind* (1973) 90 ff]. Hierbei ist es ohne weiteres möglich, die den Wahrnehmungsprozessen zugrunde liegenden Dimensionen zu benennen. Schwieriger wird dies jedoch bei komplexen Stimuli, bei deren Skalierung INDSCAL wiederum am ehesten unterschiedliche Segmente erbringt. Beispielsweise zeigte sich bei der Wahrnehmungssegmentierung des Zahnpastamarktes durch *Rehder*, daß die Dimensionsbezeichnung trotz nachträglich in den Wahrnehmungsraum gelegter Attributvektoren erhebliche Schwierigkeiten bereitete [Vgl. *Rehder* (1975) 247 ff].

In einer Untersuchung zur Perzeption von Freizeitaktivitäten gelang es *Brent Richie* jedoch, die eruierten vier Wahrnehmungsdimensionen eindeutig zu interpretieren [Vgl. *Brent Richie* (1974) 41 ff]. Die Clusteranalyse im Personenraum, wobei die Ähnlichkeit von Individuen als Euklid-Distanz formuliert wurde, führte zu fünf deutlich unterscheidbaren Wahrnehmungssegmenten. Es gelang aber nicht, diese Cluster mit Hilfe demographischer und psychographischer Persönlichkeitsmerkmale zu beschreiben.

Die weitere Kritik richtet sich schließlich gegen das Konstrukt »Wahrnehmung«. Nimmt man die übliche Begriffsfassung ernst, so liefert INDSCAL nur Hinweise auf die kognitiven Strukturen der Individuen. Diese müssen aber nicht verhaltensrelevant sein [«While a man may perceive perfectly well the difference between blondes and redheads, this ›dimension‹ may be irrelevant to his choice of dating (or mating) partners« *Carroll* (1971) 254]. Um die Relation zwischen dem wahrgenommenen Produktangebot und den Idealvorstellungen der Individuen festzustellen, muß ein Joint Space von Wahrnehmungen und Präferenzen erstellt werden.

Deshalb wird mitunter eine Hilfslösung gewählt, bei der das Idealprodukt wie eine Realmarke behandelt wird [19]. Zieht man z.B. die Distanzrating heran, so müßten die Vpn Angaben über die Distanzen zwischen den einzelnen Realobjekten und dem Idealobjekt machen. Diese Distanzen werden sodann gleichzeitig mit den Distanzen zwischen den Realobjekten in Skalarprodukte umgewandelt und faktorisiert.

Dieser Weg ist unhaltbar, denn in die Punktekonfiguration und die Dimensionsgewichte gehen Kognitions- und Bewertungsunterschiede ein. Sinnvoller erscheint die

[19] Vgl. z.B. die Vorgehensweise bei *Rehder* (1975) 230 ff. Einen anderen Weg wählt *Schobert* (1975) 65 ff: Ähnlichkeits- und Präferenzdaten werden getrennt erfaßt, so daß die Vpn keine Vermengung der Konstrukte bei der Urteilsfindung vornehmen. Die Präferenzrangordnungen der Stimuli werden anschließend als implizite Ähnlichkeitsangaben der Realstimuli mit dem Idealstimulus interpretiert (Rang 1 größte Ähnlichkeit) und daher der MDS von Wahrnehmungen unterzogen. Dieser Ansatz ist nicht in der INDSCAL-Lösung anwendbar, denn es käme dennoch zu einer Vermengung der Kognitionen und Wertungen in den Gewichten.

Trennung der Konstrukte Wahrnehmung und Präferenzen, indem zuerst ein Wahrnehmungsraum und anschließend ein Präferenzraum erstellt wird. Danach kann eine Kombination zum Joint Space erfolgen.

c) Die nichtmetrische MDS von Wahrnehmungen und ihre Anwendbarkeit zur Marktsegmentierung

Nichtmetrische Ansätze unterscheiden sich von den metrischen dadurch, daß sie

- nur Ordinaldatenniveau der Vpn-Aussagen verlangen,
- bei der Transformation von Ordinaldaten in verhältnisskalierte Distanzen lediglich eine monotone Beziehung zwischen Vpn-Aussagen und Distanzen implizieren,
- Distanzschätzung und Raumerstellung in einem Schritt vollziehen, wobei in den meisten Versionen alle Fälle der Minkowski-p-Metrik zulässig sind.

Da die geläufigsten nichtmetrischen Prozeduren auf einem von *Shepard* [(1962) 125 ff und 219 ff] entwickelten und von *Kruskal* [(1964 a) 1 ff und (1964 b) 115 ff] weitergeführten Ansatz beruhen, wird dieser kurz skizziert.

Der *Shepard/Kruskal*-Ansatz zur NMDS von Wahrnehmungen:

Das Verfahren verlangt von den Versuchspersonen lediglich Ordinalurteile der Art: »Objektpaar AB ist sich ähnlicher als Objektpaar AC« (beim Distanzrating oder ähnlichen Erfassungsmethoden wird nur die Ranginformation der Aussagen genutzt [Als Beispiel sei auf die NMDS von absatzwirtschaftlichen Zeitschriften durch *Diller/Schobert* (1973) 297 ff verwiesen]). Anhand dieser Aussagen läßt sich eine Rangordnung der Objektpaare entsprechend ihrer Ähnlichkeit aufstellen. Sodann wird eine monotone Beziehung zwischen den »Proximitätsmaßen« δ_{ij} (Rangplätze der Objektpaare) und den metrischen Distanzen d_{ij} im Euklid-Raum angenommen: dem ähnlichsten Objektpaar soll die kürzeste, dem zweitähnlichsten die zweitkürzeste Distanz zugeordnet werden etc. Wird diese Monotoniebedingung erfüllt, so gelangt man bei »genügend großer« Anzahl der zu beurteilenden Objekte zu einer Punktekonfiguration im metrischen d-dimensionalen Raum.

Der konkrete Lösungsweg sieht folgendermaßen aus: Zunächst wird im (p–1)-dimensionalen Raum eine willkürliche Startkonfiguration der p Objekte gewählt. Anschließend werden die Distanzen der Objekte d_{ij} berechnet und die Distanzrangordnung (0 = größte Distanz, 1 = geringste Distanz) der Proximitätsmaßerangordnung (0 = größte Unähnlichkeit, 1 = geringste Unähnlichkeit) gegenüber gestellt. Gefordert wird eine monotone Beziehung zwischen den δ_{ij} und den d_{ij}. Sie ist dann erfüllt, wenn die beiden Rangordnungen identisch sind.

In der ersten Iteration werden sich die beiden Rangordnungen noch stark unterscheiden, weshalb die Punkte im Euklid-Raum so lange verschoben werden müssen, bis eine zufriedenstellende Ähnlichkeit der beiden Rangordnungen erreicht ist.

Zur Punkteverschiebung im (p–1)-dimensionalen Euklid-Raum schlägt *Shepard* folgende Heuristik vor:

Er konstruiert auf den Kantenzügen eines jeden Punktes zu den (p–1) anderen Punkten Vektoren. Ein Vektor ist auf einen anderen Punkt gerichtet, wenn die Distanz zwischen den beiden Punkten noch zu groß ist. Er zeigt in entgegengesetzter Richtung, falls die Distanz noch zu klein sein sollte. Die Länge der Vektoren wird durch ein Maß bestimmt, das aus der Rangdiskrepanz des Objektpaares auf der Proximitätsmaßerangordnung einerseits und der Distanzrangordnung andererseits errechnet wird: Die Abweichung der beiden Rangplätze hinsichtlich der Objekte i und j ist:

(2.7) $\delta_{ij} - \delta(d_{ij})$,

wobei

δ_{ij} = Proximitätsmaß des Objektpaares i, j (größte Unähnlichkeit = 0, geringste Unähnlichkeit = 1)

$\delta(d_{ij})$ = Proximitätsmaß des Objektpaares i, j, das sich ergibt, wenn man von der Rangordnung der Distanzen d_{ij} im Euklid-Raum ausgeht und den Distanz-Rangzahlen die entsprechenden Proximitätsrangzahlen zuordnet (größte Distanz = 0, kleinste Distanz = 1).

Da beide Rangordnungen (δ_{ij} bzw. $\delta(d_{ij})$) mit Null beginnen, wird (2.7) positiv, wenn die Distanz im Euklid-Raum zu groß, negativ wenn sie zu klein ist; und sie ist gleich Null, wenn die beiden Rangplätze übereinstimmen. Wir haben damit ein Rohmaß für Richtung und Länge der Vektoren, die für die Punkteverschiebung maßgeblich sind [Die Differenz in (2.7) wird noch mit einem Parameter α gewichtet. Je größer α ist, desto schneller wird die Endkonfiguration gefunden. Ist er jedoch zu groß, dann oszillieren die Punkte im Raum. Vgl. zu angemessenen Größen *Shepard* (1962) 137ff].

Die Verschiebung der Punkte ergibt sich in Richtung und Ausmaß aus der Resultierenden, die für jeden Punkt aus den (p–1) Vektoren berechnet wird. Sie ist in jedem Fall nur als ein Kompromiß anzusehen, so daß eine Reihe von Iterationen notwendig ist, wobei die vorzunehmenden Verschiebungen immer geringer werden (gleichzeitig wird die Monotoniebedingung immer besser erfüllt). Indikator für die Beendigung der Iterationen ist das Diskrepanzmaß:

$$(2.8) \quad \delta = \frac{2 \sum_{j=2}^{p} \sum_{i=1}^{j-1} \{\delta_{ij} - \delta(d_{ij})\}^2}{p(p-1)} = \text{Min!}$$

Der Abbruch erfolgt, wenn δ trotz weiterer Iterationen »kaum noch kleiner wird«.

Sodann ist die kleinste Dimensionalität zu suchen, in der sich die Punktekonfiguration noch darstellen läßt, ohne daß ein allzu starker Verstoß gegen die in den Proximitätsdaten enthaltene Struktur erfolgt. Eine Möglichkeit bietet sich an dieser Stelle in der Anwendung der metrischen MDS. Nach der letzten Iteration mittels des *Shepard*-Verfahrens werden die Distanzen d_{ij} ermittelt, in Skalarprodukte verwandelt und faktorisiert. Hieraus erhält man die Dimensionen des Beurteilungsraumes und die Positionen der Objekte. In diesem kleiner dimensionierten Raum kann evtl. zur Verbesserung des Ergebnisses wieder eine iterative Verschiebung der Objektpositionen erfolgen. Ist in diesem Raum das minimale δ noch relativ groß, so ist das ein Indikator, daß man zu wenige Dimensionen herangezogen hat. Es ist noch eine weitere Dimension zu verwenden, um sodann die Iterationen bis zur endgültigen Punktkonfiguration durchzuführen [Der Beweis, daß aus dem Verfahren ein metrisches Output in den tatsächlichen Raumdimensionen resultiert, wird oft am »road-map«-Problem demonstriert: man gibt eine Rangordnung von

Städten entsprechend ihrer Entfernung voneinander ein und erhält nach Durchführung des Verfahrens die Positionen der Städte im 2-dimensionalen Raum. Die Distanzen zwischen den Städten entsprechen (bis auf eine Einheitentransformation) der geographischen Entfernung. Vgl. *Neidell* (1969) 38 ff; *Doyle* (1973) 85 f; *Green/Greenberg* (1974) 362 ff].

Kruskal verbesserte den *Shepard*-Ansatz hinsichtlich des Zielkriteriums zur Steuerung der Punkteverschiebung und hinsichtlich des Stopkriteriums. Zudem erweiterte er das Verfahren auf nicht-euklidische Metriken [(1964 b) 116 f].

Kruskal beginnt mit einer beliebigen Startkonfiguration, wobei allerdings auch schon die Rangordnung der Objektpaare beachtet werden kann, um die Zahl der Iterationen zu senken [Hinsichtlich anderer Startkonfigurationen vgl. *Kruskal* (1964 b) 120]. Für diese Startkonfiguration sind dann die Distanzen d_{ij} zu berechnen und den Proximitätsdaten δ_{ij} gegenüberzustellen. Bezeichnet man die Proximitätsdaten δ_{ij} als Unähnlichkeitsmaße, so beginnt *Kruskal* mit dem Paar, das sich am »wenigsten unähnlich« ist:

(2.9) $\delta_{i1,\, j1} < \delta_{i2,\, j2} < \ldots < \delta_{iM\ \, jM}$

wobei $M = p\ (p-1)\ \frac{1}{2}$

Die beste Punktekonfiguration im metrischen Raum weist Distanzen auf, deren Rangordnung (beginnend mit der kürzesten Distanz) der Rangordnung in (2.9) entspricht:

(2.10) $d_{i1,\, j1} < d_{i2,\, j2} < \ldots < d_{iM,\, jM}$

Die Einhaltung der Monotoniebedingungen läßt sich graphisch durch ein Shepard- (oder Scatter-)Diagramm nachweisen, in dem sich die tatsächliche »Distanzfunktion« zeigt (Vgl. Abb. 96).

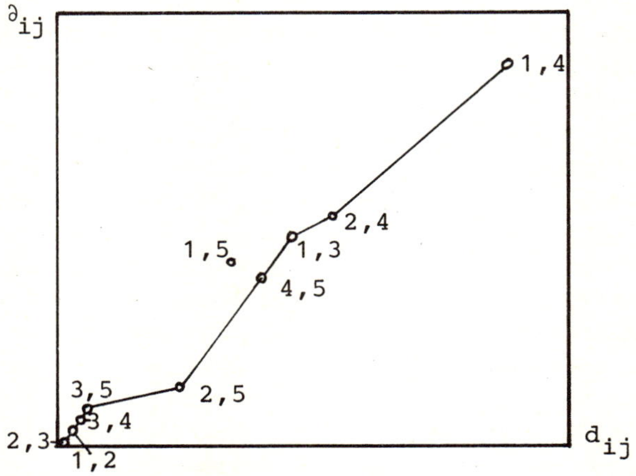

Abb. 96: Shepard-Diagramm bei 5 Objekten [Nach *Kruskal* (1964 a) 5]

Die Monotoniebedingung wird durch die Distanz zwischen Objekt 1 und 5 verletzt, sie ist noch zu klein. Diesen graphisch abgebildeten Sachverhalt erfaßt *Kruskal* durch ein Abweichungsmaß, den »Streß«, das nur von den Distanzen abhängt. Für diesen Streß ist das Minimum bei gegebener Raumdimension zu suchen [Neben diesem Streß I entwickelten *Kruskal* und *Carmone* (1969) ein Streßmaß II, bei dem im Nenner von (2.11) die Größe $\Sigma \; (d_{ij}-\bar{d})^2$ steht. d ist das arithmetische Mittel der d_{ij}]

$$(2.11) \quad S\,(x_1, \ldots, x_d) = \sqrt{\frac{\sum\limits_{i<j} (d_{ij}-\hat{d}_{ij})^2}{\sum\limits_{i<j} d_{ij}^2}} = \text{Min!}$$

$S\,(x_1, \ldots, x_d)$ = Streß als Funktion der Punktekonfiguration im d-dimensionalen Minkowski-Raum

d_{ij} = Distanzen im Minkowski-Raum

$\hat{d}_{ij}$ = verhältnisskalierte Zahlen, die einerseits so nahe wie möglich bei den entsprechenden Distanzen der Punktekonfiguration d_{ij} liegen, andererseits aber noch die Monotoniebedingung erfüllen, d. h.
$\hat{d}_{ij} \leqq \hat{d}_{kl} \longleftrightarrow \delta_{ij} < \delta_{kl}$

Da die $\hat{d}_{ij}$ etwas Ähnliches wie Werte auf einer Regressionslinie darstellen, bezeichnet man das Verfahren zu ihrer Ermittlung als »Monotone Regression«.

Ein einfaches Beispiel soll den Grundgedanken zur Bestimmung der d_{ij} veranschaulichen [Vgl. hierzu *Kruskal* (1964b) 126ff. Vgl. auch die Ausführungen bei *Mazanec* (1975) 26ff]:

δ_{ij}	1	2	3	4	5	6	7	8	9	10
d_{ij}	1,0	2,0	3,0	3,2	4,1	3,1	5,1	4,0	7,0	7,1
					7,2		9,1			
$\hat{d}_{ij}'$	1,0	2,0	3,0	3,2	3,6	3,6	4,55	4,55	7,0	7,1

An jeder Stelle, an der die Monotoniebedingung verletzt ist, werden die d_{ij} zu einem Zweierblock zusammengefaßt und die $\hat{d}_{ij}$ als arithmetisches Mittel des Blocks berechnet. Liegen danach immer noch Verstöße gegen die Monotoniebedingung vor, so sind entsprechende Dreierblöcke zu bilden etc.

Die Aufgabe der nichtmetrischen MDS besteht somit im wesentlichen darin, die Punktekonfiguration so lange im vorgegebenen Raum zu verschieben, bis die d_{ij} in (2.11) so wenig wie möglich um die $\hat{d}_{ij}$ streuen. (2.11) stellt somit ein Streuungsmaß ähnlich der Standardabweichung dar. Der Streß wird 0, wenn die Distanzen im Raum (d_{ij}) genau den Werten $\hat{d}_{ij}$ entsprechen und somit die Monotoniebedingung erfüllen. Aufgrund seiner Untersuchungen schlägt *Kruskal* vor, keine Punktekonfiguration im d-dimensionalen Raum zu akzeptieren, die einen Streß von mehr als 10% erzeugt.

Zur Verschiebung der Punkte wird die »Methode des steilsten Anstiegs« (Method of steepest descent) [Vgl. *Kruskal* (1964b) 117f sowie *Brockhoff* (1973) 69f; *Chestnut* (1973) 342ff] herangezogen. Ausgehend von einer beliebigen Startkonfiguration von n Punkten in d Dimensionen, sind die x_i um Δx_i in Richtung des partiell steilsten Anstiegs der Zielfunktion zu verschieben. Die Zielfunktion verlangt die Minimierung des Streß in Abhängigkeit von der Punktekonfiguration im d-dimensionalen Raum.

Liegen Richtung und Ausmaß der Punkteverschiebung fest, so läßt sich die neue Punktekonfiguration ermitteln und der neue Streß berechnen. Die Iterationen werden abgebrochen, falls keine Verbesserung des Streß mehr möglich ist, bzw. wenn ein befriedigender Streßwert erreicht wurde oder wenn eine perfekte Monotonie vorliegt [Vgl. die Abbruchkriterien bei *Kruskal* (1964 b) 122].

Schließlich ist noch die Zahl der Dimensionen zu bestimmen. Das wichtigste Kriterium hierfür stellt wiederum der Streß dar. Es läßt sich zeigen, daß der Minimum-Streß eine Funktion der zugrunde gelegten Dimensionszahl ist: Wenn die Zahl der Dimensionen steigt, so sinkt der Minimumstreß. Bei $d \geqq p-1$ wird das Streßmaß immer gleich 0. Allerdings nimmt der Minimum-Streß in den meisten Fällen bei den ersten zusätzlichen Dimensionen stark ab und sinkt bei Heranziehung weiterer Dimensionen nur noch langsam. Es empfiehlt sich, die Dimensionalität zu wählen, bei der der »Knick« liegt. Das Kriterium stellt eine Analogie zum Screetest der FA dar (Vgl. Abb. 97).

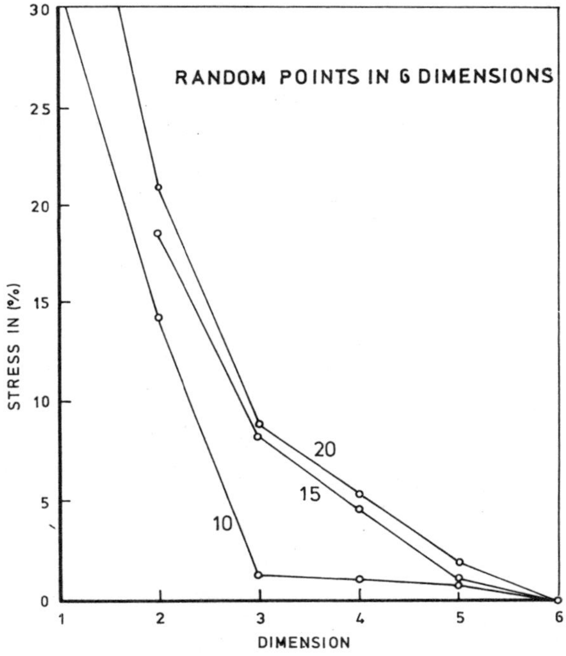

Abb. 97: Minimum-Streß als Funktion der Raum-Dimensionalität [Aus: *Kruskal* (1964 a) 17]

Im Falle der 10 Objekte ist eindeutig die Dimension d = 3 zu wählen; bei Skalierung der 15 bzw. 20 Objekte stehen 3, 4 oder 5 Dimensionen zur Auswahl. In der Praxis bevorzugt man niedrigere Dimensionen, um die Sachverhalte graphisch abbilden zu können. Zudem wird noch die Interpretierbarkeit der Dimensionen eine Rolle spielen: falls die vierte und fünfte Dimension nicht sinnvoll interpretiert werden können, verzichtet man auf sie.

Die hier erfolgte Darstellung der nichtmetrischen MDS von Ähnlichkeitsdaten möge genügen. Die schon schwer überschaubaren vielfältigen Ansätze unterscheiden sich vor allem im p-Wert der Minkowski-Metrik, in der Art der Eingabedaten, in der Dimensionsbestimmung, in der Generierung der Startkonfiguration und im Abweichungsmaß von der Monotoniebedingung.

Vergleicht man die nichtmetrischen und die metrischen Ansätze zur MDS, so ergeben sich folgende Stärken und Schwächen:

- Nichtmetrische Ansätze sind den metrischen aufgrund der schwächeren Annahme über das Skalenniveau der Inputdaten überlegen;
- Beide Verfahren führen zu ähnlichen Ergebnissen, wenn die Distanzfunktion einigermaßen linear ist (d.h., wenn die Vpn metrische Aussagen abgeben konnte) [20];
- Metrische Ansätze sind den nichtmetrischen im Hinblick auf das Problem lokaler Optimumfallen überlegen, in die die iterativen Prozeduren geraten können [Vgl. hierzu *Shepard* (1966) 287ff].
- Weitere Grenzen der nichtmetrischen MDS ergeben sich aus der Zahl und der Verteilung der Punkte im Wahrnehmungsraum:
  Das Verfahren ist nur deshalb in der Lage, aus Ordinaldaten metrischen Output zu generieren, weil die Rangordnung der p Stimuli p (p−1) – Restriktionen liefert, die die Punktekonfiguration erfüllen muß. Um die p Punkte in d Dimensionen zu lokalisieren, benötigt man jedoch nur p · d Koordinatenwerte. Bei steigendem p nehmen die p (p−1) – Restriktionen so stark zu, daß den p Punkten auf den d Koordinaten keine »Bewegungsfreiheit« mehr bleibt. Eine geringfügige Verschiebung würde zu einem Verstoß gegen eine Reihe der Restriktionen führen, die die Rangordnung liefert. Eine geringe Anzahl von Punkten ist somit nicht im metrischen Raum darstellbar, da die Anzahl der Restriktionen zu niedrig ist. *Shepard* wies aber nach, daß i.A. ab 8 Objekten schon eine sehr gute Reproduktion einer bereits bekannten Konfiguration möglich ist, ab 15 Objekten wird die Reproduktion perfekt.
- Schließlich versagt die NMDS nach *Shepard*, wenn die Objekte auf einem Halbkreis oder in zwei auseinanderliegenden Klumpen liegen. Im ersten Falle erhält man eine rechtwinklige Anordnung der Objekte, im zweiten degeneriert die Lösung zu einem eindimensionalen Kontinuum, ohne Rücksicht auf die »wahre« Dimensionalität des Wahrnehmungsraumes.

Probleme bereitet der *Shepard/Kruskal*-Ansatz, wenn man ihn zur Ermittlung von Wahrnehmungs- und Präferenzsegmenten einsetzen möchte: Die Rechenprozedur ist nur geeignet, um aus den Ähnlichkeitsangaben *eines* Individuums bzw. *einer* hypothetischen Durchschnittsperson eine Konfiguration der Stimuli im metrischen Raum zu erstellen.

Da anzunehmen ist, daß hinsichtlich der Beurteilung von Marketing-Stimuli mehr oder minder große Unterschiede zwischen den Bedarfsträgern auftreten, führt die Erstellung der Durchschnittskonfiguration zu einem statistischen Artefakt. Auf der ande-

---

[20] Vgl. *Green/Rao* (1972) 28ff. Der klassische *Torgerson*-Ansatz, *Kruskal*s MD-SCAL V, *Young* und *Torgerson*s TORSCA 8, *Carroll* und *Chang*s PARAMAP und INDSCAL sowie *Johnson*s diskriminanzanalytischer Ansatz führten bei Anwendung auf den gleichen Sachverhalt zu ähnlichen Punktekonfigurationen, obwohl sie (1.) von Profildaten einerseits und von Ähnlichkeitsdaten andererseits ausgingen und (2.) ein Teil von ihnen zur metrischen und ein anderer Teil zur nichtmetrischen MDS von Ähnlichkeitsdaten zu zählen ist.

ren Seite ist es bei größerem Stichprobenumfang unmöglich, für jede Vpn einen Wahrnehmungsraum zu erstellen, um anschließend Personen mit ähnlichen Räumen zu Segmenten zusammenzufassen.

Damit bleibt nur folgender Ausweg: Zunächst sind die Vpn aufgrund ihrer Ähnlichkeitsaussagen (δ_{ij}) mit Hilfe der Clusteranalyse [21] zu Wahrnehmungssegmenten zu aggregieren. Danach ist aus jedem Wahrnehmungssegment ein typischer Vertreter herauszugreifen. Für ihn wird mittels der NMDS die Wahrnehmungskonfiguration ermittelt.

Bei derartigen Lösungswegen zeigt sich allerdings ein Widerspruch: Obwohl die Ähnlichkeitsaussagen der Vpn lediglich Ordinalskalenniveau besitzen, werden bei der Clusteranalyse zumeist auf metrischen Daten beruhende Prozeduren eingesetzt. Daneben wird als typischer Segmentangehöriger oft die Durchschnittsperson verwendet, die als arithmetisches Mittel aus den Ähnlichkeitsdaten der Personen eines Segments errechnet wird. Anschließend greift man in Anbetracht des Ordinalskalenniveaus auf die NMDS zurück.

Ein Beispiel für diesen Lösungsweg ist die Studie von *Neidell* [(1969) 37 ff]. Es handelte sich um Ärzte, die die Ähnlichkeit von fünf Markenartikeln auf einem bestimmten Arzneimittelsektor beurteilen mußten. Außerdem mußten die Befragten auch die Ähnlichkeit der fünf Marken mit einer hypothetischen Idealmarke angeben.

Aufgrund dieser Angaben konnten mittels Clusteranalyse zwei Wahrnehmungssegmente identifiziert werden. Für die hypothetischen Durchschnittspersonen der beiden Segmente erbrachte die NMDS die in Abb. 98 wiedergegebenen Konfigurationen.

Diese Untersuchung zeigt, wie stark sich Realproduktwahrnehmungen und Idealvorstellungen bei den Vpn unterscheiden. Insbesondere im Hinblick auf die Marken 2, 3 und 5 gehen die Auffassungen auseinander. Bezieht man das Idealprodukt (6) mit ein, so zeigt sich, daß das zweite Marktsegment mit den Marken 3 und 5 sehr zufrieden ist. Hier hat ein neues Produkt kaum eine Chance. Aus diesem Grunde empfiehlt sich eine Strategie, bei der man sich auf das erste Marktsegment konzentriert und ein neues Produkt entwickelt, welches den Idealvorstellungen des ersten Marktsegmentes entspricht.

Das Beispiel demonstriert zudem die Notwendigkeit, bei der Segmentbildung auf Unterschiede in der Wahrnehmung und den Präferenzen der potentiellen Abnehmer zu achten. Allerdings ist der hier eingeschlagene Weg aus bereits angeführten Gründen problematisch: Die Abfrage von Ähnlichkeitsurteilen zwischen Realmarken und Idealmarke führt bei den Vpn zu einer Vermengung von Wahrnehmungs- und Präferenzurteilen. Besser scheint eine getrennte Erhebung von Ähnlichkeits- und Präferenzdaten.

[21] Eine Möglichkeit besteht auch darin, mittels des Point-of-View-Modells Wahrnehmungssegmente zu ermitteln, um anschließend die segmentspezifischen Räume für die typischen Vertreter der Segmente mittels der NMDS zu erstellen. Vgl. hierzu *Doyle* (o. J.) 72 f.

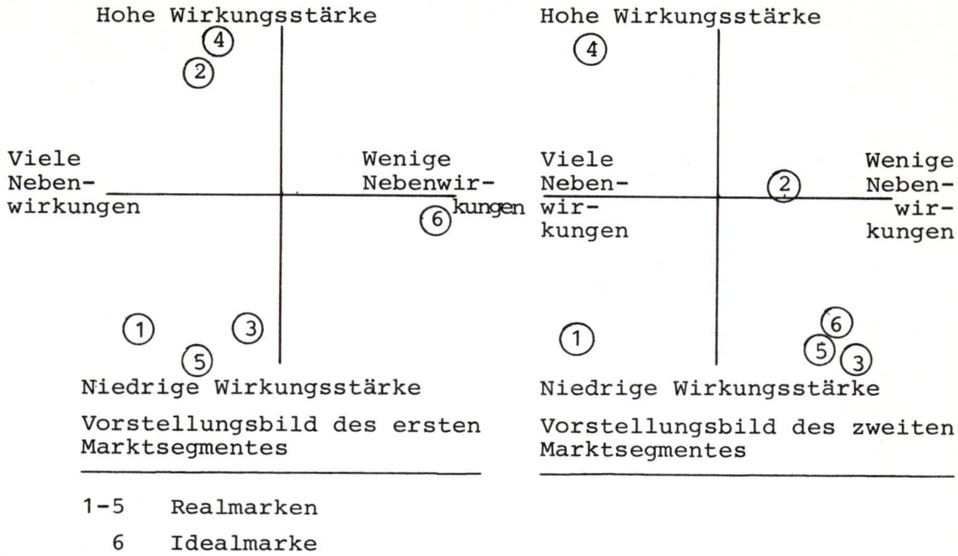

Abb. 98: Segmentspezifische Beurteilungsräume, erstellt mittels Clusteranalyse und dem *Shepard/Kruskal*-Ansatz zur NMDS [Entnommen aus: *Neidell* (1969)]

d) Metrische und nichtmetrische MDS von Präferenzen

Wahrnehmungskonfigurationen geben noch keine Auskunft über die Bevorzugung der angebotenen Produkte. Aus diesem Grunde empfiehlt es sich, einen Joint Space aus Wahrnehmungen und Präferenzen zu erstellen. Präferenzen lassen sich dadurch berücksichtigen, daß entweder ein personen- bzw. segmentspezifisches Präferenzzentrum in Form von »Idealprodukten« oder personen- bzw. segmentspezifische »Idealvektoren« eingeführt werden [Hinsichtlich weiterer Ansätze vgl. *Green/Carmon* (1970) 71 ff; *Green/Rao* (1972) 78 ff]:

Im allgemeinen wird angenommen, daß näher dem Idealpunkt liegende Stimuli weiter entfernten präferiert werden, d.h. zunehmende Distanz zwischen beiden ist ein Indikator für abnehmende Präferenzen. Diesen Sachverhalt zeigt Abb. 99.

Neben diesem Grundmodell gibt es eine Reihe weiterer Darstellungsmöglichkeiten der Präferenzordnung.

So kann das Idealprodukt (1.) als negativer Bezugspunkt dargestellt werden: zunehmende Distanz der Stimuli bedeutet dann zunehmende Präferenz für die betreffenden Objekte oder (2.) als positiv-negativer Bezugspunkt, bei dem zunehmende Distanz entlang einer Dimension zunehmende Präferenz und auf einer anderen abnehmende Präferenz bedeutet.

Weiterhin ist es möglich, statt eines Indealpunktes (3.) einen Idealvektor zu verwenden (Siehe Abb. 100). Es gibt Situationen, in denen ein »Mehr« auf einer Dimension zu

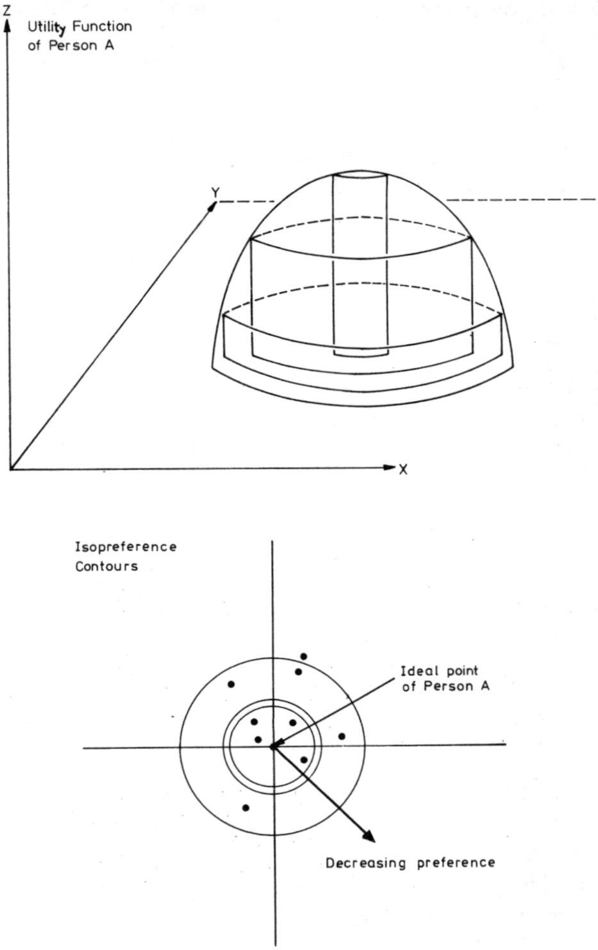

Abb. 99: Konzept des positiven Idealpunktes [Entnommen aus *Green/Carmon* (1969) 333]

einem monoton ansteigenden Nutzenzuwachs führt. Der Idealpunkt liegt dann im Unendlichen und wird durch einen Vektor repräsentiert, der in seine Richtung zeigt. Die Präferenzordnung der Individuen wird durch eine Senkrechte von den Stimuli auf den Vektor ermittelt:

Subjekt	Rangordnungen
1	A > D > B > C > E
2	D > A > E > C > B
3	B > A > C > E > D

Eine andere Unterscheidung der Präferenzmodelle berücksichtigt, ob der Joint Space aus Präferenzdaten allein (internal analysis) oder aus Präferenz- und Ähnlichkeitsdaten (external analysis) aufgebaut wurde [Vgl. *Carroll* (1972) 114]. Im letzteren Falle geht man von Wahrnehmungsräumen aus, die durch die MDS von Ähnlichkeiten ermittelt wurden und positioniert nachträglich die individuellen Idealpunkte bzw. -vektoren in diesen Räumen.

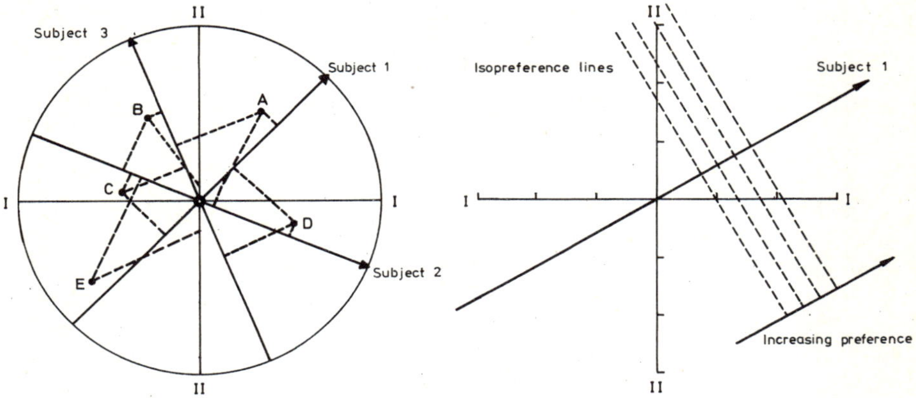

Abb. 100: Vektormodell des Joint Space [Entnommen bei *Green/Carmon* (1969) 339]

Die nachträgliche Positionierung von Idealobjekten hat mehrere Vorteile: Sind mittels NMDS aus den Präferenzdaten allein die Realobjekte und die Idealobjekte zu positionieren, so führt die geringe Anzahl der Restriktionen (hier Rangordnungen von Objekten A > B > C usw.) zu einer schlechten Rekonstruktion der wahren Beurteilungsräume. Des weiteren lassen sich Unterschiede in der Wahrnehmung nicht von Präferenzunterschieden separieren [Die Heterogenität der Wahrnehmung kann in manchen Fällen allerdings so gering sein, daß man einen einheitlichen Wahrnehmungsraum unterstellen kann. Vgl. *Stefflre* (1968) 256]. M.a.W. werden nur Präferenzdaten herangezogen, so werden zwar individuelle Präferenzunterschiede berücksichtigt, aber beim Aufbau des Joint Space wird zwangsläufig Homogenität der Wahrnehmung bei allen Vpn unterstellt [Vgl. *Green/Rao* (1972) 11; *Sixtl* (1967) 399].

Bei einer externen Analyse werden diese Probleme umgangen, indem man entweder

(1) für jede Vpn einen gesonderten Wahrnehmungsraum aufbaut, in dem ihr Idealobjekt zu positionieren ist (bei größeren Stichproben nicht realisierbar);
(2) anhand der Ähnlichkeitsurteile Personengruppen bildet und z.B. für das Durchschnittssubjekt einer jeden Gruppe einen Wahrnehmungsraum erstellt, in den die Idealobjekte entsprechend der Präferenzaussagen der Gruppenmitglieder eingefügt werden.
(3) einen Wahrnehmungsraum unterstellt, der für alle Individuen die gleichen Dimensionen hat, die aber je nach der Wahrnehmung eines Individuums unterschiedlich gewichtet werden (INDSCAL-Modell). Individuen mit ähnlichen Gewichtungen (saliences) der Attributdimensionen können dann zusammengefaßt werden. Man erhält auf diese Weise q segmentspezifische Wahrnehmungsräume, in denen die Idealobjekte der Gruppenmitglieder zu lokalisieren sind.

Im folgenden wird nur das flexibelste Modell zur externen Präferenzanalyse – PREFMAP – in seinen Grundzügen dargestellt [Vgl. hierzu *Carroll* (1972) 130 ff].

PREFMAP setzt als Inputinformationen voraus:

(1) Die Positionen der p Realprodukte bzw. sonstiger Marketing Stimuli im d-dimensionalen Wahrnehmungs- oder Einstellungsraum. Dabei wird angenommen, daß der Raum für alle Angehörigen der betrachteten Personengruppe identisch ist. Es liegt somit eine dxq-Matrix $X = (x_{fo})$ vor, mit $o = 1, \ldots, p$ Stimuli und $f = 1, \ldots, d$ Dimensionen.

(2) Die Präferenzrangordnungen über die p Realprodukte der n Individuen, d. h. die Matrix $S = (s_{jo})$ mit $j = 1, \ldots, n$. Jede Zeile der Matrix S enthält damit die Präferenzwerte des Individuums j für die p Stimuli.

Gesucht wird für jedes Individuum j der Ort des Idealproduktes I_j, für den gilt

$$(2.12) \quad s_{jo} < s_{jo'} \rightarrow d^2_{I_{jo}} \leq d^2_{I_{jo'}}$$

Das Idealprodukt I_j ist so zu positionieren, daß für die Realprodukte $o \neq o' = 1, \ldots,$ p die quadrierte Distanz zwischen dem Idealprodukt I_j und den Stimuli $o = 1, \ldots, p$ im Joint Space eine monotone Funktion der Präferenzrangplätze ist (nichtmetrische Version von PREFMAP). Bei der metrischen Version wird eine lineare Beziehung angenommen. Für beide Versionen gibt es vier Submodelle: Betrachten wir die metrische Version, so wird angenommen, daß die quadrierten Distanzen zwischen den Idealprodukten der Individuen und den Realobjekten in linearer Beziehung stehen. Zugleich wird für jede Person eine individuelle Gewichtung w_{fj} der Dimensionen des Joint Space zugelassen. Man gelangt damit zu einer analogen Distanzformel wie im INDSCAL-Modell, wobei hier jedoch Distanzen zwischen Ideal- und Realobjekten berechnet werden und die w_{fj} die Wertwichtigkeit der Dimensionen repräsentieren:

$$(2.13) \quad d^2_{I_{jo}} = \sum_{f=1}^{d} w_{fj} (I_{fj} - x_{fo})^2$$

$f = 1, \ldots, d$ = Dimensionen des Joint Space
$j = 1, \ldots, n$ = Individuen
$o = 1, \ldots, p$ = Produktmarken
I_j = Idealprodukt des Individuums j
w_{fj} = Gewicht der Dimension f bei Individuum j

Setzt man

$$(2.14) \quad s_{I_{jo}} = a + b\, d^2_{I_{jo}} + \mu_{I_{jo}}$$

dann zeigt sich, daß die Joint Space-Erstellung unter Berücksichtigung individueller Differenzen bei linearer Beziehung zwischen quadrierten Distanzen und Präferenzwerten auf die Lösung einer quadratischen Regressionsfunktion hinausläuft, wobei in den Regressionskoeffizienten sowohl die Idealproduktkoordinaten als auch die Dimensionsgewichte eingehen. Auf die Darstellung der relativ umfangreichen Rechenprozeduren kann hier verzichtet werden [Vgl. hierzu die Kurzfassung bei *Carroll* (1972) 130 ff]. Im vorliegenden Falle (entspricht *Submodell* 2) erhält man nach Auflösung von (2.14) die individuellen Idealobjektpositionen und die Dimensionsgewichte.

Die gewichtete Euklid-Distanz im einheitlichen Beurteilungsraum für die n Individuen hat zur Folge, daß die individuellen Präferenzen nicht nach allen Seiten vom Idealpunkt aus gleichmäßig abnehmen. Je größer w_{fj} ist, desto stärker werden die Isopräferenzlinien gestaucht (Siehe Abb. 101).

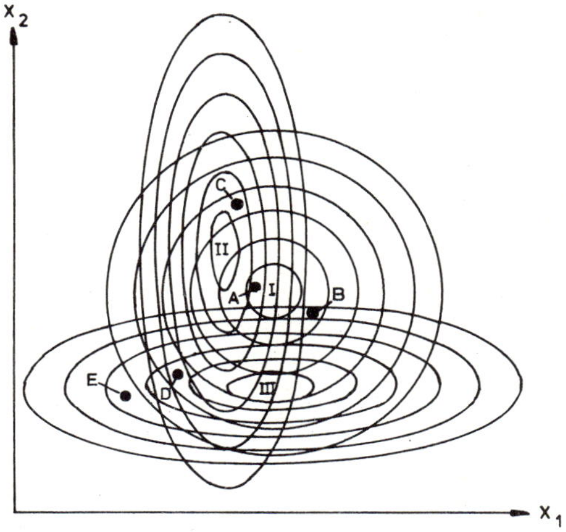

Abb. 101: Joint-Space-Modell mit unterschiedlicher individueller Gewichtung der Dimensonen [*Carroll* (1972) 119]

Für Person I haben beide Dimensionen x_1 und x_2 gleichstarken Einfluß auf ihre Präferenzordnung (A > B > C > D > E); bei Person II wirkt sich Dimension x_1 stärker auf die Präferenzordnung aus (C > A > D > B > E) und Person III macht ihre Präferenz für ein Produkt stärker von Dimension x_2 abhängig (D > E > B > A > C).

Desweiteren können auch negative Gewichte für die Joint-Space-Dimensionen zugelassen werden. Sind alle Gewichte negativ, so liegt ein »Anti-Ideal« vor: Je weiter eine Realmarke vom Anti-Ideal entfernt liegt, desto mehr wird sie vom betreffenden Individuum präferiert.

Eine andere Version *(Submodell 1)* läßt nicht nur eine individuelle Stauchung des Joint Space zu, sondern erlaubt vorher auch eine individuelle Rotation des Joint Space. Dadurch ist es möglich, daß bei den Personen die Isopräferenzellipsen nicht mehr parallel zu den Achsen verlaufen.

In *Submodell 3* wird das übliche Idealpunktmodell erstellt, wobei alle Individuen die gleiche Achsenorientierung und Achsengewichtung aufweisen.

In der einfachsten Version des Modells können für die Individuen Präferenzvektoren ermittelt werden *(Submodell 4)*.

In praktischen Untersuchungen wird man mit dem einfachsten Submodell beginnen und anhand der Korrelationen zwischen den geäußerten Präferenzen und den Distanzen (bzw. dem »goodness of fit« bei der quasi-nichtmetrischen Version) die Qualität der Lösung beurteilen. Bei unbefriedigender Anpassung wird die Idealpunktvariante ohne Gewichtung und Rotation gewählt, sodann das Idealpunktmodell mit Achsengewichtung und schließlich das Submodell, das zusätzlich noch eine Rotation der individuellen Joint Spaces zuläßt [Wobei dieser »simple to complex«-Design in den späteren Stufen nicht unbedingt bessere Ergebnisse bringt].

Das PREFMAP-Modell von *Carroll/Chang* stellt damit den elaboriertesten Ansatz zur MDS von Präferenzen dar. Es wurde in jüngerer Zeit auch von *Mazanec/Porzer/Wiegele* (neben anderen Skalierungsmodellen wie die FA, HKA und TORSCA-9) zur Messung von Einstellungen und Präferenzen gegenüber verschiedenen Spar- bzw. Anlageformen eingesetzt [Vgl. *Mazanec/Porzer/Wiegele* (1976) 1 ff]. Auch an dieser Studie sind deutlich die Vorzüge und Grenzen des Modells zu erkennen: Gegenüber der internen Präferenzanalyse (mit MDPREF [Vgl. *Carroll* (1972) 124 ff] oder M-D-SCAL [Vgl. *Kruskal/Carmone* (1969)]) muß mittels der Einstellungs- bzw. Wahrnehmungsskalierung erst eine Konfiguration von Realmarken erstellt werden, wodurch der Rechenaufwand steigt. Gegenüber PREFMAP haben diese Ansätze jedoch den Nachteil der Vermengung von Wahrnehmungs- und Einstellungskomponenten mit der Präferenzkomponente. Die metrische Version von PREFMAP trifft die Kritik an MMDS-Prozeduren.

Als Nachteil der MDS-Modelle wurde wiederholt die Schwierigkeit der Dimensionsinterpretation genannt, die nur durch »property fitting«-Prozeduren [22] adäquat zu überwinden ist. Bei externer Präferenzanalyse stellt sich dieses Problem ebenfalls, wenn die Wahrnehmungskonfiguration mit MDS-Prozeduren erstellt wurde. Die Interpretation wird allerdings erleichtert, wenn Einstellungsräume mittels der FA, HKA oder MDA aufgespannt werden, da dort die Interpretation anhand der Variablengewichte möglich ist. (In der Präferenzstudie zu den Spar- und Anlageformen wurde eine zuverlässige Dimensionsbenennung nur durch die Hauptkomponentenladungen des Einstellungsraumes möglich).

Betrachten wir anschließend die Segmentbildungsmöglichkeiten unter Einbeziehung der INDSCAL- und PREFMAP-Lösungen, so wird unmittelbar deutlich, daß ein »Mehr« an Informationen kaum noch für praktische Segmentierungszwecke verwertbar ist.

e) Auf der MDS von Wahrnehmungen und Präferenzen basierende Möglichkeiten zur Segmentbildung

Für die Marktsegmentierung auf der Grundlage von Wahrnehmungs- und/oder Präferenzaussagen kommen mehrere Möglichkeiten in Betracht. Dabei sind die Ansätze nach den Konstrukten zu unterteilen, die der Segmentbildung zugrunde gelegt werden. Hierzu ein Überblick:

[22] Hierbei werden den Vpn Attributratings vorgelegt, auf denen sie die Stimuli einstufen müssen. Die Attributvektoren werden anschließend in die Punktekonfiguration gelegt. Zu den verschiedenen Varianten vgl. die empirischen Untersuchungen bei *Green/Rao* (1972) 66 ff.

(I) *Wahrnehmungssegmente:*

(1) Segmentbildung anhand des Point-of-View-Modells bzw. mittels Clusteranalyse der Ähnlichkeitsangaben der Vpn.

(2) Individuelle MDS von Wahrnehmungen und Aggregation ähnlicher Wahrnehmungsräume;

(3) Clusteranalyse im Personenraum der INDSCAL-Lösung, d.h. aufgrund der Dimensionsgewichte.

(II) *Präferenzsegmente:*

(1) Clusterbildung nach dem Joint-Space-Modell, das am besten für das jeweilige Individuum geeignet ist:

(a) Zusammenfassung von Vpn, deren Präferenzen sich am besten durch das positive Idealpunkt-Modell abbilden lassen.

(b) Zusammenfassung von Vpn, deren Präferenzen sich am besten durch das negative Idealpunkt-Modell abbilden lassen.

(c) Zusammenfassung von Vpn, deren Präferenzen sich am besten durch das Vektor-Modell abbilden lassen.

(d) Zusammenfassung von Vpn mit gleicher Achsengewichtung bzw. Rotationsrichtung.

(2) Clusterbildung nach Maßgabe gleicher bzw. ähnlicher Idealpunkt-Positionen bzw. Idealvektor-Richtungen im Joint Space.

(III) *Wahrnehmungs- und Präferenzsegmente:*

Die Segmentbildung erfolgt zunächst nach den Ansätzen in (I.). Die daraus erzielten Wahrnehmungssegmente werden dann nach den Versionen in (II.) in Segmente homogener Präferenzen aufgeteilt.

(IV) *Szenariobedingte Wahrnehmungs- und Präferenzsegmente*

Mit dem INDSCAL- bzw. PREFMAP-Ansatz läßt sich ein weiteres Problem der Wahrnehmungs- und Präferenzskalierung angehen. Empirische Versuche zeigen, da die Beurteilung von Objekten vom jeweiligen Kontext abhängt: in unterschiedlichen Situationen zieht das Individuum jeweils andere Dimensionen resp. anders gewichtete Dimensionen zum Vergleich der Ähnlichkeit von Objekten heran. Mit Hilfe von INDSCAL lassen sich ein szenario-unabhängiger Superraum und daraus die situationsspezifischen Wahrnehmungsräume durch Dimensionsgewichtung erstellen [Vgl. auch *Green* (1975) 30].

Auch die Präferenz für manche Produkte (z.B. für Fertiggerichte) wird wesentlich von den jeweiligen Umständen abhängen (handelt es sich um ein normales Abendessen oder werden Gäste erwartet etc.). Um diese Einflüsse zu berücksichtigen, sind umfangreiche Analysen notwendig, bei denen unterschiedliche Szenarien zu generieren sind, um dann für jedes Szenario eine MDS von Präferenzen durchzuführen [Vgl. z.B. die Untersuchungen von *Green/Rao* (1972) 121ff].

Eine mögliche Vereinfachung des Rechenaufwandes zeigen *Mazanec* et al. [Vgl. *Mazanec/Porzer/Wiegele* (1976) 7ff]: Den Vpn werden unterschiedliche Szenarien (hier Sparziele) vorgegeben. Anschließend bittet man sie, die Präferenzordnung der Stimuli in Anbetracht des Sparziels vorzunehmen. Aggregiert man die Vpn-Aussagen hinsichtlich eines jeden Sparziels zu einer durchschnittlichen Präferenzordnung, so liegen genausoviele Präferenzordnungen wie Sparziele vor. Diese Präferenzordnungen kann man wiederum mit PREFMAP verarbeiten, wodurch im Joint Space die vom Szenario abhängigen Idealobjekte resp. Idealvektoren vorliegen.

Aufschlußreicher ist jedoch eine MDS von Individualpräferenzen für jedes Szenario (hier Sparziel). Dadurch zeigt sich ein für die Marktsegmentierung möglicher Ansatzpunkt: während eine Reihe von Vpn ihre Präferenzordnung über alle Szenarien hinweg beibehalten kann, verkehrt sie sich u.U. bei anderen geradezu ins Gegenteil [Vgl. *Green/Rao* (1972) 128ff].

Dieser Katalog zeigt die wichtigsten Möglichkeiten, die im Rahmen der Marktsegmentierung auf der Basis von Wahrnehmungen und Präferenzen gegeben sind. Doch welchen Weg soll man im konkreten Fall gehen? Die Antwort fällt relativ leicht, wenn sich in der Wahrnehmungsanalyse keine überzufälligen Unterschiede feststellen lassen und bei der Joint-Space-Erstellung das einfache Vektor- oder Idealpunktmodell für alle Personen gilt. Die Segmentierung ist dann einfach und folgt der Idealpunkteverteilung bzw. den Idealvektorrichtungen im Joint Space.

Wie aber, um das andere Extrem zu wählen, wenn in der INDSCAL-Lösung Wahrnehmungssegmente festgestellt wurden und wenn in der anschließenden PREFMAP-Analyse innerhalb der Segmente Idealpunktlösungen mit unterschiedlichen Rotationen und Achsengewichten auftreten. Soll man die weitere Differenzierung der Wahrnehmungssegmente nach dem Rotationswinkel oder den Dimensionsgewichten des Präferenzraumes vornehmen? Oder sollte man beides berücksichtigen?

Beachtet man zudem die Szenarioabhängigkeit der Präferenzen und Wahrnehmungen sowie unterschiedliche Integrationsmodelle (z.B. interindividuell unterschiedliche Minkowski-Metriken), dann führt sich eine derartige Methodenanwendung selbst ad absurdum (zumal, wenn man die verhaltenswissenschaftlichen Konstrukte betrachtet, die zu messen sind und deren Prognosequalität sich nicht wesentlich durch diffizile Rechentechniken erhöhen läßt [Vgl. auch *Andritzky* (1976) 25 ff]).

Insoweit scheinen diese Verfahren eher noch in das Repertoire des verhaltenswissenschaftlichen Grundlagenforschers zu gehören als in die tagtägliche Praxis eines Marketing-Managers.

Wie in konkreten Anwendungsfällen vorzugehen ist, kann zwar nicht allgemein gesagt werden, aber es gibt einige Anhaltspunkte: Die Segmentbildung nach der Wahrnehmung allein ist meist unzweckmäßig, da hierbei nur die Wechselbeziehungen zwischen Produkten, nicht aber ihre Zielgruppenadäquanz berücksichtigt wird [Vgl. *Mazanec* (1974) 27. Ein häufig eingeschlagener Weg besteht jedoch darin, mit MDS nur Wahrnehmungssegmente zu ermitteln, um dann in einer zweiten Phase lediglich die Präferenzäußerungen der einzelnen Segmente gegenüber den Realmarken zu erfragen (etwa nach dem Muster: Anzahl der Nennungen, mit der Marke 1 an erster, zweiter etc. Stelle steht). Vgl. hierzu *Bowles* (o. J.) 33 f und 41 ff]. In Zusammenhang mit der Joint-Space-Segmentation wird oft auf die Berücksichtigung von Wahrnehmungssegmenten verzichtet, weil Wahrnehmungsvariationen oft gering sind. Der in der Praxis häufigste Fall dürfte die Segmentbildung anhand von individuellen Idealpunkt- bzw. Idealvektorpositionen im Joint Space darstellen.

Betrachten wir die bisherigen praktischen Versuche zur Segmentierung nach mehrdimensional skalierten Wahrnehmungen und Präferenzen, so findet sich die konsequenteste Heranziehung der verschiedenen Segmentierungsvarianten bei *Green/Rao* [Vgl. *Green/Rao* (1972) 106 ff]. Darüber hinaus finden sich z.B. Anwendungen auf dem Pharmaziemarkt [Vgl. *Neidell* (1969) 37 ff], bei Frühstücksnahrung (Corn Flakes etc.), Alkoholika [Vgl. *Wind* (1973) 2 ff], Seife [Vgl. *Bowles* (o. J.) 28 ff], Pkw's [Vgl. *Doyle* (o. J.) 69 ff] u. a. m.

Gelingt es, im Joint Space relativ homogene und ausreichend große Segmente zu finden, so ist es oft notwendig, in einem zweiten Schritt diese Personen nach demographischen oder sozioökonomischen Merkmalen zu beschreiben (z.B. um Kommunikations- und Distributionsaktivitäten gezielt auf die Segmente auszurichten). Als Methode kommen dabei die Diskriminanzanalyse, die Kanonische Analyse oder die MANOVA in Betracht. Gelingt es (wie in den meisten Fällen) nicht, eine Korrelation zwischen den Positionen im psychologischen Raum und den Personenmerkmalen zu finden, dann bieten die Punktekonfigurationen, wie schon angedeutet, immer noch wertvolle Anhaltspunkte für die grundsätzliche Gestaltung der Marketing-Maßnahmen.

So ist das »psychologische Feld« ein Mittel zur systematischen Produktideenfindung: falls es sich zeigt, daß in der Nähe des Idealobjektes eines Segmentes keine Realmarke positioniert ist, kann versucht werden, ein neues Produkt auf den Markt zu bringen, das in diesem Bereich lokalisiert ist [Vgl. hierzu auch die Anregungen bei *Stefflre* (1969) 251ff; *Barnett* (1969) 160ff; *Wind* (1973) 6; *Assael* (1971) 39ff; *Pessemier/Root* (1973) 13ff; *Greenberg/Green* (1974) 3–59]. In der Praxis wurde dieser Gedanke schon von *DuPont* 1963 aufgegriffen. Auch *Procter* und *Gamble* gehörten wohl zu den früheren praktischen Anwendern der MDS (ab 1967) [Vgl. *Doehlert* (1968) 250ff sowie *Greenberg* (1974) 3–52ff].

Ähnliche Aspekte gelten auch für die Kommunikationspolitik. Selbst wenn die Wahrnehmungs- und Präferenzsegmente keine segmentspezifische Mediennutzung zeigen, so lassen sich die gewonnenen Erkenntnisse immerhin für die Gestaltung der Werbebotschaft, für die Auswahl des Kommunikators u. dergl. mehr verwenden. Der Segmentierungseffekt tritt in diesen Fällen nicht durch die gezielte Auswahl der Medien und Absatzkanäle ein (»controlled coverage of marketing effort«), sondern durch die Selektivität der Wahrnehmung bzw. die bewußte Auswahlentscheidung der Angesprochenen (»customer self-selection« [Vgl. zu den unterschiedlichen Segmentierungsstrategien *Frank/Massy/Wind* (1972) 6ff]. Allerdings bedeutet dies einen erheblichen Aufwand, da auf diese Weise eine segmentspezifische Produktvariante in Medien anzubieten ist, die den Gesamtmarkt abdecken. Ein derartiges Vorgehen ist daher nur gerechtfertigt, wenn es sich um ein relativ umfangreiches Segment mit einem hohen Marktvolumen handelt.

Weitere Einsatzmöglichkeiten der MDS bestehen z.B. in der Werbeerfolgsprognose und -kontrolle. Es kann ex ante festgestellt werden, welche der beabsichtigten Werbemaßnahmen am nächsten dem Idealobjekt des anzusprechenden Segments liegen, bzw. welche Attribute für die Werbung am wichtigsten sind. (Als Inputdaten werden Ähnlichkeitsurteile δ_{ij} zwischen Produkten, Werbeaussagen, Attributen etc. verlangt). Ex post kann überprüft werden, ob bestimmte Werbemaßnahmen die Lage des eigenen Produkts im Joint Space in Richtung zum Idealobjekt bewegt haben (et vice versa). Darüber hinaus kann ex post ebenfalls durch Positionierung von Produktvarianten, Werbemaßnahmen etc. im gleichen Joint Space überprüft werden, inwieweit die eingesetzten Marketing-Maßnahmen in »die gleiche Richtung« wirkten und damit zu einem prägnanten Image führten, welches zugleich dem Idealimage der Zielgruppe entspricht [Es handelt sich somit um eine Operationalisierung des Ansatzes von *Beyeler* (1964) 82ff].

An diesen Beispielen zeigen sich jedoch einige Probleme: Inwieweit lassen sich aus den perzipierten Eigenschaften operationale Handlungsvorschriften ableiten? Wie müssen z.B. die objektiven Produkteigenschaften verändert werden, damit sie zur gewünschten Wahrnehmung führen? [23] Mitunter können Produkte überhaupt nicht sinnvoll von den Vpn beurteilt werden, da sie diese nicht genügend kennen bzw. überhaupt nicht in ihre Einkaufsüberlegungen einbeziehen. In Positionierungsstudien besteht damit immer die Gefahr, daß ein Großteil der Variation der Punkte im Beurteilungsraum durch die Unkenntnis der Auskunftspersonen hervorgerufen wurde. Auf diese Punktekonfiguration konzentriert sich anschließend der Forscher und bemüht sich um eine Etikettierung der Dimensionen mit mehr oder minder subjektiven Bezeichnungen. Die Heranziehung psychologischer Marktmodelle zur Ermittlung von Produktinnovationen resp. Repositionierungen ist somit in mancherlei Hinsicht fraglich. Dem Designer bleiben erhebliche Freiheitsgrade, um die verbal umschriebenen Merkmalsbündel in konkrete Produkte umzusetzen (z.B. einen »sportlichen Wagen«, eine »mildere Seife« etc. zu kreieren) [Vgl. auch *Green* (1975 b) 28].

Immerhin bleibt die Möglichkeit, die Prototypen in Labortests hinsichtlich ihrer Positionen im Beurteilungsraum zu überprüfen. Konkrete Anhaltspunkte lassen sich z.B. auch durch die noch zu besprechende polynomiale Verbundmessung gewinnen. Weiterhin kann es sich zeigen, daß eine Reihe von Idealobjekten in Positionen steht, die technisch unmöglich oder nur mit großem Aufwand zu realisieren sind, oder es lohnt sich die Realisation der Produktidee wegen eines geringen Segmentumfangs nicht.

Betrachten wir im Lichte dieser Überlegungen die Entscheidungsmodelle zur Positionierung neuer Produkte im d-dimensionalen Merkmalsraum [Vgl. zu diesem Vorschlag *Shocker/Srinivasan* (1974) 93 ff sowie *Urban* (1975) 858 ff; *Brockhoff/Rehder* (1976)], so wird das recht vage Anhaltspunkte liefernde Joint-Space-Modell höchstwahrscheinlich überfordert. Auf der anderen Seite wird ohne die Heranziehung dieser und ähnlicher Modelle die Produktideenfindung nicht weniger problematisch: Anstelle des psychologischen Marktmodells und systematischer Ideenfindungsmethoden tritt das subjektive Marktmodell der Entscheidungsträger, allenfalls unterstützt von einer Vielzahl kaum überschaubarer Daten. Insoweit scheint die MDS zur Komplexitätshandhabung in der Frühphase der Ideenfindung durchaus am Platze. Die konsequente rechnerische Auswertung der in ihren Resultaten enthaltenen Informationen ist dabei weniger suspekt, wenn man berücksichtigt, daß bei diesen Entscheidungsprozessen ohnehin eine Reihe flankierender Maßnahmen zur Informationsbeschaffung erfolgen sollte: Beginnend von der Überprüfung von Ideen in Laborexperimenten bis hin zum Testmarkt. Die MDS wirkt dabei als »Intelligenzverstärker«, indem sie schon in der Frühphase die Informationsbeschaffung in die wahrscheinlich erfolgversprechendste Richtung kanalisiert.

---

[23] Zum Auseinanderklaffen objektiver Produktmerkmale und subjektiver Wahrnehmungsräume vgl. *Wind/Robinson* (1972) 155 ff; *Green/Wind* (1973) 77 f. Durch Ermittlung des Produktfeldes, das aufgrund objektiver Eigenschaften gebildet wurde (performance space) und Vergleich mit dem Joint Space lassen sich Anhaltspunkte finden. Vgl. auch *Gibson/Neidell/Teach* (1972) 135.

3. *Die Unterstützung der Marktsegmentierung durch die Verbundmessung (Conjoint Measurement)*

Seit der Veröffentlichung von *Luce/Tukey* [(1964) 1ff] und der Entwicklung des *Shepard/Kruskal*-Ansatzes [(1965) 251] steht ein Methodenapparat zur Verfügung, der die intervallskalierten partiellen Beiträge und den intervallskalierten Gesamteffekt nichtmetrischer »unabhängiger« Variablen auf eine nichtmetrisch gemessene »abhängige« Variable mißt.

Je nach der Verknüpfungsregel, die bei der Kombination der unabhängigen Variablen verwandt wird, unterscheidet man zwischen »Polynomial Conjoint Measurement« (PCM) und »Additive Conjoint Measurement« (ACM). Ein Beispiel für die PCM ist *Shepards* NMDS [Vgl. auch *Kruskal*. Zur Identität der NMDS mit der PCM vgl. *Young* (1972) 70f]: Die Kombinationsregel ist die Euklid-Distanz. Ziel ist die Ermittlung des metrischen Gesamteffektes (Euklid-Abstand) und der metrischen partiellen Beiträge der »unabhängigen« Variablen (Koordinatenwerte). Dabei sind die partiellen Beiträge (Koordinatenwerte) so festzulegen, daß die Rangordnung des metrischen Gesamteffektes (Euklid-Distanzen) der Rangordnung der Proximitätsmaße entspricht.

Die ACM entspricht dem üblichen ANOVA-Ansatz, mit dem Unterschied, daß z.B. die Experimentreaktionen der Vpn nur als Ordinalaussagen vorliegen (z.B. Präferenzordnung der Bedingungskombinationen). Nimmt man an, daß zwischen den Unabhängigen (Faktoren) keine Interaktionen vorliegen, so besteht die Kombinationsregel in der Addition der Haupteffekte. Der partiellen Beiträge der Faktoren (z.B. Produktvarianten, Werbespots etc.) sind so festzulegen, daß die Rangordnung der metrischen Gesamteffekte der Rangordnung der geäußerten Vpn-Urteile (z.B. Präferenzaussagen) entspricht.

Damit reduziert sich das Problem der ACM (häufig auch als nichtmetrische ANOVA bezeichnet) auf die von *Kruskal* entwickelte »monotone Regression« (ähnlich wie bei metrischen Zellenwerten die ANOVA in eine Dummy-Variablen-Regresssion übergeführt werden kann). Die Werte der partiellen Beiträge werden in der ersten Iteration beliebig festgelegt und führen zu Gesamteffekten, deren Rangordnung der Rangordnung der Vpn-Urteile noch nicht entspricht. Die partiellen Beiträge werden mittels des iterativen Gradientenverfahrens [Vgl. hierzu *Kruskal* (1965) 261f] so lange geändert, bis ein befriedigender Stresswert [Vgl. *Kruskal* (1965) 252] erreicht ist.

Die Güte der Lösung läßt sich auch hier durch ein Scatter-Diagramm visualisieren, bei dem die Ordinalaussagen der Vpn und die metrischen Gesamteffekte gegenübergestellt werden.

Die Vielzahl der Einsatzmöglichkeiten der PCM kann hier nicht dargestellt werden [Einen Überblick geben *Green/Wind* (1973) 219ff]. Wir beschränken uns auf Anwendungsbereiche in der Marktsegmentierung. Von *Haley* wurde als erfolgversprechender Ansatz zur Marktsegmentierung die Verwendung der Nutzenerwartungen der Verbraucher vorgeschlagen (Benefit Segmentation) [Vgl. *Haley* (1968) 30ff]. Personen mit gleichen Anforderungen können zusammengefaßt werden, um ihnen die entsprechende Produktvariante anzubieten.

Die Schwierigkeiten dieses Ansatzes liegen in der Messung der Attributpräferenzen der Vpn, da bei Beurteilung der einzelnen Attribute auf Rating-Skalen von den Vpn die Zielerreichungskonflikte nicht beachtet werden: Sie fordern z.B. von einem Waschmittel, daß es extrem gut reinigt, zugleich aber empfindliche Oberflächen und Hände schont; zudem soll es billig sein etc. Da jedoch bei der Produktgestaltung aus technischen und wirtschaftlichen Gründen Kompromisse geschlossen werden müssen, interessiert es, welchen Kompromiß die potentiellen Abnehmer bzw. Segmente als am besten erachten.

Diese Informationen kann man durch ein entsprechendes Experimentdesign und Anwendung der ACM erhalten: In einer Vorstudie sind die infrage kommenden nutzenstiftenden Eigenschaften des Produktes zu ermitteln. Anschließend können z.B. die zulässigen Attributkombinationen gebildet werden und die Vpn müssen ihre Präferenzordnung der Attributkombinationen angeben.

Zur Demonstration greifen wir das schon erwähnte Beispiel zur Ermittlung der günstigsten Attributkombinationen von Bohnerwachs auf [Vgl. drittes Kapitel B.II.3. dcc]. Es kamen fünf nutzenstiftende Eigenschaften A, B, C, D, E infrage (Macht den Boden wie neu, Verleiht frischen Glanz etc.). Betrachtet man die Eigenschaften als Faktoren eines mehrfaktoriellen Designs, so lassen sich die zulässigen Eigenschaftskombinationen durch Dummy-Variablen (1 Eigenschaft vorhanden, 0 Eigenschaft nicht vorhanden) abbilden (Vgl. Abb. 102).

Als Ergebnis der ACM erhält man im vorliegenden Falle folgendes Shepard-Diagramm, das die Beziehungen zwischen den Präferenzrängen der Attributkombinationen und dem metrischen Gesamtnutzen für die Durchschnittsperson angibt (vgl. Abb. 103).

Anhand der individuellen partiellen Nutzenbeiträge kann anschließend eine Clusteranalyse Benefit-Segmente identifizieren, denen die entsprechenden Produktnutzenkombinationen angeboten werden können [Andere Anwendungsbeispiele finden sich bei *Green/Rao* (1971) 355 ff; *Green/Wind* (1973) 133 ff; *dieselben* (1975) 107 ff]. Allerdings sind individuelle Conjoint-Measurement-Auswertungen nur bei geringem Stichprobenumfang möglich. Bei größeren Samples ist eine Clusteranalyse der Präferenzrangordnungen der Vpn durchzuführen, um anschließend die metrischen Nutzenerwartungen der durchschnittlichen Segmentangehörigen zu berechnen.

Mittels der ACM können auch die realisierbaren Alternativen von Produktvarianten überprüft werden, um die nach Ansicht der Bedarfsträger beste auszuwählen. Dabei werden den Vpn Produktvarianten vorgelegt, die durch systematische Variation der interessierenden physikalischen Eigenschaften (Verpackung, Farbe, Geruch etc.) sowie des Preises etc. zustande kommen. Bei diesem vollständig faktoriellen Design müssen die Vpn ebenfalls nur eine Präferenzordnung der Attributkombination abgeben. Das MONANOVA-Programm von *Kruskal* führt die Experimentreaktionen der Vpn in metrische Daten über.

Durch diese Vorgehensweise wird der Nachteil von Positionierungsmodellen, die auf der MDS von Wahrnehmungen, Präferenzen und Einstellungen beruhen, überwunden. Während dort hypothetische Idealprodukte durch die Positionen auf den vage beschriebenen Raumdimensionen fixiert sind und u.U. noch als Vektormodell die Nichtberücksichtigung von Trade offs anzeigen, liegt beim ACM von Experimentergebnissen die relativ beste Variante schon vor [Vgl. *Green* (1975 b) 28].

Eigenschafts-kombinationen	Faktoren (Eigenschaften)					∅ Präferenzordnung der Eigenschaftskombinationen
	A	B	C	D	E	
ae	1	0	0	0	1	9
be	0	1	0	0	1	3
ab	1	1	0	0	0	8
ce	0	0	1	0	1	6
ac	1	0	1	0	0	11
bc	0	1	1	0	0	5
abce	1	1	1	0	1	15+
de	0	0	0	1	1	2
ad	1	0	0	1	0	7
bd	0	1	0	1	0	1
abde	1	1	0	1	1	12
cd	0	0	1	1	0	4
acde	1	0	1	1	1	14
bcde	0	1	1	1	1	10
abcd	1	1	1	1	0	13

+ Meist präferierte Kombination

Abb. 102: Unvollständiger faktorieller Desgin und Ordinalaussagen der Vpn [Entnommen aus *Green/Tull* (1975) 639]

Die Schwächen des Ansatzes liegen allerdings in der beschränkten Anzahl der Eigenschaften, die in derartigen Experimenten überprüft werden können [Vgl. *Green* (1975 b) 28].

4. *Zusammenfassung*

Im IV. Abschnitt wurden einige für die Marktsegmentierung häufig empfohlene Verfahren zur »Analyse von Beziehungen zwischen Variablen« behandelt.

Das wohl wichtigste Verfahren aus dieser Gruppe ist die Faktorenanalyse. Mit ihrer Hilfe lassen sich umfangreiche Variablenbatterien auf wenige (nahezu) orthogonale Dimensionen reduzieren.

In methodischer Hinsicht kann die FA deshalb als Vorstufe für andere multivariate Verfahren eingesetzt werden, bei denen Variablenkorrelationen stören (z.B. für die

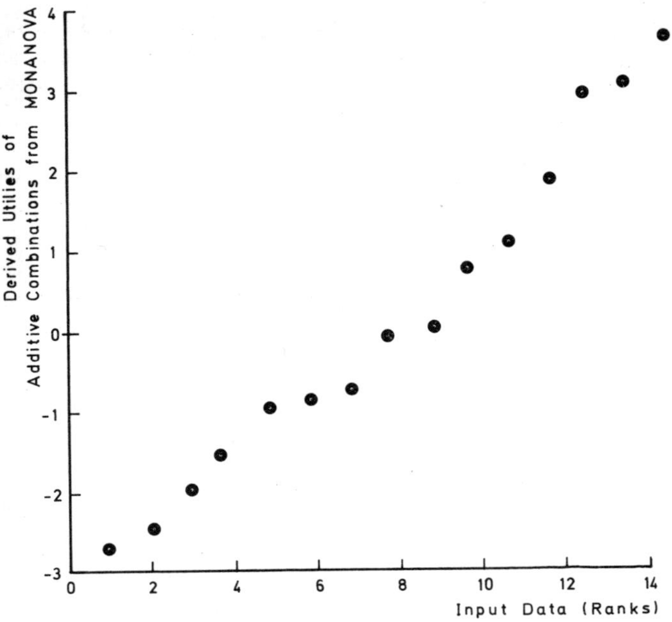

Abb. 103: Beziehung zwischen Präferenzrangordnung und metrischem Gesamtnutzen der Durchschnittsperson im *Shepard*-Diagramm [Quelle: *Green/Tull* (1975) 639]

Regressionsanalyse, daneben auch für Clusteranalysen, die Segmente im Euklid-Raum suchen und dabei nur wenige Merkmale berücksichtigen können).

Inhaltlich kann das »Modell gemeinsamer Faktoren« herangezogen werden, um anhand der vorgegebenen Merkmale sozio-demographische, psychographische und Verhaltenskonstrukte wie »Soziale Klasse«, »Einstellungen«, »Markentreue« u. a. m. zu messen.

Recht häufig wird die FA angewandt, um m Beurteilungsmerkmale auf denen Real- und Idealmarken einzustufen sind, zu wenigen grundlegenden Beurteilungsdimensionen zu komprimieren. Es zeigte sich allerdings, daß das klassische Modell gemeinsamer Faktoren eine derartige dreidimensionale Ausgangsdatenmatrix (Vpn × Beurteilungsmerkmale × Marken) nicht verarbeiten kann.

Da die Beseitigung einer Varianzquelle im Wege der Aggregation von Individualaussagen zu Aussagen einer hypothetischen Durchschnittsperson für Segmentierungszwecke nicht wünschenswert ist, wird ein Auswertungsverfahren vorgeschlagen, bei dem individuelle Einstellungsunterschiede erhalten bleiben. Da zudem alle Marken im selben Raum positioniert werden, lassen sich Einstellungssegmente und eventuelle Marktnischen ermitteln.

Anschließend wurden Verfahren zur MDS von Wahrnehmungen und Präferenzen behandelt. Nachdem die Grundzüge des *Torgerson*-Ansatzes aufgezeigt wurden, konzentrierten sich die Ausführungen auf das Point-of-View-Modell von *Tucker/Messick* und das INDSCAL-Modell von *Carroll/Chang*. Beide Verfahren sind in der Lage, von Ähnlichkeitsaussagen der Vpn (im Hinblick auf Marketing-Stimuli, wie z.B. Produktmarken) ausgehend, segmentspezifische Wahrnehmungsräume zu erstellen.

Als weiteres Verfahren zur mehrdimensionalen Einstellungsmessung wurde der *Shepard/Kruskal*-Ansatz zur NMDS behandelt. Zwar bietet diese Methode die Möglichkeit, lediglich ordinalskalierte Vpn-Aussagen zuzulassen und führt damit nicht zu einer Überforderung der Auskunftsfähigkeit der Individuen. Doch ist bei diesem Ansatz das Problem der Identifizierung von Wahrnehmungs- und Präferenzsegmenten nur behelfsmäßig zu lösen. Der sinnvollste Weg scheint dabei der zu sein, zunächst eine Clusterbildung aufgrund der individuellen Ähnlichkeitsurteile in bezug auf Marketing-Stimuli vorzunehmen, um anschließend für typische Segmentvertreter eine mehrdimensionale Einstellungsmessung durchzuführen.

Während Wahrnehmungskonfigurationen lediglich Anhaltspunkte für die subjektiv erlebten Konkurrenzbeziehungen zwischen realen Produktmarken geben, ermöglicht die gleichzeitige mehrdimensionale Messung von Präferenzen die Suche nach Marktnischen, die Repositionierung bereits eingeführter Produkte, die Ermittlung wichtiger Werbeappelle u. a. m.

Als neustes Verfahren zur nachträglichen Erweiterung von (segmentspezifischen) Wahrnehmungsräumen zu Joint Spaces bietet sich das PREFMAP-Modell von *Carroll/Chang* an.

Nachdem die verschiedenen Varianten zur MMDS und NMDS von Wahrnehmungen und Präferenzen aufgezeigt wurden, erfolgte eine Darstellung der auf den Ergebnissen dieser Modelle beruhenden Möglichkeiten zur Segmentierung nach interindividuellen Differenzen bei den zugrunde gelegten psychographischen Merkmalen.

Hierbei wurde offensichtlich, daß eine konsequente Ausnutzung aller Möglichkeiten, die diese Modelle bieten, nahezu zu einem »information overload« für den Methodennutzer führt. Die Vielzahl detaillierter Meßergebnisse, angefangen von der individuellen Gewichtung der Dimensionen der Wahrnehmungs- und/oder Präferenzräume, über die verschiedenen Möglichkeiten zur Abbildung von Präferenzzentren, bis hin zur individuellen Rotation der Joint Spaces, hat für wirtschaftlich orientierte Segmentierungs-Analysen meist nur einen geringen Wert: Der Rechenaufwand ist nur bei kleinen Stichproben zu bewältigen; die Berücksichtigung aller Vpn-Unterschiede hinsichtlich der genannten Aspekte würde zu so kleinen Subsamples führen, daß eine zuverlässige Hochrechnung auf den Gesamtmarkt nicht möglich ist (Dies ist wiederum Voraussetzung zur Schätzung des Abnahmepotentials der Segmente).

Hinzu kommt, daß die komplexen MDS-Verfahren individuelle Unterschiede herausarbeiten, die mitunter auf Zufallsschwankungen in den Vpn-Aussagen und Meßfehlern beruhen. Berücksichtigt man obendrein die Schwierigkeiten der Dimensionsinterpretation und die Tatsache, daß das Konsumentenverhalten nur z.T. durch Unterschiede der gemessenen hypothetischen Konstrukte erklärt werden kann, so empfiehlt es sich, unter Kosten/Nutzenaspekten zumeist auf Verfahren wie INDSCAL und PREFMAP zu verzichten und neben der robusten FA nur die relativ einfachen MMDS und NMDS-Methoden einzusetzen. Dieses zweigleisige Vorgehen (FA- und MDS-Einsatz) erlaubt die wechselseitige Überprüfung der Ergebnisse und schützt vor fehlerhaften Messungen.

Als letztes Verfahren wurde die ACM (additive Verbundmessung) dargestellt und ihre Anwendungsmöglichkeit zur Messung von Nutzenerwartungen potentieller Bedarfsträger aufgezeigt. Diese Messungen können für die Ermittlung von Benefit-Segmenten herangezogen werden.

Als Fazit läßt sich festhalten, daß dem Analytiker zahlreiche multivariate Verfahren zur Messung der in den letzten Jahren verstärkt empfohlenen markenspezifischen psychographischen Merkmale vorliegen (u. a. MDA, FA, HKA, MMDS, NMDS, ACM und PCM). Daneben ist es möglich, mit einigen dieser Verfahren das Problem redundanter Merkmalsräume anzugehen, um zu einer besseren Überschaubarkeit der Daten zu gelangen und um (daran anknüpfend) mittels der metrischen Clusteranalyse im orthogonalen Merkmalsraum nach Segmenten zu suchen.

Allerdings wurden insbesondere die Varianten der MDS noch zu wenig in ökonomisch orientierten Segmentierungsstudien eingesetzt, um ein endgültiges Urteil über ihren Wert abzugeben. Die Diskussion um die verschiedenen Methoden machte zudem deutlich, daß einige Methoden nicht in ihrer klassischen Form auf die einzelnen verhaltenswissenschaftlichen Problemstellungen angewandt werden können.

Viertes Kapitel: Die Suche nach Marktsegmenten im Merkmalsraum

A. Vorbemerkung

Die Ausführungen dieser Arbeit galten bisher der Erstellung von Merkmalsräumen, deren Dimensionen aus verhaltensrelevanten Segmentierungsmerkmalen bestehen. Jeder potentielle Abnehmer ist aufgrund seiner Merkmalsausprägungen als Punkt im Merkmalsraum abgebildet; Marktsegmente sind im Merkmalsraum durch Punktewolken gekennzeichnet.

Im folgenden stellt sich die Aufgabe, Marktsegmente anhand der »natürlichen Verteilung der potentiellen Bedarfsträger im Merkmalsraum zu bilden. Allgemein besteht das Problem darin, eine große Menge von Objekten aufgrund ihrer wechselseitigen (Un-)Ähnlichkeit in eine Anzahl kleinerer, möglichst homogener Teilmengen (Klassen, Cluster, Segmente etc.) zu zerlegen, wobei sich die Klassen möglichst stark unterscheiden sollen [Vgl. auch die Ausführungen im zweiten Kapitel A.].

Zur Bewältigung einer derartigen Aufgabe wurde in den letzten Jahren eine kaum mehr überschaubare Fülle von »Clusteranalyse-Verfahren« entwickelt, die eine »automatische« Ordnung der Objekte ermöglichen sollen.

Bei der Suche nach Marktsegmenten mit Hilfe dieser Verfahren sind vor allem zwei Aspekte zu klären:

(1) Welche Maßgrößen sollen verwendet werden, um die (Un-)Ähnlichkeit von Elementen im Merkmalsraum abzubilden?

(2) Welche Verfahren der Clusteranalyse (CA) sind für die Segmentbildung am geeignetsten?

Die folgenden Abschnitte behandeln die mit diesen Fragen einhergehenden theoretischen und praktischen Probleme der Clusteranalyse. *Dabei ist nur auf die (Un-)Ähnlichkeitsmaße und Clusteralgorithmen einzugehen, die für die Lösung realistischer Problemstellungen von Interesse sind.*

B. Ähnlichkeits- und Distanzmaße zwischen potentiellen Abnehmern

Die Bedarfsträger sind durch den Vektor ihrer Eigenschaftsausprägungen im m-dimensionalen Raum bzw. reduzierten d-dimensionalen Unterraum der Segmentierungsmerkmale positioniert. Damit unter Einbeziehung der interessierenden Raumdimensionen eine Zusammenfassung ähnlicher Bedarfsträger erfolgen kann, benötigt man Maßzahlen, die die (Un-)Ähnlichkeit der Bedarfsträger zum Ausdruck bringen. Aus der Vielzahl der *Proximitätsmaße* sollen nur die am häufigsten verwendeten behandelt werden [Ein Überblick vermittelt *Bock* (1974) 24ff]. Für die Wahl des jeweiligen Maßes ist neben formal-mathematischen Überlegungen auch der zugrunde liegende Sachverhalt ausschlaggebend.

I. Ähnlichkeits- und Distanzmaße bei metrischen Segmentierungsmerkmalen

In größeren empirischen Untersuchungen haben sich mit gutem Grund im wesentlichen nur die Euklid-Distanz (L_2-Norm) und die City-Block-Metrik (L_1-Norm) durchsetzen können [24]. Die Eigenschaften der L_1- und L_2-Norm sind nun zu untersuchen.

Durch die Wahl des Distanzmaßes wird festgelegt, welche Objekte unähnlicher sind. Dies wird im Vergleich der Euklid- und der City-Block-Distanz deutlich (vgl. Abb. 104).

Nach der L_2-Norm sind sich 0_2 und 0_3 ähnlicher, nach der L_1-Norm 0_2 und 0_1. Bei praktischen Clusteranalysen, z.B. in Wahrnehmungs- oder Präferenzräumen, wird man die L_1-Norm verwenden, wenn sich bei der vorherigen NMDS herausgestellt hat, daß der Urteilsprozeß der Individuen nach dieser Metrik organisiert ist.

Da im Regelfall bei heterogenen Variablensets kaum aus dem Sachverhalt hervorgehende Anhaltspunkte für die eine oder andere Minkowski-Metrik vorliegen, spielen oft die mathematischen Eigenschaften der Metriken eine ausschlaggebende Rolle.

Nach diesen Kriterien sind die Minkowski-Metriken und insbesondere die L_2-Norm und deren Verallgemeinerungen allen anderen Distanzmaßen überlegen.

Betrachten wir die L_2-Norm, so genügt sie den Bedingungen einer Metrik und läßt sich dimensional darstellen [Vgl. zweites Kapitel B.VI. und die dort zitierte Literatur]. Daneben ist sie translationsinvariant und invariant gegenüber den zur Datenaufbe-

[24] Vgl. auch die Verlagstypologien von Gruner & Jahr AG & Co (Hrsg.): »Brigitte, Frauentypologie« 1973 (Euklid-Abstand); »Brigitte, Frauentypologie 2«, 1975 (Euklid-Abstand); »Unternehmen Haushalt« (City-Block-Abstand); Burda GmbH (Hrsg.): »Typologie der Wünsche« (Euklid-Abstand); Axel Springer-Verlag (Hrsg.): »Concepte« (City-Block-Abstand).

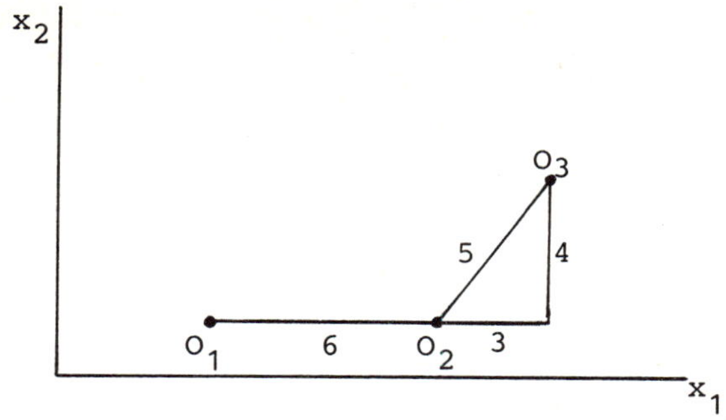

Abb. 104: Ähnlichkeit von Objekten nach der L_1- und der L_2-Norm

reitung häufig notwendigen Rotationen des Merkmalsraumes: Die in Abb. 105 (2) und (3) angedeuteten Eigenschaften erlauben es, den Merkmalsraum so aufzubereiten, daß eine möglichst sinnvolle Interpretation und Beschreibung der Cluster möglich ist. Von Nachteil ist die nicht vorhandene Skaleninvarianz (4), da mit der Wahl des Maßstabes die (Un-)Ähnlichkeit von Objekten präjudiziert wird. Die Maßstabswahl (einschließlich der Standardisierung von Merkmalen und ihrer eventuellen Gewichtung) kann daher nur unter Beachtung des jeweiligen Untersuchungsbereiches erfolgen. Praktisch gibt es allerdings kaum Hinweise, welche Datentransformation im konkreten Fall angemessen sein dürfte, so daß die Gefahr der Zerstörung tatsächlich vorhandener Punktewolken bzw. deren künstliche Schaffung groß ist.

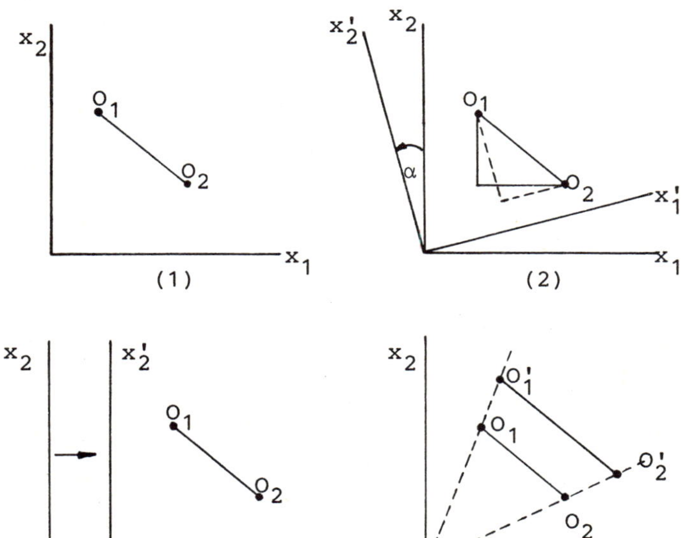

Abb. 105: Eigenschaften der Euklid-Distanz

Als Vorteil der Euklid-Distanz ist die leichte Überführung des Maßes in Quadratsummen und Varianzen zu nennen, die häufig als Optimalitätskriterien zur Clusterbildung mit disjunkten iterativen Verfahren eingesetzt werden [Vgl. *Wendt* (1975) 50f]:

Die quadrierte Euklid-Distanz zwischen einem beliebigen Element j im Merkmalsraum und dem Schwerpunkt ($\bar{x}$) der Punktekonfiguration ist definiert als:

$$(I.1) \quad d_{j\bar{x}}^2 = \sum_{i=1}^{m} (x_{ij} - \bar{x}_i)^2$$

$$\text{mit } \bar{x}_i = \frac{1}{n} \sum_{j=1}^{n} x_{ij}$$

Merkmale: $i = 1, \ldots, m$

Werden die Euklid-Abstände aller Elemente vom Schwerpunkt summiert, so folgt:

$$(I.2) \quad \sum_{j=1}^{n} d_{j\bar{x}}^2 = \sum_{j=1}^{n} \sum_{i=1}^{m} (x_{ij} - \bar{x}_i)^2$$

Die Varianz s_i^2 eines Merkmals i ist:

$$(I.3) \quad s_i^2 = \frac{1}{n-1} \sum_{j=1}^{n} (x_{ij} - \bar{x}_i)^2$$

Elemente $j = 1, \ldots, n$

Summiert man die Varianzen aller Merkmale dann erhält man

$$(I.4) \quad \sum_{i=1}^{m} s_i^2 = \frac{1}{n-1} \sum_{i=1}^{m} \sum_{j=1}^{n} (x_{ij} - \bar{x}_i)^2$$

Daraus folgt:

$$(I.5) \quad \sum_{j=1}^{n} d_{j\bar{x}}^2 = (n-1) \sum_{i=1}^{m} s_i^2$$

Diese Relation gilt für die Gesamtvarianz, die Zwischengruppenvarianz und die gruppeninterne Varianz.

Da der Euklid-Abstand nur in orthogonalen Räumen berechnet werden darf (ansonsten gehen korrelierende Merkmale mehrmals in die Ähnlichkeitsberechnung ein [Vgl. zweites Kapitel B.II.]), wird häufig eine FA oder HKA vorgeschaltet, die den ursprünglichen Merkmalsraum in einen orthogonalen Raum überführen.

Dennoch gehen die Korrelationen der m ursprünglichen Segmentierungsmerkmale in die Faktoren bzw. Hauptkomponenten ein. Somit wird auch die Varianz der nun orthogonalen Dimensionen durch die Merkmalsinterkorrelationen berührt und daher erhalten überrepräsentierte Faktoren stärkeres Gewicht. Implizite Gewichtungen aufgrund korrelierender Merkmale lassen sich daher nur ausräumen, wenn die Dimensionen des neuen Merkmalsraumes ebenfalls standardisiert werden (Mittelwert 0, Varianz 1).Berücksichtigt man, daß dadurch eine Veränderung der Punktekonfigurationen erfolgt, wobei sich das Problem verschärft, wenn statt m Merkmale nur noch d Hauptachsen zur Beschreibung der Bedarfsträger verwendet werden, so stehen den Vorteilen derartiger Prozeduren auch wesentliche Nachteile gegenüber [Vgl. *Vogel* (1975) 62 ff].

Einen positiven Effekt übt die Orthogonalisierung und Achsenstandardisierung dann aus, wenn die Korrelationsmatrix der Gesamtheit und die der (noch zu suchenden) Klassen identisch sind, daß in diesem Falle durch die FA bzw. HKA sowohl die Korrelationen in der Gesamtheit als auch in den Klassen beseitigt werden [Vgl. jedoch auch die Ausführungen im zweiten Kapitel B.IV.]. Das kann allerdings nicht überprüft werden, da die Klassen noch nicht bekannt sind.

Die Beseitigung unerwünschter Gewichtung von Merkmalsinterkorrelationen kann auch durch Berechnung der Mahalanobis-Distanz erfolgen [*Mahalanobis* (1925) 301 ff]:

(I.6) $$D_{ij}^2 = (x_i - x_j)' \, C^{-1} \, (x_i - x_j)$$

D_{ij}^2 = Mahalanobis-Distanz
$(x_i - x_j)$ = Vektor der Objektdifferenzen bei m Merkmalen
C^{-1} = Inverse der Dispersionsmatrix (Korrelations- bzw. Varianz-Kovarianz-Matrix) der m Merkmale

Die Mahalanobis-Distanz ist gegenüber dem Euklid-Abstand zusätzlich noch skaleninvariant und berücksichtigt Korrelationen zwischen den Merkmalen [Vgl. auch die Ausführungen zur MDA im Hinblick auf die Auswahl von Segmentierungsmerkmalen]. Sind die Merkmale standardisiert und unkorreliert, dann wird $C^{-1} = E$ und D_{ij} entspricht der quadrierten Euklid-Distanz. M. a. W.: Die Berechnung der Mahalanobis-Distanz aus den m ursprünglichen Merkmalen hat denselben Effekt wie eine Orthogonalisierung der Merkmale mittels HKA und anschließender Normierung der Hauptkomponenten. Für sie gelten damit die gleichen Bedenken, die hinsichtlich dieser Datentransformation vorgebracht wurden. Hinzu kommt, daß eine vorherige HKA und anschließende Berechnung der Euklid-Distanz aus rechentechnischen Gründen vorteilhafter ist.

Die City-Block-Metrik hat, wie alle nichteuklidischen Metriken, gegenüber der Euklid-Distanz den Nachteil, daß sie nicht rotationsinvariant ist (Vgl. Abb. 106).

Dagegen wirken sich bei ihr mangelnde Normalverteilung, unterschiedliche Meßeinheiten und unterschiedliche Varianzen der Merkmale nicht so stark aus wie bei der L_2-Norm, da die Differenzen nicht quadriert werden.

Mitunter wird als Ähnlichkeitsmaß metrischer Merkmale auch der Produktmoment-Korrelationskoeffizient zwischen den Objekten bzw. Individuen vorgeschlagen. Hierdurch wird nur die »Verlaufsgestalt« von Personen- bzw. Objektprofilen berücksichtigt [Vgl. u. a. die Ausführungen bei *Sodeur* (1974) 96 f und dort zitierte Literatur]. Z. B.: Zwei Personen, die sich in der absoluten Höhe der Merkmalsausprägungen (Profilhöhe) sehr wohl unterscheiden (z. B. Verwendungsintensität, Einstellungs-Score etc.), aber bei den m Merkmalen die gleichen Schwankungen aufweisen, werden als identisch angenommen (Abb. 107).

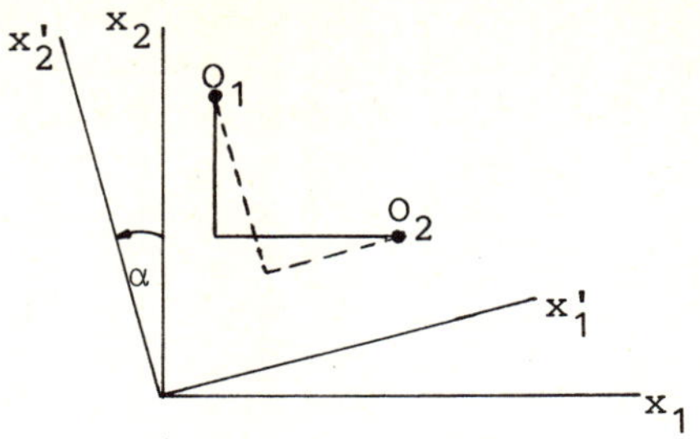

Abb. 106: Auswirkung orthogonaler Rotation auf die L_1-Norm

Neben der Mittelwertbereinigung kommt es bei der Berechnung von r_{AB} auch zur Beseitigung von Streuungsunterschieden: Es erfolgt eine spaltenweise Normierung der Daten, d. h. für jede Person über alle m Merkmale hinweg.

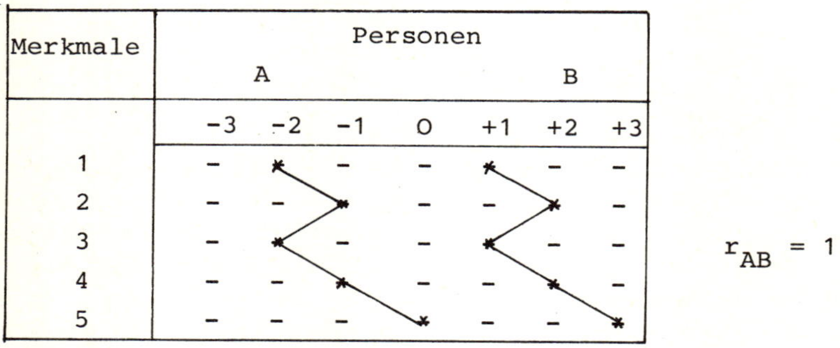

Abb. 107: Ähnlichkeit anhand der Produktmoment-Korrelation zweier Profile

Damit wird die *Q-Faktorenanalyse*, die von der Interkorrelationsmatrix der Personen über die Variablen ausgeht, suspekt, denn das vorliegende Datenmaterial (Einkaufsmengen, Einstellungsunterschiede etc.) erlaubt diese Standardisierung nicht, da dadurch Segmentunterschiede verwischt werden. Versucht man zudem, die Q-Faktoren als Segmente zu interpretieren, denen die Individuen aufgrund hoher Faktorladungen zuzuordnen sind, dann ergeben sich zudem Schwierigkeiten, wenn der Q-Faktorenraum sich nicht zu einer signifikanten Einfachstruktur rotieren läßt. Diese Einfachstruktur wäre nur dann gegeben, wenn die Individuen bei nur einem Q-Faktor hohe, bei allen anderen Faktoren jedoch niedrige Ladungen aufweisen würden [Zu den hier nicht behandelten Problemen der Q-FA zur Segmentbildung vgl. u. a. *Cronbach/Gleser* (1953) 456 ff; *Baumann* (1971) 171 ff].

Die hier skizzierten metrischen Distanz- bzw. Ähnlichkeitsmaße mögen genügen. Hinsichtlich anderer Maße sei auf die Literatur verwiesen [Vgl. *Bock* (1974) 35 ff; *Anderberg* (1973) 98 ff; *Duran/Odell* (1974) 3 ff].

Die bisherige Diskussion zur Wahl des Ähnlichkeitsmaßes für die Segmentierung von

Abnehmergesamtheiten zeigte, daß selbst für den Fall metrisch skalierter Merkmale die Suche nach natürlichen Segmenten aufgrund der multivariaten Verteilung der Abnehmer im Merkmalsraum problematisch bleibt.

Die genannten Probleme spielen nur dann kaum eine Rolle, wenn im Merkmalsraum deutlich voneinander separierte Marktsegmente liegen. Die »richtigen« Segmente werden dann in nahezu allen Fällen gefunden. Allerdings ist das im Merkmalsraum der potentiellen und tatsächlichen Abnehmer von Konsumgütern nach bisherigen Ergebnissen relativ selten der Fall.

II. Ähnlichkeits- und Distanzmaße bei nichtmetrischen Segmentierungsmerkmalen

Bei Ordinal-Daten wird entweder eine Transformation in metrisches Skalenniveau oder eine Dichotomisierung vorgenommen [Vgl. zweites Kapitel B.I.3. Hinsichtlich der dabei auftretenden Gewichtungsproblematik vgl. ebenda sowie *Vogel* (1975) 73 ff]. Ist der Anteil der ordinal skalierten Merkmale an der Gesamtzahl der Merkmale gering, so werden in der Praxis unmittelbar die für metrische Merkmale zulässigen Distanzmaße berechnet.

Bei dichotomen Merkmalen kann ebenfalls die Euklid-Distanz berechnet werden, da die binären Merkmale einen m-dimensionalen Raum aufspannen, in dem die Elemente die 2^m Eckpunkte besetzen können [Vgl. hierzu *Vogel* (1975) 104 ff]. Häufiger werden jedoch die sog. *Matching-Koeffizienten* ermittelt [Vgl. *Sokal/Sneath* (1963) 125 ff; *Anderberg* (1973) 114 ff; *Bock* (1974) 48 ff; *Sodeur* (1974) 101 ff]: Die Ähnlichkeit zweier Elemente wird bei binären Merkmalen durch die Anzahl der Übereinstimmungen bzw. Nichtübereinstimmungen bei den m Merkmalen gemessen. Entweder sind zwei Bedarfsträger bei einem Merkmal (z.B. Geschlecht) einander gleich (0,0 bzw. 1,1) oder ungleich (0,1 bzw. 1,0). Der Vergleich zweier Elemente über alle m Merkmale wird dabei durch Ermittlung der Häufigkeit durchgeführt, mit der die vier Fälle auftreten.

Dieser Sachverhalt läßt sich durch eine 2 × 2 Kontingenztafel abbilden (Vgl. Abb. 108).

Werden Besitz und Nichtbesitz von Eigenschaften gleich gewichtet, so ergibt sich als Ähnlichkeitsmaß die Summe der Übereinstimmungen dividiert durch die Gesamtzahl der Merkmale (M-Koeffizient, Simple Matching Coefficient [Vgl. *Sokal/Sneath* (1963) 129 sowie *Vogel* (1975) 93 ff]):

$$\text{(II.1)} \quad s_{jk} = \frac{a+d}{m} = 1 - \frac{b+c}{m}$$

$0 \leq s_{jk} \leq 1$

Je näher s_{jk} an 1 heranreicht, desto ähnlicher sind sich zwei Elemente.

Element k / Element j	0 Nichtbesitz der Eigenschaft i	1 Besitz der Eigenschaft i	Zeilensumme
0 Nichtbesitz der Eigenschaft i	a	b	a + b
1 Besitz der Eigenschaft i	c	d	c + d
Spaltensumme	a + c	b + d	a + b + + c + d = m

Abb. 108: Kontingenztabelle zur Berechnung von Ähnlichkeitskoeffizienten

Die Anwendung dieses Koeffizienten ist nur sinnvoll, wenn Besitz und Nichtbesitz eines Merkmals den gleichen Informationsgehalt haben (z.B. männlich 1, weiblich 0). Will man z.B. den Besitz eines Merkmals stärker oder schwächer gewichten, so ordnet man den übereinstimmenden Komponenten das Gewicht ($0 < \mu < 1$) und den nicht übereinstimmenden das Gewicht $1 - \mu > 0$ zu [Nach *Bock* (1974) 52f]:

$$\text{(II.2)} \quad s_{jk} = \frac{\mu(a+d)}{\mu(a+d) + (1-\mu)(b+c)}$$

$0 \leq s_{jk} \leq 1$

Für $\mu = \frac{1}{2}$ folgt der M-Koeffizient.

Verbreitet ist auch der Matching-Koeffizient von *Jaccard* bzw. *Sneath*, bei dem die übereinstimmenden Null-Komponenten (a) außer acht bleiben [Zitiert nach *Vogel* (1975) 96]:

$$\text{(II.3)} \quad s_{jk} = \frac{d}{d+b+c}$$

$0 \leq s_{jk} \leq 1$

Gegen die Nichtberücksichtigung der negativen Übereinstimmung (0,0) und gegen die Gewichtung gibt es einige Argumente [Vgl. hierzu die Diskussion bei *Vogel* (1975) 99ff]: Hierdurch wird eine kaum übersehbare Willkür in die Klassifikationsergebnisse hineingetragen. Durch die unterschiedliche Gewichtung von Übereinstimmung und Nichtübereinstimmung werden Merkmale mit einem größeren Anteil an z.B. positiven Übereinstimmungen stärker berücksichtigt, wodurch die Segmente wiederum »erzeugt« bzw. »zerstört« werden können. Der Extremfall der Gewichtung, nämlich die Nichtberücksichtigung der Null-Komponenten hat ähnliche Folgen, wobei zudem der Wert a in (II.3) auch im Nenner fehlt, so daß die Ähnlichkeit von Objekten aufgrund von Merkmalen berechnet wird, die hinsichtlich der Anzahl und Inhalte variieren.

Anzumerken ist schließlich, daß auch bei binären Merkmalen die Merkmalsinterkorrelationen kaum eindeutig gehandhabt werden können. Während manche Autoren ein der Mahalanobis-Distanz ähnliches Maß vorschlagen, befürworten andere die Elimination hochkorrelierender Merkmale bis auf einen Vertreter.

III. Lösungswege bei unterschiedlichen Skalenniveaus der Merkmale

Ist der Anteil der nichtmetrischen Merkmale gering, so werden sie nur als »passive« Variablen verwendet, und die Ähnlichkeit der Elemente wird lediglich anhand der metrischen Merkmale berechnet. Im Verlauf der Arbeit wurden verschiedene Transformationsmethoden skizziert, die angewandt werden können, um die Anzahl der nichtmetrischen Merkmale niedrig zu halten. Ist der Anteil der binären Segmentierungsvariablen jedoch hoch, verfährt man umgekehrt, d.h. man berechnet nur Matching-Koeffizienten anhand der nichtmetrischen Merkmale.

Daneben bleibt die Möglichkeit einer Dichotomisierung aller Variablen, wobei eine ungewollte Gewichtung durch Wahl eines geeigneten Matching-Koeffizienten zu beseitigen ist. Auf ähnliche Weise geht *Rubin* vor, der aber die in den quantitativen Merkmalen enthaltenen Informationen weitgehend einbezieht [Nach *Bock* (1974) 74].

Er wählt für die Entscheidung, ob bei einer gegebenen Distanz d_{ij} zwischen zwei Objekten beide als »ähnlich« bzw. »unähnlich« einzustufen sind, zwei Schranken

$$\Delta_2 \geqq \Delta_1 \geqq 0$$

Ist $d_{ij} \leqq \Delta_1$, so gelten die Objekte als ähnlich, ist $d_{ij} > \Delta_2$, so werden sie als unähnlich bezeichnet. Die Zahl der übereinstimmenden Merkmale zweier Objekte ist dann:

$$\text{(III.1)} \quad u = \left| \begin{array}{l} \text{Anzahl der übereinstimmen-} \\ \text{den nominalskalierten Kom-} \\ \text{ponenten der Vektoren } x_i \text{ und} \\ x_j \end{array} \right| + \left| \begin{array}{l} \text{Anzahl der metrisch skalierten} \\ \text{Komponenten von } x_i \text{ und } x_j \\ \text{mit } x_{ik} - x_{jk} \leq \Delta_1 \end{array} \right|$$

Die Ähnlichkeit zweier Objekte folgt dann aus

$$\text{(III.2)} \quad s_{ij} = \frac{u}{m}$$

Kritisierbar ist dabei die Festlegung der Schranken Δ_1 und Δ_2.

Schließlich kann man für die verschiedenen Skalenniveaus getrennt Ähnlichkeitskoeffizienten berechnen und die Gesamtähnlichkeit als gewichteten Mittelwert ermitteln [Vgl. *Gower* (1971) 857 ff].

Gleichgültig welchen Weg man einschlägt, es wird hierdurch eine a priori-Entscheidung über die letztlich gefundenen Segmente gefällt. Läßt man Merkmale weg, so wird ebenso eine andere Struktur resultieren wie bei einer Dichotomisierung oder bei der Berechnung gemischter Ähnlichkeitskoeffizienten. Ein Weg scheint deshalb der, mehrere parallele CA mit den verschiedenen Maßen durchzuführen. Bei sehr starken Unterschieden der Resultate steht man vor der nahezu hoffnungslosen Situation, sich für ein Ergebnis entscheiden zu müssen. In diesem Falle kann die relativ beste Lösung möglicherweise durch zusätzliche Beschreibung der Cluster mit passiven Variablen gefunden werden.

C. (Un-)Ähnlichkeit und Homogenität von Marktsegmenten

Für die Marktsegmentierung ist es wünschenswert, homogene Marktsegmente zu finden, die sich untereinander möglichst stark unterscheiden. Um die Einhaltung dieser Forderung überprüfen zu können, werden Meßzahlen benötigt, die die Ähnlichkeit bzw. Distanz von Clustern und die clusterinterne Homogenität anzeigen.

Werden metrische Merkmale verwendet, (nur dieser Fall soll im weiteren verfolgt werden [Vgl. *Bock* (1974) 82]) dann wird die Distanz wischen Clustern im allgemeinen als Euklid- oder City-Block-Distanz zwischen den Gruppenzentroiden berechnet. Sind die metrischen Merkmale korreliert, so kann die Mahalanobis-Distanz zwischen den Zentroiden ermittelt werden. Gebräuchlich ist auch die mittlere Distanz für alle Paare, die aus je einem Punkt der beiden Cluster gebildet werden oder einfach die Distanz zwischen den beiden am weitesten bzw. am nächsten liegenden Objekten zweier Cluster [Hinsichtlich der Maße für qualitative Merkmale, insbesondere Entropiemaße, sei auf *Vogel* (1975) 150ff hingewiesen]. Auch hier hängt die Wahl des Kriteriums eng mit der Punktekonfiguration und der Problemstellung zusammen. Es läßt sich zeigen, daß je nach Konfiguration das eine oder das andere Maß bessere Ergebnisse liefert. Hierauf kann an dieser Stelle nicht eingegangen werden. In praktischen Analysen ist es zudem nicht immer offensichtlich, wie die Punktekonfiguration in etwa aussieht und welches Maß damit am sinnvollsten ist.

Als häufig benutztes Homogenitätsmaß von Clustern ist der quadrierte Abstand der Elemente eines Clusters von ihrem Zentroid zu nennen:

$$(C.1) \quad QS_{in}^{k} = \sum_{j=1}^{n_k} \sum_{i=1}^{m} (x_{ijk} - \bar{x}_{ik})^2$$

QS_{in}^{k} = Interne Quadratsumme des Clusters k
j = $1, \ldots, n_k$ Elemente des Clusters k
i = $1, \ldots, m$ Segmentierungsmerkmale
$\bar{x}_{ik}$ = Mittelwert des Merkmals i in der Gruppe k
x_{ijk} = Wert des Merkmals i für Element j in der Gruppe k

Dividiert man QS_{in} durch die Anzahl der Elemente, vermindert um einen Freiheitsgrad, so erhält man die empirische Varianz der Gruppe k

$$(C.2) \quad s_k^2 = \frac{QS_{in}^{k}}{n_k - 1}$$

Sie stellt nichts anderes dar als die Summe der eindimensionalen Varianzen über alle Dimensionen. Eine »kleine« QS_{in} bzw. s_k bedeutet demnach hohe Homogenität der

Punktwolke. Mitunter wird auch die größte Distanz zwischen zwei Elementen eines Clusters als Homogenitätsindikator vorgeschlagen [Vgl. auch die Übersicht bei *Bock* (1974) 91 ff].

Zu den an Gruppenzentroiden orientierten Abstandsmaßen zwischen Clustern resp. den an ihnen orientierten Homogenitätsmaßen ist anzumerken, daß sie nur dann sinnvollerweise zu berechnen sind, wenn die Zentroide auch tatsächlich im Zentrum einer dicht mit Punkten besetzten Region liegen. Bestehen »Punktwolkenentartungen« (z.B. halbkreisförmig), dann liegt das Zentroid u.U. sogar außerhalb des Clusters, den es repräsentieren soll und für die Homogenität bzw. Unterschiedlichkeit von Clustern sind andere Kriterien anzuwenden.

D. Optimalitätskriterien zur Segmentbildung

Da die im Merkmalsraum positionierten Bedarfsträger auf vielfache Art und Weise zu Segmenten zusammengefaßt werden können, benötigen die CA-Algorithmen Kriterien, die angeben, welches Resultat am zweckmäßigsten ist. Als Indikatoren für das beste Ergebnis wird in der Literatur eine große Zahl von Optimalitätskriterien vorgeschlagen, wobei bei metrischen Maßen zumeist das Varianzkriterium empfohlen wird [Vgl. u.a. *Vogel* (1975) 200f]. Als CA-Verfahren, die ein globales Varianzmaß zu optimieren suchen, sind die iterativen disjunkten Methoden zu nennen.

Hierarchische (nicht-iterative) Verfahren greifen zur Klassenbildung Distanzen (bzw. Ähnlichkeiten) zwischen den einzelnen Objekten auf.

Im folgenden werden einige aus der Varianzanalyse abgeleitete globale Zielkriterien der CA diskutiert. Ein weitverbreitetes Kriterium ist die Zielsetzung der Minimierung der gesamten internen QS_{in} (bzw. Varianz) [Vgl. auch *Bock* (1974) 162] über alle Gruppen hinweg:

$$(D.1) \quad QS_{in} = \sum_{k=1}^{q} QS_{in}^{k} \rightarrow \text{Min!}$$

Da die Gesamtquadratsumme in gruppeninterne und -externe QS zerfällt, ist die Forderung nach Maximierung der externen Gesamtquadratsumme äquivalent zu (D.1).

Das Zielkriterium (D.1) reicht jedoch noch nicht aus, um die optimale Segmentierung zu finden. Es geht immer nur von einer gegebenen Klassenanzahl aus und berechnet hierfür die beste Lösung. Hat man keine a priori-Vorstellung über die gesuchte Struktur, so bleibt die Möglichkeit, für die Segmentanzahl verschiedene Werte vorzugeben und den dafür optimalen Wert von (D.1) zu berechnen. Die Höhe der gesamten internen Quadratsumme nimmt mit steigender Klassenzahl ab und erreicht ihr absolutes Minimum, wenn jedes Element als Cluster aufgefaßt wird [Vgl. *Sodeur* (1974) 126 sowie *Opfer* (1975) 83].

Die Schwierigkeit zur Bestimmung der angemessenen Clusterzahl liegt darin, daß selbst bei stärkerer Aufteilung als es bei der vorliegenden »natürlichen« Gruppierung sinnvoll ist, die QS_{in} weiterhin monoton fällt. Mitunter ergibt sich die glückliche Situation, daß die interne Varianz bzw. QS_{in} bei weiterer Aufteilung nur noch sehr langsam sinkt. Der Knick deutet dann die brauchbarste Clusterzahl an [Hier liegt der gleiche Grundgedanke wie beim Scree-Test der HKA bzw. FA und der Dimensionsbestimmung bei der NMDS nach dem Streßmaßverlauf vor. Allerdings ist eine derartige Suche nach der »richtigen« Segmentzahl aufwendig].

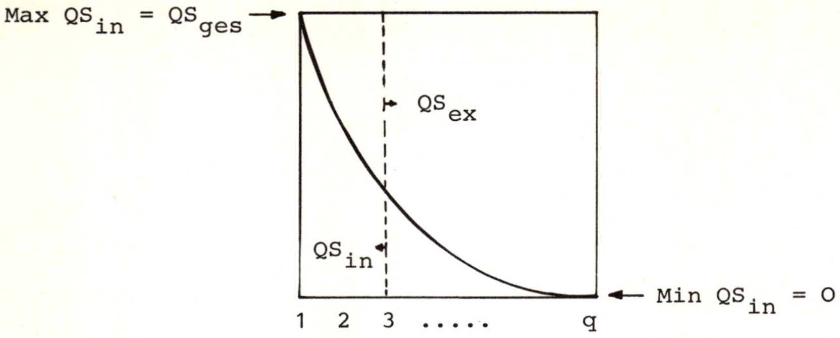

Abb. 109: Interne Heterogenität als Funktion der Clusteranzahl [Quelle: *Opfer* (1975) 83]

Das auf der Euklid-Metrik beruhende Varianzkriterium in (D.1) ist nur bei unkorrelierten Merkmalen anwendbar und wenn die Unähnlichkeiten der Elemente mit der Euklid-Distanz berechnet wurden [Dieser Punkt wird selbst bei großen Typologieversuchen nicht beachtet. So wird bei den Typologien »Unternehmen Haushalt« vom Verlag Gruner & Jahr sowie »Concepte« vom Axel-Springer-Verlag bei der Unähnlichkeit der Elemente die City-Block-Metrik angewandt, bei der Suche nach der besten Partition mittels disjunkter Clusterverfahren jedoch das Varianzkriterium verwendet].

Um ein dem Varianzkriterium analoges Maß auch bei korrelierten Merkmalen und bei nicht-euklidischen Distanzen einsetzen zu können, muß ein anderer Weg zur Formulierung des Optimalitätskriteriums beschritten werden.

Zunächst errechnet man bei m Merkmalen die m x m-Dispersionsmatrizen (im Unterschied zu den auf den Euklid-Distanzen zwischen Elementen beruhenden QS in (D.1) beruht die Dispersionsmatrix auf den Differenzen der Merkmale).

Für die Gesamtdispersionsmatrix (G) gilt:

$$\text{(D.2)} \quad G = \begin{bmatrix} QS_{11}^{ges} & QS_{12}^{ges} & \cdots\cdots & QS_{1m}^{ges} \\ \vdots & & & \vdots \\ QS_{m1}^{ges} & QS_{m2}^{ges} & \cdots\cdots & QS_{mm}^{ges} \end{bmatrix}$$

Die Beziehungen zwischen der Gesamtdispersion (G), der Zwischengruppendispersion (Z) und der gruppeninternen Dispersion (I) ist $G = Z + I$.

Da es sich pro Matrix um $m(m-1)/2$ verschiedene QS handelt, muß als Zielkriterium aus den Matrizen eine skalare Größe abgeleitet werden. Je nach der Vorgehensweise unterscheidet man Determinantenkriterien und Spurkriterien [Vgl. im folgenden *Bock* (1974) 185 ff; *Vogel* (1975) 203 ff und die dort zitierte Literatur]. Bei den Determinantenkriterien wird verlangt:

$$\text{(D.3)} \quad |I| \rightarrow \text{Min! bzw. } |Z| \rightarrow \text{Max!}$$

Die Determinante der gruppeninternen (gruppenexternen) Dispersionsmatrix soll minimiert (maximiert) werden. Gesucht werden dadurch Aufteilungen, die möglichst homogene Gruppen bringen.

Äquivalent hierfür ist auch die Forderung:

(D.4) $\frac{|G|}{|I|} \rightarrow$ Max! bzw. $|E + I^{-1} Z| \rightarrow$ Max!

Der Vorteil der Determinantenkriterien liegt darin, daß sie Merkmalsinterkorrelationen berücksichtigen (vgl. z.B. I^{-1} Z in (D.4) mit der Errechnung der Eigenwerte in der multiplen DA!). Doch ist die Berechnung des Optimalitätskriteriums für eine gegebene Partition nach (D.4) recht aufwendig (wegen der Berechnung von I^{-1}), so daß bei korrelierten Merkmalen das geeignetste varianzanalytische Gütekriterium die Minimierung von $|I|$ darstellt.

Hier gilt die gleiche Kritik, wie sie hinsichtlich der Mahalanobis-Distanz zur Berechnung von Unähnlichkeiten zwischen Elementen angebracht wurde: Es wird vorausgesetzt, daß die Punktewolken im Merkmalsraum gleichartige Ellipsoide mit parallel ausgerichteten Achsen bilden (d.h. die Dispersionsmatrizen der Gruppen müssen gleich sein, da bei allen Gruppen die Korrelationen einheitlich beseitigt werden).

Nach einem anderen Vorschlag soll eine Klasseneinteilung der Elemente bei gegebener Klassenzahl gewählt werden, bei der gilt:

(D.5) $\frac{\text{Spur } Z}{\text{Spur } I} \rightarrow$ Max bzw. Spur $(I^{-1} Z) \rightarrow$ Max!

Das Kriterium hat denselben Effekt wie die Determinantenkriterien. Es berücksichtigt die Merkmalsinterkorrelation (I^{-1}) und unterstellt ähnliche Dispersionsmatrizen in den Gruppen. Da (D.3) einfacher zu berechnen ist, wird man (D.5) i.d.R. nicht als globales Gütekriterium verwenden. Als weiteres Spurkriterium wird empfohlen:

(D.6) Spur I $\rightarrow$ Min! Spur Z $\rightarrow$ Max!

Dadurch wird die Minimierung der gruppeninternen Varianzen der m Merkmale gefordert. Während die bisher benannten Kriterien (D.3) bis (D.5) sich an der Mahalanobis-Distanz orientieren, werden bei (D.6) Euklid-Distanzen, d.h. aber auch unkorrelierte Merkmale, unterstellt. Der Beweis hierfür stammt von *Friedman/Rubin* [Vgl. *Friedman/Rubin* (1967) 1163]. Demnach gilt:

$$\text{(D.7)}\quad \text{Spur } I = \sum_{k=1}^{q} \frac{1}{n_k} \sum_{j,l=1}^{n_k} \underbrace{\sum_{i=1}^{m} (x_{ijk} - x_{ilk})^2}_{d_{jl}^2} = \sum_{k=1}^{q} \sum_{j=1}^{n_k} \underbrace{\sum_{i=1}^{m} (x_{ijk} - x_{ik})^2}_{d_{j\bar{x}}^2}$$

Segmente	k	$= 1,\ldots,q$
Segmentumfang	nk	
Objekte in Segment k	j, l	$= 1,\ldots,n_k;\ j \neq l$
Quadrierte Euklid-Distanz zwischen j und l	d_{jl}^2	$= \sum_{i=1}^{m} (x_{ijk} - x_{ilk})^2$

Quadrierte Distanz zwischen j und Gruppenzentroid $\bar{x}_k$ $\quad d^2_{j\bar{x}} = \sum_{i=1}^{m} (x_{ijk} - \bar{x}_{ik})^2$

Das Spurkriterium (D.6) minimiert daher die durch die quadrierten Euklid-Distanzen zwischen den Elementen der Cluster hervorgerufene interne Varianz bzw. es minimiert die durch die quadrierten Euklid-Distanzen zwischen Elementen der Cluster und ihren Zentroiden hervorgerufene interne Varianz. Liegt kein orthogonaler Merkmalsraum vor, so kann der Gedanke des Varianzkriteriums analog auf nichteuklidische Distanzen (z.B. City-Block-Metrik) übertragen werden, indem die Distanzen nicht quadriert werden [Vgl. *Friedman/Rubin* (1967) 1163]:

(D.8) $$\sum_{k=1}^{q} \frac{1}{n_k} \sum_{j,l=1}^{n_k} d_{ijk}$$

Auch hier zeigt es sich, daß die CA kein Allheilmittel für eine zweckmäßige Segmentbildung bietet. Selbst wenn der Struktur des Merkmalsraums durch adäquate (Un-) Ähnlichkeitsmaße zwischen den Elementen und durch angemessene Optimalitätskriterien Rechnung getragen wird, steht man vor ungelösten Problemen:

- Für wieviele alternative Klassenzahlen soll das Optimalitätskriterium berechnet werden?
- Wie ist vorzugehen, wenn bei zunehmenden Klassenzahlen das Optimalitätskriterium gleichmäßig monoton fällt?
- Wie soll der konkrete Lösungsweg aussehen, da bei realistischen Problemen nicht bei jeder Klassenzahl eine vollständige Enumeration aller möglichen Partitionen erfolgen und der zugehörige Wert des Zielkriterium berechnet werden kann? Heuristische Verfahren erbringen jedoch i. d. R. nur suboptimale Partitionen innerhalb der Klassenzahl k.
- Selbst wenn in bezug auf das jeweils vorgegebene Zielkriterium das Optimum bei jeder Klassenzahl und schließlich auch die optimale Anzahl der Segmente gefunden wurde, so ist die Lösung nur optimal im Hinblick auf das Zielkriterium. Das heißt noch lange nicht, daß auch die günstigste Marktsegmentanzahl gefunden wurde. Selbst bei prognostischer Relevanz der Segmentpositionen im Merkmalsraum könnte eine andere Segmentbildung und anschließende Bearbeitung sinnvoller sein, da die Kosten der Erreichbarkeit hierfür geringer sind. Die Einbeziehung von Kostenüberlegungen in die Clusterbildung scheitert einerseits an den fehlenden Informationen und andererseits an der Vermengung statistischer Kriterien und Kostengrößen [Vgl. auch die Ausführungen im Rahmen der AID-Technik in dieser Arbeit].

E. Gruppierungsverfahren

I. Zur Wahl der Clusteranalyseverfahren für die Marktsegmentidentifikation

Die hohe Variablenzahl und die umfangreiche Stichprobe hat Konsequenzen für die Auswahl brauchbarer Gruppierungsmethoden [Vgl. *Freitag* (1972) 122f].

Monothetische Verfahren [Vgl. *Vogel* (1975) 210ff], bei denen die Personen nur dann in einem Segment zusammengefaßt werden, wenn sie bei allen Merkmalen identische Werte aufweisen, hätten eine unübersehbare Segmentanzahl zur Folge (z.B. führen 6 binäre Merkmale schon zu 64 Segmenten). *Es bleiben nur polythetische Verfahren, die Verbraucher mit relativ ähnlichen Merkmalsausprägungen zusammenfassen.*

Teilt man die polythetischen Verfahren in hierarchische und nicht-hierarchische Verfahren ein [Zu den hierarchischen Verfahren vgl. z.B. *Johnson* (1967) 241ff; *Constantinescu* (1967) 93ff; *Howard/Harris* (1966). Einen Überblick vermitteln *Vogel* (1975) 234ff; *Bock* (1974) 356ff; *Bijnen* (1973) 30ff], so ist der Anwendungsspielraum der ersteren begrenzt [Das *Howard/Harris*-Programm zur hierarchischen Klassifikation kann maximal 16 Variable und 120 Elemente verarbeiten. Beim Programm von *Johnson* liegt die Obergrenze bei 75 Elementen. Vgl. auch *Carroll* (1973) 368 und 371]. Ihnen kommt eine gewisse Bedeutung zu, um erste Anhaltspunkte für die Marktstruktur zu gewinnen, wobei mit kleinen Stichproben gearbeitet werden kann. Auch eine Ausweitung des Stichprobenumfangs durch Heranziehung externer Speicher (Magnetplatten, Bänder) ist nur begrenzt möglich und führt zu relativ langen Rechenzeiten [Vgl. z.B. den »Sorted Matrix Approach« bei *Anderberg* (1973) 149f].

Bei realistischen Marktsegmentierungsproblemen sind daher nur die nicht-hierarchischen Verfahren anwendbar [25].

- Nach dem Lösungsverfahren unterscheidet man zwischen Verfahren, die das globale Optimum suchen (vollständige Enumeration, lineare und nichtlineare Programmierung) und heuristischen Verfahren [26] (die i.d.R. nur Suboptima liefern). *Aufgrund der großen Variablen- und Personenstichprobe sind nur heuristische Ansätze anwendbar.* Die Praxis bevorzugt iterative Klassifikationsverfahren, denn sie haben den Vorteil, daß sie eine gegebene Partition durch Reallokation von Elementen zu anderen Klassen zu verbessern suchen.
- Nach dem Zielkriterium lassen sich nicht-hierarchische iterative Verfahren in solche einteilen, die durch ein globales Gütekriterium gesteuert werden (z.B. die Varianzkriterien) und jene Ver-

[25] Die oben erwähnten Medientypologien arbeiten durchweg mit nicht-hierarchischen Verfahren. Die Bedeutung hierarchischer Verfahren wird durch Pilotstudien in der Marketing-Forschung heraufgespielt. Nicht selten wird dort mit Stichproben um die 50 Vpn gearbeitet, denen hierarchische Verfahren noch gewachsen sind, und es werden aus Gründen der Didaktik und des Demonstrationseffekts Dendrogramme präsentiert, um das Problem der angemessenen Segmentanzahl zu visualisieren. Aus Repräsentanzüberlegungen zeigt sich die Unzulässigkeit, bei Segmentbesetzungen zwischen einer bis 15 Vpn Überlegungen für den Gesamtmarkt anstellen zu wollen.

[26] Vgl. hierzu *Bock* (1974) 181ff; *Duran/Odell* (1974) 32ff. Anzumerken ist zudem, daß Verfahren der nichtlinearen Programmierung zur Clusteranalyse mitunter aufwendiger sind als die vollständige Enumeration. Nach *Späth* (1975) 60 und 62 ist die Maximalzahl der Elemente, die mit enumerativen Verfahren gruppiert werden können n = 50; bei NLP beträgt die Maximalzahl n = 100.

fahren, die nur ein aus dem globalen Gütekriterium abgeleitetes Hilfskriterium vorgeben (partielle Verfahren). Der Grund liegt in der erforderlichen Rechenzeit: Die Ermittlung des globalen Gütekriteriums (z.B. Spurkriterien) für alle überprüften Partitionen ist zu aufwendig. Da die partiellen Verfahren unübersehbare Mängel aufweisen, enthalten die neueren Methoden eine Mischstrategie [Vgl. *Vogel* (1975) 221]: In der iterativen Phase wird die Zuordnung von Elementen zu den Klassen durch partielle Kriterien gesteuert. Am Ende des Zyklus wird das globale Gütekriterium berechnet. Ist sein Wert besser als der, der sich bei vorangegangenen Iterationen ergab, beginnt ein neuer Iterationszyklus. Im anderen Falle ist anzunehmen, daß bereits ein Optimum gefunden wurde.

Als Fazit folgt, daß zur Marktsegmentsuche im m-dimensionalen Merkmalsraum nur heuristische Verfahren einsetzbar sind (und zwar im wesentlichen in der nicht-hierarchischen, iterativen Form), die entweder mit partiellen Optimalitätskriterien arbeiten oder eine Mischstrategie, beruhend auf partiellen und globalen Gütekriterien, verfolgen. Am sinnvollsten ist der letztgenannte Fall.

II. Nicht-hierarchische, iterative Clusterverfahren zur Identifikation von Marktsegmenten

Nach den Zielkriterien, die den Klassenbildungsprozeß steuern, lassen sich globale und partielle Verfahren unterscheiden [Zu nicht-hierarchischen, iterativen Verfahren vgl. *Bock* (1974) 218ff; *Vogel* (1975) 216ff; *Cormack* (1971) 321ff; *Lance/Williams* (1967) 271ff; *Späth* (1975) 35ff und die dort zitierte Literatur]: Globale Verfahren entscheiden über die Zuordnung von Elementen zu Klassen anhand des Wertes, den ein globales Optimalitätskriterium annimmt (z.B. eines der Spur- bzw. Determinantenkriterien); partielle Verfahren leiten aus den globalen Kriterien einfacher zu berechnende Hilfsgrößen ab, wodurch die Rechenzeit verkürzt wird. Nahezu alle iterativen Verfahren implizieren metrische bzw. metrisierte Merkmale. Die Forderung nach möglichst homogenen Segmenten wurde in diesem Falle anhand der aus dem Varianzkriterium abgeleiteten Spur- bzw. Determinantenkriterien operationalisiert. Je nach dem übergeordneten globalen Kriterium sind folgende partielle Kriterien üblich:

Entspricht der Struktur der Marktsegmente im Merkmalsraum das Spur-I-Kriterium (orthogonaler Merkmalsraum), so wird als partielles Kriterium der quadrierte Euklidabstand gewählt. Der Grund ist einsichtig, denn in diesem Falle bilden die Cluster »Hyperkugeln« im orthogonalen Raum. Die Forderung nach Varianzminimierung (entsprechend der Minimierung von Spur I) ist identisch mit der Forderung, daß die zu einem Segment gezählten Elemente möglichst nahe beim Zentroid liegen sollen (vgl. hierzu Gleichung (D.7)!).

Bilden die Marktsegmente aufgrund korrelierender Merkmale Ellipsoide im Merkmalsraum, so kann diese Struktur mittels der Determinantenkriterien bzw. dem Spur ($I^{-1}Z$)-Kriterium erfaßt werden. Als analoges partielles Maß kommt daher die Mahalanobis-Distanz in Betracht.

Trotz der unübersehbaren Fülle iterativer Verfahren weisen sie eine einheitliche Struktur auf, die hier kurzgefaßt wiedergegeben wird [Vgl. hierzu insbesondere *Vogel* (1975) 216 ff; *Sodeur* (1974) 143 ff]:

(1) In einer ersten Phase ist eine Startklassifikation zu erstellen.
(2) In der Iterationsphase sucht man die Startklassifikation zu verbessern.

ad (1):

Eine Möglichkeit besteht darin, die Elemente willkürlich auf die vorgegebene Klassenzahl k zu verteilen und anschließend die Zentroide zu berechnen. Diese dienen in der zweiten Stufe als Anhaltspunkte für die Reallokation der Elemente. Daneben können die Zentroide willkürlich vorgegeben werden, indem man zusätzlich k Punkte im Merkmalsraum unterbringt oder k Objekte aus der Stichprobe auswählt und die n bzw. n−k Elemente analog dem vorgegebenen partiellen Zuordnungskriterium auf die Zentroide verteilt. Mitunter wird auch vorgeschlagen, eine hierarchische Clusteranalyse mit einer kleinen Stichprobe aus den n Elementen durchzuführen. Dadurch lassen sich Hinweise auf die sinnvollsten Klassenzahlen gewinnen und bei gegebener Klassenzahl die Zentroide berechnen, denen die n Elemente anhand partieller Kriterien zuzuordnen sind.

Gegen die Bildung willkürlicher Ausgangsklassifikationen spricht, daß das Ergebnis des Suchprozesses und die Effizienz des Lösungsverfahrens von der Startpartition beeinflußt wird.

Liegen die anfänglichen Zentroide weitab von den tatsächlichen Schwerpunkten der »natürlichen« Segmente, so ist in der Iterationsstufe dieser Mangel kaum noch auszuräumen: Die vorgegebenen Zentroide konvergieren nicht mehr bis zu den tatsächlichen Schwerpunkten.

Wählt man hierarchische Verfahren zur Ermittlung der Startpartition, so besteht die Gefahr, daß aufgrund der kleinen Stichprobe wesentliche Segmente unterrepräsentiert bzw. ganz übersehen werden. Die Klassenzahlen und Zentroide, die sich hieraus ergeben, führen deshalb u. U. zu einer systematischen Fehlklassifikation im Gesamtsample.

Wegen der genannten Gründe wird mitunter als Heuristik vorgeschlagen, möglichst unterschiedliche Startpartitionen zu generieren, den Wert des globalen Gütekriteriums für jede Startpartition zu errechnen (Spur- bzw. Determinantenkriterien) und diejenige Partition zu verwenden, die den besten Wert aufweist, da man annimmt, daß sie in der Nähe des (besten Sub-)Optimums liegt.

ad (2):

Der Iterationsphase liegt folgender Gedanke zugrunde: Durch die Zuordnung eines bzw. mehrerer Elemente anhand eines partiellen Kriteriums zum nächstliegenden Zentroid ändert sich die Lage des Zentroids im Raum. Daher sind vorher zugeordnete Elemente eventuell nicht mehr dem ihnen nächstliegenden Zentroid zugewiesen. Es ist eine Reallokation von Elementen notwendig. Während es Verfahren gibt, die nach jeder Reallokation den Schwerpunkt des Clusters, dem ein Element zugewiesen wurde, neu berechnen, gibt es Verfahren, die zunächst alle infrage kommenden Elemente den zugehörigen Zentroiden zuweisen und erst zum Schluß die sich daraus ergebenden neuen Zentroide errechnen. Damit ist der erste Iterationszyklus beendet. Durch die neue Lage der Zentroide zeigt sich u.U. wieder, daß die Partition durch eine andere Zuordnung mancher Elemente verbessert werden kann. Deshalb werden Elemente wieder nach dem partiellen Kriterium dem ihnen am nächsten liegenden Zentroid zugeteilt, das bzw. die neue(n) Zentroid(e) berechnet etc.

Den partiellen, iterativen Verfahren liegt die Vorstellung zugrunde, daß sich die Zentroide in Richtung der wahren Schwerpunkte der Punktewolken im Merkmalsraum zubewegen. Dies ist in aller Regel nicht der Fall: Die iterativen Verfahren bleiben meist bei suboptimalen Werten des globalen Gütekriteriums für die gegebene Klasseneinteilung »hängen«. Insoweit bereitet die Entscheidung über die Beendigung der Iterationsprozedur Schwierigkeiten. In einigen Verfahren wird die Iterationsphase abgebrochen, wenn sich die Zentroide trotz Neuzuweisungen nicht mehr ändern. Andererseits kann der Suchprozeß zu oszillierenden Schwankungen der Zentroide führen. Um einen endlosen Prozeß zu verhindern, gibt man zusätzlich eine maximale Zahl an Iterationsschritten an.

Ein besserer Weg zur Abbruchsentscheidung wurde im Verfahren MIKCA von *McRae* [(1970) 7] gewählt. Am Ende eines Iterationsschrittes wird das entsprechende globale Optimalitätskriterium (z.B. Spur I) ermittelt. Ein oszillierender Prozeß läßt sich damit insofern feststellen, daß sich bei einem nachfolgenden Iterationsschritt das globale Gütekriterium verschlechtert hat. Der Iterationsprozeß anhand des partiellen Kriteriums wird abgebrochen und die bisher beste Klasseneinteilung nochmals anhand des globalen Gütekriteriums zum letzten Male iteriert. Dabei wird überprüft, ob sich durch Reallokation jeweils eines Elements aus Clustern eins, zwei etc. zu einem anderen Cluster der Wert des globalen Gütekriteriums ändert. Nur wenn dies eintritt, erfolgt eine letzte Neuzuweisung des Objektes. Nachdem alle Objekte überprüft wurden, werden die endgültigen Zentroide berechnet und das Ergebnis der Klassenbildung für die vorgegebene Klassenzahl steht fest.

Selbst bei Anwendung des bislang besten Verfahrens zur iterativen Klassenbildung nach *McRae*, sind einige grundsätzliche Mängel der CA nicht zu übersehen. Diese Verfahren liefern zumeist nur suboptimale Gruppierungen, die zudem nur für metrische orthogonale Merkmale bzw. für metrische korrelierende Merkmale mit gleicher Dispersion der k Segmente zulässig sind. Daneben bereitet die Auffindung der angemessenen Klassenzahl Schwierigkeiten, wenn keine Strukturvorstellungen bestehen. Die Berechnung »optimaler« Partitionen für verschiedene Klassenzahlen ist kostspielig, und es mag sich daraus kein Anhaltspunkt für die beste Zahl ergeben.

F. Die Anwendung der Clusteranalyse zur Marktsegmentierung

Die Vielzahl bisheriger empirischer Segmentbildungsversuche mittels der CA verbietet deren vollständige Darstellung. Statt dessen beschränken sich die Ausführungen dieses Abschnittes auf grundsätzliche inhaltliche Aspekte und nehmen dabei auf einige ausgewählte Studien Bezug.

Eines der wichtigsten Probleme ist in der Auswahl der Segmentierungsmerkmale zu sehen, die der Clusteranalyse zugrunde gelegt werden. Ist die Merkmalsauswahl nicht repräsentativ, führen noch so exakte Verarbeitungsverfahren zu unbefriedigenden Segmentdefinitionen.

Ein typisches Beispiel für eine inadäquate Merkmalsauswahl stellt die Untersuchung von *Green* et al. [(1967) B-387ff] dar, die eine CA zur Gruppierung von Testmärkten durchführten. Dabei verwendeten sie 14 Merkmale von Städten wie z.B. die Einwohnerzahl, die Anzahl der Haushalte, den Einzelhandelsumsatz, das durchschnittliche Alter, die Anzahl der Einzel- und Großhandelsbetriebe, die Auflage von Tages- und Sonntagszeitungen u.a.m.

Im Grunde wurde mit den zumeist hochkorrelierenden Merkmalen hauptsächlich die Größe der Städte gemessen. Die CA, die im komprimierten zweidimensionalen Merkmalsraum durchgeführt wurde, erbrachte demnach eine Gruppierung der Städte in Cluster, die im Hinblick auf die Stadtgröße relativ homogen waren. Ziel der Untersuchung war es, aus jedem Cluster eine bzw. zwei Städte auszuwählen, um anschließend in diesen Gebieten Marktexperimente durchzuführen. Falls die Struktur der Städtestichprobe der des Gesamtmarktes entsprochen hätte, wäre (trotz beschränkter Stichprobe) in diesem Falle eine zuverlässige Hochrechnung der Ergebnisse auf den Gesamtmarkt möglich gewesen. Da jedoch im wesentlichen nur die Stadtgröße berücksichtigt wurde, scheint dieser Versuch nicht geglückt.

Ähnliche und noch andere Schwächen weisen die Typologien der Medienverlage Gruner und Jahr, Burda sowie Axel Springer auf, die im weiteren Verlauf diskutiert werden.

Auch hier wurde u.a. nicht beachtet, daß Merkmale aus einigen Bereichen überrepräsentiert waren, so daß es nicht verwunderlich ist, daß sie als »wichtigste« Dimensionen des aufbereiteten Merkmalsraumes auftauchten und die Clusterergebnisse dominierten.

Im Hinblick auf die Merkmalsauswahl kann es zudem sinnvoll sein, erklärungsfähige Merkmale nicht in den Merkmalsraum aufzunehmen, weil sie mit anderen in keiner logischen Beziehung stehen. Sie werden als »passive Variablen« benutzt, die, *nachdem die Cluster vorliegen,* zusätzlich zur Beschreibung und Interpretation der Ergebnisse zu verwenden sind. Der Grund hierfür ist einsichtig: Es hätte keinen Sinn, einen

Abstand zwischen Bedarfsträgern zu definieren, der z.B. aus der Einstellung zur Politik, dem Familienstand und dem Wohnort errechnet wird.

Am zweckmäßigsten ist es, daher die Variablen des Merkmalsraumes nach *theoretischen Erwägungen* zu gruppieren (z.B. nach bestimmten demographischen, sozioökonomischen oder psychographischen Konstrukten), um in den *Unterräumen* nach Segmenten zu suchen.

Beispielsweise könnte alle Merkmale, die in Zusammenhang mit dem Konstrukt *Soziale Klasse* stehen, einen Unterraum bilden (Einkommen, Beruf, Ausbildung etc.). Ein zweiter Unterraum wäre nach dem *Life-Cycle-Konzept* aufzuspannen (Familienstand, Alter der Haushaltsangehörigen, Haushaltsgröße etc.).

Psychologische Unterräume, in denen Marktsegmente zu suchen sind, können nach dem umfassenden *Life-Style-Ansatz* oder nach einzelnen Konstrukten wie *Einstellungen, Motive, Kaufabsicht, Wahrnehmung* und *Präferenzen* erstellt werden.

Des weiteren sind *Verhaltensunterräume* anhand von Merkmalen wie Kaufmenge, Verwendungsintensität oder *Reaktionen auf Marketing-Maßnahmen* bzw. nach dem *Innovations- und Meinungs*führerverhalten denkbar.

Dieses mehrgleisige Vorgehen hat verschiedene Vorteile:

- Die Interpretation der Ergebnisse wird erleichtert;
- Die in den Unterräumen gefundenen Gruppierungen können verglichen werden und führen zu einer umfassenden Segmentabgrenzung und -beschreibung: »Überlappen« sich demographisch-sozioökonomische, psychographische und Kaufverhaltenscluster, so bieten sich naturgemäß die besten Voraussetzungen für segmentspezifische Marketing-Maßnahmen. Aber auch teilweise Überlappungen können schon Hineise auf die beste Segmentdefinition und Interpretation geben.
- Die in einem Unterraum gefundenen Segmente (z.B. Kaufverhaltenstypen oder Joint-Space-Segmente u. dergl.) können, jeweils für sich genommen, nach zusätzlichen Merkmalen gruppiert werden. Es liegt damit eine schrittweise CA vor, wie sie z.B. bei der Segmentierung zuerst nach Wahrnehmungen erfolgt, um anschließend Segmente homogener Wahrnehmung in Präferenzsegmente weiter aufzuteilen. Dieser Gedanke ist auch auf andere Konstrukte übertragbar, wenn z.B. innerhalb der Segmente mit homogenem Kaufverhalten nochmals in Segmente mit homogenen sozioökonomischen und demographischen Merkmalen gruppiert wird. Ein Unternehmen, das seine Bemühungen auf ein bestimmtes Kaufverhaltenssegment konzentrieren möchte, kann dadurch zusätzlich eine weitere Konzentration auf bestimmte erfolgversprechende Untergruppen vornehmen (größere Haushalte, höhere Einkommensschichten usw.).

Bei den erwähnten Medientypologien dagegen wird manchmal der Merkmalsraum aus inhaltlich zusammenhanglosen Merkmalen erstellt und aus diesen kaum zusammengehörigen Variablen Distanzmaße berechnet.

Weitere CA-Probleme folgen aus den unterschiedlichen Skalenniveaus der Merkmale: trotz aller Bemühungen kann der zur Marktsegmentierung vorliegende Merkmalsraum nicht bei allen Merkmalen metrisches Skalenniveau erreichen (z.B. Wohnort, Innovationsverhalten, soziale Klasse etc.). Daher ist es zweckmäßig, Variablen auch dann nicht in den Merkmalsraum aufzunehmen, wenn sie prognostisch brauchbar sind und mit den anderen Merkmalen in logischen Beziehungen stehen, weil sie ein unangemessenes Skalenniveau aufweisen. Der Grund dafür liegt darin, daß bei den restlichen Merkmalen ein plausibles Ähnlichkeitsmaß definiert werden kann, welches auch kompatibel mit dem Zielkriterium des Clusterprozesses ist und eine einfachere Interpretation der Homogenität von Clustern zuläßt. Demgegenüber wird bei den Medientypologien eine einfache Metrik gewählt (Euklid- bzw. City-Block-Abstand), ohne auf die zugrunde liegenden Eigenarten des Merkmalsraumes, insbesondere die zu messenden verhaltenswissenschaftlichen Konstrukte einzugehen.

Darüber hinaus weisen einige der Verlagstypologien folgende Mängel auf:

- Die globalen Optimalitätskriterien (z.B. Abstands*quadrat*summenkriterium) entsprechen nicht den vorher definierten Interelementabständen (z.B. City-Block-Distanz).
- Der Anteil der durch eine Clusterbildung erklärten Varianz war in vielen Fällen äußerst niedrig, mitunter wird er ganz verschwiegen.
- Die Beschreibung der Typen erfolgt dennoch im Wege einer simplen Etikettierung, die eine relativ hohe Homogenität vorgaukelt.
- Insgesamt war es kaum möglich, deutlich getrennte Klassen und Hinweise für die günstigste Klassenanzahl zu erhalten.

Für die Auswahl von geeigneten Medien wären diese Typologien auch dann kaum geeignet, wenn bessere Ergebnisse hätten erzielt werden können. Es wurden weitgehend »generelle« Typen anhand von Merkmalen gebildet, die im speziellen Anwendungsfall eines Produktanbieters nicht der eigenen Zielgruppendefinition entsprechen. Während für ihn irrelevante Merkmale die Typenbildung steuern, fehlen meist gerade jene, die in seinem Falle für die Verwendung oder Nichtverwendung seines Produktes wichtig sind.

Der Einsatz des bisher diskutierten aufwendigen Instrumentariums lohnt sich daher nur, wenn es sich um eine wohldefinierte produktspezifische Marktsegmentbildung handelt. Erfolgversprechende Anwendung setzt dabei nicht nur die Kenntnis des Marktes und der verhaltenswissenschaftlichen Implikationen der zur Auswahl stehender Merkmale voraus, sondern auch die Kenntnis der Stärken und Schwächen der Methoden zur Informationsbeschaffung und -verarbeitung.

G. Zusammenfassung

Im vierten Kapitel wurden die Grundzüge der Clusteranalyse und die Anwendbarkeit von Clusteranalyseverfahren zur Segmentbildung diskutiert.

Zunächst stellt sich das Problem der Auswahl der geeignetsten (Un-)Ähnlichkeitsmaße bei metrischen, nichtmetrischen und gemischt skalierten Merkmalssets.

Aus der Vielzahl der in der Literatur für metrische Merkmale vorgeschlagenen Maße wurden die City-Block-Distanz, die Euklid-Distanz, die Mahalanobis-Distanz und der Produkt-Moment-Korrelationskoeffizient dargestellt und ihre Eignung zur Abbildung der Unähnlichkeit von Bedarfsträgern überprüft.

Desgleichen wurden Ähnlichkeitsmaße bei nichtmetrischen und gemischt skalierten Merkmalen behandelt: Während bei nichtmetrischen Merkmalen mittels der sog. Matching-Koeffizienten ein akzeptabler Weg zur Messung der Ähnlichkeit von Objekten bzw. Personen vorliegt, ist das Konzept der Ähnlichkeit bei gemischten Variablensets nur ungenügend zu operationalisieren.

Aus diesem Grunde wurde empfohlen, die Merkmalssets soweit wie möglich zu vereinheitlichen. Dies kann geschehen, indem metrische Merkmale »heruntergestuft« bzw. nichtmetrische »heraufgestuft« werden. Ist die Anzahl der nichtmetrischen (bzw. metrischen) Merkmale im Verhältnis zur Gesamtzahl der Variablen gering, so scheint es sinnvoll, nur die nichtmetrischen (bzw. metrischen) Merkmale zu berücksichtigen und das für sie angemessene (Un-)Ähnlichkeitsmaß zu berechnen. Die aus der CA ausgeschlossenen Variablen können, nachdem die Cluster vorliegen, zur Interpretation der Ergebnisse verwendet werden.

Bei Merkmalsinterkorrelationen gibt es im Grunde drei Möglichkeiten, um zu einer angemessenen (Un-)Ähnlichkeitsberechnung zu gelangen: Als erstes bietet sich die Anwendung der Mahalanobis-Distanz an. Da der Rechenaufwand jedoch erheblich ist, wurde vorgeschlagen, die korrelierenden Merkmale mittels der FA bzw. HKA auf wenige orthogonale Dimensionen zu reduzieren. In diesem Euklid-Raum kann dann die Euklid-Distanz als Meßgröße der Unähnlichkeit herangezogen werden. Werden die Dimensionen des Faktorenraumes zugleich standardisiert, so werden damit auch die Defekte unterschiedlicher Maßeinheiten und Varianzen beseitigt. Allerdings hat dieses Vorgehen den Nachteil, daß u.U. die Relationen der Abnehmerpositionen im Raum verändert werden, womit es zu einer fehlerhaften Segmentbildung kommen kann.

Die Handhabung der Merkmalsinterkorrelationen wäre auch möglich, indem aus den hoch korrelierenden Merkmalen ein Stellvertreter ausgesucht wird und die anderen Merkmale bei der (Un-)Ähnlichkeitsmessung unberücksichtigt bleiben. Dieser Weg ist jedoch mit Willkür behaftet, da aus der Sache heraus kaum begründet werden kann, was als hohe bzw. niedrige Korrelation zu betrachten ist.

Trotz der Gefahr der »Segmentzerstörung« bzw. »Segmentbeschaffung« im Merkmalsraum wird in dieser Arbeit vorgeschlagen, alle Merkmale, die sich als brauchbare Verhaltensindikatoren erwiesen, zur Erstellung von Merkmalsräumen heranzuziehen, um weitgehend alle Varianzquellen des Konsumentenverhaltens zu erfassen. Da Korrelationen zwischen diesen Merkmalen auftreten, wird anschließend eine Datenreduktionstechnik (wie z.B. die FA oder HKA) empfohlen. Hierdurch kristallisieren sich die wichtigsten Dimensionen des Merkmalsraumes heraus.

Diese Vorgehensweise ist zudem wegen der für die Marktsegmentierung brauchbaren Clusteranalyse-Algorithmen von Bedeutung. Betrachtet man die beiden großen Klassen zur disjunkten Gruppierung im Merkmalsraum, so ist folgendes zu beachten:

Hierarchische Verfahren können *viele Merkmale,* aber nur *wenige Elemente* verarbeiten. In unserem Zusammenhang sind aber Verfahren, die kaum mehr als 75 bis 100 Abnehmer gruppieren können, relativ uninteressant. Ist zu vermuten, daß der Markt aus mehreren Segmenten besteht, so sind die Fallzahlen in den Gruppen zu gering, um Rückschlüsse auf den Gesamtmarkt zu erlauben.

Bei *nichthierarchischen Verfahren steigt jedoch der Rechenaufwand überproportional mit der Merkmalszahl m.* Damit sind z.B. Probleme einer Größenordnung, wie sie bei der Life Style-Segmentierung mit mehr als 100 Segmentierungsmerkmalen auftreten, nicht lösbar. Da auf der anderen Seite die *nichthierarchischen Verfahren umfangreiche Stichproben verarbeiten können,* bleibt für die Marktsegmentierung nur die Reduktion zu orthogonalen, niedrig dimensionierten Merkmalsräumen und die Anwendung nichthierarchischer Verfahren. Durch diesen Ansatz kann:

- Die Stichprobe umfangreich sein,
- gewährleistet werden, daß anfangs der Vielschichtigkeit des Verbraucherverhaltens Rechnung getragen wurde,
- die zeitaufwendige Berechnung von Mahalanobis-Distanzen im ursprünglichen Merkmalsraum umgangen werden.

Nachdem die wichtigsten Optimalitätskriterien zur Segmentbildung und ihre Eigenschaften skizziert wurden, konzentrierten sich die Ausführungen auf die Grundzüge der nichthierarchischen, iterativen Clusterverfahren. Dabei zeigte es sich, daß das Verfahren von *McRae* die derzeit beste Alternative zur Identifikation von Marktsegmenten darstellt.

Im Anschluß an die theoretischen Überlegungen wurden spezifische Probleme der Marktsegmentierung mittels der CA und ihre »Bewältigung« in empirischen Anwendungen aufgezeigt. Hierbei zeigte es sich, daß umfangreiche Studien, wie die deutschen Medientypologien, eine Reihe von Mängel aufweisen, die aus der Nichtberücksichtigung der grundlegenden verhaltenswissenschaftlichen Aspekte der Problemstellung sowie der Eigenheiten der herangezogenen multivariaten Verfahren resultieren.

Schlußbemerkung und Ausblick

Die vorliegende Arbeit geht von der Hypothese aus, daß im interindividuellen Konsumentenverhalten Unterschiede bestehen, denen durch eine entsprechende Gestaltung des Marketing-Mix Rechnung zu tragen ist.

Zur Handhabung dieses Problems, das in den letzten Jahren unter dem Begriff »Marktsegmentierung« verstärkt diskutiert wird, schlägt die vorliegende Arbeit folgenden Weg ein.

Ausgangspunkt der Überlegungen ist, daß eine zufriedenstellende Erklärung und Prognose des Konsumentenverhaltens nur möglich ist, wenn relativ viele seiner Varianzquellen erfaßt werden. Das Modell heterogener Märkte wird daher als mehrdimensionaler Merkmalsraum aufgefaßt, der durch die verhaltensrelevanten Eigenschaften der Bedarfsträger aufgespannt wird. Individuen mit gleichen bzw. ähnlichen Merkmalswerten besetzen gleiche bzw. ähnliche Positionen im Raum. Marktsegmente sind demnach durch Punktewolken im Merkmalsraum charakterisiert, die es aufzuspüren gilt.

Zur Handhabung dieser Aufgabe wurde zunächst eine am Reaktionsfunktionen-Modell orientierte Klassifikation der potentiellen Segmentierungsmerkmale vorgenommen. Nach dieser grundsätzlichen Diskussion zeigte es sich, daß im Grunde nur Merkmale des »Bedingungsrahmens für die Wirkung von Marketing-Stimuli eines Anbieters« sowie die »produkt- bzw. markenspezifischen psychographischen Merkmale« des im Konsumenten ablaufenden Entscheidungsprozesses und die »Outputvariablen des Kaufentscheidungsprozesses« zur Erstellung von Merkmalsräumen infrage kommen. Versuche zur Abbildung des Konsumentenverhaltens in Form von Reaktionsfunktionen, um anschließend potentielle Abnehmer anhand von Funktionsparametern (z. B. Elastizitäten) zu gruppieren, erwiesen sich bisher als Fehlschlag.

Bei der Sichtung der in den einzelnen Merkmalsgruppen empfohlenen Variablen wurden insbesondere die Messung der Merkmale, ihre Prognoserelevanz sowie die Anwendbarkeit der Merkmale als Anhaltspunkte zur Erstellung segmentspezifischer Marketing-Programme diskutiert.

Hierbei zeigte es sich, daß eine erfolgversprechende Merkmalsauswahl, Segmentidentifikation und Erstellung segmentadäquater Marketing-Programme nur selten ohne den Einsatz multivariater statistischer Verfahren zu bewältigen sind: Diese Verfahren werden u. a. benötigt, um Segmentierungsmerkmale messen zu können, um die Prognosefähigkeit der Merkmale zu überprüfen und um Defekte des Merkmalsraumes zu beseitigen, die die Segmentbildung verfälschen. Zudem leisten sie einen erheblichen Beitrag zur Segmentsuche im mehrdimensionalen Merkmalsraum. Daneben bewältigen sie die Komprimierung unübersichtlicher Datenbestände auf wenige Kennziffern, die Anhaltspunkte für die Gestaltung der Marketing-Instrumente liefern.

Insoweit kann die vorliegende Arbeit als Beitrag zu einer methoden- und modellgestützten verhaltenswissenschaftlichen Marketing-Theorie aufgefaßt werden, wobei besonderes Augenmerk auf die Ergebnisse der bisherigen empirischen Forschung auf diesem Gebiet gelegt wird.

Zum Abschluß sind einige Aspekte der strategischen Marktsegmentierung aufzuzeigen, die jeweils im Anschluß an die verschiedenen Segmentierungsansätze und Informationsverarbeitungsmethoden nur kurz skizziert werden konnten: Nachdem Informationen über die Struktur des Marktes einer Produktart vorliegen, stellt sich dem Anbieter das Entscheidungsproblem, welches Marktsegment bzw. welche Marktsegmente er als Zielgruppen betrachten soll.

Dies ist ein längerfristig-strategisches Problem und erfordert in der ersten Planungsphase eine globale Abschätzung der Umsatzpotentiale in den Marktsegmenten. Allerdings genügt dieses Kriterium noch nicht zur Zielgruppenauswahl, da das »umfangreichste« Segment nicht immer das gewinnbringendste ist [Zur sog. »majority fallacy«, d.h. der Konzentration vieler Konkurrenten auf das Segment mit dem größten Marktpotential vgl. *Kuehn/Day* (1962) 100ff]. Daher ist zugleich festzustellen, wie stark die Marktsegmente durch Konkurrenzaktivitäten abgedeckt werden. Erst wenn diese Informationen vorliegen, können die voraussichtlichen Zielgruppen abgegrenzt werden.

Anschließend sind die längerfristigen zielgruppenadäquaten Marketing-Programme in ihren Grundzügen zu gestalten und ihre voraussichtlichen Wirkungen abzuschätzen.

Innerhalb der abgesteckten Grenzen sind nun die Submixes auf die Zielgruppen abzustellen. Die hierbei anfallenden Entscheidungstatbestände wie z.B. die Gestaltung des Produktes bzw. der Produktvarianten, der Kommunikation, der Preispolitik und der Distribution können sich auf Informationen stützen, die auf der Zielgruppenbeschreibung mittels der herangezogenen Segmentierungsmerkmale beruhen. Je nach Art der herangezogenen Merkmale liefern diese u.U. gute Anhaltspunkte für die Gestaltung der Produktvariante(n) und der Kommuniqués, die Auswahl der Kommunikations- und Distributionskanäle und die Preispolitik.

Zusätzlich können zur segmentspezifischen Gestaltung der einzelnen Submixes Marketing-Entscheidungsmodelle eingesetzt werden, die der (Sub-)Optimierung der Produktpositionierung, der Media-Selektion, der akquisitorischen und physischen Distribution und der Preispolitik dienen.

Nach Überprüfung der Marketing-Programme (z.B. in Marktexperimenten) sind die erfolgversprechendsten auszuwählen und zu realisieren.

Letztlich erfordert die zielgeleitete Erstellung des gesamten Marketing-Programmes Informationen über Kosten und Erlöse der verschiedenen Marktbearbeitungsstrategien (undifferenziertes, differenziertes und konzentriertes Marketing). Dies setzt wiederum Kenntnisse über die Kosten- und Erlöswirkungen alternativer Marketing-Programme in den einzelnen Segmenten voraus, um die voraussichtlich gewinnbringendste Segmentierungsstrategie auswählen zu können [Vgl. hierzu u.a. die Ansätze bei *Kotler* (1974) 186ff; *Beik/Buzby* (1973) 48ff; *Köhler* (1975 c) 605ff sowie das Konzept der »Absatzsegmentrechnung« bei *Geist* (1974)]. Die mit einer prospektiven Untersuchung einhergehenden Schwierigkeiten der segmentspezifischen Kosten- und Erlösschätzungen sowie der Verteilung der Kosten und Erlöse auf die zu bearbeitenden Zielgruppen kann hier nicht diskutiert werden. Es kann jedoch davon ausgegangen werden, daß die Beschaffung derartiger ex ante-Daten meist nicht möglich ist und daß man daher auf grobe Indikatoren der voraussichtlichen Kosten- und Erlöswirkungen von Marktsegmentierungs-Strategien zurückgreifen muß.

Literaturverzeichnis

Aaker, D. A. (Hrsg.): Multivariate Analysis in Marketing: Theory and Application, Belmont (Cal.) 1971.

Abrams, J.: A New Method for Testing Pricing Decisions, in: JoM, Vol 28 (July 1964), S. 6 ff.

Ackoff, R. L./Gupta, S. K./Minao, J. S.: Scientific Method: Optimizing Applied Research Decisions, New York 1962.

Ahmavaara, Y.: Transformation of Factorial Data, in: Annales Academica Scientiarum Fennicae, Series B, Nr. 88 (1954), S. 1–150.

Ahrens, H. J.: Multidimensionale Skalierung, Weinheim und Basel 1974.

Ahrens, H./Läuter, J.: Mehrdimensionale Varianzanalyse, Berlin (Ost) 1974.

Ajzen, J./Fishbein, M.: Attitudinal and Normative Variables as Predictors of Specific Behaviors, in: JPSP, Vol. 27 (1973), S. 41–57.

Allport, G. W.: Attitudes, in: Handbook of Social Psychology (Hrsg.: Murchison, C.), Worcester (Mass.) 1935, S. 798–884.

Allvine, F. C. (Hrsg.): Marketing in Motion, Relevance in Marketing, Combined Proceedings of the 1971 Spring and Fall Conferences, AMA, Chicago 1972.

Alpert, M. I.: A Canonical Analysis of Personality and the Determinants of Automobile Choice, in: Marketing in Motion, Relevance in Marketing, Combined Proceedings of the 1971 Spring and Fall Conferences, AMA (Hrsg.: Allvine, C. F.), a. a. O., S. 312–316.

Alpert, L./Gatty, R.: Product Positioning by Behavioral Life-Styles, in: JoM, Vol. 33 (April 1969), S. 65–69.

American Marketing Association (Hrsg.): Definition of Terms, Chicago 1961.

Amstutz, A. E.: Computer Simulation of Competitive Market Response, Cambridge (Mass.) 1967.

Anderberg, M. R.: Cluster Analysis for Applications, New York usw. 1973.

Anderson, T. W.: An Introduction to Multivariate Statistical Analysis, New York, London, Sydney 1958.

Andreasen, A. R.: Geographic Mobility and Market Segmentation, in: JoMR, Vol. 3 (Nov. 1966), S. 341–345.

Andrews, F. M./Messenger, R. C.: Multivariate Nominal Scale Analysis, Ann Arbor (Michigan), Institute for Social Research, The University of Michigan 1973.

Andrews, F. M./Morgan, J. N./Sonquist, J. A.: Multiple Classification Analysis: A Report on a Computer Program for Multiple Regression Using Categorial Predictors, Ann Arbor (Mich.), The University of Michigan 1967.

Andritzky, K.: Zur Adäquanz von Einstellungsmodellen, in: DM, Nr. 57 (1976), H. 1, S. 25–28.

Appelbaum, M./Cramer, E. M.: Some Problems in the Nonorthogonal Analysis of Variance, in: Psych. Bull., Vol 81 (June 1974), S. 335–343.

Arndt, J.: Profiling Consumer Innovators, in: Insights into Consumer Behavior (Hrsg.: Arndt, J.), Boston 1968, S. 71–83.

Arndt, J.: Market Segmentation, Bergen, Oslo, Tromsö 1974.

Asimus, H.-P./Nauwerk, M.: Das Media-Optimierungsprogramm MOSES, in: Entscheidungshilfen im Marketing (Hrsg.: Köhler, R. und Zimmermann, H. J.), Stuttgart 1977.

Assael, H.: Segmenting Markets by Group Purchasing Behavior: An Application of the AID Technique, in: JoMR, Vol. 7 (May 1970), S. 153–158.

Assael, H.: Perceptual Mapping to Reposition Brands, in: JoAR, Vol. 11 (Febr. 1971), S. 39–42.
Assael, H./Day, G. S.: Attitudes and Awareness as Predictors of Market Share, in: JoAR, Vol. 8 (Dec. 1968), S. 3–10.
Athola, O. T.: The Vector Model of Preferences: An Alternative to the Fishbein Model, in: JoMR, Vol. 12 (May 1975), S. 52–59.

Bailey, K. D.: Monothetic and Polythetic Typologies and their Relation to Conceptualization, Measurement, and Scaling, in: ASR, Vol. 38 (1973), S. 18–32.
Balachandran, V./Gensch, D. H.: Solving the »Marketing Mix« Problem Using Geometric Programming, in: MS, Vol. 21 (Oct. 1974), S. 160–171.
Ball, G. H.: Classification Analysis, Menlo Park (Cal.) 1970.
Banks, S.: Some Correlates of Coffee and Cleanser Brand Shares, in: JoAR, Vol. 1 (June 1961), S. 22–28.
Banks, S.: Experimentation in Marketing, New York usw. 1965.
Barber, B./Lobel, C. S.: Fashion in Women's Clothes and the American Social System, in: Social Forces, Vol. 31 (1952), S. 124–131.
Barclay, W. D.: Factorial Design in a Pricing Experiment, in: JoMR, Vol. 6 (Nov. 1969), S. 427–429.
Barnett, N. L.: Beyond Market Segmentation, in: HBR, Vol. 47 (1969), S. 152–166.
Barton, S. G.: The Life Cycle and Buying Patterns, in: Consumer Behavior, Vol. II (Hrsg.: Clark, L. H.), New York 1955, S. 53–57.
Bass, F. M./Tigert, D. J./Lonsdale, R. T.: Market Segmentation: Group versus Individual Behavior, in: JoMR, Vol. 5 (Aug. 1968), S. 264–270.
Bass, F. M./Pessemier, E. A./Tigert, D. J.: A Taxonomy of Magazine Readership Applied to Problems in Marketing Strategy and Media Selection, in: JoB (July 1969), S. 337–363.
Bass, F. M./Talarzyk, W. W.: An Attitude Model for the Study of Brand Preferences, in: JoMR, Vol. 9 (Feb. 1973), S. 93–96.
Bauer, E.: Markt-Segmentierung als Marketing-Strategie, Berlin 1976.
Baumann, E./Mielenhausen, E./Stuke, G.: Imagevergleich der Städte Mannheim, Ludwigshafen und Heidelberg – Ermittlung grundlegender Beurteilungsdimensionen großstädtischer Gebilde auf faktorenanalytischer Basis, Veröffentlichung des Sonderforschungsbereiches 24 der Universität Mannheim (WH), Mannheim 1975.
Baumann, U.: Psychologische Taxometrie, Bern, Stuttgart, Wien 1971.
Bayton, J. A.: Motivation, Cognition, Learning – Basic Factors in Consumer Behavior, in: JoM, Vol. 22 (1958), S. 282–289.
Beals, R./Krantz, D. H./Tversky, A.: Foundations of Multidimensional Scaling, in: Psych. Rev., Vol. 75 (1968), S. 127–142.
Beck, H.: Versuch einer regionalen Neugliederung der Bundesrepublik nach funktionalen Gesichtspunkten, in: IIR, 19. Jg. (1969), H. 22, S. 683–694.
Becker, B. W./Becker, H. (Hrsg.): Marketing Education and the Real World and Dynamic Marketing in a Changing World, Combined Proceedings of the 1972 Spring and Fall Conferences, AMA, Chicago 1973.
Beckwith, N. E.: Multivariate Analysis of Sales Responses of Competing Brands to Advertising, in: JoMR, Vol. 9 (May 1972), S. 168–176.
Beckwith, N. E./Lehmann, D. R.: The Importance of Differential Weights in Multiple Attribute Models of Consumer Attitude, in: JoMR, Vol. 10 (May 1973), S. 141–145.
Beik, L. L./Buzby, St. L.: Profitability Analysis by Market Segments, in: JoM, Vol. 37 (July 1973), S. 48–53.
Behrends, Ch.: Die Erfassung der betrieblichen Marktkonstellation, Köln und Opladen 1970.
Behrens, K. Ch.: Der Standort der Handelsbetriebe, Köln und Opladen 1965.
Behrens, K. Ch.: Demoskopische Marktforschung, 2. Aufl., Wiesbaden 1966.
Belk, R. W.: Situational Variables and Consumer Behavior, in: JoCR, Vol. 2 (Dec. 1975), S. 157–164.

Bell, J. E.: Mobiles – A Neglected Market Segment, in: JoM, Vol. 33 (April 1969), S. 37–44.
Bell, W. E.: Consumer Innovators: A Unique Market for Newness, in: Toward Scientific Marketing, Proceedings of the 1963 Winter Conference, AMA (Hrsg.: Greyser, S. A.), Chicago 1963, S. 85–95.
Benett, J. F./Hays, W. L.: Multidimensional Unfolding: Determining the Dimensionality of Ranked Preference Data, in: Psychometrika, Vol. 25 (1960), S. 27–43.
Benninghaus, H.: Ergebnisse und Perspektiven der Einstellungs-Verhaltens-Forschung, Diss. Köln 1975.
Bergler, R.: Konsumententypologie, in: Marktpsychologie (Hrsg.: Bergler, R.), Bern 1972, S. 11–142.
Berelson, B./Steiner, G. A.: Menschliches Verhalten, Bd. I: Forschungsmethoden, Individuelle Aspekte, 2. durchgesehene Auflage, Weinheim, Berlin, Basel 1971. Bd. II: Soziale Aspekte, Weinheim 1972.
Berth, R.: Grundlagen der Marktfeldtheorie, in: DMA, 27. Jg. (1960), S. 811–819.
Berth, R.: Wähler- und Verbraucher-Beeinflussung, Stuttgart 1963.
Bettman, J. R./Capon, N./Lutz, R. J.: Cognitive Algebra in Multi-Attribute Models, in: JoMR, Vol. 12 (May 1975), S. 151–164.
Beyeler, L.: Grundlagen des kombinierten Einsatzes der Absatzmittel, Bern und Stuttgart 1964.
Bickel, O.: Marktbeobachtung und Absatzorganisation der deutschen Baumwollweberei, Nürnberg 1931.
Bijnen, E. J.: Cluster Analysis, Tilburg 1973.
Bjerstedt, A.: Interpretation of Soziometric Choice States, Lund 1956.
Blake, B./Perloff, R./Heslin, R.: Dogmatism and Acceptance of New Products, in: JoMR, Vol. 7 (Nov. 1970), S. 483–486.
Blattberg, R. C./Sen, S. K.: A Bayesian Technique to Discriminate Between Stochastic Models of Brand Choice, Working Paper, Third Revision, Graduate School of Business, University of Chicago, Nov. 1973.
Blattberg, R. C./Sen, S. K.: Market Segmentation Using Models of Multidimensional Purchasing Behavior, Working Paper, Graduate School of Business, University of Chicago, May 1974.
Bock, H. H.: Automatische Klassifikation. Theoretische und praktische Methoden zur Gruppierung und Strukturierung von Daten, Göttingen 1974.
Böhler, H.: Multivariate Datenanalyse-Methoden und ihre Anwendungsbereiche im Marketing, Arbeitsbericht Nr. 10/75, Teil I und Teil II, Institut für Wirtschaftswissenschaften, RWTH Aachen 1975.
Böhler, H./Stölzel, A.: Faktorenanalytische Positionierungsmodelle – Eine Untersuchung zur Wahl der Auswertungsrichtung von mehrdimensionalen Matrizen, Arbeitsbericht Nr. 6/76, Institut für Wirtschaftswissenschaften, RWTH Aachen 1976.
Bolch, B. W./Huang, C. J.: Multivariate Statistical Methods for Business and Economics, Englewood Cliffs (N. J.) 1974.
Boone, L. E.: The Search for the Consumer Innovator, in: JoB, Vol. 43 (1970), S. 135–140.
Bootz, P.: Regionale Bedarfsforschung für Konsumgüter, Grundlagen und Methoden, Diss. Braunschweig 1967.
Borko, H. (Hrsg.): Computer Applications in the Behavioral Sciences, Englewood Cliffs (N. J.) 1962.
Boustedt, O./Ranz, H.: Regionale Struktur- und Wirtschaftsforschung, Aufgaben und Methoden, Bremen-Horn 1957.
Bowles, T. C.: Brand Mapping: The Application of Non-metric Multi-Dimensional Scaling to Marketing Problems, in: Brand Positioning (Hrsg.: Green, P. E. und Christopher, M.) Bradford (England) o. J., S. 25–45.
Boyd, H. W./Massy, W. F.: Marketing Management, An Analytical Problem-Solving Approach to Marketing, New York usw. 1972.
Brede, H.: Lassen sich Preis-Absatz-Funktionen für neuartige Produkte durch Befragung ableiten?, in: ZfbF, 21. Jg. (1969), S. 809 ff.

Brent Richie, J. R.: An Exploratory Analysis of the Nature and Extent of Individual Differences in Perception, in: JoMR, Vol. 11 (Feb. 1974), S. 41–49.
Brockhoff, K.: Unternehmensforschung, Berlin und New York 1973.
Brockhoff, K./Rehder, H. K. K.: Analytische Planung von Produkten im Raum der Produkteigenschaften, Manuskripte aus dem Institut für Betriebswirtschaftslehre der Universität Kiel, Nr. 30, 1976.
Brown, G.: Brand Loyalty: Fact of Fiction?, in: Advertising Age, Vol. 23 (June 1952), S. 53–55.
Brumm, G.: Die Problematik der Marktsegmentierungs-Politik im Rahmen des Marketing, Diss. FU Berlin 1973.
Burda-GmbH (Hrsg.): Typologie der Wünsche, 1974.
Buros, O. K.: The Seventh Mental Measurements Yearbook, Vol. I, Highland Park (N. J.) 1972.

Canfield, B. R.: Sales Administration, Principles and Problems, 4. Aufl., Englewood Cliffs (N. J.) 1961.
Carman, J. M.: Studies in the Demand for Consumer Household Equipment, Berkeley (Cal.), University of California 1965.
Carman, J. M.: The Application of Social Class in Market Segmentation, Berkeley (Cal.), Universitiy of California 1965.
Carroll, J. D.: A Generalization of Canonical Correlation Analysis of Three or More Sets of Variables, in: Proceedings of the 76. Ann. Convention of the American Psychological Association 1968, S. 227–228.
Carroll, J. D.: An Overview of Multidimensional Scaling Methods Emphasizing Developed Models for Handling Individual Differences, in: Attitude Research Reaches New Heights (Hrsg.: King, Ch. W. und Tigert, D. J.), Chicago 1971, S. 235 ff.
Carroll, J. D.: Individual Differences and Multidimensional Scaling, in: Multidimensional Scaling, Vol. 1: Theory (Hrsg.: Shepard, R. N. et al.), New York, London 1972, S. 105–155.
Carroll, J. D.: Models and Algorithms for Multidimensional Scaling, Conjoint Measurement, and Related Techniques, in: Green, P. E. und Wind, Y.: Multiattribute Decisions in Marketing, Hinsdale (Ill.) 1973, S. 299–371.
Carroll, J. D./Chang, J. J.: How to Use INDSCAL, a Computer Program for Canonical Decomposition of N-Way Tables and Individual Differences in Multidimensional Scaling, Murray Hill (N. J.) 1969.
Castan, E.: Typologie der Betriebe, Stuttgart 1963.
Cattell, R. B.: Personality. A Systematic Theoretical and Factual Study, New York, Toronto, London 1950.
Cattell, R. B.: The Scientific Analysis of Personality, 2. Aufl., Chicago 1966.
Cattell, R. B.: Factor Analysis, New York 1972.
Chang, J. J./Carroll, J. D.: How to Use MDPREF, a Computer Program for Multidimensional Analysis of Preference Data, Murray Hill (N. J.) 1969.
Charvat, F. J./Whitman, T. U.: Marketing Management, A Quantitative Approach, Englewood Cliffs 1966.
Chestnut, H.: Methoden der Systementwicklung, Frankfurt/M. 1973.
Christaller, W.: Die zentralen Orte in Süddeutschland. Eine ökonomisch-geographische Untersuchung über die Gesetzmäßigkeiten der Verbreitung und Entwicklung der Siedlungen mit städtischen Funktionen, 1. Aufl., Jena 1933.
Clark, L. H. (Hrsg.): Consumer Behavior, Vol. II, New York 1955.
Clark, L. H. (Hrsg.): Consumer Behavior, Vol. III, 4. Aufl., New York 1966.
Claycamp, H. J.: Dynamic Effects of Short Duration Price Differentials on Retail Gasoline Sales, in: JoMR, Vol. 3 (May 1968), S. 175–178.
Claycamp, H. J./Massy, W. F.: A Theory of Market Segmentation, in: JoMR, Vol. 5 (Nov. 1968), S. 388–394.
Clevenger, T. jr./Lazier, A./Clark, M. L.: Measurement of Corporate Images by the Semantic Differential, in: JoMR, Vol. 2 (Feb. 1965), S. 80–82.

Cohen, J./Cohen, P.: Applied Multiple Regression/Correlation for the Behavioral Sciences, New York usw. 1975.

Cohen, P. S.: Social Attitudes and Social Enquiry, in: BJS, Vol. 17 (1966), S. 341–352.

Cole, A. H.: Numerical Taxonomy, New York 1969.

Constantinescu, P. A.: A Method of Cluster Analysis, in: Brit. J. Math. Stat. Psychol., Vol. 20 (1967), S. 93–106.

Cooley, W. W./Lohnes, P. R.: Multivariate Data Analysis, New York usw. 1971.

Coombs, C. H.: Psychological Scaling without a Unit of Measurement, in: Psych. Rev., Vol. 57 (1950), S. 148–158.

Coombs, C. H.: Theory and Methods of Social Measurement, in: Research Methods in the Behavioral Sciences (Hrsg.: Festinger, L. und Katz, D.), New York usw. 1954.

Copeland, M. T.: Principles of Merchandizing, Chicago und New York 1924.

Corey, L. G.: People Who Claim to be Opinion Leaders, Identifying Their Characteristics by Self-Report, in: JoMR, Vol. 35, (Oct. 1971), S. 48–53.

Cormack, R. M.: A Review of Classification, in: JoRSS, Ser. A., Vol. 134 (1971), S. 321–367.

Cox, K. K.: The Effect of Shelf Space upon Sales of Branded Products, in: JoMR, Vol. 7 (Febr. 1970), S. 55–58.

Cox, K./Enis, B. M. (Hrsg.): A New Measure for Responsibility in Marketing, Chicago 1968.

Cronbach, L. J./Gleser, G. C.: Assessing Similarity between Profiles, in: Psych. Bull., Vol. 50 (1953), S. 456–473.

Cunningham, R. M.: Brand Loyalty – What, Where, How Much?, in: HBR, Vol. 34 (Jan./Feb. 1956), S. 116–128.

Cunningham, W. H.: Segmentation in the United States Compact Car Market, Austin 1972.

Cunningham, W. H./Crissy, W. J. E.: Market Segmentation by Motivation and Attitude, in: JoMR, Vol. 9 (Febr. 1972), S. 100–102.

Curhan, R. C.: The Effects of Merchandising and Temporary Promotional Activities on the Sales of Fresh Fruits and Vegetables in Supermarkets, in: JoMR, Vol. 11 (Aug. 1974), S. 286–294.

Curhan, R. C. (Hrsg.): New Marketing for Social and Economic Progress and Marketing's Contribution to the Firm and the Society, Combined Proceedings of 1974 Spring and Fall Conferences, AMA, Chicago 1975.

Darden, W. R./Reynolds, F. D.: Predicting Opinion Leadership for Men's Apparel Fashions, in: JoMR, Vol. 9 (Aug. 1972), S. 324–328.

Darden, W. R./Reynolds, F. D.: Backward Profiling of Male Innovators, in: JoMR, Vol. 11 (Feb. 1974), S. 79–85.

Dawes, R. M.: Fundamentals of Attitude Measurement, London 1973.

Day, G. S.: A Two-Dimensional Concept of Brand Loyalty, in: JoMR, Vol. 9 (Sept. 1969), S. 29–35.

Day, G. S.: Buyer Attitudes and Brand Choice Behavior, New York und London 1970.

Day, G. S./Heeler, R. M.: Using Cluster Analysis to Improve Marketing Experiments, in: JoMR, Vol. 8 (Aug. 1971), S. 340–347.

Demby, E.: Psychographics and From Whence it Came, in: Life Style and Psychographics (Hrsg.: Wells, W. D.), Chicago 1974, S. 11–30.

Deutscher, J.: What we say / What we do, Glenview (Ill.) 1973.

Dichtl, E.: Die Multivariatenanalyse im Dienste der Verhaltensforschung, in: Computergestützte Marketing Planung (Hrsg.: Hansen, H. R.), München 1974, S. 74–107.

Dichtl, E. (1974a): Die Bildung von Konsumententypen als Grundfrage der Marktsegmentierung, in: WiSt, 3. Jg. (Febr. 1974), H. 2, S. 54–59.

Dichtl, E. (1974b): Die Marktsegmentierung als Voraussetzung differenzierter Marktbearbeitung, in: WiSt, 3. Jg. (März 1974), H. 3, S. 97–102.

Dichtl, E./Müller-Heumann, G.: Konsumententypologische und produktorientierte Marktsegmentierung, in: JAV, 18. Jg., (1972), H. 4, S. 249–265.

Dichtl, E./Müller-Heumann, G.: Psychologische Marktmodelle und Konsumentenverhalten, in: JAV, 19. Jg. (1973), H. 2, S. 89–92.
Diemer, A. (Hrsg.): System und Klassifikation in Wissenschaft und Dokumentation, Meisenheim 1968.
Dietl, H.: Räumliche Absatzprobleme der süddeutschen Baumwollindustrie, Diss. Nürnberg 1954.
Diller, H./Bauer, H. H.: Imageanalyse mit Hilfe der multiplen Diskriminanzanalyse – dargestellt am Beispiel von Gastronomiebetrieben, in: Die Unternehmung, 1974, H. 3, S. 187–198.
Diller, H./Schobert, R.: Räumliche Repräsentation von Imagerelationen durch nichtmetrische mehrdimensionale Skalierung, in: JAV, 19. Jg. (1973), H. 4, S. 297–310.
Doehlert, D. H.: Similarity and Preference Mapping: A Color Example, in: Marketing and the New Sciences of Planning (Hrsg.: King, R. L.), Chicago 1968, S. 250–258.
Donnelly, J. H. jr./Ivancevich, J. M.: A Methodology for Identifying Innovator Characteristics of New Brand Purchasers, in: JoMR, Vol. 11 (Aug. 1974), S. 333–334.
Doyle, P. M.: Market Segmentation by Factor Analysis, in: EJoM, Vol. 6 (1972), No. 1, S. 1–6.
Doyle, P.: Nonmetric Multidimensional Scaling: A User's Guide, in: EJoM, Vol. 7 (1973), No. 2, S. 82–88.
Doyle, P.: Brand Positioning Using Multidimensional Scaling, in: Brand Positioning (Hrsg.: Green, P. E. und Christopher, M.) Bradford (England), o. J., S. 63–82.
Doyle, P./Fenwick, J.: The Pitfalls of AID Analysis, in: JoMR, Vol. 12 (Nov. 1975), S. 408–413.
Draper, N. R./Smith, H.: Applied Regression Analysis, New York usw. 1966.
Duhammel, W. F.: The Use of Variable Markov Processes as a Partial Basis for the Determination and Analysis of Market Segments, unveröffentlichte Dissertation, Stanford University 1966.
Dunn, T. F.: Divide and Conquer, Hektographiertes Manuskript 1968.
Duran, B. S./Odell, P. L.: Cluster Analysis, A Survey, Berlin, Heidelberg, New York 1974.

Eckart, C./Young, G.: The Approximation of One Matrix by Another of Lower Rank, in: Psychometrika, Vol. 1 (1936), S. 211–218.
Engel, J. F./Fiorillo, H. F./Cayley, M. A. (Hrsg.): Market Segmentation, Concepts and Applications, New York usw. 1972.
Engel, J. F./Kollat, D. T./Blackwell, R. D.: Consumer Behavior, Sec. ed., Hinsdale (Ill.) 1973.
Evans, F. B.: Psychological and Objective Factors in the Prediction of Brand Choice, Ford versus Chevrolet, in: JoB, Vol. 32 (Oct. 1959), S. 340–369.
Evans, F. B./Roberts, H. V.: Fords, Chevrolets and the Problem of Discrimination, in: JoB, Vol. 36 (1963), S. 242–249.
Eysenck, H. J.: The Structure of Human Personality, 3. Aufl., London 1971.

Fallers, C. A.: A Note on the »Trickle Effect«, in: POQ, Vol. 5 (1954), S. 314–321.
Farley, J. U./Ring, L. W.: An Empirical Test of the Howard-Sheth Model of Buyer Behavior, in: JoMR, Vol. 7 (Nov. 1970), S. 427–438.
Farley, J. U./Ring. L. W. (1974a): »Empirical« Specification of a Buyer Behavior Model, in: JoMR, Vol. 11 (Feb. 1974), S. 89–96.
Farley, J. U./Ring, L. W. (1974b): Deriving an Empirically Testable Version of the Howard-Sheth Model of Buyer Behavior, in: Models of Buyer Behavior (Hrsg.: Sheth, J. N.), New York 1974, S. 137–159.
Fenell, G.: Motivation Research Revisited, in: JoAR, Vol. 15 (June 1975), S. 25 ff.
Ferber, R. (Hrsg.): Handbook of Marketing Research, New York 1974.
Fischerkoesen, H. M.: Experimentelle Werbeerfolgsprognose, Wiesbaden 1967.
Fishbein, M.: An Investigation of the Relationships between Beliefs about an Object and the Attitude toward that Object, in: Human Relations, Vol. 16 (1963), S. 233–239.
Fishbein, M.: The Relationships between Beliefs, Attitudes, and Behavior, in: Cognitive Consistency (Hrsg.: Feldman, S.), New York 1966, S. 199–223.
Fisher, R. A.: The Use of Multiple Measures in Taxonomic Problems, in: Annals of Eugenics, Vol. 7 (1936), S. 179–188.

Fleiss, J. L./Zubin, J.: On the Methods and Theory of Clustering, in: MBR, Vol. 4 (1969), S. 235–250.
Foote, R. J.: A Comparison of Single and Simultaneous Equation Techniques, in: Multivariate Analysis in Marketing (Hrsg.: Aaker, D. A.), Belmont (Cal.) 1971, S. 66–89.
Förster, E./Egermayer, F.: Korrelations- und Regressionsanalyse, Ein Leitfaden für den Ökonomen, Berlin 1966.
Frank, R. E.: Market Segmentation and the Effectiveness of a Brand's Price and Dealing Policies, in: JoB, Vol. 38 (April 1965), S. 186–200.
Frank, R. E.: Use of Transformations, in: JoMR, Vol. 3 (Aug. 1966), S. 247–253.
Frank, R. E.: Is Brand Loyalty a Useful Basis for Market Segmentation?, in: JoAR, Vol. 7 (June 1967), S. 27–33.
Frank, R. E.: But the Heavy Half is Already the Heavy Half, in: A New Measure of Responsibility for Marketing (Hrsg.: Cox, K. und Enis, B. M.), Chicago 1968, S. 172–176.
Frank, R. E.: Market Segmentation Research: Finding and Implications, in: Market Segmentation (Hrsg.: Engel, J. F. et al.), New York usw. 1972, S. 132–159.
Frank, R. E.: The Design of Segmentation Studies, in: Handbook of Marketing Research (Hrsg.: Ferber, R.), New York usw. 1974, Kapitel 4, S. 99–111.
Frank, R. E./Boyd, H. jr.: Are Privat-Brand Prone Food Customers Really Different?, in: JoAR, Vol. 5 (Dec. 1965), S. 27–35.
Frank, R. E./Douglas, S. P./Polli, R. E.: Household Correlates of »Brand Loyalty« for Grocery Products, in: JoB, Vol. 41 (April 1968), H. 2, S. 237–245.
Frank, R. E./Green, P. E.: Numerical Taxonomy in Marketing Analysis: A Review Article, in: Multivariate Analysis in Marketing: Theory and Application (Hrsg.: Aaker, D. A.), Belmont (Cal.) 1971, S. 300–321.
Frank, R. E./Massy, W. F. (1965 a): Market Segmentation and the Effectiveness of a Brand's Price and Dealing Policies, in: JoB, Vol. 38 (April 1965), S. 186–200.
Frank, R. E./Massy, W. F. (1965 b): Short-Term Price and Dealing Effects in Selected Market Segments, in: JoMR, Vol. 2 (May 1965), S. 171–185.
Frank, R. E./Massy, W. F.: An Econometric Approach to a Marketing Decision Model, Cambridge (Mass.) und London 1971.
Frank, R. E./Massy, W. F./Boyd, H. W.: Correlates of Grocery Product Consumption Rates, in: JoMR, Vol. 4 (May 1967), S. 184–190.
Frank, R. E./Massy, W. F./Lodahl, T. M.: Purchasing Behavior and Personal Attributes, in: JoAR, Vol. 9 (Dec. 1969), S. 15–24.
Frank, R. E./Massy, W. F./Morrison, D.: The Determinants of Innovative Behavior with Respect to a Branded Frequently Purchased Food Product, in: Reflections on Progress in Marketing (Hrsg.: Smith, L. G.), Chicago 1965, S. 312–323.
Frank, R. E./Massy, W. F./Wind, Y.: Market Segmentation, Englewood Cliffs (N. J.) 1972.
Frank, R. E./Strain, Ch. E.: A Segmentation Research Design Using Consumer Panel Data, in: JoMR, Vol. 9 (Nov. 1972), S. 385–390.
Freitag, D.: Statistische Kriterien zur Marktsegmentierung, in: JAV, 18. Jg. (1972), H. 2, S. 122 ff.
Freitag, D.: Multivariate Verfahren, in: JAV, 21. Jg. (1975), H. 1, S. 59–125.
Freter, H. W.: Mediaselektion, Informationsgewinnung und Entscheidungsmodelle für die Werbeträgerauswahl, Wiesbaden 1974.
Freter, H. W.: Zielgruppenbestimmung der Mediaselektion, in: Marketing heute und morgen (Hrsg. Meffert, H.), Wiesbaden 1975, S. 87–105.
Friedman, H. P./Rubin, J.: On some Invariant Criteria for Grouping Data, in: JoASA, Vol. 62 (1967), S. 1159–1178.

Garfinkle, N.: A Marketing Approach to Media Selection, JoAR, Vol. 3 (Dec. 1963), S. 7–14.
Gatty, R.: Multivariate Analysis for Marketing Research: An Evaluation, in: JoRSS, Series C: Applied Statistics, Vol. 14/15 (Nov. 1966), S. 157–172.

Gaensslen, H./Schubö, W.: Einfache und komplexe statistische Analyse, München und Basel 1973.
Geist, M.: Selektive Absatzpolitik, 2. Aufl., Stuttgart 1974.
Gensch, D. H./Turner, R.: Expanding the Definition of Potential Customer Using Modified Canonical Correlation, in: Dynamic Marketing in a Changing World. Marketing Education and the Real World (Hrsg.: Becker, B. W. und Becker, H.), a. a. O., S. 499–504.
Gfk-Nürnberg (Hrsg.): Die »GfK«-Skalen – Ansatz, Methodik und Verfahren der psychologischen Einstellungsmessung durch die GfK-Nürnberg, in: JAV, 14. Jg. (1968), S. 261–283.
Gfk-Nürnberg (Hrsg.): Funktionale Wirtschaftsräume; Wohnen – Einkaufen – Arbeiten, Nürnberg 1969.
Gibson, R. E./Neidell, C. A./Teach, R. D.: Performance Space Analysis for an Industrial Product, in: ORQ, Vol. 23 (1972), S. 125–138.
Ginter, J. L.: An Experimental Investigation of Attitude Change and Choice of a New Brand, in: JoMR, Vol. 11 (Feb. 1974), S. 30–40.
Gottlieb, M.: Segmentation by Personality Types, in: Advancing Marketing Efficiency (Hrsg.: L. H. Stockman), Chicago 1959, S. 148–158.
Gower, J. C.: A General Coefficient of Similarity and Some of its Properties, in: Biometrics, Vol. 27 (1971), S. 857–871.
Graumann, C. F. (Hrsg.): Handbuch der Sozialpsychologie, 7. Band: Sozialpsychologie, 1. Halbband: Theorien und Methoden, Göttingen 1969.
Green, P. E.: The Analysis of Interactions in Marketing Research Data, in: JoMR, Vol. 9 (Nov. 1973), S. 410–420.
Green, P. E. (1975 a): On the Robustness of Multidimensional Scaling Techniques, in: JoMR, Vol. 12 (Febr. 1975), S. 73–81.
Green, P. E. (1975 b): Marketing Applications of MDS: Assessment and Outlook, in: JoM, Vol. 39 (Jan. 1975), S. 24–31.
Green, P. E./Carmone, F. J.: The Performance Structure of the Computer Market: A Multivariate Approach, in: The Economic and Business Bulletin, Vol. 20 (Fall 1968), S. 1–11.
Green, P. E./Carmone, F. J.: Multidimensional Scaling: An Introduction and Comparison of Nonmetric Unfolding Techniques, JoMR, Vol. 6 (Aug. 1969), S. 330–341.
Green, P. E./Carmone, F. J. (1970 a): Marketing Research Applications of Nonmetric Scaling Methods, in:ORQ, Vol. 21 (1970), S. 73–96.
Green, P. E./Carmone, F. J. (1970 b): Multidimensional Scaling and Related Techniques in Marketing Analysis, Boston (Mass.) 1970.
Green, P. E./Christopher, M. (Hrsg.): Brand Positioning, Bradford (England) o. J.
Green, P. E./Frank, R. E./Robinson, P. J.: Cluster Analysis in Test Market Selection, in: MS, Vol. 13 (April 1967), S. B387–B400.
Green, P. E./Greenberg, M. G.: Ordinal Methods in Multidimensional Scaling and Data Analysis, in: Handbook of Marketing Research (Hrsg.: Ferber, R.), New York usw. 1974, S. 362–384.
Green, P. E./Halbert, M. H./Robinson, P. J.: Canonical Analysis: An Exposition and Illustrative Application, in: JoMR, Vol. 3 (Febr. 1966), S. 33–39.
Green, P. E./Rao, V. R.: A Note on Proximity Measures and Cluster Analysis, in: JoMR, Vol. 6 (1969), S. 359–364.
Green, P. E./Rao, V. R.: Conjoint Measurement for Quantifying Judgmental Data, in: JoMR, Vol. 8 (Aug. 1971), S. 355–363.
Green, P. E./Rao, V. R.: Applied Multidimensional Scaling: A Comparison of Approaches and Algorithms, New York 1972.
Green, P. E./Tull, D. S.: Research for Marketing Decisions, 3. Aufl., Englewood Cliffs (N. J.) 1975.
Green, P. E./Wind, Y.: Multiattribute Decissions in Marketing: A Measurement Approach, Hinsdale (Ill.) 1973.
Green, P. E./Wind, Y.: A New Way to Measure Consumers' Judgments, in: HBR, Vol. 53 (July–August 1975), S. 107–117.

Green, P. E./Wind, Y./Jain, K. A.: Benefit Bundle Analysis, in: JoAR, Vol. 12 (April 1972), S. 31–36.
Greenberg, M. G./Green, P. E.: Multidimensional Scaling, in: Handbook of Marketing Research (Hrsg.: Ferber, R.), New York usw., S. 3–44 – 3–61.
Greeno, W. D./Sommers, M. S./Kernan, J. B.: Personality and Implicit Behavior Patterns, in: JoMR, Vol. 10 (Feb. 1973), S. 63–69.
Greer, Th. V. (Hrsg.): Increasing Marketing Productivity; Conceptual and Methodological Foundations of Marketing, Combined Proceedings of 1973 Spring and Fall Conferences, AMA, Chicago 1974.
Greyser, S. A. (Hersg.): Toward Scientific Marketing, Proceedings of the 1963 Winter Conference, AMA, Chicago 1964.
Gronhaug, K.: How New Car Buyers Use Advertising, in: JoAR, Vol. 15 (Febr. 1975), S. 49–53.
Gross, E. J.: Support for a Generalized Marketing Leadership Theory, in: JoMR, Vol. 9 (Nov. 1969), S. 49–52.
Gruber, A.: Die volkswirtschaftliche Bedeutung der Konsumgewohnheiten und die Auswirkungen ihrer Veränderungen auf die Wirk- und Strickwarenindustrie, Winterthur 1964.
Gruner und Jahr AG & Co (Hrsg.): Unternehmen Haushalt, Hamburg 1973.
Gruner und Jahr AG & Co (Hrsg.): Wohnen in Deutschland, Hamburg 1973.
Gruner und Jahr AG & Co (Hrsg.): Brigitte Frauentypologie 1, Hamburg 1973.
Gruner und Jahr AG & Co (Hrsg.): Brigitte Frauentypologie 2, Hamburg 1975.
Guest, L.: Brand Loyalty Revisited: A Twenty Year Report, in: JoAP, Vol. 48(1964), S. 93–97.
Guilford, J. P.: Persönlichkeit, Logik, Methodik und Ergebnisse ihrer quantitativen Erforschung, 3. Aufl., Weinheim 1965.

Hägerstrand, T.: Aspekte der räumlichen Struktur von sozialen Kommunikationsnetzen und der Informationsausbreitung, in: Wirtschafts- und Sozialgeographie (Hrsg.: Bartels, D.), Köln und Berlin 1970, S. 367–379.
Halbert, M. H./Robinson, P. J.: Canonical Analysis, in: JoMR, Vol. 3 (Febr. 1966), S. 33–39.
Haley, R. J.: Benefit Segmentation: A Decision-Oriented Research Tool, JoM, Vol. 32 (July 1968), S. 30–35.
Haley, R. J.: Beyond Benefit Segmentation, in: JoAR, Vol. 11 (Aug. 1971), S. 3–8.
Hall, C. S./Lindzey, G.: Theories of Personality, 2. Aufl., New York 1969.
Haller, H. H.: Typus und Gesetz in der Nationalökonomie, Stuttgart 1950.
Hammann, P.: Über die Anwendungsmöglichkeiten neuerer mathematischer und statistischer Methoden in der Marktforschung, in: DM, Nr. 52 (1974), H. 4, S. 85–90.
Harder, T.: Elementare mathematische Modelle in der Markt- und Meinungsforschung, München und Wien 1966.
Harder, T.: Werkzeug der Sozialforschung, München 1974.
Harman, H. H.: Modern Factor Analysis, Sec. Edition, Chicago und London 1967, unveränderter Nachdruck 1970.
Heilbrun, A. B. jr.: Review of EPPS, in: The Seventh Mental Measurements Yearbook, Vol. I (Hrsg.: Buros, O. K.), Highland Park (N. Y.) 1972, S. 148–149.
Hellpach, W.: Geopsyche – Menschenseele unter dem Einfluß von Wetter und Klima, Boden und Landschaft, 7. Aufl., Stuttgart 1965.
Hempel, C. G./Oppenheim, P.: Der Typusbegriff im Lichte der neuen Logik, Leiden 1936.
Herrmann, T.: Lehrbuch der empirischen Persönlichkeitsforschung, Göttingen 1969.
Heyde, J. E.: Typus. Ein Beitrag zur Bedeutungsgeschichte des Wortes Typus, in: Wege zur Klarheit – Gesammelte Aufsätze (Hrsg.: Heyde, J. E.), Berlin 1960, S. 66–72.
Hitschmann, P.: Der Einfluß der Gruppenzugehörigkeit auf die Konsumgewohnheiten, Diss. Köln 1958.
Hofstätter, P. R.: Faktorenanalyse, in: Handbuch der empirischen Sozialforschung, Bd. 3a: Grundlegende Methoden und Techniken der empirischen Sozialforschung, zweiter Teil (Hrsg.: König, R.), 3. Aufl., Stuttgart 1974, S. 204–272.

Holland, Ch. W./Cravens, D. W.: Fractional Factorial Experimental Designs in Marketing Research, in: JoMR, Vol. 10 (Aug. 1973), S. 270–276.

Holtmann, D.: Multidimensionale Skalierung, Methoden und ihre Anwendung in den Sozialwissenschaften, Diss. Köln 1974.

Hope, K.: Methoden multivariater Analyse, Weinheim und Basel 1975.

Horst, P.: Factor Analysis of Data Matrices, New York 1965.

Horton, R. L.: The Edwards Personal Preference Schedule and Consumer Personality Research, in: JoMR, Vol. 11, (Aug. 1974), S. 335–337.

Hör zu: Eine Untersuchung zur Situation der deutschen Familie der Gegenwart. Durchgeführt und hrsg. von Infratest, München 1965.

Hör zu/Funkuhr (Axel-Springer-Verlag) (Hrsg.): Concepte 1974.

Hotelling, H.: Relations between Two Sets of Variates, in: Biometrika, Vol. 28 (1936), S. 321–377.

Howard, N./Harris, B.: A Hierarchical Grouping Routine, IBM 360/65 FORTRAN IV Program, University of Pennsylvania, Computer Center 1966.

Howard, N./Sheth, J. N.: The Theory of Buyer Behavior, New York 1969.

Huber, J.: The Psychophysics of Taste: Perceptions of Bitterness and Sweetness in Iced Tea, in: Proceedings of the 4th Annual Conference of the Association for Consumer Research (Hrsg.: Ward, S. und Wright, P.), Urbana (Ill.) 1974, S. 116ff.

Huber, J.: Predicting Preferences on Experimental Bundles of Attributes: A Comparison of Models, in: JoMR, Vol. 12 (Aug. 1975), S. 290–297.

Hughes, G. D.: Attitude Measurement for Marketing Strategies, Glenview (Ill.) 1971.

Hughes, G. D.: Demand Analysis for Marketing Decisions, Homewood (Ill.) 1973.

Hummel, H. J.: Probleme der Mehrebenenanalyse, Stuttgart 1972.

Hustad, T. P./Pessemier, E. A.: Industry's Use of Life Style Analysis: Segmenting Consumer Market with Activities and Attitude Measures, in: Relevance in Marketing. Marketing in Motion (Hrsg.: Allvine, F. C.), Chicago 1972, S. 296–301.

Hustad, T. P.:Pessemier, E. A.: The Development and Application of Psychographics, Life Style and Associated Activity and Attitude Measures, in: Life Style and Psychographics (Hrsg.: Wells, W. D.), Chicago 1974, S. 31–70.

Infratest (Hrsg.): SEPRO, das Infratest-Segmentationsprogramm, München 1972.

Infratest (Hrsg.): Zur Einführung in die multivariate Datenaalyse: Regressionsanalyse, Segmentation, Typologie, München 1974.

Jacoby, J.: Personality and Consumer Behavior: How Not to Find Relationships, Purdue Papers in Consumer Psychology, No. 102, 1969.

Jahn, W./Vahle, H.: Die Faktorenanalyse und ihre Anwendung, Berlin (Ost) 1970.

Jardine, N./Sibson, R.: Mathematical Taxonomy, London usw. 1971.

Jennings, E.: Fixed Effects Analysis of Variance by Regression Analysis, in: MBR, Vol. 2 (Jan. 1967), S. 95–108.

Johannsen, U.: Methoden der Werbeerfolgskontrolle in psychologischer Sicht, in: Handbuch der Werbung (Hrsg.: Behrens, K. Ch.), Wiesbaden 1970, S. 753–772.

Johnson, R. M.: Market Segmentation – A Strategic Management Tool, in: JoMR, Vol. 9 (Febr. 1971), S. 13–18.

Johnson, R. M.: Trade-Off Analysis of Consumer Values, in: JoMR, Vol. 11 (May 1974), S. 121–127.

Johnson, S. C.: Hierarchical Clustering Schemes, in: Psychometrika, Vol. 32 (Sept. 1967), S. 241–254.

Johnston, J.: Econometric Methods, 2. Aufl., New York 1972.

Jones, L.: Cluster Analysis and Market Segmentation: A Note on other Techniques with an Illustration from Urban Sociology, in: JoMRS, Vol. 14 (Jan. 1972), S. 124–126.

Kassarjian, H. H.: Personality and Consumer Behavior: A Review, in: JoMR, Vol. 8 (Nov. 1971), S. 409–418.

Kassarjian, H. H./Robertson, Th. S. (Hrsg): Perspectives in Consumer Behavior, Glenview (Ill.) 1968.

Katz, E.: The Two-Step Flow of Communication: An Up-To-Date Report on a Hypothesis, in: POQ, Vol. 21 (1957), S. 61–78.

Katz, E./Lazarsfeld, P. E.: Persönlicher Einfluß und Meinungsbildung, München 1962.

Keiser, St. K.: Awareness of Brands and Slogans, in: JoAR, Vol. 15 (Aug. 1975), S. 37–43.

Kelman, H. C.: Attitudes are Alive and Well and Gainfully Employed in the Sphere of Action, in: American Psychologist, Vol. 29 (1974). S. 310–324.

Kempski v., J.: Zur Logik der Ordnungsbegriffe, besonders in den Sozialwissenschaften, in: Theorie und Realität (Hrsg.: Albert, H.), 2. veränderte Auflage, Tübingen 1972, S. 115–152.

Kendall, M. G.: Factor Analysis as a Statistical Technique, in: JoRSS, Series C.: Applied Statistics, Vol. 12 (Jg. 1950), S. 60–73.

Kendall, M. G.: A Course in Multivariate Analysis, London 1957.

Kim, J.-O./Kohout, F. J.: Multiple Regression Analysis, Subprogram Regression, in: SPSS, Statistical Package for the Social Sciences (Hrsg.: Nie, N. H. et al.), 2. Aufl., New York usw. 1975, S. 349–367.

Kim, J.-O./Kohout, F. J.: Special Topics in General Linear Models, in: SPSS (Hrsg.: Nie, N. H. et al.), 2. Aufl. New York usw. 1975, S. 368–397.

King, Ch. W.: Fashion Adoption: A Rebuttal to the Trickle Down Theory, in: Consumer Behavior, Sel. Read. (Hrsg.: Engel, J. F.), Homewood (Ill.) 1968, S. 121–135.

King, Ch. W./Summers, J. O.: Overlaps of Opinion Leadership Across Consumer Product Categories, in: JoMR, Vol. 7 (Febr. 1970), S. 43–50.

King, Ch. W./Tigert, D. J. (Hrsg.): Attitude Research Reaches New Height, Chicago 1971.

King, R. L.: Life Styles Research and Consumer Behavior, in: Reflections on Progress in Marketing, Proceeding of the 1964 Winter Conference, AMA (Hrsg.: Smith, L. G.), Chicago 1965.

King, St.: »Who Positions Brands and What Do They Want to know?«, in: Brand Positioning (Hrsg.: Green, P. E. und Christopher, M.), Proceedings of the Brand Positioning Workshop, Cranfield School of Management 1973, Bradford (England), o. J., S. 1–11.

Kinnear, T. C./Taylor, J. R.: Multivariate Methods in Marketing Research, A Further Attempt at Classification, in: JoM, Vol. 35 (Oct. 1971), S. 56–59.

Kirsch, W.: Entscheidungsprozesse, Bd. II, Wiesbaden 1971.

Kleining, G./Moore, H.: Soziale Selbsteinstufung, Ein Instrument zur Messung sozialer Schichten, in: Kölner Zeitschrift für Soziologie und Sozialpsychologie, 19. Jg. (1968), S. 502–552.

Klenger, F./Krautter, J. (1972 a–c): Simulation des Käuferverhaltens, Bd. I–III, Wiesbaden 1972.

Kliemann, H.: Wie und wo erfasse ich Käuferschichten, Wien – Berlin – Leipzig 1928.

Knoblich, H.: Betriebswirtschaftliche Warentypologie, Köln und Opladen 1969.

Köhler, R.: Grundlagenprobleme einer entscheidungsorientierten Marketing-Lehre, unveröffentlichte Habilitationsschrift, Mannheim 1972.

Köhler, R. (1975 a): Modelle, in: HWB, Bd. I/2 (Hrsg.: Grochla, E. und Wittmann, W.), 4. neugestaltete Auflage, Stuttgart 1975, Spalte 2701–2716.

Köhler, R. (1975 b): Systemforschung und Marketing. Zum heuristischen und empirisch-kognitiven Beitrag des Systemansatzes für die Lösung von Marketing-Problemen, in: Systemforschung in der Betriebswirtschaftslehre (Hrsg.: Jehle, E.), Stuttgart 1975, S. 54–86.

Köhler, R. (1975 c): Verlustquellenanalyse im Marketing, in: Marketing Enzyklopädie, Bd. 3, München 1975, S. 605–618.

Köhler, R./Zimmermann, H. J. (Hrsg): Entscheidungshilfen im Marketing, Stuttgart 1977.

Koller, S.: Statistische Auswertungsmethoden, in: Biochemisches Taschenbuch (Hrsg.: Rauen, H. M.), 2. Teil, 2. Aufl., Berlin 1964, S. 1233 ff.

König, R.: Neue Konsumformen – Neue Funktionen des Produkts in der modernen Industriegesellschaft, in: DMA, 26. Jg. (1964), H. 2, S. 99–102.

König, R. (Hrsg.): Handbuch der empirischen Sozialforschung, 3. Aufl., Stuttgart 1974.

Koons, P. B. jr.: Canonical Analysis, in: Computer Applications in the Behavioral Sciences (Hrsg.: Borko, H.) Englewood Cliffs (N. J.) 1962, S. 267–279.
Koponen, A.: Personality Characteristics of Purchasers, in: JoAR, Vol. 1 (Sept. 1960), S. 6–12.
Kotler, P.: Marketing Mix Decisions for New Products, in: JoMR, Vol. 1 (Febr. 1964), S. 43–49.
Kotler, P.: Marketing Decision Making, A Model Building Approach, New York usw. 1971.
Kotler, P.: Marketing Management. Analyse, Planung und Kontrolle, deutsche Übersetzung der 2. Aufl., Stuttgart 1974.
Kotler, P.: Marketing Management. Analysis, Planning, and Control, 3. Aufl., Englewood Clifs (N. J.), 1976.
Kotler, P./Schultz, R. L.: Marketing Simulation: Review and Prospects, in: JoB, Vol. 43 (1970), S. 237–295.
Koyck, J. M.: Distributed Lags and Investment Analysis, Amsterdam 1954.
Krauth, J./Lienert, G. A.: Die Konfigurationsfrequenzanalyse (KFA) und ihre Anwendung in Psychologie und Medizin, Freiburg/München 1973.
Krautter, J.: Zum Problem der optimalen Marktsegmentierung, in: ZfB, Jg. 45 (1975), H. 2, S. 109–128.
Krech, D./Crutchfield, R. S./Ballachey, E. L.: Individual in Society, New York 1962.
Kroeber-Riel, W.: Psychologische und soziologische Ansatzpunkte einer verhaltensorientierten Absatztheorie, in: Konsumentenverhalten und Marketing (Hrsg.: Kroeber-Riel, W.), Opladen 1973, S. 9–19.
Kroeber-Riel, W.: Konsumentenverhalten, München 1975.
Kruskal, J. B. (1964a): Multidimensional Scaling by Optimizing Goodness of Fit to a Nonmetric Hypothesis, in: Psychometrika, Vol. 19 (March 1964), No. 1, S. 1–25.
Kruskal, J. B. (1964b): Nonmetric Multidimensional Scaling: A Numerical Method, in: Psychometrika, Vol. 29 (June 1964), S. 115–129.
Kruskal, J. B.: Analysis of Factorial Data by Estimating Monotone Transformations of the Data, in: JoRSS, Series B, Vol. 27 (1965), S. 251–263.
Kruskal, J. B./Carmone, F. J.: How to Use M-D-SCAL (Version 5M) and other Useful Information, Murray Hill 1969.
Kuehn, A. A./Day, R. L.: Strategy of Product Quality, in: HBR, Vol. 40 (Nov. – Dec. 1962), S. 100–110.

Lambin, J. J.: A Computer On-Line Marketing Mix Model, in: JoMR, Vol. 9 (May 1972), S. 119–126.
Lambin, J. J.: Advertising, Competition and Market Conduct in Oligopoly Over Time, Amsterdam, Oxford and New York 1976.
Lance, G. N./Williams, W. T.: A General Theory of Classificatory Sorting Strategies, II. Clustering Systems, in: Computer Journal, Vol. 10 (1967), S. 271–277.
Lansing, J. B./Kish, C.: Family Life Cycle as an Independent Variable, in: ASR (Oct. 1957), S. 512–519.
Lansing, J. B./Morgan, J. N.: Consumer Finances over Life Cycle, in: Consumer Behavior, Vol. II (Hrsg.: Clark, L. H.), New York 1955, S. 36–51.
Lavidge, R. J./Steiner, G. A.: A Model for Predictive Measurements of Advertising Effectiveness, in: JoM, Vol. 25 (1961), S. 59–62.
Lazarsfeld, P. F./Berelson, B./Gaudet, H.: The People's Choice, 2. Aufl., New York 1948.
Lazer, W.: Life Style Concepts and Marketing, in: Toward Scientific Marketing, (Hrsg.: Greyser, S.), Chicago 1964, S. 130–139.
Lehmann, D. R.: Television Show Preference: Application of a Choice Model, in: JoMR, Vol. 8 (Febr. 1971), S. 47–55.
Leitherer, E.: Die Entwicklung der modernen Marktformen, in: DMA, 17. Jg. (1955), H. 10, S. 539–566.
Leitherer, E.: Die typologische Methode in der Betriebswirtschaftslehre – Versuch einer Übersicht, in: ZfBF, 17. Jg. (1965), H. 12, S. 650–662.

Leitherer, E.: Der Bedarf als zentraler Ertragsfaktor, in: Beiträge zur betrieblichen Ertragslehre, Festschrift für Erich Schäfer zum 70. Geburtstag (Hrsg.: Riebel, P.), Opladen 1971, S. 99–117.

Leitherer, E.: Marktlehre, Stuttgart 1974.

Lemon, N.: Attitudes and their Measurement, London 1973.

Lessig, V. P.: Market Segmentation: Theory and Research, in: JoBA, Vol. 3 (Spring 1972), S. 69–76.

Lessig, V. P./Tollefson, J. O.: Market Segmentation through Numerical Taxonomy, in: JoMR, Vol. 8 (Nov. 1971), S. 480–487.

Levine, P. (Hrsg.): Attitude Research Bridges the Atlantic, Chicago 1975.

Lewin, K.: Feldtheorie in den Sozialwissenschaften, Bern und Stuttgart 1963.

Linder, A.: Statistische Methoden für Naturwissenschaftler, Mediziner und Ingenieure, 4. Aufl., Basel 1964.

Lindner, H.-Ch.: Die Bestimmung der Verkaufsbezirke im inländischen Absatzmarkt von Unternehmungen, Stuttgart 1970.

Lippe v. der, P. M.: Statistische Methoden zur Messung der sozialen Schichtung, Göppingen 1972.

Little, J. D. C.: Models and Managers: The Concept of a Decision Calculus, in: MS, Vol. 16 (April 1970), S. B466–B485.

Little, J. D. C./Lodish, L. M.: A Media Planning Calculus, in: Operations Research, Vol. 17 (Jan. 1969), S. 1–35.

Lodish, L. M.: Callplan: An Interactive Salesman's Call Planning System, in: MS, Vol. 18, No. 4, (Dec. 1971) Teil II, S. P-25–P-40.

Luce, R. D./Galanter, E.: Psychological Scaling, in: Handbook of Mathematical Psychology (Hrsg.: Luce, E. et al.) Vol. I, New York 1962, S. 245–309.

Luce, R. D./Tukey, J. W.: Simultaneous Conjoint Measurement: A New Type of Fundamental Measurement, in: JoMP, Vol. 1 (1964), S. 1–27.

Lunn, J. A.: Consumer Decision-Process Models, in: Models of Buyer Behavior (Hrsg.: Sheth, J. N.) New York usw. 1974, S. 34–69.

Lunn, T.: Segmenting and Constructing Markets, in: Consumer Market Research Handbook (Hrsg.: Worcester, R. M.), London usw. 1972.

Lutz, R. J./Resek, R. W.: More on Testing the Howard-Sheth Model of Buyer Behavior, in: JoMR, Vol. 9 (Aug. 1972), S. 344–395.

Mahalanobis, P. C.: Analysis of Race Mixture in Bengal, in: Journal of the Asiatic Society of Bengal (New Series), Vol. 23 (1925), S. 301–333.

Malchus v., V.: Theoretische Aspekte zur Untersuchung von Verflechtungsbereichen zentraler Orte, in: Versorgungsbereiche als Kleinzentren im ländlichen Raum (Hrsg.: Akademie für Raumforschung und Landesplanung), Hannover 1969, S. 39–48.

Mancuso, J. R.: Why not Create Opinion Leaders for New Product Introductions, in: JoM, Vol. 33 (July 1969), S. 20–25.

Marcus, A. A./Bauer, R. A.: Yes: There are Generalized Opinion Leaders, in: POQ, Vol. 28 (Winter 1964), S. 628–632.

Martin, C. R. jr./Wright, R. L.: Profit-Oriented Data Analysis for Market Segmentation: An Alternative to AID, in: JoMR (Aug. 1974), S. 237–242.

Martineau, P.: Social Class and Spending Behavior, in: JoM, Vol. 23 (Oct. 1958), S. 121–130.

Maslow, H. A.: A Theory of Human Motivation, in: Psych. Rev., Vol. 50 (1943), S. 370–396.

Massy, W. F.: Discriminant Analysis of Audience Characteristics, in: Multivariate Analysis in Marketing. Theory and Application (Hrsg.: D. A. Aaker), Belmont (Cal.) 1971, S. 117–127.

Massy, W. F.: Model Building in Marketing: An Overview, in: Handbook of Marketing Research (Hrsg.: Ferber, R.), New York usw. 1974, Kapitel 2.

Massy, W. F./Boyd, H. W.: Correlates of Grocery Product Consumption Rates, in: JoMR, Vol. 4 (May 1967), S. 184–190.

Massy, W. F./Frank, R. E./Lodahl, T.: Purchasing Behavior and Personal Attributes, 2. Aufl., Philadelphia 1971.

Mayntz, R./Holm, K./Hübner, P.: Einführung in die Methoden der empirischen Sozialforschung, 3. Aufl., Opladen 1972.
Mazanec, J.: Zur Problemlösungskapazität von Positionierungsmodellen, in: DM, Teil I: Nr. 46 (1973), S. 45–55, Teil II: Nr. 49 (1974), S. 17–28.
Mazanec, J. (1975 a): Mehrdimensionale Repräsentation von Produktmarken, Teil I: Das Prinzip der Datenkompression, Arbeitsbericht 1/1975, Hochschule für Welthandel, Wien 1975.
Mazanec, J. (1975 b): Einstellungsmessung in der Marketingforschung: eindimensional-summativ oder mehrdimensional?, in: DM, Nr. 55 (1975), H3, S. 89–92.
Mazanec, J./Porzer, P./Scheuch, F.: Mehrdimensionale Repräsentation von Produktmarken, Teil II: Ein empirischer Vergleich metrischer und nichtmetrischer Skalierungstechniken, Arbeitsbericht 2/1975 der Hochschule für Welthandel, Wien 1975.
Mazanec, J./Porzer, P./Wiegele, O.: Präferenzmessung im mehrdimensionalen Einstellungsraum: Eine empirische Studie zur externen Präferenzskalierung, in: DM, Nr. 57 (1976), H. 1, S. 1–12.
Mazanec, J./Wiegele, O. J.: Zum praktischen Einsatz von Positionierungsmodellen in der Produktpolitik, in: Entscheidungshilfen im Marketing (Hrsg.: Köhler, R. und Zimmermann, H. J.), Stuttgart 1977.
McCann, J. M.: Market Segment Response to the Marketing Decision Variables, in: JoMR, Vol. 11 (Nov. 1974), S. 399–412.
McFarland, D. D./Brown, D. J.: Social Distance as a Metric: A Systematic Introduction to Smallest Space Analysis, in: Bonds of Pluralism. The Form and Substance of Urban Social Networks (Hrsg.: Laumann, E. O.), New York usw. 1973, S. 213–253.
McGuire, W. J.: The Nature of Attitudes and Attitude Change, in: The Handbook of Social Psychology, Vol. III (Hrsg.: Lindzey, G. und Aronson, E.), 2. Aufl., Reading (Mass.) 1969, S. 136–314.
McRae, D. J.: MIKCA: A FORTRAN IV Iterative K-Means Cluster Analysis Program, Monterey (Cal.) 1970.
Meffert, H.: Modelle des Käuferverhaltens und ihr Aussagewert für das Marketing, in: ZfgSt, 127. Bd. (1971), S. 326–353.
Meffert, H.: Die Durchsetzung von Innovationen in der Unternehmung und im Markt, in: ZfB, 46. Jg. (1976), Nr. 2, S. 77–100.
Meier, J.: Leserschaftsforschung: Die Qual der Wahl, in: Die Anzeige, 1971, H. 9, S. 34–36.
Menges, G.: Zur europäischen Regionalstatistik, in: ASTA, Bd. 46 (1962), H. 1, S. 1–16.
Mey, H.: Studien zur Anwendung des Feldbegriffs in den Sozialwissenschaften, München 1965.
Miller, D. L.: The Life Cycle and the Impact of Advertising, in: Consumer Behavior, Vol. III (Hrsg.: Clark, L. H.), 4. Aufl., New York 1966, S. 61–65.
Mindank, W. A.: Fitting the Semantic Differential to the Marketing Problem, in: JoM, Vol. 26 (April 1961), S. 28–33.
Mittenecker, E.: Planung und statistische Auswertung von Experimenten, 8. Aufl., Wien 1970.
Möbius, G.: Marktforschung und Werbeerfolgskontrolle, in: Absatzpolitik und Distribution (Hrsg.: Bidlingmaier, J. et al.), Wiesbaden 1967, S. 123–136.
Monk, D.: Burnett Life Style Research, in: European Research, Jan. 1973, S. 14–19.
Montgomery, D. B./Silk, A. J. (1971 a): Clusters of Consumer Interests and Opinion Leaders' Sphere of Influence, in: JoMR, Vol. 8 (Aug. 1971), S. 317–321.
Montgomery, D. B./Silk, A. J./Zaragoza, C. E. (1971 b): A Multiple-Product Sales Force Allocation Model, in: MS, Vol. 18, No. 4 (Dec. 1971), Teil II, S. P-3 – P-24.
Moreno, J. L.: Die Grundlagen der Soziometrie, Wege zur Neuordnung der Gesellschaft, 3. Aufl., Opladen 1974.
Morgan, J. N./Messenger, R. C.: THAID: A Sequential Analysis Program for the Analysis of Nominal Scale Dependent Variable, Ann Arbor (Mich.), Institute for Social Research, The University of Michigan 1973.
Morrison, D. G.: Measurement Problems in Cluster Analysis, in: Management Science, Vol. 13 (Aug. 1967), S. B775 – B780.
Morrison, D. G.: On the Interpretation of Discriminant Analysis, in: Multivariate Analysis in Marketing (Hrsg.: D. A. Aaker), Belmont (Cal.) 1971, S. 127–142.

Morrison, D. G.: Evaluating Market Segmentation Studies: The Properties of R^2, in: MS, Vol. 19 (July 1973), No. 11, S. 1213–1221.
Mosteller, F./Wallace, D. D.: Inference in an Autorship Problem, in: JoASA, Vol. 58 (June 1963), S. 275–309.
Mukherjee, B. N.: A Factor Analysis of Some Qualitative Attributes of Coffee, in: JoAR, Vol. 5 (March 1965), S. 35–38.
Müller-Hagedorn, L.: Die Abbildung des Konsumentenverhaltens in theoretischen Beschreibungsdimensionen, unveröffentlichte Habilitationsschrift, Frankfurt 1974.
Munn, H. L.: Brand Perception as Related to Age, Income and Education, in: JoM, Vol. 25 (Jan. 1960), S. 29–34.
Murray, H. A. et al.: Explorations in Personality, New York 1938.
Murchison, C. (Hrsg.): Handbook of Social Psychology, Worcester (Mass.) 1935.
Myers, J. G.: Finding Determinant Buying Attitudes, in: JoAR, Vol. 10 (Dec. 1970), S. 9–12.
Myers, J. H./Reynolds, Th. S.: Dimensions of Opinion Leadership, in: JoMR, Vol. 9 (Febr. 1972), S. 41–46.
Myers, J. H./Stanton, R. R./Haug, A. F.: Correlates of Buying Behavior: Social Class vs. Income, in: JoM, Vol. 35 (Oct. 1971), No. 4, S. 8–15.

Namias, J.: Intentions to Purchase Related to Consumer Characteristics, in: JoM, Vol. 25 (July 1960), S. 32–36.
Naert, P. A.: Should Marketing Models be Robust? Working Paper No. 74-43, University of Antwerp (Belgium), Aug. 1974.
Nehnevajsa, J.: Soziometrie, in: Handbuch der empirischen Sozialforschung (Hrsg.: König, R.), Bd. 2: Grundlegende Methoden und Techniken: Erster Teil, 3. Aufl., Stuttgart 1974, S. 260–299.
Neidell, L. A.: The Use of Nonmetric Multidimensional Scaling in Marketing Analysis, in: JoM, Vol. 33 (October 1969), S. 37–43.
Newcomb, T. M./Turner, R. H./Converse, P. E.: Social Psychology, New York 1965.
Newman, J. (Hrsg.): On Knowing the Consumer, New York 1968.
Newman, J. W./Staelin, R.: Multivariate Analysis of Differences in Buyer Decision Time, in: JoMR, Vol. 8 (May 1971), S. 192–198.
Newman, J. W./Staelin, R.: Prepurchase Information Seeking for New Cars and Major Houshold Appliances, in: JoMR, Vol. 9 (Aug. 1972), S. 248–257.
Nicosia, F. M.: Consumer Decision Processes – Marketing and Advertising Implications, Englewood Cliffs (N. J.) 1966.
Nicosia, F. M.: Advertising Management, Consumer Behavior, and Simulation, in: JoAR, Vol. 8 (March 1968), S. 29–37.
Nie, H. et al.: SPSS, Statistical Package for the Social Sciences, 2. Aufl., New York usw. 1975.

Opfer, G.: Typologien, Orientierungshinweise zum Beurteilen der Ergebnisse von Personengruppierungen, in: Typologien (Hrsg.: Braunschweig, E.), Velbert 1975, S. 63–108.
Osgood, C. E./Suci, G. J./Tannenbaum, P. H.: The Measurement of Meaning, Urbana (Ill.) 1957.
Ostlund, L. E.: A Study of Innovativeness Overlap, in: JoMR, Vol. 9 (Aug. 1972), S. 341–343.
Ostlund, L. E.: A Further Caution: It's Innovativeness Overlap, in: JoMR, Vol. 10 (May 1973), S. 225–226.
Otremba, E.: Der Wirtschaftsraum – seine geographischen Grundlagen und Probleme, 2. neubearb. Auflage von »Die geographischen Grundlagen und Probleme des Wirtschaftslebens« von R. Lütgens, Stuttgart 1969.
o. V.: Marktsegmentierung: Regionale Neugliederung des Bundesgebietes, in: MJ, 2. Jg. (1969), H. 3, S. 182–183.
o. V. (1975 a): Mit Varianzanalyse auf Charaktersuche, in: ASW, 18. Jg. (1975), H. 2, S. 46–50.
o. V. (1975 b): Neue Wege der Nutzung demographischer Merkmale, in: Vierteljahreshefte für Mediaplanung, H. 4, 1975, S. 4–6.

Palda, K. S.: The Measurement of Cumulative Advertising Effects, Englewood Cliffs (N. J.) 1964.
Palda, K. S.: The Evalution of Regression Results, in: Multivariate Analysis in Marketing (Hrsg.: Aaker, D. A.) Belmont (Cal.) 1971, S. 35–39.
Pawlik, K.: Dimensionen des Verhaltens, Bern und Stuttgart 1968.
Pekelman, D./Sen, K. S.: Mathematical Programming Models for the Determination of Attribute Weights, in: MS, Vol. 20 (1974), S. 1217–1229.
Pernica, J.: Psychographics: What Can Go Wrong, in: New Marketing for Social and Economic Progress. Marketing's Contribution to the Firm and the Society (Hrsg.: Curhan, R. C.), S. 45–50.
Pernica, J.: The Second Generation of Market Segmentation Studies: An Audit of Buying Motivation, in: Life Style and Psychographics (Hrsg.: Wells, W. D.) Chicago 1974, S. 279–313.
Perreault, W. D./Darden, W. R.: Unequal Cell Sizes in Marketing Experiments: Use of the General Linear Hypothesis, in: JoMR, Vol. 12 (Aug. 1975), S. 333–342.
Perry, M.: Computer Simulation of Brand Choice, Ph. D. Diss., Columbia University 1968.
Perry, M.: Discriminant Analysis of Relations between Consumers' Attitudes, Behavior, and Intentions, in: JoAR, Vol. 9 (June 1969), S. 34–39.
Pessemier, E. A.: An Experimental Method for Estimating Demand, in: Quantitative Techniques in Marketing Analysis (Hrsg.: Frank, R. E., Kuehn, A. A. und Massy, W. F.), Homewood (Ill.) 1962, S. 153ff.
Pessemier, E. A./Bruno, A.: An Empirical Investigation of the Reliability and Stability of Activity and Attitude Measures, Reprint Series No. 391, Krannert Graduate School of Industrial Administration, 1971.
Pessemier, E. A./Root, H. P.: The Dimensions of New Product Planning, in: JoM, Vol. 37 (Jan. 1973), S. 10–18.
Pessemier, E. A./Tigert, D. J.: Personality, Activity, and Attitude. Predictors of Consumer Behavior, in: New Ideas for Successful Marketing (Hrsg.: Wright, J. S. und Goldstucker, J.), Chicago 1966, S. 332–347.
Pessemier, E. A. et al.: Using Laboratory Brand Preference Scales to Predict Consumer Brand Purchases, in: MS, Vol. 17 (1971), S. 371–385.
Peters, W. H.: Using MCA to Segment New Car Markets, in: JoMR, Vol. 7 (Aug. 1970), S. 360–363.
Peterson, R. A.: A Note on Optimal Category Determination, in: JoMR, Vol. 10 (Aug. 1973), S. 325–329.
Pfanzagl, J.: Allgemeine Methodenlehre der Statistik II, 3. Aufl., Berlin 1967.
Phelps, M. D./Westing, J. H.: Marketing Management, Homewood (Ill.) 1960.
Pilgrim, F. J./Kamen, J. M.: Patterns of Food Preferences through Factor Analysis, in: JoM, Vol. 24 (Oct. 1959), S. 68–72.
Prierie, M. C.: Marketing and Social Classes: An Anthropologist's View, in: MR, Vol. 49 (Sept. 1960), S. 45–48.
Plummer, J.: Life Style Patterns and Commercial Bank Credit Usage Cards, in: JoM, Vol. 35 (April 1971), S. 35–41.
Plummer, J.: Life Style and Advertising: Case Studies, in: Relevance in Marketing, Marketing in Motion (Hrsg.: Allvine, F. C.), Chicago 1972, S. 290–295.
Plummer, J.: The Concept and Application of Life Style Segmentation, in: JoM, Vol. 38 (Jan. 1974), S. 33–37.

Raffée, H.: Konsumenteninformation und Beschaffungsentscheidung des privaten Haushalts, Stuttgart 1969.
Rao, V. R./Katz, R.: Alternative Multidimensional Scaling Methods for Large Stimulus Sets, in: JoMR, Vol. 8 (1971). S. 488–494.
Rawlings, R. R. jr.: Note on Nonorthogonal Analysis of Variance, in: Psych. Bull., Vol. 77 (May 1972), S. 373–374.

Rehder, H. K. K.: Multidimensionale Produktmarktstrukturierung, Theorie und Anwendung auf einem Produktmarkt, Meisenheim a. Glan 1975.
Rehm, H.: Prognose mit simultanen Gleichungssystemen in der Absatzforschung, in: DM, Nr. 57 (1976), H. 1, S. 12–25.
Reitter, R. N.: Product Testing in Segmented Markets, in: JoMR, Vol. 6 (May 1969), S. 179–184.
Reynolds, W. H.: More Sense about Market Segmentation, in: HBR, Vol. 43 (Sept. – Oct. 1965), S. 107–114.
Rikuma, I.: Differential Attitudes of New Car Buyers, in: JoAR, Vol. 7 (March 1967), S. 38–42.
Robertson, Th. S.: Social Factors in Innovative Behavior, in: Perspectives in Consumer Behavior (Hrsg.: Kassarjian, H. H. und Robertson, Th. S.), Glenview (Ill.) 1968, S. 361–372.
Robertson, Th. S.: Innovative Behavior and Communications, New York 1971.
Robertson, Th. S./Kennedy, J. N.: Prediction of Consumer Innovators: Application of the Multiple Discriminant Analysis, in: Multivariate Analysis in Marketing: Theory and Application (Hrsg.: D. A. Aaker), Belmont (Cal.) 1971, S. 142–153.
Robertson, Th. S./Myers, J. H.: Personality Correlates of Opinion Leadership and Innovative Buying Behavior, in: JoMR, Vol. 6 (May 1969), S. 164–168.
Robinson, J.: The Economics of Imperfect Competition, London 1934 (Nachdruck 1954).
Rogers, E. H./Cartano, D. G.: Methods of Measuring Opinion Leadership, in: POQ, Vol. 26 (Fall 1962), S. 43–45.
Rogers, E. M.: Diffusion of Innovation, New York, London 1962.
Rogers, E. M./Shoemaker, F. F.: Communication of Innovations, 2. Aufl., New York und London 1971.
Romney, A. K./Shepard, R. N./Nerlove, S. B. (Hrsg.): Multidimensional Scaling: Theory and Applications in the Behavioral Sciences, Vol. II: Applications, New York und London, 2. Aufl., 1973.
Rosenberg, M. J.: Cognitive Structure and Attitudinal Affect, in: JASP, Vol. 53 (1956), S. 367–372.
Roßner, R.: Zweifachklassifikation, in: Statistische Methoden I: Grundlagen und Versuchsplanung (Hrsg.: Walter, E.), Berlin, Heidelberg, New York 1970, S. 230–234.
Roth, E.: Die Faktorenanalyse in der Marktforschung, in: Psychologische Marktanalyse (Hrsg.: Bergler, R.), Bern und Stuttgart 1965, S. 282–325.
Roth, E.: Einstellung als Determination individuellen Verhaltens, Göttingen 1969.
Ryan, M. J./Bonfield, E. H.: The Fishbein Extended Model and Consumer Behavior, in: JoCR, Vol. 2 (1975), S. 118–136.

Sachs, L.: Statistische Auswertungsmethoden, 3. Aufl., Berlin – Heidelberg – New York 1972.
Samli, A. C.: Segmentation and Carving a Niche in the Market Place, in: JoR, Vol. 44 (Summer 1968), S. 35–49.
Sampson, P./Pahner, J.: Attitude Measurement and Behavior Prediction: Some Alternative Beliefs, in: Attitude Research Bridges the Atlantic (Hrsg.: Levine, P.), Chicago 1975, S. 30–35.
Sawyer, A. G./Arbeit, S.: Benefit Segmentation in a Retail Banking Market, in: Increasing Marketing Productivity; Conceptual and Methodological Foundations of Marketing, Combined Proceedings of 1973 Spring and Fall Conferences, AMA (Hrsg.: Greer, Th. V.) Chicago 1974, S. 124–127.
Schäfer, E.: Grundlagen der Marktforschung, Marktuntersuchung und Marktbeobachtung. 4. Aufl., Köln und Opladen 1966.
Scheler, H.-E.: Besser ausschöpfen mit Hilfe von Kennziffern, in: MJ, 4. Jg. (1971), H. 2, S. 108–117.
Scheuch, F.: Logische Struktur und pragmatische Bedeutung der Marktsegmentierung, in: Die Unternehmung, 28. Jg. (1974), Nr. 3, S. 213–230.
Scheuch, E. K./Zehnpfennig, H.: Skalierungsverfahren in der Sozialforschung, in: Handbuch der empirischen Sozialforschung, Band 3 a (Hrsg.: König, R.), 3. Aufl., Stuttgart 1974, S. 97–203.

Schmutzler, O./Dalichow, K.-H./Krieger, H.: Statistische Methoden in der Markt- und Bedarfsforschung, Berlin (Ost) 1975.
Schneeweiß, H.: Ökonometrie, Würzburg – Wien 1971.
Schobert, R.: Die mehrdimensionale Skalierung als Instrument der Absatzforschung, Arbeitspapier Nr. 27 des Betriebswirtschaftlichen Instituts der Friedrich-Alexander Universität Erlangen – Nürnberg, Nürnberg 1975.
Schrader, A.: Einführung in die empirische Sozialforschung, 2. Aufl., Stuttgart usw. 1973.
Schulz, R.: Kaufentscheidungsprozesse des Konsumenten, Wiesbaden 1972.
Scodel, A. P./Ratoosh, P./Minas, J. S.: Some Personality Correlates of Decision Making under Conditions of Risk, in: Decision, Values, and Groups (Hrsg.: Willner, D.), New York 1960, S. 37–69.
Sethi, S. P.: Comparative Cluster Analysis for World Markets, in: JoMR, Vol. 8 (Aug. 1971), S. 348–354.
Sexton, D. E. jr.: A Cluster Analytic Approach to Market Response Functions, in: JoMR, Vol. 11 (Febr. 1974), S. 109–114.
Shaw, M./Wright, J. M.: Scales for the Measurement of Attitudes, New York 1967.
Shepard, R. N.: The Analysis of Proximities: Multidimensional Scaling with an Unknown Distance Function, in: Psychometrika, Vol. 27 (June 1962), Part One: S. 125–139, Part Two: S. 219–246.
Shepard, R. N.: Metric Structures in Ordinal Data, in: JoMP, Vol. 3 (1966), S. 287–315.
Shepard, R. N.: A Taxonomy of Principal Types of Data and of Multidimensional Methods for their Analysis, in: Multidimensional Scaling, Vol. I, Theory (Hrsg.: Shepard, R. N., Romney, A. K. und Nerlove, S. B.), New York und London 1972, S. 21–47.
Shepard, R. N./Romney, A. K./Nerlove, S. B.: (Hrsg.) Multidimensional Scaling: Theory and Application in the Behavioral Sciences, Vol. I: Theory, New York und London 1972.
Sheth, J. N.: A Factor Analytic Model of Brand Loyalty, in: JoMR, Vol. 5 (Nov. 1968), S. 395–404.
Sheth, J. N. (1970a): An Investigation of Relationships among Evaluative Beliefs, Affect, Behavioral Intention, and Behavior, Unveröff. Manuskript, Urbana (Ill.) 1970.
Sheth, J. N. (1970b): Multivariate Analysis in Marketing, in: JoAR, Vol. 10 (Febr. 1970), S. 29–39.
Sheth, J. N. (1970c): Measurement of Multidimensional Brand Loyalty of a Consumer, in: JoMR, Vol. 7 (Aug. 1970), S. 348–354.
Sheth, J. N.: The Multivariate Revolution in Marketing Research, in: JoM, Vol. 35 (Jan. 1971), S. 13–19.
Sheth, J. N.: Marktsegmentierung als relevante Planungshilfe des Marketing – Marktsegmentierung als Strategie des Marketing, in: JAV, 18. Jg. (1972), H. 2, S. 129–144.
Sheth, J. N./Talarzyk, W. W.: Perceived Instrumentality and Value Importance as Determinants of Attitudes, in: JoMR, Vol. 9 (Febr. 1972), S. 6–9.
Shocker, A. D./Srinivasan, V.: A Consumer-Based Methodology for the Identification of New Product Ideas, in: MS, Vol. 20, No. 6 (Febr. 1974), S. 921–937.
Siemens (Hrsg.): SIESTA 2, Siemens-Statistik System (Beschreibung), 3. Aufl., 1974.
Silk, A. J.: Overlap among Self-designated Opinion Leaders: A Study of Selected Dental Products and Services, in: JoM, Vol. 3 (Aug. 1966), S. 255–259.
Simmel, G.: Philosophie der Mode, in: Moderne Zeitfragen, Berlin 1905, Nr. 11, S. 34 ff.
Six, B.: Die Relation von Einstellung und Verhalten, in: ZfS, Bd. 6 (1975), H. 4, S. 270–296.
Sixtl. F.: Meßmethoden der Psychologie, Weinheim, 1967.
Skarabis, H.: Mathematische Grundlagen und praktische Aspekte der Diskrimination und Klassifikation, Würzburg 1970.
Skrikantan, K. S.: Canonical Association between Nominal Measurement, in: JoASA, Vol. 65 (March 1971), S. 284 ff.
Smith, L. G. (Hrsg.): Reflections on Progress in Marketing, Proceedings of the 1964 Winter Conference, AMA, Chicago 1965.

Smith, W. R.: Product Differentiation and Market Segmentation as Alternative Marketing Strategies, in: JoM, Vol. 21 (July 1956), S. 3–8.
Sodeur, W.: Empirische Verfahren zur Klassifikation, Stuttgart 1974.
Sokal, R. R./Sneath, P. H. A.: Principles of Numerical Taxonomy, San Francisco (Cal.) 1963.
Sonquist, J. A./Morgan, J. N.: The Detection of Interaction Effects, Ann Arbor (Michigan), Institute for Social Research, The University of Michigan 1967.
Sonquist, J. A./Baker, E. L./Morgan, J. N.: Searching for Structure, Ann Arbor (Michigan), Institute for Social Research, The University of Michigan 1971.
Sparks, D. L./Tucker, W. T.: A Multivariate Analysis of Personality and Product Use, in: JoMR, Vol. 8 (Febr. 1971), S. 67–70.
Späth, H.: Cluster-Analyse-Algorithmen zur Objektklassifikation und Datenreduktion, München und Wien 1975.
Spiegel, B.: Die Struktur der Meinungsverteilung im sozialen Feld, Das psychologische Marktmodell, Bern und Stuttgart 1961.
Spiegel, B.: Werbepsychologische Untersuchungsmethoden, 2. Aufl., Berlin 1970.
Srinivasan, V./Shocker, A. D.: Linear Programming Techniques for Multidimensional Analysis of Preferences, in: Psychometrika, Vol. 38 (Sept. 1973), S. 337–369.
Stackelberg v., H.: Preisdiskrimination bei willkürlicher Teilung des Marktes, in: Archiv für mathematische Wirtschafts- und Sozialforschung, Bd. 5 (1939), S. 1–11.
Statistisches Bundesamt (Hrsg.): Fachserie C, Unternehmen und Arbeitsstätten, Sonderheft 1.
Stefflre, V.: Market Structure Studies: New Products for Old Markets and New Markets (Foreign) for Old Products, in: Applications of the Sciences in Marketing Management (Hrsg.: Bass, F., King, C. W. und Pessemier, E. A.), New York 1968, S. 251–268.
Stelzl, I.: Experimentelle Versuchsanordnung, in: Techniken der empirischen Sozialforschung, Bd. 6: Statistische Forschungsstrategien (Hrsg.: Koolwijk, J. und Wieken-Mayser, M.), München – Wien 1974, S. 138–172.
Stern, H.: Nielsen-Ballungsräume, in: Nielsen-Beobachter, Nr. 1, 1975.
Stevens, S. S.: Mathematics, Measurement, and Psychophysics, in: Handbook of Experimental Psychology (Hrsg.: Stevens, S. S.), 7. Aufl., New York, London, Sydney 1965, S. 1–49.
Stockmann, C. H. (Hrsg.): Advancing Marketing Efficiency, Chicago 1959.
Stölzel, A./Köhler, R.: Der General. Fallstudie zur Entwicklung, Einführung und Erfolgskontrolle eines neuen Produktes, Arbeitsbericht des Instituts für Wirtschaftswissenschaften der RWTH Aachen 1975.
Stosberg, M.: Analyse der Massenkommunikation: Einstellungsmessung, Düsseldorf 1972.
Süllwold, F.: Theorie und Methodik der Einstellungsmessung, in: Handbuch der Psychologie, 7. Bd.: Sozialpsychologie, 1. Halbband: Theorien und Methoden (Hrsg.: Graumann, C. F.), Göttingen 1969, S. 475–514.
Summers, J. O.: The Identity of Woman's Clothing Fashion Opinion Leaders, in: JoMR, Vol. 7 (May 1970), S. 178–185.
Summers, J. O.: Generalized Change Agents and Innovativeness, in: JoMR, Vol. 8 (Aug. 1971), S. 313–316.
Summers, J. O.: Media Exposure Patterns of Consumer Innovators, in: JoM, Vol. 36 (Jan. 1972), S. 43–49.

Tatham, R. L./Dornoff, R. J.: A Cautionary Note on Innovative Overlap, in: JoMR, Vol. 10 (May 1973), S. 224–225.
Thurstone, L. L.: The Vectors of Mind, Chicago 1935.
Thurstone, L. L.: The Measurement of Values, Chicago 1959.
Tietz, B.: Bildung und Verwendung von Typen in der Betriebswirtschaftslehre, Köln und Opladen 1960.
Tietz, B.: Grundlagen der Handelsforschung, Erster Band: Die Methoden, Rüschlikon, Zürich 1969.

Tigert, D. J.: A Research Project in Greative Advertising through Life Style Analysis, in: Attitude Research Reaches New Height (Hrsg.: King, Ch. W. und Tigert, D. J.), Chicago 1971, S. 223–227.

Tigert, D. J./Lathrope, R./Bleeg, M.: The Fast Food Franchise: Psychographic and Demographic Segmentation Analysis, in: JoR, Vol. 47 (Spring 1971), S. 81–90.

Tollefson, J. O.: Aggregation Criteria for Market Segmentation, Working Paper, Presented to Western Regional Meeting of the American Institute for Decision Sciences, San Diego 1973.

Tollefson, J. O.: Market Segmentation Theory and Optimal Aggregation, Working Paper, Nr. 73, School of Business, University of Kansas, Lawrence 1972.

Topritzhofer, E.: Absatzwirtschaftliche Modelle des Kaufentscheidungsprozesses unter besonderer Berücksichtigung des Markenwahlaspektes, Wien 1974.

Topritzhofer, E.: Zur pragmatischen Brauchbarkeit marginalanalytischer Marketing-Mix-Modelle, in: Entscheidungshilfen im Marketing (Hrsg.: Köhler, R. und Zimmermann, H. J.), Stuttgart 1977.

Torgerson, W. S.: Multidimensional Scaling, Part I, Theory and Method, in: Psychometrika, Vol. 17 (1952), S. 401–419.

Torgerson, W. S.: Theory and Methods of Scaling, New York 1958.

Troll, W.: Biomorphologie und Biosystematik als typologische Wissenschaften, in: Studium Generale, Nr. 4 (1951), H. 7.

Trommsdorff, V.: Die Messung des Produktimages für das Marketing, Grundlagen und Operationalisierung, Köln usw. 1975.

Trommsdorff, V.: Image- und Einstellungsmessung in der Marktforschung: theoretische und pragmatische Argumente zur mehrdimensionalen Messung, in: DM, Nr. 57 (1976), H. 1, S. 28–32.

Tucker, L. R.: Systematic Differences between Individuals in Perceptual Judgement, in: Human Judgements and Optimality (Hrsg.: Shelly, M. W. und Bryan, G. L.), New York usw. 1964, S. 85–98.

Tucker, L. R./Messick, S.: An Individual Differences Model for Multidimensional Scaling, in: Psychometrika, Vol. 28 (1963), S. 333–367.

Twedt, D. W.: A Multiple Factor Analysis of Advertising Readership, in: JoAP, Vol. 36 (June 1952), S. 207–215.

Twedt, D. W.: How Important to Marketing Strategy Is the »Heavy User«?, in: JoM, Vol. 28 (Jan. 1964), S. 71–72.

Twedt, D. W.: The Concept of Market Segmentation, in: Handbook of Modern Marketing (Hrsg.: Buell, V. P. und Heyel, C.), New York 1970.

Twedt, D. W.: Some Practical Applications of »Heavy-Half«-Theory, in: Market Segmentation (Hrsg.: Engel, J. F. et al.), New York usw. 1972, S. 265–271.

Überla, K.: Faktorenanalyse, 2. Aufl., Berlin, Heidelberg, New York 1971.

Uhl, K./Andres, R./Poulsen, L.: How are Laggards Different? An Empirical Inquiry, in: JoMR, Vol. 7 (Febr. 1970), S. 52–54.

Urban, G. L.: Perceptor: A Model for Product Positioning, in: MS, Vol. 21 (April 1975), S. 858–871.

Veblen, T.: The Theory of the Leisure Class. An Economic Study of Institutions, London 1949 (1 ed. New York 1899).

Villani, K. E. A.: Personality/Life Style and Television Viewing Behavior, in: JoMR, Vol. 12 (Nov. 1975), S. 432–439.

Villani, K. E. A./Wind, Y.: On the Usage of »Modified« Personality Trait Measures in Consumer Research, in: JoCR, Vol. 2, No. 3 (Dec. 1975), S. 223–228.

Vogel, F.: Probleme und Verfahren der numerischen Klassifikation, Göttingen 1975.

Walter, E. (Hrsg.): Statistische Methoden I: Grundlagen und Versuchsplanung, Berlin – Heidelberg – New York 1970.

Walters, C. G./Paul, G. W.: Consumer Behavior, An Integrated Framework, Homewood (Ill.), 1970.

Ward, S./Wright, P. (Hrsg.): Proceedings of the 4th Annual Conference of the Association for Consumer Research, Urbana (Ill.) 1974.

Warner, W. L./Meeker, M./Eells, K.: Social Class in America, New York 1960.

Warwick, K. M.: Computer Programs for Statistical Analysis, in: Handbook of Marketing Research (Hrsg.: Ferber, R.), New York usw. 1974, S. 2–593 – 2–628.

Weber, E.: Einführung in die Faktorenanalyse, Stutgart 1974.

Weilbacher, W.: Standard Classification of Consumer Characteristics, in: JoM, Vol. 32 (Jan. 1967), S. 27–31.

Wells, W. D.: General Personality Tests and Consumer Behavior, in: On Knowing the Consumer (Hrsg.: Newman, J.), New York 1966, S. 187–189.

Wells, W. D.: Backward Segmentation in: Insights into Consumer Behavior (Hrsg.: Arndt, J.), Boston 1968, S. 85–100.

Wells, W. D. (Hrsg.): Life Style and Psychographics, Chicago 1974.

Wells, W. D.: Life Style and Psychographics: Definitions, Uses and Problems, in: Life Style and Psychographics (Hrsg.: Wells, W. D.), Chicago 1974, S. 317–363.

Wells, W. D.: Psychographics, A Critical Review, in: JoMR, Vol. 12 (May 1975), S. 196–213.

Wells, W. D./Sheth, J. N.: Factor Analysis in Marketing Research, in: Handbook of Marketing Research (Hrsg.: Ferber, R.), New York 1974, S. 2–458 – 2–471.

Wells, W. D./Tigert, D.: Activities, Interests, and Opinions, in: JoAR, Vol. 11 (Aug. 1971), S. 27–35.

Wendt, F.: Typologische Analyse Systeme in der deutschen Marktforschung, hrsg. von Gruner & Jahr AG & Co., Hamburg, Juni 1975.

Westphall, R.: Psychological Factors in Predicting Product Choice, in: JoM, Vol. 26 (April 1962), S. 34–40.

Wicker, A. W.: Attitudes versus Actions: The Relationship of Verbal and Overt Behavioral Responses to Attitude Objects, in: JoSI, Vol. 25 (1969), No. 4, S. 41–78.

Wilkie, W. L.: The »Product Stream« of Market Segmentation. A Research Approach, in: Relevance in Marketing. Marketing in Motion. Combined Proceedings of the Spring and Fall Conferences 1971 (Hrsg.: Allvine, F. C.), Chicago 1972, S. 317–321.

Wilks, S. S.: Certain Generalizations in the Analysis of Variance, in: Biometrika, Vol. 24 (1932), S. 471–474.

Williams, W. T./Dale, M. B.: Fundamental Problems in Numerical Taxonomy, in: Advances in Botanical Research, Vol. 2 (1965), S. 35–68.

Wind, Y.: Life Style Analysis: A New Approach, in: Relevance in Marketing, Marketing in Motion. Combined Proceedings of the Spring and Fall Conferences 1971 (Hrsg.: Allvine, F. C.), Chicago 1972, S. 302–305.

Wind, Y.: A New Procedure for Concept Evaluation, in: JoM, Vol. 37 (Oct. 1973), S. 2–11.

Wind, Y./Denny, J.: Multivariate Analysis of Variance in Research on the Effectiveness of TV Commercials, in: JoMR, Vol. 11 (May 1974), S. 136–142.

Wind, Y./Douglas, S. P./Ascoli, A.: Experimentation as a Tool for a Retailer, in: JoMRS, Vol. 13 (1971), No. 3, S. 158–169.

Wind, Y./Green, P. E./Jain, A. K.: Higher Order Factor Analysis in the Classification of Psychographic Variables, in: JoMRS, Vol. 15 (1973), No. 4, S. 224–232.

Wind, Y./Robinson, P. J.: Product Positioning: An Application of Multidimensional Scaling, in: Attitude Research in Transition (Hrsg.: Haley R. J.), Chicago 1972, S. 155–175.

Winer, B. J.: Statistical Prinicples in Experimental Design, New York 1971.

Winick, Ch.: Anthropology's Contributions to Marketing; in: JoM, Vol. 25 (July 1961), S. 53–60.

Winkler, A.: Praktische Anwendung der Marktsegmentierung. Marktsegmentierung als Methode der Marktforschung, in: JAV, 18. Jg. (1972), H. 2, S. 101–120.

Winkler, A.: Einige Gedanken und Fragen zum Beitrag »Konsumententypologische und produktorientierte Marktsegmentierung«, in: JAV, 19. Jg. (1973), H. 1, S. 1.
Winter, J.: A Laboratory Experimental Study of Attitude Change and Brand Choice, in: Dynamic Marketing in a Changing World. Marketing Education and the Real World (Hrsg.: Becker, B. W. und Becker, H.), Chicago 1973, S. 372–375.
Wiseman, F.: A Segmentation Analysis on Automobile Buyers during the New Model Year Transition Period, in: JoM, Vol. 35 (April 1971), S. 42–49.
Wiseman, F.: Methodological Considerations in Segmentation Studies, in: Marketing in Motion, Relevance in Marketing, Combined Proceedings of the 1971 Spring and Fall Conferences, AMA (Hrsg.: Allvine, F. C.), Chicago 1972, S. 306–311.
Wish, M./Deutsch, M./Biener, L.: Differences in Perceived Similarity of Nations, in: Multidimensional Scaling, Vol. II: Applications (Hrsg.: Romney, A. K., Shepard, R. N. und Nerlove, S. B.), New York usw. 1972, S. 289–313.
Wiswede, G.: Motivation und Verbraucherverhalten. Grundlagen der Motivforschung, München und Basel 1965.
Wiswede, G.: Theorien der Mode aus soziologischer Sicht, in: JAV, 17. Jg. (1971), H. 1, S. 79–93.
Woodside, A. G./Clokey, J. D.: Multi-Attribute/Multi-Brand Models, in: JoAR, Vol. 5 (1974), S. 33–41.

Yankelovich, D.: New Criteria for Market Segmentation, in: HBR, Vol. 42 (March–April 1964), S. 83–90.
Yntema, T. O.: The Influence of Dumping on Monopoly Price, in: The Journal of Political Economy, Vol. 36 (Jg. 1928), S. 686–698.
Young, F. W.: A Model for Polynomial Conjoint Analysis Algorithms, in: Multidimensional Scaling, Vol. I: Theory (Hrsg.: Shepard, R. N. et al.) New York und London 1972, S. 69–104.
Young, G./Householder, A. S.: Discussion of a Set of Points in Terms of their Mutual Distances, in: Psychometrika, Vol. 3 (1938), S. 19–22.
Young, S.: Psychographics: Are They Relevant to Marketing?, unveröffentlichtes Manuskript, vorgelegt der Third Annual Attitude Research Conference der AMA, März 1970, S. 220–222.
Zentralausschuß der Werbewirtschaft e. V. (Hrsg.): Rahmenschema für Werbeträgeranalysen von Massenmedien, Bad Godesberg 1968.
Ziff, R.: Psychographics for Market Segmentation, in: JoAR, Vol. 11 (April 1971), S. 3–9.
Ziff, R.: Closing the Consumer-Advertising Gap through Psychographics, in: Marketing Education and the Real World and Dynamic Marketing in a Changing World, Combined Proceedings of the 1972 Spring and Fall Conferences, AMA (Hrsg.: Becker, B. W. und Becker, H.), Chicago 1973, S. 455–461.
Ziff, R.: The Role of Psychographics in the Development of Advertising Strategy and Copy, in: Life Style and Psychographics (Hrsg.: Wells, W. D.), Chicago 1974, S. 129–155.
Zurmühl, R.: Matrizen und ihre technische Anwendung, Berlin 1964.

Sachverzeichnis